# QUESTIONS

## DE

## DROIT ADMINISTRATIF.

De l'Imprimerie de GUIRAUDET
rue Saint-Honoré, n° 315.

# QUESTIONS

## DE

## DROIT ADMINISTRATIF

### Par M. le baron DE CORMENIN

## TOME SECOND.

## A PARIS,

CHEZ M. RIDLER, RUE DE BELLE-CHASSE, N° 15.

1822.

# QUESTIONS

## DE

# DROIT ADMINISTRATIF.

## DOMAINES NATIONAUX.

### § III.

*Les arrêtés des préfets pris en matière domaniale doivent-ils être soumis préalablement au ministre des finances ?*

I. La matière domaniale embrasse plusieurs objets soumis à diverses natures et à divers ordres de juridiction administrative.

Ce qui touche les domaines engagés appartient directement au Ministre des finances, qui, seul, peut relever des déchéances encourues, sauf recours, si la question devient contentieuse, au Conseil d'État (1).

Ce qui touche les décomptes appartient, d'abord aux préfets, puis au Ministre des finances, sauf recours au Conseil d'État (2).

Ce qui touche les ventes de biens nationaux appartient aux Conseils de préfecture, sauf recours au Conseil d'État (3).

___

(1) 7 août 1816, — 31 janvier 1817,.
(2) Arrêté du gouvernement du 4 thermidor an 10, — 11 novembre 1813, — 14 mai 1817, — 25 juin 1817, — 10 janvier 1821, — 8 mai 1822.
(3) Loi du 28 pluviôse an 4, art. 4.

2.

1

Le décret réglémentaire du 23 février 1811, qui supprima le département des Domaines nationaux, ordonna que « les « *réclamations* contre les arrêtés des *préfets* resteraient sou- « mises à la *décision* du *Ministre des finances*, sauf le *renvoi* « au Conseil d'État, des affaires qui en seraient jugées *sus-* « *ceptibles.* »

II. Cette faculté alternative, laissée au Ministre des finances, repose sur le principe même des compétences.

On conçoit en effet que, lorsque le Domaine est seul inté- ressé aux résultats d'une déchéance, le Ministre puisse alors, selon qu'il lui paraît plus utile à l'État, confirmer la déchéance ou en relever ; tel serait aujourd'hui le cas de la vente d'un bien national de première origine, dont le prix n'aurait pas été payé par l'acquéreur dans les délais du contrat. L'État seul est intéressé. L'État peut donc alors, soit se départir du bé- néfice de la déchéance qui lui est acquis, soit même faire remise à l'adjudicataire, par l'organe du Ministre des finances, et sauf sa responsabilité, s'il y a lieu, d'une portion du capital dû ou de tout ou partie des intérêts.

III. Mais s'il arrive que des tiers aient quelque intérêt né ou éventuel aux suites d'une déchéance, la matière devient alors contentieuse et semble appartenir plus particulièrement au Co- mité du contentieux ; tel est le cas prévu par l'article 4 de la loi du 5 décembre 1814, d'après lequel les biens vendus retour- nent à l'ancien propriétaire, par suite de la déchéance défini- vement prononcée contre l'acquéreur (1).

Tel serait encore le cas où, postérieurement à l'amnistie d'un émigré, et à sa réintégration dans ses biens non vendus, le préfet aurait ordonné la réapposition du séquestre national sur lesdits biens, et les aurait ensuite affectés à des hospices, en rem- placement de leurs propriétés aliénées (2).

----

(1) 12 août 1818 (rendue à mon rapport).
(2) 8 mai 1822 (rendue à mon rapport).

Le Ministre des finances retient ou renvoie l'affaire, selon qu'elle est ou administrative ou contentieuse; c'est à lui que l'arrêté du préfet doit être préalablement déféré. Le recours direct au Conseil d'Etat serait intempestif et par conséquent rejeté.

## § IV.

*Lorsque, après une déchéance prononcée par le préfet, le Ministre des finances accorde à un acquéreur de bien national, le séquestre tenant, un sursis à revente, sous la condition de payer le reliquat du décompte dans un délai préfixe, et que la loi du 5 décembre 1814 a surpris le bien litigieux dans cet état, et avant la révolution accomplie du terme octroyé, l'acquéreur qui verse intégralement son prix dans les caisses du Domaine, avant l'expiration de ce terme, rentre-t-il dans la pleine propriété de la chose vendue, sauf restitution du prix à l'ancien propriétaire, s'il y a lieu?*

Voici à quelle occasion cette importante question s'est élevée.

Un bien tombe par confiscation dans le domaine national.

Il est vendu par l'Etat.

L'acquéreur ne solde pas entièrement le prix de son adjudication.

Un décompte lui est signifié.

Le préfet prononce sa déchéance et ordonne la revente.

L'acquéreur s'oppose devant le Ministre des finances à l'exécution de l'arrêté du préfet

Le Ministre étend à deux années le sursis d'un mois accordé par le préfet à l'acquéreur déchu, et prescrit néanmoins le maintien du séquestre.

La loi du 5 décembre 1814 paraît.

L'Etat remet le bien à l'ancien propriétaire.

Cependant l'acquéreur satisfait à la condition du sursis, et se libère intégralement dans le délai fixé par le Ministre.

Dans ces termes, la déchéance était-elle définitive ou conditionnelle à l'époque de la loi du 5 décembre 1814? Quels ont été les effets de cette loi et du sursis?

Voilà la question :

I. On pourrait soutenir que le Ministre, en ordonnant le sursis à la revente, et la reprise de possession, a fait acte de propriété; qu'au surplus, sa décision était une pure grâce, essentiellement révocable au gré du gouvernement; que, nonobstant le sursis, le gouvernement pouvait disposer du bien litigieux à titre de vente, de restitution, d'affectation à des établissemens publics, ou de toute autre manière;

Qu'il a donc pu le remettre à l'ancien propriétaire, et que cette remise est légale et irrévocable.

On peut répondre,

Que la prorogation du terme n'est pas un acte de propriétaire, mais de créancier;

Qu'il ne s'agissait pas d'une reprise de possession, mais d'une apposition de séquestre; que l'administration des biens, la coupe des bois, la perception du revenu qui entraient dans les caisses du trésor en déduction du reliquat du décompte, sont des effets du séquestre, et de simples mesures conservatoires permises au créancier, et qui n'avaient pour unique objet que le recouvrement du prix; que l'Etat n'était donc pas propriétaire de la chose, mais simple créancier du prix ;

Que la déchéance ayant été stipulée par la loi au profit de l'Etat, l'Etat pouvait y renoncer, quoique, malgré l'Etat, le débiteur ne pût s'y soustraire; et qu'enfin on ne voit pas pourquoi le gouvernement, libre de fixer, dans le contrat de vente, les premiers délais du paiement, n'aurait pas été également libre, à l'expiration de ce premier délai, et tant qu'il restait créancier du prix, de proroger le terme du paiement, et d'ouvrir plus facilement aux débiteurs, dans l'intérêt du trésor, les voies de leur complète libération ;

Qu'en vain prétendrait-on que le sursis conditionnel ne doit pas être regardé comme un contrat synallagmatique, mais comme une faveur révocable;

Qu'il faut tenir, au contraire, que le sursis à revente et les relevés de déchéance n'étaient pas de pures faveurs, mais des actes basés sur l'intérêt de l'Etat:

Qui ne sent en effet que des reventes trop précipitées, à la suite des déchéances, auraient, dans des temps de discrédit, porté un coup funeste aux intérêts du Domaine, à cause de la vilité du prix et de l'insolvabilité des acquéreurs dépossédés?

Qui ne sait également que des reventes trop multipliées auraient inspiré les plus vives alarmes sur la solidité des acquisitions de biens nationaux?

Ainsi, le gouvernement, déterminé, tantôt par l'intérêt politique, tantôt par l'intérêt fiscal, suspendait les reventes, accordait des sursis, prononçait les déchéances ou en relevait. Ainsi, le Ministre entrait bien mieux dans le véritable esprit de la loi du II frimaire an 8, en relevant quelquefois les acquéreurs de la déchéance, qu'en leur en faisant l'application.

Il ne violait donc pas cette loi; il n'accordait pas une pure faveur. C'est l'intérêt fiscal ou politique de l'Etat qui le guidait. C'est dans cet intérêt, seul motif pour lui déterminant, qu'après avoir consulté l'administration des domaines, il accordait un sursis à l'acquéreur déchu, et liait ainsi avec lui un contrat nouveau, supplétif, dont il stipulait la durée, les conditions, les effets. C'est sur la foi de l'Etat, au nom duquel le Ministre parle et s'engage, que le débiteur accepte à son tour, et que peut-être il contracte lui-même, avec des tiers, des obligations hypothécaires, pour exécuter les nouvelles conditions qui lui sont imposées; en un mot, la prolongation de terme n'est point, dans ces circonstances, un acte de fait, d'indulgence, de grâce spéciale, une faveur qu'on donne et qu'on retire; c'est l'exécution du contrat de vente, c'en est la suite, c'en est une disposition accessoire, auxiliaire, intime.

Mais, peut-on dire, l'ancien gouvernement aurait, sans scrupule, brisé les liens du sursis.

Nous ignorons si l'ancien gouvernement aurait pu, tout à

coup, violemment, nonobstant le sursis, sans avertir l'acquéreur, sans attendre l'expiration des délais et l'accomplissement
de la condition, procéder à la revente, et disposer du bien, à
titre onéreux ou gratuit.

Pourquoi supposerions-nous qu'il se fût ainsi soustrait, par
un abus d'autorité, à la foi de ses propres engagemens? Et
après tout, quelle exception décisive prétendrait-on tirer d'une
violation de parole et d'une hypothèse d'injustice?

Enfin, on pourrait prétendre que la loi du 5 décembre 1814
a surpris les acquéreurs dans l'état de déchéance, et qu'elle a
consacré irrévocablement, en faveur des anciens propriétaires,
la disposition d'un bien redevenu national.

Voyons donc ce que porte cette loi : ·

L'art. 1ᵉʳ maintient les *droits acquis avant la Charte.*

Or n'est-ce pas un droit acquis que celui qui résulte d'une
vente nationale?

N'est-ce pas un droit acquis que celui qui naît d'une prorogation de terme accordée par le vendeur?

N'est-ce pas un droit acquis que la stipulation d'une condition qu'il dépend de soi d'accomplir?

Et lorsque cette condition a été accomplie, n'a-t-elle pas
un effet rétroactif au jour auquel l'engagement a été contracté?
ce jour n'est-il pas, dans l'hypothèse, antérieur à la promulgation de la loi du 5 décembre 1814? à ce jour, l'Etat n'avait-
il point qualité et capacité pour contracter en son propre nom?
S'il a contracté, n'est-ce pas dans la forme d'une décision ou
d'un acte, comme on voudra? et l'article 1ᵉʳ ne maintient-il
pas toutes les décisions et actes antérieurs des gouvernemens intermédiaires?

Ce n'est donc pas à l'époque de la loi du 5 décembre 1814
qu'il faut saisir les parties : c'est au jour qui l'a précédée; car
si la condition est accomplie dans le délai, c'est, répétons-
nous, à ce jour véritablement qu'elle remonte. Et quels étaient,
à ce jour, les droits des anciens propriétaires? Ils n'existaient
ni en réalité, ni même en éventualité.

Maintenant examinons l'article 4 de la loi.

Cet article exige deux conditions pour remettre les biens à l'ancien propriétaire.

Il faut qu'il y ait eu déchéance définitivement prononcée, et que les biens soient réunis actuellement au Domaine.

Or ni l'une ni l'autre de ces conditions n'existe dans l'hypothèse.

Il n'y a point eu de déchéance définitivement prononcée, puisque le Ministre des finances a relevé conditionnellement l'acquéreur.

Il n'y a point eu non plus de réunion au Domaine dans le sens de la loi, puisque le Ministre a ordonné, non une reprise de possession, à titre de propriétaire des biens, mais un simple séquestre, à titre de créancier du prix.

Or la loi du 5 décembre 1814, par les mots *biens réunis au domaine,* a entendu qu'ils fussent rentrés effectivement, virtuellement, en toute possession et propriété, dans les mains de l'Etat. Comment, en effet, pourrait-on concilier autrement les mots *de biens actuellement réunis au domaine,* et ceux de *déchéance définitivement prononcée?*

D'ordinaire, la reprise de possession et l'apposition des affiches suivaient immédiatement la déchéance. C'est alors qu'on la réputait définitive, irrévocable, et c'est de ces sortes de déchéances seulement que la loi du 5 décembre veut parler. Celle de l'espèce n'a aucun de ces caractères, et la décision modificative du Ministre des finances en a d'ailleurs changé la nature, la condition, et par conséquent les effets.

La loi du 5 décembre 1814 n'a donc pas surpris l'acquéreur dans l'état de déchéance irrévocable ; elle l'a surpris dans l'état d'une déchéance modifiée et suspendue par la décision ministérielle.

Si la loi du 5 décembre n'eût jamais existé, et que nonobstant le sursis, le gouvernement eût voulu, avant son expiration, procéder à la revente, le gouvernement ne l'aurait pu sans violer son propre engagement ; pourquoi la loi du 5 décembre 1814 l'aurait-elle pu davantage ? Cette loi a fait un grand acte de justice envers les émigrés ; mais elle n'a point voulu dépouiller les tiers. En un mot, l'acquéreur national peut être assimilé à un acquéreur ordinaire, qui aurait reçu de son vendeur un délai pour payer son prix. Le vendeur ne pourrait sans doute, au préjudice de ce délai, disposer de la propriété dans l'intervalle, quand même le contrat de vente aurait renfermé une clause résolutoire. La concession du délai est une renonciation tacite à l'exercice de cette clause ; de même, la concession du sursis est une renonciation implicite à l'exercice de la revente : la même cause doit produire le même effet.

Concluons, en résumé, que si la loi de 1814 ne fût pas survenue, le paiement intégral, dans les délais du sursis, eût consolidé la propriété entre les mains de l'acquéreur, sans qu'il eût été besoin d'un nouveau contrat ; que l'accomplissement des conditions du sursis faisait remonter la plénitude des droits acquis, au jour de la décision ; que l'État, lié au 5 décembre 1814 par son propre engagement, ne pouvait dépouiller l'acquéreur de son titre et de ses droits, et disposer du bien, et par conséquent ni le vendre, ni le donner, ni le garder pour lui, ni le remettre aux anciens propriétaires ; que s'il l'a remis, c'est avec les charges et stipulations conditionnelles dont il était grevé au profit des tiers ou des acquéreurs primitifs ; en un mot, qu'étant simple créancier du prix, il n'avait pu conférer aux anciens émigrés, par une simple transmission, le caractère de propriétaire de la chose.

Et qu'on ne dise pas qu'à entendre ainsi la loi du 5 décembre 1814, il ne pouvait pas y avoir, à l'époque où elle a été rendue, de déchéance définitive ; que par conséquent la disposition de cette loi est illusoire par défaut d'application.

C'est une erreur : car les anciens propriétaires en profiteront pour toutes les déchéances sur lesquelles il n'existait pas de décisions de sursis ou de relevés, antérieurement à ladite loi. Ils en profiteront aussi pour toutes celles qui, suspendues ou modifiées par un sursis, auraient repris leur force, faute de paiement dans les délais.

C'est dans ce sens qu'une ordonnance royale, rendue à mon rapport, le 12 août 1818, a prononcé.

## § V.

*La vente d'un bien présumé national faite sur soumission, nonobstant un sursis accordé par le gouvernement, peut-elle être attaquée aujourd'hui par les anciens propriétaires qui avaient obtenu le sursis?*

I. Ou l'arrêté de sursis n'a pas été signifié avant la vente, ou il l'a été.

Si l'on ne produit pas la preuve matérielle que le sursis ait été signifié au directeur des Domaines qui a provoqué la vente, à l'administration départementale qui a vendu, et au particulier qui a soumissionné, on peut dire que le sursis n'a, à leur égard, aucune valeur ni aucun effet; car un acte qui a pour unique objet de suspendre une vente, tant qu'il est légalement ignoré, doit être regardé légalement comme un acte non avenu. Or quelle influence peut avoir sur une vente consommée un sursis regardé comme non avenu? aucune.

II. Mais plaçons-nous sous les deux faces de l'hypothèse, et supposons, un moment, que l'arrêté de sursis ait été légalement signifié aux administrateurs, et connu d'eux avant la vente.

S'ensuivrait-il, pour cela, que la vente dût être déclarée nulle? non.

La prévarication des administrateurs du département ne saurait nuire aux acquéreurs de bonne foi, ni par conséquent engendrer, au profit de l'ancien propriétaire, une action directe contre les acquéreurs, en rescision de la vente.

Le tiers dépossédé aurait seulement deux actions à son choix; l'une en prise à partie contre les administrateurs, l'autre en restitution du prix contre le trésor public, s'il y a lieu.

Mais l'action en rescision, dirigée contre les acquéreurs,

ne saurait jamais être admise. C'est la conséquence du principe, qu'en matière de biens nationaux, la vente de la chose d'autrui est valable.

Ainsi décidé, à mon rapport, par une ordonnance royale du 20 janvier 1819.

## § VI.

*Une vente de biens nationaux faite au mépris d'une opposition antérieure doit-elle être annulée ?*

*Doit-on distinguer entre les ventes sur soumission et les ventes sur enchères ?*

*Les ventes faites avec réserve des droits des tiers opposans peuvent-elles être anéanties ou modifiées par l'effet des jugemens définitifs intervenus entre le Domaine et les opposans, sur les droits réservés ?*

La solution de ces importantes questions n'a pas encore été nettement donnée par la jurisprudence.

Elle présente, il faut l'avouer, de graves difficultés.

Il faut d'abord examiner avec soin la qualité des tiers réclamans.

I. Si l'opposition a été formée par un émigré, elle était nulle de plein droit, par défaut de qualité, puisque l'émigré, frappé de mort civile, était représenté par la nation dans l'intégralité de ses actions et de ses droits.

L'opposition n'avait donc de validité intrinsèque qu'autant qu'elle était formée, soit par un tiers régnicole, soit par un émigré, après sa radiation ou son amnistie, et pour des biens à lui restitués de droit et de fait, et vendus depuis par surprise ou par erreur.

II. Il peut ensuite y avoir lieu de distinguer entre les ventes sur enchères et les ventes sur soumission.

Dans les ventes sur enchères, la nation offre; son erreur lui appartient.

Dans les ventes sur soumission, l'erreur vient du soumissionnaire.

Dans les premières, l'acquéreur reste inconnu parmi la foule des amateurs, jusqu'à ce que l'adjudication le désigne et le nomme.

Il n'a donc pu recevoir de signification antérieure et individuelle, puisqu'il était, avant la vente, à l'égard du prétendu propriétaire et même de l'État vendeur, comme s'il n'existait pas.

Il est donc nécesairement de bonne foi, à moins qu'une clause spéciale de l'adjudication ne l'ait averti que la réclamation justifiée d'un tiers romprait ou modifierait ultérieurement l'adjudication, clause que ne renferme presqueaucune vente nationale.

Ainsi, les tiers n'ont pu signifier leur opposition qu'à l'administration venderesse, seule personne apparente et connue. Mais tout ce qui résulterait de cette signification serait un recours en indemnité contre l'État, ou, si l'on veut, une action en dommages-intérêts, contre les officiers de l'administration qui ont négligé ou violé leurs devoirs, mais non une restitution de la chose en nature.

Dans les secondes, au contraire, il n'est pas tout-à-fait impossible que le nom du soumissionnaire fût connu; par conséquent, l'opposition des tiers a pu lui être signifiée. Dès lors, cette signification l'a constitué en mauvaise foi. Car il a su qu'il n'achetait pas un bien libre. Il s'est exposé volontairement et sciemment aux chances de l'annulation éventuelle de tout ou partie de son contrat. On ne considérait, d'ailleurs, les soumissionnaires que comme des révélateurs des biens des proscrits, échappés par bonheur aux investigations odieuses du fisc.

Dans les ventes sur enchères, les affiches et les publications avertissaient les tiers que leur bien était compris par erreur sur les tables de la vente. Ils pouvaient donc s'imputer de n'avoir pas réclamé en temps utile, et avant la vente, la distraction de ces biens. Leur opposition tardive ne paraissait pas devoir nuire à des acquéreurs de bonne foi, qui n'auraient peut-être pas acheté, s'ils eussent prévu qu'un jour, une portion des biens aliénés pourrait leur être enlevée. C'est pour cela que la loi du 22 frimaire an 8 a maintenu irrévocablement les ventes, sauf le recours du tiers réclamant, en indemnité devant le trésor public.

Dans les ventes sur soumission, les tiers n'étaient pas avertis par les publications. Les soumissions s'effectuaient à huis clos, entre les porteurs de mandats et la nation, par une simple déclaration faite devant les administrateurs de département. D'après ce mode, toutes les opérations préparatoires de la vente, et la vente elle-même, se consommaient dans le secret.

Il suit de ces explications, qu'une adjudication sur enchères, faite nonobstant l'opposition antérieure, soit de l'ancien propriétaire, soit des tiers régnicoles, est inattaquable à l'égard de l'acquéreur.

Mais les oppositions faites antérieurement aux ventes sur soumission n'ont-elles pas plus d'effet?

C'est ce qu'il s'agit de discuter.

III. La loi du 6 floréal an 4, qui régit cette matière, avait bien prévu que le nouveau mode de vente pouvait compromettre gravement les droits des tiers. D'un autre côté, elle voulait accélérer les ventes pour remplir le trésor épuisé. Elle crut atteindre ce double but en admettant les oppositions des tiers régnicoles avant la consommation de la vente, et en investissant les administrations centrales du pouvoir exorbitant de juger, dans le plus bref délai, les questions de propriété.

Cette loi porte : « Il ne peut être reçu d'opposition qu'autant que les opposans prétendraient qu'un domaine présumé national est leur propriété particulière, et en ce cas, l'administration du département prononcera dans la décade. »

Cette loi ordonna l'annulation des soumissions et la restitution du prix dans le cas où l'opposition serait admise; elle voulut même que les ventes de biens indivis, passées au préjudice d'une opposition antérieure, fussent restreintes à la portion de l'Etat.

Il semble résulter de cette législation, que l'opposition antérieure à la vente conservait les droits de l'opposant, non sur l'indemnité, mais sur la chose même.

IV. Quant à la jurisprudence, on ne peut dire qu'elle ait explicitement tranché la question; mais on pourrait soutenir, avec quelque probabilité, qu'elle l'a préjugée, au moins implicitement.

En effet, un premier décret du 28 mai 1812 décida, sur la réclamation d'un tiers régnicole, tendante à l'annulation d'une vente de biens nationaux, que la vente devait être maintenue, attendu « *qu'il n'est justifié d'aucune opposition* « *régulière à la vente.* »

Un second décret, du 14 juillet 1812, attendu que « la « vente a été faite *sans opposition.* »

Un arrêt du Conseil, du 6 septembre 1814, attendu « *qu'il* « *n'est pas justifié que la commune ait fait les diligences* « *prescrites par la loi du 6 floréal an 4.* »

Un décret du 17 mai 1815, attendu que « rien ne constate « *qu'on ait formé opposition à la vente.* »

Si donc les ventes n'ont été maintenues que parce que, dans les espèces proposées, les réclamans ne *justifiaient* pas qu'ils eussent formé leur opposition antérieurement à la vente, ne doit-on pas naturellement conclure par l'argument *à contrario*, que la vente aurait été annulée si les réclamans eussent valablement *justifié d'une opposition antérieure* ?

Ne peut-on pas soutenir aussi qu'il est faux de prétendre que l'opposition antérieure est conservatrice seulement de l'indemnité, et non de la chose; car le droit de réclamer le prix est indépendant de toute opposition antérieure, qui n'avait eu, au contraire, uniquement pour but que de conserver la chose. En effet, le droit de réclamer le prix se tire de la preuve de la propriété, et cette preuve se fait devant les tribunaux, quoique la vente nationale soit maintenue, et même à cause de cela précisément.

On pourrait également s'appuyer sur une ordonnance du

9 juillet 1820, qui a annulé une vente de biens nationaux faite sur soumission, nonobstant une opposition antérieure.

Mais je dois prévenir que l'induction trop générale qu'on voudrait tirer de cette ordonnance ne serait pas exacte, parce que le Conseil d'État a puisé sa décision dans les circonstances singulières de l'espèce.

Le tiers régnicole avait formé son opposition à la vente dans le procès verbal d'estimation des biens soumissionnés.

Ce procès verbal avait été dressé en présence du soumissionnaire, et signé de lui.

L'opposition avait été renouvelée entre les mains de l'administration centrale, qui n'avait pas prononcé sur ladite opposition dans le délai prescrit par la loi du 6 floréal an 4.

Sur la demande formée par l'acquéreur en confirmation de son contrat passé le 2 frimaire an 5, l'administration centrale ne l'avait que *provisoirement* maintenu dans la possession et jouissance des objets par lui soumissionnés et acquis, et elle avait *réservé* au tiers réclamant la faculté de faire valoir ses droits de propriété, ainsi et par-devant qui il appartiendrait.

Depuis cette époque, les parties n'avaient pas cessé d'être en instance, soit devant le Ministre des finances, soit devant le Conseil d'État, pour y faire statuer sur les effets de l'opposition.

Avant de prononcer, un arrêt contradictoire du Conseil, du 18 janvier 1815, avait renvoyé le *tiers réclamant et l'acquéreur* devant les tribunaux, pour y faire juger préalablement la question de propriété qui les divisait. « Attendu « qu'aux termes de la loi, en forme d'instruction, du 6 floréal « an 4, l'administration centrale devait statuer sur l'opposition « dans la décade, ce qu'elle n'avait pas fait; que cette omis- « sion ne pouvait préjudicier aux droits du tiers réclamant, « et que toutes les questions de propriété sont du ressort « des tribunaux ordinaires. »

Enfin, cette question de propriété avait été décidée en faveur du tiers réclamant, par des jugemens et arrêts passés en force de chose jugée.

Armé de ces jugemens irrévocables, le tiers réclamant s'était présenté devant le Conseil d'État pour y reprendre l'instance suspendue par l'arrêt interlocutoire du 18 janvier 1815, et il avait demandé l'annulation de la vente.

Une vive discussion s'engagea sur la question générale.

Mais le Conseil, ramené à l'espèce, se crut lié par l'arrêt interlocutoire. On peut dire, en effet, que cet arrêt préjugeait la nullité de la vente, dans le cas où la question de propriété viendrait à être résolue par les tribunaux en faveur du tiers réclamant.

Dès lors, on ne pouvait s'empêcher de raisonner ainsi :

En déclarant que l'omission faite par l'administration centrale de statuer sur l'opposition ne pouvait préjudicier au réclamant, le Conseil a remis les parties au même et semblable état où elles étaient après la soumission et avant la vente. Or qui aurait statué sur l'opposition en l'an 4? L'administration centrale. Si elle avait jugé l'opposition valable, qu'aurait-elle fait? Elle aurait annulé la soumission. Qui doit aujourd'hui examiner la validité de la soumission ? Les tribunaux. Qu'ont-ils jugé? Que le tiers réclamant était propriétaire du bien litigieux. Sur quoi reste-t-il à statuer par le Conseil d'État? Sur la validité administrative de la vente. Et que doit-il faire ? L'annuler.

Cette conclusion était inévitable.

On doit ajouter que, si le Conseil d'État n'avait pas voulu se réserver en 1815 la faculté de prononcer, au besoin, l'annulation de la vente, il n'aurait pas, à coup sûr, renvoyé l'acquéreur et le tiers réclamant devant les tribunaux.

Premièrement, parce qu'il aurait, *de plano*, confirmé la vente, comme étant légalement consommée, et renvoyé le tiers réclamant à se pourvoir en indemnité devant le trésor public.

Secondement, parce que, si l'opposition lui avait paru ne conserver que le droit au prix, il n'aurait renvoyé aux tribunaux que le tiers réclamant et le Domaine, et non pas le tiers réclamant et l'acquéreur, qu'il aurait jugé avec raison devoir demeurer étranger à cette discussion.

Troisièmement, parce que, sachant bien, en 1815, que toute créance du tiers réclamant serait atteinte par les fameux décrets de déchéance, il n'aurait pas voulu, par un arrêt de déception, jeter le tiers dans les frais et les longueurs d'un procès inutile, si ce procès n'avait eu pour résultat que la preuve du droit à une indemnité périmée.

Ainsi, en résumé, l'annulation de la vente a été subordonnée par l'arrêt interlocutoire du Conseil au jugement définitif des tribunaux sur la question de propriété.

Ce jugement l'a résolue en faveur du tiers réclamant.

C'est en se renfermant dans ces deux circonstances particulières que le Conseil d'Etat a, sur mon rapport, prononcé la résolution de la vente.

V. Enfin, pour ne rien taire, on s'arme contre les acquéreurs d'un autre arrêt du Conseil du 15 novembre 1814, qui a annulé un contrat de vente passé sur soumission, nonobstant l'opposition antérieure d'un tiers, par le motif que « ce contrat « n'a pu être que l'effet de la *surprise* ou de *l'erreur*, et que « dès lors, il doit être annulé. »

Je répondrai que si, dans l'espèce citée, il y a eu surprise de la part de l'acquéreur, la conclusion de l'arrêt est juste, parce que le dol résout généralement tous les contrats, soit civils, soit administratifs; mais s'il n'y a eu qu'erreur, la conclusion de l'arrêt serait inexacte; car l'exception de l'erreur, admise en droit civil, ne suffit pas pour faire annuler une vente administrative, d'après les lois spéciales de la matière, qui, en cela, dérogent au droit commun, et doivent seules être appliquées ici.

J'ajoute que, dans l'espèce de l'arrêt du 15 novembre 1814, un jugement passé en force de chose jugée, contradictoirement avec le Domaine, avait décidé la question de propriété en faveur du tiers, avant la vente; qu'ainsi la présomption de la nationalité du bien tombait devant ce jugement; que le Domaine vendeur ne pouvait, dès lors, faire prévaloir sciemment, et sans une espèce de violence et de dol, l'acte administratif de vente contre l'autorité irrévocable de la chose jugée; que, d'ailleurs, le soumissionnaire n'avait ni suivi l'effet de la soumission, avant le jugement, ni joui des objets soumissionnés, avant la vente.

Ainsi, outre qu'il ne suffirait pas d'un arrêt isolé pour former jurisprudence sur une question de cette importance, il est évident que le Conseil d'Etat ne l'a point décidée par cet arrêt non plus que par aucun autre.

La question reste donc entière.

Pour moi, je pense que quelques inductions qu'on puisse tirer, et de la loi spéciale du 6 floréal an 4, et de l'exemple invoqué, et des raisonnemens contraires à la cause des acqué-reurs, que j'ai exposés dans toute leur force, la vente, soit sur enchères, soit sur soumission, doit être maintenue, nonobs-tant l'opposition antérieure, dans tous les cas, à moins qu'il n'y ait quelque dol ou fraude, dont le vice irrémédiable ne puisse pas se couvrir, et qui entraîne, aux termes des lois de la matière, la nullité de la vente (1).

VI. De plus, si le procès-verbal d'adjudication sur en-chères, ou le contrat de vente sur soumission, mentionnent textuellement l'opposition, et, dans le doute de la nationalité du bien, ne l'aliènent par une clause formelle que *salvo jure alieno*, la garantie constitutionelle, modifiée alors par l'acte ou par le contrat, qui font la loi spéciale et obligatoire de l'ac-quéreur, ne peut, dans le cas où des tiers feraient ultérieu-rement la preuve judiciaire de leur droit de propriété, s'ap-pliquer à une telle vente.

Cette vente, en effet, n'est pas pure et simple; elle est faite sous une condition insérée dans le contrat, sue de l'ac-quéreur avant la vente, acceptée par lui, et qui le lie ainsi que ses cessionnaires et ayans cause.

_____

(1) Conférer avec le § II, *Eod. verb.*

Il en serait de même, si l'acte ou le contrat de vente avaient fait réserve au profit, soit de particuliers, soit de communes, d'un droit d'usage ou de copropriété, ou d'une charge passive quelconque, dont les lois générales de la matière, ou les clauses banales des contrats administratifs de cette espèce, affranchissent ordinairement les acquéreurs; car il y aurait, quant à cela, renonciation volontaire de la part de l'acquéreur, au bénéfice de ces lois et de ces clauses.

Mais, à ces exceptions près, dont les acquéreurs subissent les résultats par leur faute, ou de leur plein consentement, je pense que les oppositions antérieures des tiers ne peuvent, en aucune manière, détruire ou modifier les actes de ventes nationales, même sur soumission.

Une législation qui admet la validité de la vente du bien d'autrui, n'est pas régie par les règles de la justice ordinaire. Il ne faut donc pas s'étonner qu'elle admette aussi, par voie de conséquence, la validité de la vente, nonobstant opposition (1).

De plus, la loi du 22 frimaire an 8 (art. 94) maintient, sans distinction de soumissions ou d'enchères, toutes les ventes consommées. Est-il dès lors permis de distinguer là où la loi ne distingue pas?

Enfin, la loi du 5 décembre 1814 efface, par la vertu de son art. 1er, toutes les taches et irrégularités qui peuvent se rencontrer dans les actes antérieurs, pourvu que ces actes aient un caractère définitif.

Or toute vente de biens nationaux, sur soumission ou sur enchères, a, dès que l'adjudication est prononcée, ou le contrat scellé, le caractère d'un acte définitif.

Donc elle doit être irrévocablement maintenue, à moins que la loi n'ait à l'avance, et en termes formels, prohibé l'aliénation de certains objets qu'elle comprend.

Ainsi, l'aliénation d'un bien national incorporel, d'un édi-

(1) 19 mars 1820. *Voy. Eod. verb.*, § XXI.

fice public et réservé par la loi du 28 ventôse an 4, d'un bois au-dessus de cent cinquante hectares, est nulle *ipso facto*, sur la demande non point des tiers, mais de l'État dépouillé, ou de ceux qui le représentent valablement. L'infraction de la loi n'est point couverte, dans ce cas, par l'art. 94 de la loi du 22 frimaire an 8, qui ne maintient les ventes qu'à l'égard des tiers.

Les acquéreurs, et ceux qui depuis ont traité avec eux, n'ont pu, d'après la qualité de la chose aliénée, ignorer le vice originel de leur titre, parce que ce vice de nullité radicale est signalé d'avance par la loi, et que l'ignorance de la loi ne se présume pas.

VII. Il n'en était pas de même du bien d'autrui présumé national jusqu'à preuve contraire, et placé dans la cathégorie légale des choses aliénables de leur nature, dont la vente était maintenue formellement par l'acte du 22 frimaire an 8, et dont l'annulation n'intéressait directement et uniquement que les tiers.

La loi politique et d'exception qui régit toute cette matière a eu constamment pour but de garantir moins encore l'intérêt direct des acquéreurs, qui, n'ayant pas toujours été de bonne foi, n'ont pas toujours été dignes de sa faveur, que l'intérêt puissant des tiers qui ont contracté de bonne foi, par voie de rétrocession, d'échange ou autre, avec les acquéreurs primitifs, ou qui ont pris sur les biens aliénés des inscriptions hypothécaires.

Il est évident que la restitution en nature, conséquence nécessaire de l'annulation de la vente, détruirait le gage de ces créanciers, et après vingt ans de possession, altérerait la fortune et troublerait le repos des familles.

J'ajoute qu'il serait fort alarmant pour les acquéreurs de biens nationaux de vouloir établir des différences, quant à leur solidité, entre les ventes sur enchères et les ventes sur soumission, et que la Charte, dans sa prévoyante sagesse, a consacré irrévocablement les unes et les autres sans distinc-

2 *

tion, en déclarant par son article 9, « que toutes les pro-
» priétés sont inviolables, sans aucune exception de celles
» qu'on appelle nationales, la loi ne mettant aucune diffé-
» rence entre elles. »

VIII. On peut conclure de tout ceci, en thèse générale,
que les acquéreurs de biens nationaux sont, nonobstant toute
opposition antérieure ou postérieure à la vente, et quelle
qu'ait été la forme de cette vente, affranchis désormais et irrévocablement, à l'égard des tiers, de toute contestation sur la
propriété des objets vendus;

Que l'administration des domaines peut et doit, au nom
de l'État vendeur, soutenir devant les tribunaux, contre les
tiers réclamans, les contestations de cette espèce;

Que cette discussion ne peut jamais avoir pour résultat de contraindre l'acquéreur à la restitution en nature, mais seulement
de constater le droit des tiers à une indemnité payable par le
trésor, dans le cas où ces tiers feraient preuve de propriété sur
la totalité, ou sur une partie des objets compris dans la vente
nationale.

J'ai traité ailleurs la question de savoir si l'indemnité est
toujours due, et quelles sont, selon les diverses époques des
ventes, le mode et les valeurs du paiement (1).

Je dirai seulement ici, dans l'intérêt des parties, qu'il leur
importe, avant d'intenter contre le Domaine une action de
propriété, d'examiner avec soin si la vente a eu lieu avant
ou depuis l'an 9.

Car si la vente a eu lieu avant l'an 9, l'indemnité due au
tiers réclamant constitue à la charge de l'État une créance
périmée. Il n'obtiendrait donc, en plaidant à grands frais devant les tribunaux contre le Domaine, que la reconnaissance
inutile de son droit, et qu'un titre sans exécution (2).

_____

(1) *Voy.* Eod. Verb., §§ XXI et XXII.
(2) 4 mars 1819.

## § VII.

*Un contrat de vente passé nonobstant l'opposition d'un tiers, suivie de l'annulation de la soumission, est-il valable à l'égard de ce tiers?*

*Une soumission de biens nationaux précédemment engagés, faite d'après la loi du 28 ventôse an 4, et annulée par l'administration centrale, avant la soumission de l'engagiste, faite d'après la loi du 14 ventôse an 7, peut-elle être valablement suivie, à l'égard du premier soumissionnaire, d'un contrat de vente postérieur aux deux soumissions?*

*Quid, s'il y a eu soumission acceptée et suivie de jouissance, mais sans contrat, et si avant ce contrat, l'engagiste a effectué sa propre soumission?*

I. Sur la première question, on pourrait soutenir que la soumission constitue la vente; qu'elle sert de base au contrat postérieur; que le contrat n'est que l'instrument consécutif et régulier, mais non pas essentiel de la vente; que par conséquent, où il n'y a plus de soumission, il ne peut y avoir de contrat.

Mais je pense qu'il y a lieu d'examiner, avant tout, la qualité du réclamant.

Si le réclamant était régnicole, il peut opposer à l'acquéreur, soit le jugement définitif qui a, contradictoirement avec lui, reconnu le caractère d'une propriété privée, et par conséquent inaliénable, au bien litigieux dont la nationalité était d'abord présumée, soit l'acte administratif qui a annulé la soumission.

Dans ce cas, la fraude du soumissionnaire et la collusion des administrateurs du département sont presque manifestes. Ce contrat de vente surpris et sans base légale, qui méprise l'opposition du véritable propriétaire, qui dispose sciemment du bien d'autrui, et qui viole la chose jugée, pourrait peut-être, selon la circonstance, être annulé. Peut-être serait-ce en vain que l'acquéreur invoquerait les garanties de la loi du 5 décembre 1814 ; car cette loi n'est applicable qu'aux émigrés et aux actes qui résultent de l'émigration. Elle n'a pu ni voulu détruire les droits antérieurs des régnicoles (1).

Mais si le réclamant est un ancien émigré, la thèse change, ou plutôt elle se décide par la qualité que l'émigré avait au moment de la vente.

Si les biens litigieux, d'abord confisqués, puis soumissionnés, lui ont été remis de droit et de fait, après l'annulation de la soumission, en vertu des dispositions du sénatus-consulte du 6 floréal an 10, et que ces biens aient été ensuite compris par erreur ou par surprise dans un contrat de vente, je suis d'avis que les principes applicables aux tiers régnicoles sont applicables à l'ancien propriétaire émigré.

Mais si le contrat de vente a été dressé avant son amnistie, il est évident, d'une part, que son opposition antérieure n'était pas recevable, puisqu'il était, comme mort civilement, représenté par l'Etat, et que, d'ailleurs, cette opposition n'aurait eu pour résultat que de faire déclarer le bien litigieux, bien d'émigré, c'est-à-dire bien national, et par conséquent bien passible de soumission ; et d'autre part, que quelle que soit l'irrégularité du contrat de vente, il est personnellement sans qualité pour l'attaquer, aux termes de l'article 16 du sénatus-consulte du 6 floréal an 10, et de l'article 1er de la loi du 5 décembre 1814.

II. Sur la seconde question, on pourrait soutenir qu'indépendamment de ce qu'il est fort douteux qu'un contrat passé sur une soumission annulée puisse être maintenu à l'égard d'un tiers régnicole, et qu'il ne doive pas être considéré comme opérant une vente illégalement consommée, puisqu'elle n'a plus de base légale, il y a aussi à dire que la soumission de

_____

(1) Une règle différente au premier abord figure dans le § II (*Eod. verb.*) ; mais le différent mode des ventes et les cas de nullité ne sont pas les mêmes, ce qui, en changeant la thèse, change aussi la solution.

l'engagiste est véritablement la première, puisque la soumission de l'acquéreur, quoique antérieure, ayant néanmoins été annulée par l'autorité compétente, doit être regardée comme non avenue (1).

Cela posé, il ne s'agit plus que d'examiner quels sont les effets de la soumission de l'engagiste.

Voyons donc ce que l'article 14 de la loi du 14 ventôse an 7 dispose à cet égard.

« En effectuant leur soumission, les engagistes seront dé-
« clarés et reconnus propriétaires incommutables, et, *en tout*,
« assimilés aux acquéreurs de biens nationaux. »

Si les soumissionnaires-engagistes sont, aux termes de cet article, reconnus propriétaires incommutables, un contrat postérieur qui ne peut, d'ailleurs, se lier et former une suite indivisible avec la soumission antérieure de l'acquéreur, puisque cette soumission est annulée, n'a pu dessaisir l'engagiste déjà irrévocablement investi par sa soumission et par la loi.

Si l'engagiste-soumissionnaire est, *en tout*, assimilé aux acquéreurs de biens nationaux, n'a-t-il pas la priorité de vente, même en supposant que le contrat de l'ex-soumissionnaire national soit en lui-même régulier, et dès lors, ne doit-il pas, à ce titre, obtenir la préférence?

C'est mon avis.

_____

(1) Une ordonnance du 20 novembre 1815 rejette la demande d'un ex-soumissionnaire en passation du contrat de vente, par le motif « que l'administration centrale était compétente, aux termes de la loi « du 6 floréal an 4, pour refuser ou pour admettre la soumission du « requérant, et que, l'ayant valablement *rejetée*, il n'y a plus lieu « aujourd'hui de revenir sur cet objet. »

Une autre ordonnance du 20 juin 1816 porte, dans une espèce à peu près semblable, «que l'administration centrale était *compétente....*, « et qu'ayant annulé la soumission, en ordonnant la restitution des « sommes consignées par le soumissionnaire, celui-ci était *sans qua-* « *lité* pour intenter contre la commune une action de propriété qu'il « n'appartient qu'au *Domaine* d'exercer devant les tribunaux, *s'il y* « *a lieu.* »

III. Sur la troisième question, je pense qu'elle doit se résoudre d'après le caractère, l'autorité et les effets qui seront attribués à une simple soumission de biens nationaux.

Comme, selon moi, elle vaut vente, j'estime, par voie de conséquence, que le soumissionnaire national doit, dans cette dernière hypothèse, obtenir la préférence sur le soumissionnaire-engagiste dont le titre est postérieur.

C'est le cas de l'application de l'article 13 de la loi du 14 ventôse an 7, qui défend aux échangistes et engagistes de comprendre dans leur déclaration les *biens déjà vendus par la nation, ou soumissionnés en exécution de la loi du 28 ventôse an 4 et autres y relatives.*

## § VIII.

1°. *Les préfets ont-ils qualité pour statuer sur le sort et les effets d'une soumission de biens nationaux, faite en vertu de la loi du 28 ventôse an 4, et non suivie d'un contrat de vente?*

2°. *Les Conseils de préfecture peuvent-ils déclarer leur incompétence sur une pareille question?*

3°. *Le Conseil d'État peut-il retenir l'instance et la juger, omisso medio?*

4°. *Une telle soumission peut-elle constituer à celui qui l'a faite, vis-à-vis des anciens propriétaires, leurs héritiers et ayans cause, des droits acquis et susceptibles d'être maintenus par l'art. 5 de la loi du 1er décembre 1814?*

5°. *Une soumission régulièrement faite vaut-elle vente, à l'égard tant des tiers que des anciens propriétaires, et est-elle maintenue par la Charte, sauf la passation ultérieure du contrat?*

I. Les préfets ne doivent pas, lorsqu'il s'élève une contestation sur la validité et les effets d'une soumission, entre le soumissionnaire et l'ancien propriétaire, ordonner, soit la passation du contrat de vente au premier, soit la remise de la chose au second; car ils jugeraient une question dont la loi

du 28 pluviôse an 8 réserve l'examen aux Conseils de préfecture. C'est ce qui résulte d'une ordonnance royale du
1er novembre 1820, laquelle a annulé un arrêté de préfet,
par le motif que ,

« Lorsqu'il s'agit de statuer sur la valeur et les effets d'une
« soumission faite en exécution de la loi du 28 ventôse an 4,
« les contestations qui peuvent s'élever à ce sujet rentrent
« dans le contentieux des domaines nationaux, et sont du
« ressort des *Conseils de préfecture*, aux termes de l'art. 4
« de la loi du 28 pluviôse an 8, sauf recours au Conseil
« d'Etat (2). »

II. De même, les Conseils de préfecture ne doivent pas se
déclarer incompétens pour statuer sur une semblable contestation, sous prétexte qu'il s'agit d'une question de propriété,
et que le Domaine de l'Etat n'est plus intéressé, depuis la loi
du 5 décembre 1814; car il ne s'agirait, à la vérité, que d'une
question de propriété ordinaire, si le bien était réclamé par
un tiers régnicole, comme étant sa propriété patrimoniale, au
jour de la soumission. Encore est-il douteux que, dans ce cas
même, la question de propriété attirât le soumissionnaire devant les tribunaux; car si, comme je l'établirai plus bas, la
soumission valait vente, il s'ensuivrait que la question ne s'a-
giterait plus devant les tribunaux, entre le soumissionnaire irrévocable de la chose et le tiers revendiquant, mais seulement
entre le tiers et le Domaine.

Mais la contestation ne devient judiciaire sous aucun rapport, si le bien soumissionné est réclamé par l'ancien émigré
où ses héritiers et ayans cause; car il s'agit alors d'une question
qui rentre précisément dans le contentieux des domaines nationaux. Et il importe peu que l'Etat n'ait plus d'intérêt matériel au résultat de la contestation; car c'est l'intérêt politique
qui a fait surtout attribuer le jugement de ces questions à l'au-

---

(1) 12 mai 1820, — loi du 28 pluviôse an 8, art. 4. «Le Conseil de
« préfecture prononcera.. sur le contentieux des domaines nationaux.»

torité administrative; outre que l'Etat peut aussi avoir éventuellement un intérêt matériel au maintien des soumissions,
puisque, si elles étaient annulées, il serait obligé de restituer
au soumissionnaire le prix des consignations versé dans ses
caisses, postérieurement à l'an 9. Dès lors la question ne saurait
appartenir aux tribunaux; ils se trouveraient liés, malgré le
renvoi du Conseil de préfecture. Ils pourraient et devraient
même déclarer leur incompétence, soit sur le déclinatoire des
soumissionnaires, soit d'office : ce qui engendrerait un conflit
négatif, dont la décision soumise au Conseil d'Etat amènerait
l'annulation de l'arrêté du Conseil de préfecture, mais ne remettrait les parties, comme on le voit, dans la véritable route,
qu'après de longs et inutiles détours (1).

Les Conseils de préfecture doivent donc, après avoir jugé
la validité de la soumission, renvoyer les soumissionnaires,
ou devant le préfet, pour y faire passer à leur profit le contrat
de vente, ou devant les autorités instituées par la loi du 5 décembre 1814, pour recevoir des émigrés réintégrés le prix des
à-compte payés sur les soumissions.

III. Le Conseil d'Etat ne doit pas lui-même, sur un semblable pourvoi, retenir l'affaire. En vain dirait-on qu'il peut,
comme les cours royales saisies de l'appel d'un jugement interlocutoire rendu par un tribunal de première instance,
garder la contestation et la juger; en vain ajouterait-on que
les parties sont présentes, que les pièces sont produites, que
l'instruction est contradictoire et complète; qu'il ne faut pas
éterniser le jugement des affaires et multiplier les frais, par un
renvoi inutile devant le Conseil de préfecture qui a déclaré
son incompétence : il ne faut pas enlever aux parties le bénéfice d'un premier degré de juridiction que la loi leur accorde.
D'ailleurs, l'autorité supérieure prononce avec plus de maturité, de lumières et de certitude, lorsque l'autorité locale, qui
a été, pour ainsi dire, témoin oculaire des faits, qui a une

_____

(1) 12 mai 1820.

connaissance exacte des précédens, et qui possède dans ses archives tous les documens du litige, a porté un premier jugement (1).

IV. Le point de compétence éclairci, voyons maintenant la question en elle-même.

Une soumission faite en matière de biens nationaux constitue-t-elle au soumissionnaire des droits acquis et maintenus par la loi du 5 décembre 1814 ?

Les principaux argumens des anciens propriétaires se réduisent, en substance, à soutenir qu'aux termes des lois, la soumission sans contrat ne peut transférer la propriété au soumissionnaire; que le gouvernement n'est pas plus lié par les paiemens que par la soumission; qu'il en est de même de la possession que les soumissionnaires ont prise, et dans laquelle ils se sont maintenus, et qui, n'étant pas fondée sur la loi, ne peut être considérée que comme l'œuvre de la violence ou de l'erreur; qu'en effet, l'art. 3 de la loi du 22 prairial an 4 ne leur donnait pas droit à une jouissance actuelle et réelle avant la passation du contrat, mais au remboursement, après que ce contrat serait passé, du montant des fruits perçus par le Domaine depuis le paiement du second quart; que la loi du 22 frimaire an 8 ne maintient que les ventes légalement consommées, et qu'il n'y a pas de consommation de vente sans contrat; qu'après la Charte, qui abolit toute confiscation, après la loi du 5 décembre 1814, qui rend aux émigrés tous leurs biens non vendus, il ne peut être passé contrat de vente, au nom de l'Etat, d'un bien autrefois confisqué sur un émigré, et dont l'Etat ne doit plus disposer aujourd'hui.

Ces raisons ne sont pas sans force; elles ne sont pas non plus sans replique.

En effet, une soumission n'était pas une simple déclaration d'acquérir; elle renfermait, même assez parfaitement, les trois

_____

(1) 8 janvier 1817.

conditions qui font la vente: le consentement, la chose et le prix.

Le consentement se déduit, d'une part, de la volonté et de la proposition du soumissionnaire d'acquérir les biens par lui indiqués, sur le prix de la soumission qui en sera faite; et, d'autre part, de la volonté et de l'acceptation du gouvernement de lui en passer acte pour le même prix.

La chose est nettement convenue entre les parties, puisqu'elle est désignée par le soumissionnaire dans l'acte de proposition que le gouvernement accepte.

Le prix enfin peut être et est laissé à l'arbitrage des tiers, qui sont ici les experts. D'ailleurs, la consignation du quart est un commencement d'exécution de la part de l'acquéreur; et l'Etat vendeur est d'autant plus lié, qu'ayant promis d'aliéner et ayant reçu le prix en partie, avant de livrer la chose, il ne peut se dédire, en perdant les arrhes, puisqu'il n'en a pas donné.

Il suit de là qu'une soumission acceptée par l'Etat, suivie de la consignation partielle du prix et de l'estimation de la chose, n'est pas tout-à-fait une vente, mais qu'elle vaut promesse de vente.

Elle n'est pas tout-à-fait une vente, puisqu'aux termes de la loi du 28 ventôse an 4 ( art. 4 ), et de la loi, en forme d'instruction, du 6 floréal même année ( § 4 ), un contrat doit être ultérieurement dressé sur le prix de l'estimation, d'après le modèle E, annexé à ladite loi; mais elle renferme le consentement de l'administration, puisque l'administration nomme les experts chargés d'estimer la valeur des biens à vendre.

La soumission ne transfère pas la propriété irrévocable du bien, puisqu'aux termes de l'instruction du 6 floréal an 4, § 1er, le contrat *seul* fait *entrer* le soumissionnaire en *propriété;* mais elle lie l'administration, qui, en admettant la soumission et en recevant la consignation du quart, s'engage à passer un contrat de vente. Dès lors, la soumission confère à celui qui l'a faite un *droit* à obtenir le contrat qui n'est plus que le complément exigible et l'instrument matériel et consécutif de la vente.

Les porteurs de mandats n'étaient pas des soumissionnaires ordinaires. Les mandats emportaient avec eux hypothèque, privilége et délégation spéciale sur tous les domaines nationaux situés dans toute l'étendue de la France.

Le paiement de ces effets ou créances privilégiées, au lieu de se tourner en liquidation, se convertissait, par la soumission des porteurs, en un droit réel sur le bien national qu'ils désignaient spécialement, et qui leur était généralement affecté. Lié par sa dette, lié par sa promesse, l'État ne pouvait refuser au soumissionnaire la délivrance du contrat, à moins que la soumission ne portât sur des bois et forêts au-dessus de 300 arpens ou sur des maisons et édifices destinés à un service public, ou sur des droits incorporels, seuls biens nationaux affranchis, par la loi, de l'hypothèque des mandats.

La modicité de la consignation du quart ne peut être opposée au soumissionnaire pour éloigner la passation du contrat, puisque aucune consignation ne pouvait être refusée comme insuffisante.

Quant à l'exception de la déchéance légale et de plein droit, prononcée par les lois des 6 floréal an 4, 11 frimaire an 8 et autres, contre les acquéreurs en retard de payer aux époques fixées par l'acte de vente, elle ne peut être opposée aux soumissionnaires, parce que les déchéances de cette espèce n'ont jamais été considérées que comme comminatoires, à l'égard, non-seulement des simples soumissionnaires, mais des acquéreurs sur enchères, et qu'il a toujours été libre au Ministre des finances d'en relever, sur la demande des parties, même après la reprise de possession au nom du Domaine, et jusqu'à ce que la revente à la folle enchère eût été commencée par l'apposition des affiches.

Il n'est pas même inutile de faire remarquer que la plupart

des soumissionnaires qui réclameraient aujourd'hui le contrat de vente sont en pleine possession, depuis vingt ans, de la chose en litige; qu'ainsi donc, la double condition exigée pour la remise aux anciens propriétaires, savoir l'irrévocabilité de la déchéance et la réunion actuelle au Domaine, ne se rencontrent pas ici : d'où il suit que l'art. 4 de la loi du 5 décembre 1814 n'est pas applicable.

A la vérité, la soumission n'empêchait pas les tiers régnicoles de former opposition à la passation du contrat, et de la faire juger par l'administration centrale, aux termes de la loi du 6 floréal an 4.

Cette exception était fondée, d'une part, sur ce que, dans les aliénations de domaines nationaux faites d'après le mode de la loi du 28 ventôse an 4, les soumissionnaires seuls, et non l'administration, indiquaient et spécialisaient le bien soumis à leur hypothèque générale, et qu'ils se proposaient d'acquérir; que par conséquent ils n'avaient pu comprendre que par erreur ou par fraude, dans leur désignation, des propriétés patrimoniales; qu'il fallait donc laisser les tiers s'opposer à cette dépossession illégale, puisque la loi ne pouvait et ne voulait vendre que des biens *nationaux*.

Elle était fondée, d'une autre part, sur ce que le contrat de vente faisant seul *entrer* le soumissionnaire en *propriété* des objets aliénés, on ne pouvait dire que jusque là on portât en annulant la soumission, atteinte à une vente nationale, puisqu'il n'y avait pas encore de vente consommée, ni aux droits des cessionnaires, puisqu'il n'y avait pas encore eu de transmission complète et définitive au cédant.

C'est d'après ce principe qu'on a soutenu que, même aujourd'hui, l'opposition formée par un tiers régnicole ou par une commune, à une soumission non suivie de contrat, serait admise, avec cette différence que, comme il s'agirait de statuer sur une question préalable de propriété, cette question serait renvoyée, non plus comme sous l'empire circonstanciel de la loi du 6 floréal an 4, aux administrations locales, mais aux tribunaux (1).

Mais pour que, dans ce système, inadmissible selon moi, l'opposition de quelqu'un fût recevable, et par conséquent, pour que la soumission pût être annulée, il ne suffirait pas de prouver qu'on est aujourd'hui redevenu propriétaire des biens compris dans la soumission, en vertu de la Charte, qui a aboli la confiscation, et de la loi du 5 décembre 1814, qui a remis aux émigrés leurs biens non vendus, il faudrait prouver que le bien présumé national était une propriété patrimoniale au jour où la soumission a été faite et reçue. C'est à cette seule condition que la loi du 6 floréal an 4 permettait l'opposition avant la vente.

Encore est-il douteux que l'opposition, même des tiers, fût recevable. On en doit donc conclure que, dans aucun cas, elle ne saurait être admise de la part de l'ancien émigré, ses héritiers ou ayans cause (2).

Cela posé, les soumissionnaires ont véritablement un droit acquis, non pas à jouir, sans contrat, du bien indiqué, mais à s'en faire passer contrat de vente. Or, s'ils avaient ce droit contre le Domaine avant la loi du 5 décembre 1814, ils l'ont pareillement contre l'émigré qui le représente, qui, par conséquent, ne peut exercer que les actions du Domaine son auteur, et qui, aux termes du sénatus-consulte du 6 floréal an 10, ne peut revenir contre les actes et arrangemens quelconques passés, pendant son absence, entre l'État et des tiers.

L'action des émigrés en nullité de la soumission est encore bien moins recevable lorsque des décrets contradictoires ou des arrêtés de Conseils de préfecture passés, après due signification, en force de chose jugée, ont ordonné qu'il serait dressé con-

---

(1) Décret du 8 janvier 1813.

(2) « On ne pourra, dit la loi du 6 floréal an 4, opposer au soumis-
« sionnaire d'autres exceptions que celles portées dans la loi du 28
« ventôse an 4, art. 4, et dans la présente exception (p. 1).

trat de vente. Le sort des soumissionnaire est alors irrévocablement fixé à l'égard du Domaine et de ceux qui le représentent;
le contrat de vente n'est plus alors qu'une simple mesure
d'exécution (1).

Le soumissionnaire ne doit donc, comme on le voit, s'appuyer trop ni sur la loi du 22 frimaire an 8, ni sur l'art. 9 de
la Charte, ni sur la jurisprudence du Conseil d'État, qui ont
maintenu les ventes légalement consommées, puisqu'on pourrait lui opposer avec probabilité, qu'il n'y a pas encore pour
lui de vente, à proprement parler; mais il suffit qu'il réclame
l'application de l'art 1er de la loi du 5 décembre 1814, qui
maintient tous les droits acquis et fondés sur des lois et des
actes du Gouvernement relatifs à l'émigration. Cette loi est ici
celle du 28 ventôse an 4; cet acte est la soumission. Le législateur
a dit au soumissionnaire : Vous deviendrez propriétaire des
biens spécialement affectés à l'hypothèque de vos mandats, si
vous remplissez les conditions que je vous impose. Le soumissionnaire répond : J'ai rempli vos conditions, accomplissez

----

(1) 16 juillet 1817.

Si, parce qu'un décret aura ordonné qu'il soit passé contrat de
vente, on rejette la demande de l'émigré en réintégration, on en peut
conclure que la soumission vaut vente. Car le décret n'est qu'une ordonnance d'exécution qui semblerait devoir être regardée comme non
avenue depuis la loi de remise du 5 décembre 1814, si elle n'a pas reçu
cette exécution avant ladite loi. Le soumissionnaire tire donc plutôt son
droit de la soumission ellemême que du décret, qui n'est pas une vente.

La règle que je pose souffrirait exception pour toutes les soumissions qui pourraient avoir été faites sur des terrains ou bâtimens actuellement employés au service militaire, et dont l'effet était suspendu,
aux termes de l'art. 1er de la loi du 11 fructidor an 4, même pour
celles dont les soumissionnaires auraient fourni une partie du prix.
Dans ce cas, les immeubles dont le soumissionnaire n'a jamais joui et
qui sont restés affectés au service du département de la guerre, jusqu'au 5 décembre 1814, doivent, en exécution de la loi de ce jour,
être remis à l'ancien propriétaire.

C'est ce qui résulte d'une ordonnance royale, du 11 août 1819.

maintenant votre promesse, en dressant le contrat translatif de propriété.

Tels sont, si je ne me trompe, les vrais principes de la matière.

Au surplus, la question paraît avoir été préjugée par une ordonnance royale du 23 avril 1818, qui a rejeté la demande d'un ancien propriétaire, lequel revendiquait, aux termes de la loi du 5 décembre 1814, un bien soumissionné dont il n'avait pas encore été passé contrat de vente.

Toutefois, je ne dois pas laisser ignorer que les circonstances suivantes se rencontraient dans l'espèce :

1°. Le domaine soumissionné était susceptible d'être aliéné comme non compris aux exceptions portées dans la loi du 28 ventôse an 4.

2°. La soumission avait été admise sans opposition par l'administration centrale.

3°. L'acceptation de la part de l'administration centrale résultait encore de la nomination d'experts contradictoires.

4°. Le soumissionnaire s'était conformé, pour les consignations de paiement, aux dispositions des lois des 28 ventôse et 6 floréal an 4, et il résultait du décompte établi par le receveur du département, qu'il avait soldé et au delà la valeur donnée au domaine, suivant l'estimation de l'expert désigné par l'administration centrale.

5°. Enfin il avait joui paisiblement de ce domaine depuis 20 ans.

L'ordonnance conclut de ces divers faits, que l'ancien propriétaire n'était pas recevable dans sa demande, aux termes de la loi du 5 décembre 1814.

Je sais bien que les mêmes circonstances peuvent ne pas se rencontrer toutes dans d'autres soumissions.

Mais on ne doit pas moins tirer de l'ordonnance cette induction, que, pour être maintenue vis-à-vis de l'ancien propriétaire, une soumission n'a pas besoin d'avoir été suivie, avant la Charte, d'un contrat de vente, et qu'elle peut avoir la vertu de constituer à celui qui l'a faite, des droits acquis et susceptibles d'être confirmés par l'art. 1er de la loi du 5 décembre 1814.

Dans ces termes, toute la question se réduit à savoir si la soumission est nulle ou valable en elle-même.

Si elle est nulle, le domaine doit être remis à l'émigré, sauf le remboursement à faire, par lui, des à-compte payés sur la soumission.

Si elle est valable, c'est au préfet qui remplace les anciennes administrations centrales, à dresser l'acte complémentaire de vente, dans les formes et d'après les bases tracées par la loi du 6 floréal an 4.

S'il y a un reste de prix à solder, il doit être versé par l'acquéreur dans les caisses du Domaine, et remis à l'ancien propriétaire en exécution de la loi du 5 décembre 1814; mais les sommes perçues à compte par le Domaine avant la Charte ne doivent pas être restituées.

V. Enfin, à l'appui de cette opinion, qu'une soumission *régulière* vaut vente, sauf la passation ultérieure du contrat, tant à l'égard des tiers que des anciens propriétaires, on peut ajouter, qu'il résulte d'un décret du 2 février 1809, « que « les soumissions ont été considérées *comme ventes*, d'après « le respect dû à la foi publique et à la disposition qui « accordait aux soumissionnaires la jouissance des fruits, à « compter du jour de l'enregistrement de la quittance du « deuxième quart. »

Ce décret tranche la question, en thèse générale. Il suffit que la soumission indique avec netteté la situation, la démarcation et l'étendue du terrain, et que le deuxième quart du prix présumé ait été versé dans les caisses du Domaine, pour que cette soumission soit considérée comme une vente.

Sous ce rapport, et lorsque les conditions ont été accomplies, la garantie du soumissionnaire, attaqué même par un tiers régnicole, se trouve non seulement dans la loi spéciale du 5 décembre 1814, mais encore dans les lois générales de la matière et dans la Charte, qui maintiennent irrévocablement toutes les aliénations des domaines nationaux.

## § IX.

*La vente d'un bien incorporel national faite* sur soumis-sion, *au profit d'un tiers, en vertu de la loi du 28 ventôse an 4, est-elle nulle aux termes de ladite loi?*

*Dans le cas de nullité de la vente, qui, de l'Etat, ou de l'ancien propriétaire, doit restituer à l'acquéreur les sommes par lui payées?*

Pour jeter plus de jour sur cette question, il ne sera pas inutile de retracer succinctement la législation relative à la vente des droits incorporels, tombés dans le Domaine national.

I. L'art. 14 de la loi du 20 mars 1791 a ordonné qu'il serait sursis à la vente et à l'aliénation des droits incorporels nationaux (1).

Cette suspension n'a été levée par la loi du 13 septembre 1792 que relativement aux *rentes* constituées *en argent*, dues à l'État (2).

La loi du 30 brumaire an 4 ajourna la vente des domaines nationaux (3).

La loi du 28 ventôse même année, qui substitua les man-dats territoriaux aux assignats, leva cet ajournement (4).

---

(1) 20 mars 1791, art. 14. « Il sera *sursis*, quant à présent, et jus-« qu'à ce qu'il en soit *autrement ordonné*, à la vente et aliénation « des droits incorporels nationaux. »

(2) 13 septembre 1792, art. 1er. « Toutes les rentes *constituées en* « *argent* appartenant à la nation.... seront mises en vente sans délai, « dans la forme des biens nationaux. »

(3) 30 brumaire an 4. « la vente des domaines nationaux est sus-« pendue jusqu'au 1er avril prochain. »

(4) 28 ventôse an 4, art. 4. « Les mandats emporteront avec eux « hypothèque sur tous les Domaines nationaux,.... de manière que tout « porteur de ces mandats pourra se présenter à l'administration du « département du domaine qu'il voudra acquérir, et le contrat de « vente lui en sera passé, etc. »

3 *

II. C'est dans l'état et sous l'empire de cette législation , qu'une *rente en grains*, due à un émigré, fut vendue par la nation, le 9 thermidor an 4.

Les anciens propriétaires de la rente ont, après leur réintégration, demandé l'annulation de cette vente.

Ils faisaient valoir pour moyens, 1°. que la loi du 28 ventôse an 4 ne contenait aucune disposition relative aux droits incorporels, ni pour en prohiber, ni pour en autoriser la vente;

Que la prohibition existait dès 1791 , et n'avait cessé que par la loi du 21 nivôse an 8, bien postérieure au contrat; que c'est parce qu'elle n'avait pas encore été levée, ni par la loi du 28 ventôse an 4, ni par aucune autre précédente, que l'instruction du 12 frimaire an 5 l'avait rappelée comme devant servir de règle;

Qu'il était constant que la loi de prohibition rendue en 1791 n'avait pas été abrogée par la loi du 28 ventôse an 4; qu'en effet, elle ne l'était pas explicitement par une disposition spéciale et précise, et qu'on ne pouvait non plus l'induire implicitement, par voie de conséquence et d'analogie; que tout se refusait, au contraire, dans les lois des 28 ventôse et 6 floréal an 4, à ce que leurs dispositions fussent appliquées aux domaines incorporels;

Que la première de ces lois, après avoir affecté aux mandats les domaines nationaux situés dans l'étendue de la France, expliquait qu'il n'était question que des immeubles ; qu'en effet, l'art. 5 porte que la valeur des biens sera fixée à raison de 22 fois le revenu, pour *les terres labourables , près, bois, vignes* et *dépendances ,* d'après les baux existant en 1790;

Que l'art. 6 détermine la valeur des *maisons, usines , cours et jardins* en dépendant , à 18 fois leur revenu d'après les baux de 1790;

Que l'instruction convertie en loi, le 6 floréal an 4, s'exprimait ainsi : les *domaines* nationaux se divisent en deux *classes*:

la première comprend *les biens ruraux*; la deuxième, les *maisons, moulins, usines*;

Qu'il n'était pas formé une troisième classe;

Qu'il n'était pas stipulé un troisième mode d'estimation pour les rentes et droits incorporels, parce qu'ils n'étaient pas aliénables, parce que la loi n'avait affecté à l'hypothèque des mandats que des immeubles réels;

Qu'on ne pouvait prétendre que le mode d'estimation créé pour les immeubles pût servir pour l'aliénation des rentes foncières; car cette même instruction désignait comme un des types de l'estimation, la contribution foncière; ce qui était évidemment inapplicable aux rentes, qui n'ont qu'une existence morale et conventionnelle, qui ne sont point cotisées sur les rôles, qui n'ont pas besoin d'une triple expertise, qui ne sont pas louées à bail, qui n'ont ni revenu net, ni superficie, ni réalité;

Que cette loi, quant aux valeurs créées par la loi de ventôse, ne parlait uniquement que de mandats territoriaux, de mandats sur les terres, acquitables en terres, et non en rentes et redevances;

Que c'était donc, en dernière analise, une nécessité de conclure que les lois des 28 ventôse et 6 floréal an 4 n'avaient fait aucune mention des droits incorporels; qu'elles n'avaient pas pourvu à leur aliénation; que, dès lors, elles avaient laissé subsister la prohibition précédemment établie; et qu'ainsi, l'administration centrale, en consentant à souscrire le contrat du 9 thermidor an 4, s'était écartée de ces lois aussi-bien que de celle du 20 mars 1791.

III. Les acquéreurs répondaient qu'il s'agissait d'une rente foncière; qu'elle appartenait à la nation substituée aux droits d'un émigré; qu'elle avait été vendue comme bien d'émigré, le 9 thermidor an 4; que cette rente avait été sanctionnée par la constitution de l'an 8, qui avait enveloppé dans sa garantie, toutes les ventes quelconques antérieures, sans exception, sans distinction et sans réserve.

Ils ajoutaient, que la Charte avait corroboré cette garantie ; que, d'ailleurs, les principes qui régissent les ventes ordinaires n'étaient point applicables aux ventes de domaines nationaux ;

Qu'ainsi, dans le droit commun, la vente du bien d'autrui était nulle ; mais que si l'administration avait compris par erreur, dans une vente de biens nationaux, un bien d'origine patrimoniale, le propriétaire dépossédé qui n'aurait point formé son opposition en temps utile n'avait droit qu'à l'indemnité du prix et non à la restitution en nature ; que si donc le gouvernement, en vendant la chose d'autrui, pouvait faire un acte valide et inattaquable, comment pouvait-on dire que, lorsqu'il avait vendu sa propre chose, cette chose fût sujette à éviction ?

Tels étaient, en substance, les moyens respectifs des anciens propriétaires de la rente et des acquéreurs.

IV. Il s'agit maintenant de peser la force de ces moyens, et d'appliquer les lois de la matière à la question principale et à la question incidente qui en découle.

Nous pensons :

1°. Que le sursis à la vente des biens incorporels nationaux, prononcé par l'art. 14 de la loi du 20 mars 1791, n'a été levé que relativement aux rentes constituées en argent, dues à la nation par des particuliers ;

Que la loi du 13 septembre 1792, qui ordonne la mise en vente de ces sortes de rentes, fixe les gradations qui devront être observées dans la soumission, le délai dans lequel les adjudicataires devront payer, et la mise en jouisssances de ces adjudicataires ;

Que la loi du 28 ventôse an 4 ayant introduit un nouveau mode de soumission et de vente, l'arrêté du Directoire exécutif du 12 frimaire an 5, rappela que l'aliénation des rentes même déclarées vendables, était soumise à la suspension générale prononcée par la loi du 30 brumaire an 4 ;

Que si donc, la prohibition s'étendait sur les rentes constituées en argent et aliénables, à plus forte raison, frappait-elle les rentes en nature, dont l'aliénation avait été défendue par la loi du 20 mars 1791;

Que cette loi n'a été abrogée par les dispositions explicites ou implicites d'aucune autre loi, jusqu'à celle du 28 ventôse an 4;

Que cette dernière n'affecta à l'hypothèque des mandats territoriaux, que des domaines purement corporels, divisés en deux classes : la première, composée de bâtimens et usines; la deuxième, de biens ruraux, tels que bois, prés, terres et vignes;

Que dans les tableaux annexés à l'instruction du 6 floréal an 4, il n'est parlé que de la propriété, de la nature, de la quotité et de la situation des domaines soumissionnés, des baux existans en 1790, de la cotisation de ces domaines aux rôles de la contribution foncière, et de l'estimation par experts; opérations tout-à-fait étrangères et inutiles à la vente des droits incorporels;

Que la loi du 21 nivôse an 8 fut la première qui autorisa le rachat, et subsidiairement, l'aliénation des rentes dues à l'État, avec des conditions particulières et un mode différent de celui introduit par la loi du 28 ventôse an 4;

Et que l'on ne pourrait, sans tomber dans les erreurs de la rétroactivité, faire valider par la loi du 21 nivôse les ventes antérieures passées en contravention aux lois alors existantes;

Qu'à la vérité, les ventes de biens nationaux sont inattaquables, et garanties irrévocablement par la constitution de l'an 8, par la Charte, par la législation antérieure et par la jurisprudence des décrets, mais que cette garantie ne s'applique qu'aux ventes légalement consommées;

Que le même principe, qui a voulu cette garantie dans l'intérêt des tiers et pour le maintien de la foi publique, exige impérieusement aussi qu'on ne l'étende pas aux ventes passées contre la volonté manifeste de la loi;

Que la nullité qui découle de cette violation de la loi, infecte radicalement l'acte d'adjudication en lui-même;

Qu'en provoquant un acte nul dans son essence, l'acquéreur

s'est volontairement et sciemment exposé à l'annulation éventuelle qui pouvait le frapper;

Qu'on peut, non sans quelque raison, attacher, en certains
cas, une inviolabilité moins pleine aux ventes sur soumission
qu'aux ventes sur enchères; car, comme les premières n'étaient
point préparées et consommées dans des formes publiques et
solennelles, les voies de l'opposition dans le délai utile ne
pouvaient être ouvertes aux tiers laissés dans l'ignorance;

Qu'ainsi et par cette raison, l'ancien gouvernement n'a jamais, comme l'avis du Conseil d'Etat du 14 mars 1808 le fait
voir, entouré les acquéreurs de rentes domaniales par voie de
transfert, de la même sollicitude que les acquéreurs de domaines corporels par voie d'enchères.(1);

Qu'au surplus, dans l'espèce, la vente par voie de soumission n'a point entravé l'opposition des tiers, puisque les anciens propriétaires représentent l'Etat vendeur, et font valoir
ses actions non périmées qui leur ont été remises par la loi du
5 décembre 1814; et que, si l'on appuie sur la différence existante entre ces deux modes d'aliénation, ce n'est pas pour
ébranler la solidité des ventes sur soumission, mais seulement
pour signaler la facilité des surprises que, dans la secrète passation des contrats de ce genre, des soumissionnaires adroits
pouvaient faire à la bonne foi des administrations centrales;

Que l'illégalité d'une vente faite en vertu de la loi du 28
ventôse an 4 a déjà donné lieu à une instance portée au Conseil

---

(1). Quoique la distinction que je pose ici soit vraie en elle-même,
et qu'elle soit confirmée par l'arrêt du Conseil d'Etat du 14 mars 1808,
je ne crois pas devoir insister trop sur un pareil motif,

1°. Parce que la loi du 23 frimaire an 8 et l'art. 9 de la Charte
n'établissent aucune différence entre les ventes sur soumission et les
ventes sur enchères;

2°. Parce qu'il serait très impolitique de ne pas couvrir de la même
garantie toutes les ventes de biens nationaux légalement consommées,
quel qu'ait été le mode de vente. — *Voy.* au mot DOMAINES NATIO-
NAUX, § II.

d'Etat, et à un décret du 30 décembre 1809, qui, dans une espèce absolument semblable, a prononcé l'annulation d'un contrat passé au profit d'un sieur Toquebœuf, sur le fondement *que la loi du 28 ventôse an 4 n'avait affecté uniquement à l'hypothèque des mandats territoriaux que des immeubles* RÉELS.

En vain exciperait-on des dispositions de la loi du 1er floréal an 3, et de la loi du 22 frimaire an 8, dont la première a confirmé les ventes des biens des femmes copropriétaires, par indivis, avec leurs maris émigrés, et dont la seconde a maintenu également les ventes faites, par erreur, des propriétés d'origine patrimoniale.

Ces argumens par voie d'induction n'ont aucune force.

D'abord, parce qu'il n'est point permis d'étendre des lois odieuses, des lois d'exception, à d'autres cas que ceux qu'elles ont prévus et réglés.

Ensuite, parce que ces lois qui faisaient taire les plaintes de l'intérêt particulier devant la nécessité politique ont toujours évité avec soin de froisser les intérêts du gouvernement, de lui opposer les mêmes exceptions qu'aux émigrés, et même aux tiers regnicoles, et de couvrir de leur garantie les ventes des biens que l'Etat avait ôtés du milieu des domaines nationaux, avait mis à part, et déclarés inaliénables.

Ainsi, les ventes des terrains formant l'enceinte des places de guerre, celles des maisons et édifices publics, et celles des portions de bois distantes de moins de trois cents toises des forêts nationales, avaient toujours été considérées comme nulles, encore bien que l'acquéreur invoquât, pour les légitimer, le bénéfice de la constitution.

Une foule de décrets ont consacré ce principe.

Il peut s'en faire une juste et directe application à la vente des droits incorporels, mis également hors du commerce, hors de la catégorie des choses aliénables.

Si la vente de ces droits est nulle sous le rapport de la qualité même de la chose aliénée, c'est-à-dire sous le rapport du fond , elle ne l'est pas moins sous le rapport des formes ;

En effet , la valeur des prestations en nature étant variable de soi-même , l'évaluation en est nécessairement arbitraire , à moins qu'elle ne soit déterminée par la loi.

Or , les lois des 28 ventôse et 6 floréal an 4, sur lesquelles la vente actuelle repose, n'ont prescrit aucun mode d'aliénation pour les droits incorporels : pourquoi ? parce qu'elles les considéraient comme inaliénables ; et cependant, qu'a fait l'administration ? elle a appliqué à une vente de droits incorporels, précisément le même mode d'évaluation , les mêmes formalités, les mêmes conditions, qu'à une vente de domaines corporels. On demande s'il peut y avoir une violation de formes plus arbitraire et plus manifeste ? Qu'est-ce donc que ce contrat qui n'a été passé ni avec les solennités prescrites par la loi de 1790, ni selon le mode institué par la loi du 21 nivôse an 8 qui alors n'existait pas, qui ne peut avoir d'effet rétroactif, et dont les bases, d'ailleurs, sont différentes ? C'est donc avec raison qu'on doit dire que cette vente est frappée d'une nullité radicale, et dans sa substance matérielle, et sous le rapport des formes ;

Si l'on semblait craindre les applications de la solution proposée à beaucoup de cas pareils, par voie de conséquence et d'analogie, on ferait observer, à cet égard, que la vente des droits incorporels n'ayant pu s'effectuer que depuis la loi du 6 floréal an 4, jusqu'à l'arrêté du Directoire exécutif du 12 frimaire an 5 qui rappelait la prohibition de la loi du 20 mars 1791, c'est-à-dire dans l'espace d'environ quatre mois, ces sortes de ventes ont été très-rares ;

Il y a lieu de croire que les autres administrations centrales auront montré plus d'obéissance à la loi, et plus de respect pour leur propre caractère ;

On objecterait en vain que le paiement du prix a effacé tous les vices du contrat et scellé, pour ainsi dire, l'acquisition entre les mains de son auteur ;

En effet, le vice primitif et substantiel d'une aliénation

ne peut être racheté par le paiement du prix, soit partiel, soit même intégral; le fait du paiement est étranger à la question de nullité de la vente; le droit de l'acquéreur se résout purement et simplement en une action pour la restitution du prix;

Ainsi, en dernière analise, selon nous, ni lalégislation antérieure, ni l'acte constitutionnel de l'an 8, ni la Charte, ni la jurisprudence des décrets, ni l'exécution du contrat, ni la consommation du paiement, ni l'intérêt des tiers, ne s'opposent à l'annulation de la vente dont il s'agit.

V. A cette question principale se rattache la question accessoire de savoir qui, de l'Etat ou de l'ancien propriétaire, doit restituer à l'acquéreur les sommes par lui payées?

Sur cette dernière question, nous pensons que la loi du 5 décembre 1814 n'a point voulu grever le trésor public de la restitution du prix, et que cette restitution, dans le cas où elle devait avoir lieu, a été attachée comme condition spéciale à la remise des biens; qu'il y a une assimilation aussi naturelle que complète entre les acquéreurs déchus et les acquéreurs évincés, et que, par conséquent, l'art. 5 de ladite loi leur est également applicable; qu'en effet, les anciens propriétaires ayant été subrogés, tant aux droits passifs qu'aux droits actifs du Domaine, par l'effet de la remise entre leurs mains, soit des biens existans encore en nature, soit des actions litigieuses en nullité et en revendication, c'est contre eux, par une conséquence naturelle de ladite subrogation, et non contre le Domaine, que les acquéreurs évincés ou déchus doivent se pourvoir à fin de restitution de la totalité, ou des à-compte du prix par eux payés;

Que l'ancien propriétaire ne peut opposer à l'acquéreur ainsi que peut être l'aurait fait le Domaine, que toute liquiquidation est fermée à son égard, puisqu'il ne s'agit pas d'une créance sur l'État; en quoi il n'est pas inutile de faire remarquer que la loi du 5 décembre 1814 n'a pas été moins favorable aux acquéreurs qu'aux émigrés; car si cette loi n'eût pas donné à l'acquéreur un nouveau débiteur de son prix, en cas de déchéance ou d'éviction, l'État aurait repoussé sa demande en restitution, par l'application des lois de déchéance;

Enfin, que la loi du 5 décembre 1814, en interposant l'administration des Domaines, comme médiatrice entre les émigrés réintégrés et les acquéreurs déchus ou évincés, ouvre à ces derniers un nouveau mode de liquidation qui doit pleinement les rassurer; qu'au surplus, la remise du prix de l'acquisition sera pour l'ancien propriétaire une charge peu lourde, si l'on veut bien faire attention qu'il ne doit rendre qu'une somme égale à la réalisation en numéraire au cours du jour du paiement, des valeurs remises par l'acquéreur dans les caisses du Domaine, et que la plupart de ces valeurs étaient, au jour dudit versement, dépréciées et à peu près nulles.

## § X.

*Les créanciers privilégiés et hypothécaires des anciens propriétaires sont-ils admissibles à attaquer, par la voie de la tierce opposition, les décrets définitifs qui ont ordonné la vente, sur soumission, de biens nationaux assignés à leur hypothèque, sous prétexte que cette vente est nulle, et que leurs droits ont été sacrifiés?*

I. La justice aussi-bien que le bon sens veulent sans doute que ceux qui doivent être entendus dans une instance y soient appelés; que ceux qui n'ont point été défendus puissent s'opposer au jugement qui les condamne; mais ce principe ne régissait pas étroitement, et dans tous les cas, les ventes de biens nationaux.

Ainsi, la loi du 28 ventôse an 4 voulait qu'il fût prononcé par l'administration centrale, entre les soumissionnaires et ceux qui se prétendraient propriétaires des fonds soumissionnés; mais elle n'admettait pas les créanciers des prétendus propriétaires à critiquer la soumission et à former opposition à la vente (1). Et en effet, comment cette loi qui, dans la vue de

_____

(1) « Tous les domaines nationaux sont vendus quitte de toutes

presser les ventes et de remplir le vide du trésor public, ar-
rachait arbitrairement les citoyens à leurs juges naturels, et
soumettait toutes les questions de propriété dans le plus bref
délai, sans contradiction et sans forme, au jugement des administrations centrales, aurait-elle souffert que des créanciers, quels qu'ils fussent, vinssent, par la discussion de leurs
droits, embarrasser et ralentir la marche des ventes, et le versement de leurs deniers dans les caisses épuisées de l'Etat ?

Mais sous quelque face qu'on envisage la question, et soit
qu'il s'agisse d'une vente sur soumission ou d'une vente sur
enchères, de quel droit les créanciers seraient-ils venus former
opposition à cette vente?

En matière ordinaire, la faculté de suivre leur hypothèque sur les biens vendus, en quelques mains qu'ils passent,
leur garantit suffisamment le paiement de l'intégralité de leurs
créances, et ils n'ont ni qualité, ni intérêt à empêcher la vente,
sauf à eux à se faire colloquer pour le prix dans l'ordre, et
selon l'antériorité, soit de leurs priviléges, soit de leurs hypothèques; en matière de ventes nationales, le législateur avait eu
soin de pourvoir également à la conservation de leurs droits,
parce qu'en même temps que d'un côté, pour favoriser la concurrence et l'empressement des acquéreurs, en coupant la ra-
cine des procès, il affranchissait les biens vendus des liens de
toute hypothèque, de l'autre côté, il ouvrait, pour la conservation des droits des créanciers, un mode de liquidation que
la loi du $1^{er}$ floréal an 3 a régularisé, et qui embrassait toutes
les créances hypothécaires, soit judiciaires, soit conventionnelles, soit légales. Cette liquidation, dont le mode, les formes,
les conditions et les délais étaient déterminés, purgeait par le

---

« charges et *hypothèques* ; et il ne peut être reçu d'opposition qu'au-
« tant que les opposans prétendraient qu'un domaine, présumé natio-
« nal, est leur *propriété particulière*, et en cela l'*administration du*
« *département prononcera* dans la *décade.* » N° 7 du § $I^{er}$ de la loi,
en forme d'instruction du 6 floréal an 4.

fait, les hypothèques qui l'étaient dans le droit, par la seule déclaration de la loi, et par là, désintéressait pleinement les créanciers.

Ainsi, même en admettant que le domaine vendu appartînt réellement à un propriétaire régnicole, tout recours en annulation de la vente est prohibé aux créanciers par les dispositions des lois spéciales de la matière.

La consommation de la vente nationale a nécessairement cet effet vis-à-vis du propriétaire présumé, qu'elle convertit son droit de propriété en une indemnité proportionnelle à payer, s'il y a lieu, par le trésor, et cet autre et unique effet, vis-à-vis du créancier, qu'elle résout son action hypothécaire en un simple recours en liquidation, si toutefois il prouve que son débiteur était, lors de la vente, véritablement propriétaire du bien aliéné; car s'il ne le prouve pas, il a seulement, contre ce débiteur, une action soit personnelle, soit de stellionat, s'il y a eu fraude, soit en transfert de ses inscriptions sur d'autres biens.

II. C'est, au surplus, une chose incontestable et d'ailleurs toute naturelle, qu'il n'y a guère de propriétés d'émigrés qui ne fussent grevées d'hypothèques, soit judiciaires, soit légales, soit conventionnelles. Or, on le demande, s'il était permis à chacun des porteurs de ces inscriptions de provoquer l'annulation des ventes des biens confisqués, au profit de l'État, sur leurs débiteurs, sous le prétexte qu'ils n'ont pas été appelés ni défendus lors des décrets qui ont ordonné les ventes, que ces ventes sont irrégulières, qu'elles leur portent préjudice, et que par conséquent, leur tierce opposition est recevable, quelles alarmes l'admission d'un tel principe, ne semerait-elle pas, à l'instant, parmi toutes les classes de la société ?

On doit donc, en résumé, tenir pour constant, que les créanciers n'avaient ni qualité, ni intérêt, ni droit, pour former tierce opposition aux arrêtés et décrets qui ordonnaient des ventes nationales; que la loi leur ouvrait un mode spécial de liquidation; que les biens vendus étaient francs de toutes charges et hypothèques; que les acquéreurs sont libérés de toute action, soit personnelle, soit hypothécaire, de la part des créanciers, par le seul effet de la déclaration de la loi, et de la clause expresse de leur contrat; que si l'action des propriétaires régnicoles et des copropriétaires par indivis se résout en un simple recours en indemnité sur le trésor, s'il y a lieu, à plus forte raison, l'action des créanciers ne peut-elle pas s'exercer sur les biens en nature (1);

Enfin, que les ventes consommées sont irrévocables; que la plupart de ces ventes sont entachées d'irrégularités telles, qu'en matière civile, l'annulation en serait prononcée sans difficulté; mais que la consommation de la vente nationale efface et couvre ces erreurs; et que si, sur le fondement de ces erreurs, sur l'allégation et sur la démonstration même de l'iniquité des décrets qui les ont consacrées, et sous le prétexte de n'avoir pas été entendus, quelques créanciers parvenaient une fois à faire admettre leur tierce opposition, il en résulterait inévitablement les désordres les plus étranges, l'impuissance et l'oubli des garanties de la Charte, la ruine et la confusion de toutes les propriétés d'origine nationale.

C'est dans ce sens qu'une ordonnance royale du 31 janvier 1817, rendue à mon rapport, a décidé:

« Qu'aux termes des lois sur la vente des biens nationaux,
« lesdits biens étaient francs et quittes de toutes charges et
« hypothèques;

« Que les mêmes lois ouvraient aux créanciers des émigrés
« un mode particulier pour la liquidation de leurs créances;

« Que par conséquent, les oppositions et tierces oppositions
« des créanciers auxdites ventes ne sont pas recevables, et que
« leur action hypothécaire se résout en un simple recours en
« liquidation. »

---

(1) Cette raison est décisive. Comment, en effet, le créancier aurait-il sur le bien vendu un droit que n'a pas le propriétaire originaire de ce bien, même regnicole?

## § XI.

*Dans les aliénations de maisons nationales, faites par voie de loterie, est-ce le procès verbal de description, dressé par l'expert, et l'envoi en possession, opéré par le bureau du Domaine national, ou le prospectus et le tirage au sort, qui font le titre et la loi des parties, et déterminent les objets vendus?*

Deux maisons contiguës, mais distinctes l'une de l'autre, sises à Paris, et numérotées anciennement 905 et 906, avaient appartenu, avant la révolution, à deux propriétaires différens.

Ces deux maisons tombèrent dans le domaine national, par l'émigration des deux propriétaires.

Un décret de la Convention, du 29 germinal an 3, avait ordonné l'aliénation des maisons et bâtimens, par voie de loterie.

Ce décret porte : Art. 1er. « Les maisons et bâtimens appar- « tenant à la nation seront aliénés successivement, par voie « de loterie, à raison de 50 fr. le billet.

Art. 3. « Le comité des finances est chargé de rectifier et « ratifier, s'il y a lieu, les évaluations de ces maisons. »

En exécution de ce décret, la maison n° 905 fut mise en loterie, et figura seule sur le prospectus d'aliénation.

Cependant l'expert confondit, par erreur, les deux maisons, dans son procès verbal descriptif.

Le bureau national ordonna, en conséquence, la délivrance de ces deux maisons au porteur du billet gagnant.

L'ancien propriétaire de la maison n° 906 l'a réclamée comme inaliénée.

On lui a opposé l'exécution de la vente et la prescription.

De là naissent les questions suivantes :

1°. Est-ce le prospectus ou le procès verbal de description qui fait le titre et la loi des parties?

2°. L'envoi en possession, ordonné par le bureau du Domaine national, est-il attributif de propriété?

3°. Ne doit-on pas laisser les parties vider devant les tribunaux la question de prescription, avant de faire expliquer l'administration sur la validité et l'étendue de la vente?

I. On répondra, sur la première question :

Que les principes qui régissent les ventes sur soumission et sur enchères ne peuvent s'appliquer aux ventes faites par voie de loterie.

Dans les unes, et surtout dans les ventes sur enchères, l'estimation précède toujours la vente, fait corps avec elle, et l'explique.

Ici, au contraire, avant le prospectus, il y a absence de titre, d'estimation et de mise à prix.

Si le procès verbal de description, dressé par l'expert, contient une erreur au préjudice de l'Etat, cette erreur de confusion peut être rectifiée; elle l'est même implicitement par le prospectus. Or il y a erreur, puisque les deux maisons sont distinctes l'une de l'autre par leur origine, par leur situation, par leur numéro, par leur imposition sur la matrice du rôle des contributions, à des articles séparés, à des noms différens, et pour des sommes diverses, enfin par le titre même de la vente, qui est et ne peut être que le prospectus seulement.

II. Sur la seconde question :

Que l'envoi en possession n'équivaut point à la transmission de propriété. En effet, la transmission ne peut être faite que par le titre; le titre est le prospectus; délivrer n'est pas vendre. Cette vente, à la vérité, est un jeu du sort; mais enfin, pour gagner à la loterie, il faut y mettre. Lorsqu'un seul numéro est sorti de cette roue de fortune, le porteur du billet gagnant ne peut et ne doit légitimement réclamer que ce numéro.

Il faut ajouter qu'aux termes de l'art. 3 de la loi du 29 germinal an 3, le comité des finances de la Convention était seul chargé de ratifier et de rectifier les évaluations des maisons mises en loterie.

Or, si le comité des finances, qui, dans cette partie et à cette époque, réunissait les pouvoirs législatif et judiciaire, eût sanctionné par une disposition quelconque l'envoi en possession, même erroné, fait par le bureau national, l'ancien propriétaire serait aujourd'hui sans droit et sans qualité pour revenir contre un jugement ou acte souverain rendu pendant son émigration.

Mais puisque la difficulté n'a pas été soumise au Comité des finances, on ne doit considérer la délivrance que comme un simple acte administratif, qui ne peut avoir d'effet qu'à l'égard des objets compris dans le lot échu au porteur du billet gagnant.

III. Sur la troisième question :

Que la question de prescription est purement judiciaire. Elle ne fait donc pas obstacle à ce que le Conseil d'Etat prononce sur la question purement administrative de la validité de la vente en elle-même.

Celle-ci doit toujours être décidée avant l'autre ; car, avant de savoir s'il y a prescription, il faut savoir s'il y a eu vente. Si le Conseil d'Etat déclare qu'il y a eu vente de l'objet litigieux, la question de prescription tombe d'elle-même ; s'il déclare qu'il n'y a pas eu vente, l'exception supplétive de prescription peut alors être opposée, devant les tribunaux, par l'acquéreur à l'ancien propriétaire.

Ainsi, chaque difficulté arrive à sa solution dans son ordre naturel ; et chaque autorité reste dans les limites de sa compétence.

C'est ce qui a été décidé par une ordonnance du 10 septembre 1817, rendue à mon rapport (1).

## § XII.

*De deux ventes nationales et successives de même bien, laquelle doit être maintenue ?*

C'est une question importante, sur laquelle la jurisprudence a long-temps varié.

---

(1) *Voy. eod. verb.*, § II, *in fine*.

I. Un décret du 14 juillet 1812 semblait l'avoir résolue en faveur du second acquéreur, par le motif que la seconde vente avait été faite sans opposition, et que c'est un principe incontestable, en matière de ventes de domaines nationaux, que lorsque toutes les formalités qui doivent les précéder ont été remplies, l'acquéreur devient propriétaire incommutable, quelle que soit l'origine du bien vendu.

Il est vrai que, dans l'espèce de ce décret, les biens étaient, à l'époque de la seconde vente, entre les mains de l'État, et affermés par lui.

Mais comme il n'y avait pas eu de déchéance, faute de paiement, prononcée contre le premier acquéreur, la circonstance que l'État vendeur ne l'avait pas mis en possession, ou l'avait reprise, ne suffisait pas pour résilier la vente, et constituer l'État propriétaire avec la capacité d'aliéner.

C'est donc véritablement parce qu'il n'y avait pas eu d'opposition à la seconde vente, qu'on l'a maintenue.

Ce principe était-il régulier?

Sans doute, la première vente est valable dans cette matière, à l'égard des tiers réclamans, lorsqu'ils n'ont point formé leur opposition en temps utile; on présume alors que les affiches, les expertises, les publications et les enchères, les ont suffisamment avertis, et le gouvernement, placé entre la négligence des opposans et la bonne foi des acquéreurs, a préféré ceux-ci.

Mais le gouvernement vendeur, qui, à défaut d'opposition en temps utile, a pu et dû ignorer le droit des tiers, ne peut prétexter la même ignorance, lorsqu'il vend une seconde fois, par erreur, ce qu'il vient d'adjuger avec tant de solennités.

Le second acquéreur a dû être averti par la publicité de la première vente.

Le tiers, quelquefois absent des lieux, n'est pas obligé de savoir qu'on vend sa chose. Il se repose sur sa possession et sur son titre.

Mais l'enchérisseur doit remonter à l'origine du bien mis

4 *

en vente, et s'enquérir si les précédens propriétaires ou acquéreurs ont émigré, ou sont déchus.

Le premier acquéreur a foi pleine et sincère dans la solidité de son contrat. Placé sous la garantie de la loi constitutionnelle elle-même, peut-il, en son absence et à son insçu, être évincé par l'ignorance ou la mauvaise foi de son vendeur ?

La crainte d'une telle éviction n'aurait-elle pas suffi pour écarter les enchérisseurs ou les soumissionnaires, et de troisièmes acquéreurs n'auraient-ils pas pû évincer les seconds qui auraient dépouillé les premiers ? L'intérêt du trésor ne périrait-il pas dans ce circuit d'évictions et de recours en garantie et en indemnité ?

La raison politique veut que, sous aucun prétexté, l'acquéreur national ne puisse être dépossédé, lorsque la vente a été légalement consommée. La raison politique a fait maintenir la première vente, malgré le droit des tiers régnicoles, manifesté par une opposition tardive. La même raison doit faire maintenir la première vente préférablement à la seconde.

J'ajoute que, d'après les règles du droit civil, la vente de la chose d'autrui est prohibée. Cette règle reprend sa force lorsque le motif politique qui y a fait déroger n'existe plus, comme ici, qu'il s'agit uniquement d'une question de préférence entre deux acquéreurs.

L'Etat n'a pû vendre valablement une seconde fois le même objet par lui déjà aliéné à un tiers ; car il a disposé de ce qu'il ne lui appartenait pas. S'il y a eu de sa part erreur ou mauvaise foi, le premier et légitime acquéreur n'en peut ni n'en doit souffrir ; celui qui achète *à domino* doit être préféré a celui qui achète *à non domino*.

Il est rare, d'ailleurs, que le premier acquéreur ne possède pas réellement le bien litigieux au moment de la seconde vente. Cette possession, sans ajouter à la force intrinsèque et légale de son titre, justifie néanmoins, au besoin, la faveur de sa priorité.

Cette question de priorité n'est pas sans importance, depuis que les lois ont frappé de déchéance les créances antérieures à l'an 9.

En effet, si le premier acquéreur était évincé, son droit se réduirait à une action en indemnité sur le trésor, action à laquelle le fisc opposerait peut-être la forclusion, à cause de la date ancienne de la vente.

Le second acquéreur peut courir les même chances, s'il a payé son prix antérieurement à l'an 9.

Mais celui-ci est moins favorable que l'autre.

Aussi la question de préférence est-elle maintenant résolue contre lui.

II. Mais, avant de statuer sur la priorité des deux ventes, il faut statuer sur l'identité des objets vendus (1). Car si la deuxième vente comprend des biens non aliénés au premier acquéreur, le second acquéreur doit-être maintenu dans la possession de ces derniers objets.

III. Si le second acquéreur oppose la possession ou la prescription, ces exceptions judiciaires, qui n'empêchent pas l'autorité administrative de prononcer préalablement sur la question de priorité, doivent être renvoyées devant les tribunaux (2).

IV. Toutefois, si le premier acquéreur avait été définitivement déchu, faute de paiement du prix, la seconde vente serait préférée; car l'Etat, par l'effet de la déchéance, est redevenu légalement propriétaire, et par conséquent capable d'aliéner valablement. Le contrat primitif est rompu; l'acquéreur déchu ne peut plus réclamer la propriété de la chose, mais seulement la restitution des sommes par lui versées dans les caisses du Domaine; il n'y a plus dès lors concurrence de deux ventes; il n'en existe qu'une seule, la seconde (3).

Cette exception confirme la règle, et la règle a été consa-

---

(1) 26 mars 1812, — 23 février 1820.
(2) 13 juillet 1813, — 10 septembre 1817.
(3) 13 janvier 1816.

crée par un arrêt du Conseil, du 7 avril 1813, rendu à mon rapport, qui annulle la seconde vente, comme étant le fruit de l'erreur et d'après le motif,

« Qu'il n'y a aucune loi relative à la vente des domaines » nationaux de laquelle il résulte que le second acquéreur » est préférable au premier ;

» Que dans cet état de choses, il y a lieu de recourir aux » règles du droit commun, qui veulent que le premier acqué- » reur soit préféré au second. » Ces motifs sont généraux, et s'appliquent aux ventes faites directement au nom et dans l'intérêt de l'État, comme aux ventes faites au nom et dans l'intérêt de la caisse d'amortissement.

Toutefois, la raison de décider a encore plus de force à à l'égard de ces dernières ventes, parce qu'elles sont régies, à l'égard des tiers, par les règles du droit commun; que le premier acquéreur est un tiers relativement au second, et que, d'après le droit commun, la vente du bien d'autrui est nulle.

C'est dans le sens de ces règles, qu'il a été prononcé par les décrets des 13 juillet 1813, 23 novembre 1813, 17 janvier 1814, 12 mars 1814, et par les ordonnances des 17 janvier 1814, 17 novembre 1814, 17 novembre 1819, et 24 juillet 1822.

C'est aussi par suite de ce principe, qu'une adjudication qui comprendrait le même bien qu'un partage de succession postérieurement fait par l'État avec un tiers, prévaudrait sur ce partage (1).

## § XIII.

*Lorsqu'un conflit a été élevé sur une contestation relative à une vente de biens nationaux, et qu'il a été confirmé par une ordonnance royale, le Conseil d'État doit-il rete- nir le jugement de l'affaire, omisso medio, ou renvoyer préa- lablement les parties devant le Conseil de préfecture.*

*Doit-il retenir la connaissance d'une question de biens*

---

(5) 5 décembre 1817.

*nationaux, sur laquelle le conseil de préfecture, dont il annulle l'arrêté, a déclaré son incompétence?*

I. Les conflits ont pour objet de revendiquer les affaires qui sont de la compétence de l'administration, et que l'erreur des parties a portées devant les tribunaux.

Mais en réglant les compétences, on ne doit pas enlever aux parties le bénéfice des deux degrés de juridiction que la loi les appelle à parcourir. La contestation peut se terminer devant le juge administratif de première instance, sans frais, sans lenteurs et sans déplacement. Ce mode est plus légal, plus simple, plus économique.

Quelquefois néanmoins le Conseil d'Etat a jugé *omisso medio*, lorsque les parties, ayant, à l'occasion du conflit, plaidé contradictoirement devant lui sur le fond même, produisaient, au soutien de leurs dires, les procès verbaux d'estimation et d'adjudication (1).

Il faut, à cet égard, poser une distinction :

Lorsque l'acte d'adjudication mis sous les yeux du Conseil garde le silence sur la question agitée devant les tribunaux, le Conseil d'Etat, qui prévoit la déclaration ultérieure du Conseil de préfecture, peut, *de plano*, renvoyer l'affaire devant les tribunaux, en annulant l'arrêté de conflit. Il ne fait alors que régler les compétences.

Mais s'il approuve l'arrêté de conflit, et s'il s'agit de procéder au jugement de l'affaire au fond, c'est alors qu'il doit renvoyer préalablement les parties devant le Conseil de préfecture.

II. On a vu aussi quelquefois le Conseil d'État juger au fond, lorsque les Conseils de préfecture se déclaraient à tort incompétens, et renvoyaient l'affaire devant les tribunaux.

On s'appuyait sur ce que le Conseil d'Etat peut, comme

(1) Aujourd'hui les parties n'instruisent plus contradictoirement par voie contentieuse, en matière de conflits. —*Voy.* l'ordonnance du 12 décembre 1821.

les cours royales saisies de l'appel d'un jugement interlocutoire rendu par un tribunal de première instance, retenir le
jugement de la contestation. On ajoutait que, lorsque les parties
sont présentes, que les pièces sont produites que ; l'instruction
est-contradictoire et complète, il importe de ne pas multiplier
les frais, et de ne pas éterniser le litige par un renvoi superflu
devant l'autorité inférieure.

Mais cette doctrine, toute plausible qu'elle soit, a été abandonnée.

En effet, 1°. les cours royales saisies de l'appel d'un jugement interlocutoire retiennent la cause, parce que les jugemens interlocutoires préjugent le fond. Mais le Conseil de
préfecture, loin de préjuger le fond, s'en dépouille entièrement, lorsqu'il se déclare incompétent; il n'y a donc pas d'induction à tirer par analogie d'un cas à l'autre, puisqu'il n'y a
pas d'analogie entre les deux cas . indépendamment de ce que
les règles de la procédure civile ne sont pas applicables à la
décision des affaires administratives.

2 . D'ailleurs, les juridictions sont d'ordre public. Or aucune loi n'a permis au Conseil d'État de retenir la connaissance
d'une affaire de biens nationaux, en 1re instance. L'art. 4 de
la loi du 28 pluviôse an 8 porte que « les Conseils de préfec-
« ture connaîtront de tout le contentieux des domaines na-
« tionaux. »

3°. Les juridictions appartiennent aussi aux parties; aucune
autorité ne peut leur enlever le bénéfice d'un premier degré
que la loi leur a conféré.

4°. En outre, on sent que les affaires de cette nature sont
mieux débrouillées par les autorités locales qui ont succédé
immédiatement aux administrations venderesses, et qui, par
la tradition des choses, le secours de leurs archives, et la connaissance des lieux et des personnes, peuvent statuer en pleine
maturité de cause, et dans le cas de recours, porter à la religion du Conseil d'État tous les éclaircissemens dont il aurait
besoin.

Ainsi décidé par ordonnances rendues, à mon rapport, les 8 janvier 1817, 12 mai 1820, 1ᵉʳ novembre 1820 et 8 mai 1822 (1).

## § XIV.

*Lorsqu'à défaut de procès verbal d'estimation, l'acte d'adjudication garde le silence sur la nature et l'étendue des objets vendus, mais qu'il se réfère à un bail antérieur, le bail antérieur doit-il être appliqué à la difficulté proposée, par le Conseil de préfecture et ensuite par le Conseil d'État, ou doit-il être appliqué seulement par les tribunaux ?*

La jurisprudence du Conseil d'État n'est pas encore définitivement établie sur ce point, et d'excellens esprits n'ont pas professé à cet égard la même doctrine.

I. Les uns ont soutenu que lorsque l'acte d'adjudication se réfère à un bail antécédent, ce bail alors tient lieu du procès verbal d'estimation qui précède ordinairement la vente; que ce bail fait alors partie intégrante de l'acte de vente lui-même ; que, comme il a servi à en régler le prix et à faire connaître l'origine des biens aliénés, il doit servir aussi à expliquer les clauses ambiguës de l'acte d'adjudication, à apprécier son étendue, à le rectifier ; qu'il lui sert, en un mot, d'auxiliaire et d'interprète; que d'ailleurs, lorsque la clause du bail auquel la vente se réfère est manifeste, on épargne aux parties, en l'appliquant *de plano*, les lenteurs et les frais d'un renvoi et d'une longue instruction devant les tribunaux ordinaires (2).

II. Les autres ont répondu :

Que toutes les discussions sur la validité, l'exécution et l'interprétation d'un bail, appartenaient, de plein droit, aux tribunaux ;

Qu'on y renvoyait même l'explication des baux administratif, passés depuis la mainmise nationale, mais antérieurs à l'adjudication ;

_____

(1) *Voy. eod. verb.* § VIII.
(2) *Voy. eod. verb.* § II.

Qu'il y avait cette différence entre l'estimation et le bail, que *l'estimation* est toujours un acte purement adminis- tratif qui précède la vente, qui est l'une de ses parties essen- tiellement intégrantes, qui est dressé par l'autorité venderesse, qui désigne et circonscrit dans des limites précises ce qui a été aliéné, qui développe ordinairement en détail ce que l'acte d'adjudication rassemble et vend en masse; tandis que le *bail* n'est qu'accidentellement relaté dans l'adjudication, à défaut de procès verbal d'expertise, et seulement pour régler, comme renseignement, les mises à prix, et désigner en bloc la nature et la forme des objets vendus; mais que ce bail n'est point, par lui-même, ainsi que le procès verbal d'expertise, un acte ad- ministratif, soumis, en cette qualité, à l'examen des corps ad- ministratifs;

Qu'il peut contenir plus ou moins que l'acte définitif de vente, et comporter avec lui des conditions diverses ou même contraires, que l'acquéreur n'est point tenu de subir;

Que si le bail immédiat à la vente se référait lui-même à un bail antérieur, et celui-ci à d'autres, il faudrait donc aussi examiner successivement cette foule de titres privés que l'administration n'a point passés;

Que, d'après la loi du 28 pluviôse an 8, le Conseil de pré- fecture ne doit expliquer que les actes de vente seulement;

Que cette juridiction attribuée aux corps administratifs est une exception au droit commun, en vertu duquel les tribu- naux sont les interprètes et les appréciateurs naturels de tous les contrats;

Que si donc cette jurisprudence est exceptionnelle, il faut la renfermer étroitement dans les limites que la loi lui a tracées;

Que si, dans le corps de l'acte de vente, on avait écrit plusieurs clauses du bail antérieur, ou si l'on renvoyait à l'ap- plication de ce bail, par une énonciation précise et formelle, alors on pourrait dire que ces clauses, par leur insertion dans l'acte, ou par leur rapport clairement exprimé, ont changé de nature, se sont converties en clauses administratives, et sont devenues parties intégrantes, interprétables et applicables de l'adjudication ; mais que cette exception, loin de détruire la règle, la confirme, au contraire, avec une nouvelle force ;

Enfin, que s'il importait de mettre un terme aux contestations, dans l'intérêt des parties, il importait aussi de maintenir les règles, dans l'intérêt public, et de ne souffrir de dérogation aux juridictions communes, que dans les cas rigoureusement prévus et réglés par les lois.

Tels sont les motifs des deux opinions qui, sur cette question, ont jusqu'ici partagé le Conseil d'État.

Cependant, il paraît assez bien établi aujourd'hui que, lorsque la vente est faite en bloc et se réfère généralement à un bail antérieur, la question de savoir si, dans le silence de l'acte de vente, et d'après ce bail, tel objet a été vendu ou non, appartient aux tribunaux.

Que si, au contraire, la vente a été faite en détail, et qu'elle se réfère spécialement à quelque clause insérée dans le bail antérieur, ce bail que l'administration s'approprie, devient *partiellement* un acte administratif, et sous ce rapport, ne peut être expliqué que par le Conseil de préfecture.

III. Il en est de même si la vente exprime la réserve spéciale d'une servitude portée dans le bail.

Encore, si le bail se bornait seulement à rappeler l'existence de cette servitude, il n'appartiendrait qu'aux tribunaux d'en régler le mode et l'exercice.

L'application de ces règles varie sans doute comme la diversité des espèces; mais il faut toujours se rappeler que les Conseils de préfecture et le Conseil d'État lui-même ne sont que des tribunaux d'exception.

Si l'intention de l'administration qui a vendu n'est pas manifeste, si le dispositif de l'acte de vente ne se lie pas d'un lien étroit et indivisible avec le bail antérieur, les Conseils de préfecture doivent s'abstenir d'interpréter ce bail, et renvoyer les parties devant les tribunaux ordinaires.

Si, au contraire, les deux actes de vente et le bail ne font qu'un seul et même corps, d'intention et de fait, et s'ils s'expliquent clairement l'un par l'autre, le Conseil d'État doit retenir une cause prête à recevoir un bon jugement, et épargner aux parties la prolongation de litiges et de haines qui naîtraient d'un renvoi inutile devant les tribunaux (1).

## § XV.

*Est-ce aux tribunaux ou à l'administration à prononcer sur l'existence et le mode des servitudes actives et passives de vue, de passage, de puisage, de mitoyenneté et autres, réservées généralement ou spécialement dans les ventes de biens nationaux?*

I. La plupart des biens nationaux ont été vendus avec toutes leurs servitudes actives et passives, sans garantie et sans indemnité de la part de l'État.

Le but de cette disposition a été de faciliter les ventes, en les dégageant de tout embarras, de simplifier la rédaction des actes, et d'éviter des demandes récursoires en garantie contre l'État, qui, ayant vendu les biens avec la même précipitation qu'il les confisquait, n'avait pas eu le temps, dans le tumulte de cette occupation violente, de rechercher et de vérifier la nature et l'étendue des servitudes actives et passives constituées sur ou au profit des biens confisqués.

Cette clause banale a été insérée dans presque tous les contrats de vente, qui, en effet, ne s'expliquent pas sur la constitution, la nature, l'étendue et l'exercice des servitudes.

La règle de jurisprudence est que, dans le silence des actes de vente, les Conseils de préfecture ne peuvent recourir aux baux antérieurs pour en interpréter le sens et les clauses,

---

(1) Voir les arrêts du 15 mai 1813, — 12 décembre 1818, — 1er septembre 1819, — 20 janvier 1819, — 2 juin 1819, — 25 avril 1820, — 29 août 1821, — 19 décembre 1821.

ni examiner l'état des lieux, ni consulter les livres des monastères, chapitres et églises, ni argumenter de la notoriété publique, ni se déterminer par les principes qui régissent les servitudes, en général.

L'Etat est sans intérêt, puisqu'il est délié de toute garantie. L'administration est sans juridiction, puisque ses propres actes gardent le silence.

Dès lors, toutes les difficultés qui peuvent s'élever à ce sujet sont du ressort des tribunaux.

II. Toutefois, si l'acte de vente établit avec détail et dans une clause spéciale la réserve d'une servitude quelconque, active ou passive, s'il en circonscrit ou s'il en étend la jouissance ou la souffrance, et s'il en détermine le mode, le Conseil de préfecture est compétent pour en faire la déclaration ; mais il doit se restreindre dans cette déclaration, et renvoyer les parties devant les tribunaux, pour faire résoudre les autres questions qui s'y rattachent.

Ainsi, telle maison a été vendue avec des droits de mitoyenneté ou de puisage, de vue droite ou oblique, sur une autre propriété nationale contiguë ; ainsi, un champ, un pré, un bois, enclavé et réservé au milieu des champs, prés et bois nationaux, a été aliéné avec stipulation d'un droit de passage pour son exploitation.

Dans ces divers cas, le Conseil de préfecture doit déclarer, d'après la clause spéciale de l'acte de vente, que la servitude de mitoyenneté ou de vue existe au profit de l'acquéreur, ainsi qu'il est écrit littéralement dans ladite vente. Mais s'agit-il de l'exercice plus ou moins onéreux de ces servitudes ? le Conseil de préfecture doit renvoyer les parties devant les tribunaux, pour y faire prononcer, à cet égard, d'après les titres anciens, ou la possession, ou les maximes du droit civil.

C'est ainsi que chaque autorité restera dans les bornes de ses attributions (1).

_____

(1) 23 avril 1807, — 19 octobre 1808, — 27 octobre 1808, — 17 dé-

## § XVI.

*L'acquéreur d'un bien national confisqué sur un émigré non noble, réintégré dans ses droits par la loi du 22 nivôse an 3, a-t-il dû verser le reliquat du prix de son acquisition entre les mains du receveur des Domaines, ou entre les mains de l'ancien propriétaire ?*

I. La loi du 22 nivôse an 3, qui permettait aux émigrés non nobles de rentrer en France, porte, art. 7 :

« Les propriétés non encore vendues de ceux qui rentreront
« dans le territoire de la république, en exécution de l'ar-
« ticle 4, leur seront rendues, à la charge par eux de payer
« les frais de séquestre et d'entretenir les baux qui auront
« été faits par la nation, pendant leur absence.

« Quant à celles de leurs propriétés qui se trouveraient
« vendues, le *prix* leur en sera *remis* à titre de *secours*, et
« d'après les *conditions des ventes*, déduction faite *des frais*
« *de séquestre* et de vente (1). »

Pesons attentivement chacun des termes de cet article; car c'est là que se trouve la solution de la question proposée.

Le prix sera *remis*, dit-il : le mot *remettre*, dont se sert également la loi du 5 décembre 1814, ne peut s'entendre que de l'*Etat* et non de l'*acquéreur*, qui n'effectue pas une *remise*, mais un *paiement*.

*A titre de secours*, ajoute la loi: il est encore évident qu'il s'agit d'une *faveur de l'Etat*, et non d'une *obligation de l'acquéreur*, qui ne paie qu'à titre de *débiteur*, et non de *distributeur de grâces*.

*Déduction faite des frais de séquestre et de vente* : les

_____

cembre 1809, — 6 février 1810, — 13 août 1811, — 26 mars 1812, — 20 juin 1812, — 20 juin 1812, — 18 juillet 1812, — 24 août 1812, — 22 septembre 1812, — 11 janvier 1813, — 25 février 1817, — 19 mars 1820, — 29 août 1821, — 27 février 1822, — 1er mai 1822.

(1) Conférer avec le § XXII.

frais, pour être *déduits*, devaient nécessairement être *liqui-dés;* il fallait aussi liquider les à-compte que l'adjudicataire avait payés.

Mais cette liquidation pouvait-elle être faite par les acqué-reurs?

Il est évident que cette opération ne pouvait être dressée que par les agens du gouvernement.

N'était-ce pas aussi par le gouvernement que les frais, une fois liquidés, devaient être retenus?

L'esprit de la loi du 22 nivôse an 3 n'est pas moins que son texte, favorable à l'acquéreur.

En effet, cette loi n'a pu avoir pour but de réprimer les fraudes et la mauvaise foi de l'acquéreur; car il était absolu-ment sans intérêt pour verser son prix entre les mains, soit du Domaine, soit de l'ancien propriétaire, puisque, dans ces deux cas, il ne devait payer que dans les mêmes valeurs, c'est à-dire dans celles que stipulait son contrat.

Le gouvernement, qui avait rendu cette loi, et qui en même temps était le vendeur, n'aurait pas pu contraindre l'acqué-reur à payer à l'ancien propriétaire en d'autres valeurs et à d'autres époques, sans imprimer à son décret de restitution un effet rétroactif, et sans violer ouvertement la loi commune du contrat.

On peut aussi argumenter, en faveur de l'acquéreur, des dispositions de la loi du 1er floréal an 3.

Cette loi distingue entre les ventes *à faire* par les copro-priétaires indivis avec l'Etat, et les ventes *faites.*

Quant aux premières ( celles à faire ), l'art. 107 veut que ce qui se trouvera dû à la nation soit versé dans les caisses du Domaine, et que ce qui se trouvera dû aux copropriétaires soit versé entre leurs mains.

Quant aux *secondes* ( celles faites ), l'art. 109 veut que les copropriétaires soient payés sur le mandat des Directoires de district, aux époques où les acquéreurs feront leurs verse-mens.

Donc, alors même que la loi reconnaît le titre et le droit des copropriétaires par indivis, elle ne veut pas que ce soit entre leurs mains, mais dans celles du Domaine, que les acquéreurs versent le prix qu'ils doivent encore.

L'application de cette règle, par analogie, à la question actuelle, est aussi facile que juste.

On ne peut pas même assimiler des émigrés amnistiés, qui n'ont que des droits conditionnels et modifiés par la loi de leur retour, à des copropriétaires par indivis, régnicoles, qui avaient des droits préexistans que le gouvernement ne pouvait anéantir ni modifier.

Ainsi, en résumé, la loi du 22 nivôse an 3 n'a ni dérogé ni voulu déroger à ce principe, que, pour obtenir sa libération, un débiteur doit payer à son créancier, un acquéreur à son vendeur.

Par conséquent, le paiement ne pouvait être régulièrement et valablement fait par l'acquéreur national qu'entre les mains du Domaine, son vendeur, sauf remise, de la part de celui-ci, à l'ancien propriétaire.

Ainsi décidé, à mon rapport, par ordonnance royale du 27 août 1817 (1).

## § XVII.

*Le Ministre des finances a-t-il pu, avant la Charte, relever les acquéreurs de biens nationaux des déchéances prononcées par la loi du 11 frimaire an 8, faute par eux d'avoir soldé le prix de leurs acquisitions dans le délai de ladite loi?*

*Ces déchéances étaient-elles absolues ou comminatoires?*

----

(1) L'intérêt de l'ancien propriétaire à avoir l'acquéreur pour débiteur plutôt que l'État provient de ce que s'il s'adressait directement à l'État, comme sa créance est antérieure à l'an 9, il se verrait repoussé par l'application des lois de déchéance.

C'est pour éluder cette exception qu'il dirige ses poursuites contre l'acquéreur; mais cette voie n'est pas légale.

*Les arrêtés des préfets qui prononçaient la déchéance pouvaient-ils être réformés par le Ministre, sur la demande des acquéreurs, ou d'office?*

On a soutenu que les deux questions devaient être résolues négativement.

I. En effet, disait-on, sur la première, la loi du 11 frimaire an 8 a déclaré déchus irrévocablement tous les acquéreurs de biens nationaux qui n'auraient pas payé dans le délai d'un mois (1).

Or le Ministre ne pouvait, par un arrêté, déroger à cette disposition précise et impérative de la loi.

Si, par une indulgence de fait et par une décision gracieuse, il a sursis à la revente, le contrat lié originairement entre l'Etat et l'acquéreur n'en était pas moins dénoué par la main même de la loi.

S'il est survenu une seconde loi (2) qui, dans l'intervalle, ait, en faveur des anciens propriétaires, dessaisi l'Etat des biens frappés de déchéance, les effets de la décision de sursis ne tombent-ils pas devant l'obligation de la loi? Qu'est-ce en effet qu'une simple décision ministérielle entre deux lois, dont l'une enlève les biens à l'acquéreur, et dont l'autre dispose?

Ces objections ne manquent pas d'une force apparente; mais voici ce qu'on peut répondre.

Les lois n'ont toutes, ni les mêmes caractères, ni les mêmes effets. Il est des lois de principe, il est des lois d'exécution.

Lorsqu'elles lient entre l'Etat et les citoyens un engagement quelconque, l'Etat ne peut le rompre sans le consentement de l'autre partie contractante.

---

(1) L'art. 10 de la loi du 11 frimaire an 8 porte: « Faute, par les « acquéreurs...... ils seront irrévocablement déchus et *dépossédés*; sans « qu'il soit besoin d'aucune formalité. »

13. « La régie des domaines sera tenue de faire exécuter sans délai « la dépossession des acquéreurs tombés en déchéance. »

(2) Loi du 5 décembre 1814, art. 2 et suivans.

Lorsqu'elles ne sont qu'un moyen d'exécution, mis à la disposition de l'État dans son seul intérêt, le débiteur ne peut y apporter une résistance légitime. Mais l'État peut y renoncer.

Or les lois de déchéance étaient de simples mesures d'exécution ; elles n'avaient pour objet que le recouvrement du prix.

Pour bien saisir le caractère de ces lois, il suffit de les parcourir. On verra que, depuis le commencement de la révolution, elles prorogèrent d'époque en époque le délai fatal du paiement, et qu'elles se sont sans cesse rapportées elles-mêmes.

6 floréal an 4, loi qui prononce déchéance, *de plein droit*, contre l'acquéreur qui n'aurait pas soldé dans les *quatre mois* le prix de son acquisition (1).

22 prairial an 4, autre loi qui ordonne de payer dans les *dix jours, sous peine de déchéance*, les termes échus de la soumission (2).

---

(1) 6 floréal an 4 : § IV. « Les adjudicataires qui ne paieront pas le « prix de leurs acquisitions à chacune des époques fixées par leur « contrat en seront *déchus de plein droit*. »

(2) 22 prairial an 4.

Art. 1er. « Ceux qui, conformément aux lois des 28 ventose et 6 « floréal derniers, ont soumissionné des biens nationaux, et au profit « desquels il n'a pas été passé contrat, sont tenus d'acquitter, dans « les *dix jours* de la publication de la présente loi, le second quart « du prix de l'objet dont ils se sont portés acquéreurs. »

2. « Ceux qui soumissionneront à l'avenir, en exécution des lois « précitées, seront tenus de faire le paiement du second quart dans « les *dix jours* de l'admission de leur soumission. »

5. « Tout soumissionnaire qui n'aura point satisfait au paiement « du second quart, dans les délais prescrits par les art. 1 et 2 de la « présente résolution, sera *déchu* de sa soumission. »

6. « Dans le cas où l'estimation de l'objet soumissionné ne serait « faite que postérieurement au paiement du second quart du prix « présumé, et se trouverait surpasser ce prix, l'acquéreur sera tenu « de compléter, dans le délai de *trois jours*, la moitié du prix total « de son acquisition, *à peine de déchéance* prononcée par l'art. 5. »

17 ventôse an 5, loi qui *relève* les acquéreurs de la déchéance, sous la condition de payer dans *dix jours* (1).

11 frimaire an 8, autre loi qui *rapporte* les précédentes et déclare les acquéreurs, qui n'auront pas fait, dans le mois, la déclaration qu'ils entendent profiter des bénéfices de ladite loi, *déchus de plein droit, et sans qu'il soit besoin d'aucune formalité* (2).

Quel était évidemment l'esprit, quel était l'unique but de ces lois de déchéance ?

C'était, lisons-nous dans le préambule de la loi du 11 frimaire an 8, *de procurer au trésor public des rentrées importantes, de faciliter la libération des acquéreurs, et d'assurer de nouveaux moyens aux finances de l'an 8.*

Ainsi, tantôt indulgentes, tantôt rigoureuses, les lois de cette espèce ont continuellement varié selon les besoins des finances et les intérêts de la politique.

D'un côté, les caisses épuisées de l'Etat étaient avides d'engloutir le prix des ventes nationales. De l'autre, des spéculateurs insolvables, accablés sous le fardeau de leurs acquisitions, ne pouvaient remplir leurs engagemens.

Que faisait alors l'État? il composait avec son débiteur. Sans

---

(1) 17 ventose an 5. Art. 1er. « Ceux qui, à l'époque de la publi-
« cation de la présente, n'auraient pas satisfait entièrement aux paie-
« mens, sont *relevés de la déchéance* qu'ils ont encourue; si dans le
« délai *de vingt jours* après cette publication ils ont acquitté la tota-
« lité des termes échus. »

(2) 11 frimaire an 8. Art. 1er. « Il est accordé un *nouveau délai*
« aux acquéreurs de domaines nationaux ci-après désignés, pour se li-
« bérer des sommes dont ils peuvent se trouver encore débiteurs. »

10. « Tous les acquéreurs dont il vient d'être parlé sont tenus de
« déclarer, dans le *mois* de la publication de la présente loi, qu'ils
« entendent profiter de son bénéfice; faute par eux de faire, dans
« ledit délai, cette déclaration; il seront *irrévocablement déchus*
« *de plein droit et dépossédés, sans qu'il soit besoin d'aucune*
« *formalité.*

15. « *Toutes dispositions contraires à la présente sont rapportées.* »

5 *

doute les préfets, harcelés par les agens du Domaine, ne pouvaient alors s'abstenir de prononcer la déchéance ; mais pourquoi ? parce que c'est une faculté qui n'appartient qu'au gouvernement seul, placé au sommet , de déroger, en matière de pure exécution, aux dispositions de la loi qui intéressent le fisc, par des motifs que ses agens inférieurs, répandus sur la surface de l'administration , ne sont pas à même d'apprécier.

Le Ministre des finances examinait les résultats probables d'une seconde vente comparés à ceux de la première, et recherchait s'il était plus utile au trésor public de recevoir le prix des décomptes, et de contraindre l'acquéreur à l'exécution de son contrat, ou de déclarer sa déchéance, et de provoquer la revente du bien à sa folle enchère.

Ainsi, le Ministre pouvait, selon les circonstances, mais dans l'unique intérêt de l'Etat , user ou ne pas user de cette faculté de déchéance, remise entre ses mains, aider la libération des acquéreurs ou provoquer la revente. Mais si la loi eût voulu, dans toutes les circonstances données , que la déchéance dût être irrévocablement exécutée par le Ministre, nous ne craignons pas de dire que de telles mesures provoquées contre des débiteurs presque insolvables, dans des momens de désordre et d'alarme , où les capitaux étaient reserrés, où les biens nationaux étaient vendus à vil prix, où la foi dans l'existence du gouvernement s'ébranlait , eussent été contraires aux intérêts du trésor, contraires aux besoins de la politique, par conséquent inexécutables et par conséquent absurdes. Une ordonnance du 16 janvier 1822, rendue au rapport de M. Jauffret, a fort clairement expliqué la nature et l'effet de ces sortes de déchéances.

« Considérant ( dit-elle ) que la déchéance prononcée par
« les lois de la matière est une garantie donnée à *l'Etat* contre
« l'adjudicataire insolvable , et ne *préjudicie pas* à son droit
« *de maintenir,* à l'égard de l'adjudicataire *solvable,* les
« clauses de l'adjudication, et de *poursuivre le paiement du*
« *prix.* »

L'évidence de ce motif tranche la difficulté.

Cependant, comme il faut bien, pour entendre une question, se placer dans toutes les hypothèses, accordons un moment que la décision du Ministre n'ait pu relever les acquéreurs de la déchéance prononcée par la loi de l'an 8 ; alors nous demanderons à notre tour quel a été l'effet des paiemens opérés depuis l'an 8, postérieurement à la déchéance légale ?

Quel était d'abord le propre et inévitable effet de la déchéance ? c'était, dit-on, de restituer l'État dans la pleine propriété du bien aliéné. Le contrat primordial était donc anéanti ? Or, s'il était anéanti, les paiemens faits pour l'exécution d'un contrat qui n'existe plus sont des paiemens nuls et caducs ; ils ne sont pas légalement admissibles ; ils ne peuvent remettre et assurer la propriété entre les mains de l'acquéreur qui n'a plus de titre. Ils ne donnent plus lieu qu'à une action en restitution des sommes versées. Le premier contrat est dissous ; il faut un contrat nouveau. Si cette conséquence est rigoureusement vraie en droit, il ne reste plus qu'à en faire l'application en fait, et à qui ? à une foule d'acquéreurs nationaux. Que leur dirions-nous donc ? Nous leur dirions : Vous êtes à la vérité en possession de vos biens ; mais vous n'êtes plus porteurs d'un titre translatif et légitime ; vous n'êtes plus que de simples détenteurs ; vous êtes déchus de plein droit par la volonté et par la parole irrévocable de la loi ; la propriété légale repose sur la tête de l'État ; l'État peut en disposer.

Ainsi, la multitude immense des acquéreurs qui, depuis l'an 8, ont, soit achevé de solder les résultats des décomptes, après les déchéances prononcées par les préfets, soit payé après l'expiration du mois accordé par la loi du 11 frimaire, et sans qu'il ait même été pris d'arrêté de déchéance, se verraient contraints de remettre les biens dont ils se croient aujourd'hui propriétaires incommutables.

Telle serait la conséquence immédiate et rigoureuse du principe de l'irrévocabilité de la déchéance légale.

Cette conséquence ne saurait être admise.

II. Sur la seconde question, on a prétendu que les préfets seuls, et sans l'approbation du ministre, devaient déclarer la déchéance que la loi avait prononcée, et que leurs arrêtés n'étaient pas susceptibles d'être réformés par le Ministre des finances.

Pour moi, je pense que les préfets n'ont point d'attribution en dernier ressort, surtout dans cette matière. (1)

Que leurs actes sont toujours soumis à la sanction du Ministre compétent; que par conséquent, le Ministre des finances avait, en droit, la faculté de modifier les arrêtés des préfets qui prononçaient la déchéance, comme, en fait, il a souvent réformé des arrêtés de cette espèce.

Même, il importe peu que ces arrêtés l'aient été directement, c'est-à-dire sur la réclamation des acquéreurs, ou indirectement, c'est-à-dire par une prolongation de sursis accordée à ces mêmes acquéreurs ; car, lorsque le préfet prononce la déchéance, et que le Ministre en relève explicitement ou implicitement, l'arrêté du préfet ne tombe-t-il pas alors de lui-même ? Les préfets, je le répète, n'ont en cette matière aucune juridiction propre et qui s'arrête et se termine à eux. Les décisions des Ministres renferment donc l'annulation ou la modification implicite de tout arrêté antérieur du préfet qui leur serait contraire. La contrariété des jugemens n'est pas admise entre deux autorités de même essence, dont l'une n'est que l'agent inférieur de l'autre : ceci tient nécessairement à la nature, à la hiérarchie des pouvoirs administratifs, et à l'ordre légal de leur juridiction.

C'est dans ce sens qu'une ordonnance royale, du 12 avril 1818, a prononcé.

---

(1) Décret réglementaire du 23 février 1811, art. 2. Ordonnances du 11 février 1820, — 1er novembre 1820, — 27 août 1817, — 1er novembre 1820.

## § XVIII.

*L'acquéreur d'un domaine national, évincé d'une partie de son acquisition, doit-il être indemnisé par l'Etat, proportionnellement au prix total de la vente, ou suivant l'estimation à l'époque de l'éviction, de la partie distraite de son acquisition, conformément à l'article 1637 du Code civil.*

I. Un acquéreur avait été évincé d'une portion de terrain; précédemment vendue à un autre acquéreur.

Il s'agissait de régler l'indemnité qui lui était due pour cette éviction partielle.

Le Ministre des finances décida que l'indemnité de l'acquéreur serait réglée, non eu égard à la valeur du terrain au moment de l'éviction, mais eu égard à sa valeur au moment de la vente qui lui en avait été faite, et proportionnellement au prix total de cette vente.

Sur le pourvoi de l'acquéreur contre cette décision, le Ministre soutint qu'il était constant que, lorsqu'il était dû une indemnité à l'acquéreur d'un bien national, pour défaut dans les objets vendus, cette indemnité devait être fixée par ventilation de la portion pour laquelle l'objet manquant était cédé dans le prix de la vente, par relation avec les objets restant aux mains de l'acquéreur, si mieux n'aimait celui-ci que la vente entière fût résiliée; que dans le dernier cas il n'y aurait pas lieu à estimation; qu'on restituerait à l'acquéreur le prix par lui payé, et qu'il devait en être pour une partie comme pour le tout.

Ce système a-t-il dû être adopté?

II. ans doute la proposition du Ministre était dans l'intérêt du gouvernement. En effet, il est probable que la chose vendue aura plutôt augmenté de valeur par les soins intéressés d'un propriétaire que dans les mains toujours un peu plus négligentes des agens du Domaine. Ainsi, suivant le mode de l'estimation *actuelle,* la valeur de l'objet au moment de

l'éviction serait supérieure à celle du même objet au moment
de la vente. C'est donc cette différence préjudicielle et l'événement de ce cas presque certain, que le Ministre aurait
voulu éviter.

J'ajoute que les expertises contradictoires entre l'État et
les particuliers sont presque toujours à l'avantage de ceux-ci.
Ces deux considérations font assez sentir que, le plus souvent,
en procédant selon ce mode, on léserait les intérêts du gouvernement; mais il ne suffit pas que le Domaine ait intérêt,
il faut encore qu'il ait raison.

Or c'est en vain que le Domaine s'appuierait sur l'art. 537
du Code civil, portant *que les biens autres que ceux des particuliers sont administrés par des règles particulières.*

Rien de plus juste que le principe en lui-même; c'est l'application trop générale qu'on en veut faire, que nous contes-
terons. En effet, le caractère de toute exception, et par conséquent de toute législation spéciale, est de ne disposer précisément que pour les cas indiqués. Là où la loi exceptionnelle ne dispose plus, la loi générale reprend son autorité.

C'est ainsi qu'en matière de biens nationaux, matière régie
par des lois spéciales, toutes les fois que les procès verbaux
d'adjudication gardent le silence, on a recours aux maximes
du droit civil, pour l'interprétation ou la décision des difficultés proposées.

Appliquons ces principes à l'espèce.

Ni l'acte d'adjudication, ni les lois de la matière, n'ont
prévu la difficulté, ni indiqué le mode de l'indemnité. Or, en
achetant, l'acquéreur n'a entendu se soumettre qu'aux clauses
et conditions de son contrat.

Quelle probabilité y a-t-il qu'un acquéreur de biens nationaux consentît à améliorer sa chose, s'il prévoyait qu'un
jour une éviction forcée le priverait du fruit de son industrie
et de ses améliorations? Cet acquéreur n'a-t-il pas dû croire
qu'en cas d'éviction, on se réglerait par des lois écrites et connues, et non par des usages ignorés, arbitraires, et même

créés après coup? Car cet usage auquel on veut ici recourir, quel est-il? quelle loi, quel décret, quel règlement l'autorise? Il faut dire plutôt qu'il n'est pas encore né, puisque la difficulté à laquelle on veut l'appliquer ne s'était point encore présentée. Ce n'est donc point véritablement un mode déjà suivi, c'est un nouvel usage qu'on veut introduire par assimilation à ce qui s'est pratiqué dans des cas qui ne peuvent jamais être absolument semblables.

Après tout, cet usage, existât-il, ne ferait point loi; il n'est pas convenu entre les parties, et surtout il ne peut prévaloir contre une disposition expresse de la loi même. Cette disposition, la voici: c'est celle de l'art. 1637 du Code civil, qui, prévoyant la difficulté telle précisément qu'elle se présente aujourd'hui, s'exprime ainsi:

« Si, dans le cas de l'éviction d'une partie du fonds vendu,
« la vente n'est pas résiliée, la valeur de la partie dont l'ac-
« quéreur se trouve évincé lui est remboursée suivant la va-
« leur *à l'époque de l'éviction*, et non proportionnellement
« au prix total de la vente, soit que la chose vendue ait aug-
« menté ou diminué de valeur. »

Ce texte précis me paraît trancher la question, sans réplique. En effet, si le législateur, si les parties contractantes, n'ont mis, l'un dans sa loi spéciale, les autres dans leur contrat, aucune disposition contraire à celle qu'on vient de lire, on doit induire de leur silence qu'ils ont voulu laisser régler ces cas par la voie ordinaire.

Cette conséquence, conforme, d'ailleurs, aux principes que j'ai établis plus haut, me semble rigoureuse.

Enfin, que l'on considère que, s'il n'y a point dol de la part du Domaine, vendeur de la chose d'autrui, il y a, au moins, une assez grave négligence, tandis que l'acquéreur est de bonne foi; qu'ainsi, sa condition doit être meilleure, et que cette condition, toute favorable qu'elle soit, n'est, après tout, pour un propriétaire dépouillé malgré lui de sa chose, qu'une bien stricte justice, et qu'un bien faible dédommagement.

Ces motifs ont prévalu, et un arrêt du Conseil, du 23 novembre 1813, les a recueillis, sur mes conclusions, dans les termes suivans :

« Considérant que la disposition textuelle de l'art. 1637 « du Code civil fait, en cette matière, le droit commun de la « France, auquel il n'a été dérogé par aucune des lois rela- « tives à la vente des domaines nationaux ;

« Que, si on se reportait à l'époque antérieure de la vente, « que, si on ne réglait l'indemnité que d'après le prix qui a « été stipulé, il en résulterait que l'acquéreur perdrait, sans « retour, les améliorations qu'il aurait faites sur la foi de son « contrat ; et qu'en cas de dégradations par lui commises, « l'Etat serait contraint à lui restituer au delà de ce que l'évic- « tion aurait réellement fait perdre ; ce qui serait manifeste- « ment injuste. »

## § XIX.

*Les acquéreurs de marais nationaux sont-ils affranchis* *des taxes ou contributions annuelles mises sur ces marais,* *pour les réparations et l'entretien des ouvrages d'art ?*

I. L'affranchissement de toutes charges n'est pas tellement absolu qu'il ne puisse, en aucun cas, dans les ventes de biens nationaux, souffrir d'exceptions.

A la vérité, les acquéreurs ne sont pas tenus des charges qui proviennent du fait de l'homme, et qui peuvent être assises indifféremment sur d'autres fonds ou d'autres personnes. C'est ainsi qu'ils ont été pleinement libérés de toutes charges féo- dales et hypothécaires, de toutes rentes constituées ou dettes exigibles, dont les fonds grevés avaient été le gage ou l'objet ; mais les charges d'entretien et les réparations annuelles sont inséparables de l'existence et de la jouissance de la chose, et passent successivement à tous les propriétaires des fonds qui en sont grevés, quels que soient le caractère et la forme des con- trats de vente.

Ainsi, l'obligation de contribuer pour les réparations du

domaine dont on acquiert une partie est l'une de ces charges qui suivent toujours la propriété, en quelques mains qu'elle passe, et qui n'ont pas besoin d'être stipulées dans le contrat de vente, pour peser sur l'acquéreur.

On n'a jamais prétendu que les biens nationaux eussent été, entre les mains de l'acquéreur, libérés de la contribution foncière. Cependant, à vrai dire, cette charge ne fait pas essentiellement partie de la chose, puisque l'on pourrait changer le système des impositions, et l'asseoir entièrement sur les personnes ou de toute autre manière ; au lieu qu'on ne peut pas dire que les charges de réparation et d'entretien annuel puissent être séparées de la chose, puisque autrement elle ne pourrait exister ou serait sans produit. Il est donc aussi équitable que nécessaire de prélever sur le produit du fonds la contribution qui le répare et l'entretient.

On peut, d'ailleurs, considérer cette contribution comme une espèce de servitude ou affectation réelle, constituée sur un fonds en faveur d'un autre, dans l'intérêt de l'agriculture.

Or les biens nationaux passaient aux acquéreurs avec leurs servitudes passives et leurs charges annuelles d'entretien.

Ainsi, en droit, la prétention des acquéreurs serait repoussée par la clause spéciale de leur acte d'adjudication.

En fait, le Domaine a toujours supporté cette contribution pendant la main mise nationale.

L'acquéreur ne peut se plaindre que cette contribution soit une charge occulte, dont la découverte imprévue éclate tout à coup sur lui et altère la valeur de son acquisition.

Il est évident que l'affranchissement de cette charge n'a pu entrer dans ses espérances ni dans les bases élémentaires du prix par lui offert. Cette charge, diminuant, au contraire, proportionnellement la valeur totale de l'objet aliéné, a dû, par une conséquence inévitable, diminuer la mise à prix dans la même proportion, de manière que toute inégalité apparente s'efface, et qu'il ne se trouve réellement, au fond et en résultat, ni charge imprévue, ni lésion, ni injustice.

Ainsi décidé, à mon rapport, par un arrêt du Conseil, du 31 janvier 1813.

## § XX.

*Les marais vendus par l'Etat sont-ils affranchis des rentes établies avant la mainmise nationale, pour la construction d'ouvrages d'art?*

*L'indemnité résultant de l'affranchissement de ces rentes est-elle due, et doit-elle être liquidée par le Domaine ou par le trésor?*

I. Ces deux questions se sont présentées dans les circonstances suivantes:

Une portion de marais tombe dans le Domaine national par la suppression d'une corporation religieuse.

Ce marais est grevé de deux sortes de charges: charges d'entretien annuel des travaux d'art, charges de constructions de ces travaux.

Ces dernières charges avaient, dans l'origine, nécessité l'emprunt de certains capitaux pour raison desquels il avait été constitué des rentes, qui s'acquittaient au moyen d'une contribution annuelle, répartie sur les propriétaires intéressés.

Ce bien est vendu par l'Etat, franc et quitte de toutes charges et rentes antérieures.

Cependant les propriétaires des autres portions du marais, réunis en société, veulent contraindre l'acquéreur national, leur cosociétaire, au paiement des arrérages de rentes dues pour les anciennes constructions.

Ils soutiennent, en premier lieu, que les dettes contractées pour l'établissement et la construction des digues et autres travaux d'art étaient, dans leur origine, une charge inhérente à la chose et à la qualité de propriétaire, quel que fût le fondement de cette propriété, une sorte de servitude passive dont aucune portion de marais n'a pu être et n'a été affranchie par les ventes nationales.

En second lieu, qu'on doit participer aux charges dont on recueille le bénéfice.

Dans cet état, deux questions se présentent.

1°. L'acquéreur est-il passible de la contribution extraordinaire à laquelle on veut l'astreindre pour une dette anciennement contractée ?

2°. Le Domaine doit-il fournir sa portion contributoire pour le paiement des rentes ?

II. Pour savoir si la rente est due par l'acquéreur, il faut considérer quelle est sa nature.

Ou cette charge est personnelle, et il n'en serait pas tenu par défaut d'obligation et de consentement.

Ou elle est simplement foncière, et il en serait affranchi par la clause générale qui libère tous les domaines nationaux des prestations de cette espèce.

Ou enfin elle est tellement inhérente au fonds, qu'elle lui est propre, et n'en peut être séparée; alors véritablement, et par là nature même des choses, il serait tenu de la supporter.

Mais il n'en est pas ainsi :

En effet, la charge qui provient des dettes n'est qu'accidentelle et indépendante de la volonté des sociétaires; les emprunts qui y ont donné lieu résultent d'un mode d'administration qui a été préféré à tout autre, et les sociétaires les auraient évités, s'ils avaient pourvu aux dépenses de leurs propres deniers.

La charge qui s'en est suivie ne pèse donc sur le fonds que par la force d'un engagement et d'un privilége tacite. Mais n'y étant pas essentiellement inhérente, elle a pu et peut être, à chaque instant, anéantie. Elle n'est ni annuelle, ni indispensable. Elle peut se renouveler sous un autre mode, et elle doit ainsi être rangée dans la classe de celles dont la loi affranchissait les domaines nationaux : le consentement implicite de l'acquéreur à cette espèce de charge ne peut donc se supposer.

Il faudrait qu'il résultât d'une clause spéciale du contrat ou d'une acceptation expresse de sa part; au lieu que les charges d'entretien sont si apparentes, si inséparables de la chose même, si nécessaires à la jouissance actuelle de l'acquéreur, qu'il a pu et dû les prévoir, ou plutôt qu'il lui a été impossible de les ignorer (1).

En vain dit-on qu'il n'est pas juste de recueillir les bénéfices sans participer aux charges. Ce qui ne serait pas juste, ce serait d'imposer à l'acquéreur une charge dont il a dû se croire affranchi. En effet, il a dû prendre en considération pour ses offres l'état dans lequel se trouvaient les ouvrages qui préservaient les marais des inondations, sans s'enquérir si le prix de ces ouvrages était payé ou encore dû. Sans cela, il est évident qu'il aurait offert d'un bien grevé un prix moins élevé que d'un bien libre; en sorte qu'il paierait aujourd'hui deux fois dans la réalité; ce qui serait renverser la foi de l'adjudication aussi-bien que son texte, qui libère pleinement le domaine aliéné de toutes charges et redevances anciennement constituées.

C'est ce qui a été exprimé par un arrêt du Conseil, du 31 janvier 1813, rendu à mon rapport, dans les termes suivans:

« Considérant que les biens nationaux ont été déclarés par
« les lois francs et quittes de toutes dettes, charges, rentes et
« prestations foncières sans distinction, quelles qu'en soient
« l'origine et la cause; qu'ainsi l'acquéreur est tenu, à la vérité,
« de contribuer aux dépenses annuelles d'entretien des marais,
« qui sont inséparables de la possession et de la jouissance de
« la chose; mais qu'il ne doit pas être tenu d'acquitter les
« charges imposées avant la main mise de la nation. »

III. Mais qui indemnisera les co-sociétaires de la portion de rente laissée à leur charge?

Est-ce la caisse du Domaine ou celle de l'Etat? C'est une pure difficulté d'ordre; mais il faut la décider, pour régulariser l'action du créancier.

L'Etat représente les anciennes corporations religieuses. En prenant leurs biens, il a pris leurs dettes. En les déclarant nationaux, il les a affranchis de toutes les charges antérieures qui

---

(1) *Voy.* EOD. VERB., § XX.

les grevaient. L'Etat doit être considéré comme ne s'étant jamais dessaisi de la propriété des biens nationaux. Le Domaine n'en est que le possesseur temporaire. L'Etat seul recueille le prix des ventes. Le Domaine est, entre ces deux termes, détenteur de biens libres et affranchis de toutes charges; en un mot, l'Etat représente la dette, le Domaine représente le bien.

En cette qualité, il ne doit ni contribution pour des dettes dont il est libéré, ni garantie pour des charges qu'il n'a ni supportées ni transmises, ni indemnité pour le prix d'une vente qu'il n'a pas reçu.

· Si la dette est personnelle, l'Etat doit la payer, puisqu'il représente les corporations religieuses qui l'ont contractée.

Si la dette est foncière, l'Etat doit encore la payer, puisqu'il en a affranchi les biens qu'elle grevait. ·

C'est donc devant le trésor public, et non devant le Domaine, que les cosociétaires doivent se pourvoir pour faire liquider, s'il y a lieu, la dette dont l'Etat s'est chargé, et qu'il ne doit rembourser qu'autant qu'elle a pris naissance après le 1er vendémaire an 9 (1).

Ainsi décidé par l'arrêt du Conseil précité.

## § XXI.

*Les ventes de Domaines nationaux faites depuis la Charte conservent-elles le privilège d'affranchir le bien aliéné de toute hypothèque antérieure, rentes, etc., etc.?*

*L'action des tiers qui prétendent à la propriété d'un bien présumé national, vendu par l'Etat, depuis la Charte, doit-elle se résoudre en restitution ou seulement en indemnité ?*

*· La même action peut-elle s'exercer à l'égard de la revente, sur folle enchère, d'un bien de première origine, déjà vendu avant la Charte ?*

. I. Sur la première question, on a émis l'opinion, que le

---

(1) *Voy.* EOD. VERB. § XXII.

privilége d'affranchissement ne s'appliquait qu'aux biens nationaux confisqués par et depuis la loi du 17 mai 1790; mais
que les domaines nationaux qui n'appartenaient pas à cette
cathégorie restaient soumis au droit commun.

On peut répondre que le Domaine national se compose de
biens de différentes origines et de différentes natures.

Il y en a qui en font partie de temps immémorial.

Il y en a qui y ont été incorporés par la conquête, par l'a-
vénement de nos rois au trône, par les confiscations pour
cause de religion, par les condamnations judiciaires.

Il y en a qui y ont été réunis par la suppression des congrégations religieuses, des corps et métiers, et communautés de
toute espèce.

Il y en a qu'il a appréhendés en exécution des lois sur l'é-
migration.

Il y en a enfin qui lui sont advenus par voie de déshérence, de cession, d'échange, et de mille manières.

Tous ces domaines nationaux, de quelque nature qu'ils puissent être, ont été confondus et mis en vente dans les troubles
de la révolution.

Les lois de cette époque n'ont pas distingué entre les biens
confisqué, et les biens arrivés à l'Etat de toute autre manière.

Les termes de la loi du 25 juillet 1790 sont absolus.

Le titre de cette loi porte qu'elle concerne « l'aliénation de
« *tous* les biens nationaux ; » et l'art. 1er. dispose, que « *tous*
« les domaines nationaux pourront être aliénés (1). »

Cette même loi porte, art. 7, « que les biens vendus seront
« affranchis de toutes rentes, redevances ou prestations fon-
« cières. » Et l'art 8 ajoute, « qu'ils seront pareillement *af-*
« *franchis de toutes dettes, rentes constituées et hypothè-*
« *ques.* »

_____

(1) L'art. 1er n'excepte que « *les domaines réservés* au gouverne-
« ment, et *les forêts, sur lesquels* il sera statué par un décret *par-*
« *ticulier.* »

Aucune loi n'a, depuis, établi la distinction qu'on veut faire ressortir entre les biens confisqués et ceux qui ne l'étaient pas. Cette distinction n'entrait pas dans l'esprit de la loi. Nous lisons, en effet, dans son préambule :

« Que l'aliénation des biens nationaux est le meilleur moyen
« d'éteindre une grande partie de la dette publique, d'ani-
« mer l'agriculture et l'industrie, et de procurer l'accroisse-
« ment de la masse générale des richesses, par la division de
« ces biens nationaux en propriétés particulières, toujours
« mieux administrées, et par les facilités qu'elle donne à
« beaucoup de citoyens, de devenir propriétaires. »

C'était pour remplir ce but, que la loi du 25 juillet 1790 a affranchi indistinctement tous les biens nationaux des rentes et hypothèques qui les grevaient; et ce qui tranche la difficulté, c'est que les lois de confiscation pour cause d'émigration n'avaient pas encore paru.

Les peines barbares que ces dernières lois prononcent frappaient la personne des émigrés; mais elles ne conféraient pas un privilège spécial et nouveau aux acquéreurs de leurs biens.

Elles rappellent littéralement, sur la libération des dettes, les dispositions de la loi du 25 juillet 1790.

Ces dispositions sont transcrites dans les adjudications passées aujourd'hui; les mêmes formalités sont encore observées.

L'acquéreur nouveau suit, comme l'acquéreur ancien, la foi de l'État, son vendeur. Il ne peut donc être tenu de rembourser le capital de la rente et les arrérages, sur le prix de la vente, ni de purger les hypothèques dans les formes ordinaires. Il doit seulement verser son prix au trésor, sauf à celui-ci à liquider la rente ou la créance, s'il y a lieu.

En vain objecterait-on que les biens nationaux cédés à la Caisse d'amortissement et vendus par elle, sont régis, à l'égard des tiers, par les règles du droit commun. Qu'ainsi, les créanciers qui sont au nombre de ces tiers peuvent, aux termes de l'article 2114 du Code civil, suivre l'effet de leur hypothèque en quelques mains que lesdits biens aient passé.

On répondra que les biens cédés par l'Etat à la Caisse d'amortissement avaient, par l'effet de cette cession, été *dénationalisés* en quelque sorte.

Ces biens représentaient les fonds des particuliers, que le gouvernement avait dissipés. Si, pour remplir le vide de la caisse, ces biens ont été aliénés par voie d'enchères publiques, et avec toutes les formes voulues pour la vente des biens nationaux, ce n'a pas été afin de leur en conférer tous les privilèges, mais seulement afin d'attirer un plus grand concours d'amateurs, d'avertir les tiers intéressés, et d'éviter tout reproche de négligence ou de collusion (1).

Au surplus, on pourrait soutenir que le mot *tiers* ne s'entend que de ceux qui *réclament le bien* vendu, à titre de propriétaire, et non des créanciers (2).

Cette distinction est sensible : en effet, la vente du bien d'autrui était prohibée, implicitement du moins, par les lois des premières assemblées sur les ventes nationales. A la vérité, l'Etat a été tenu de la garantir par les lois postérieures et par la jurisprudence. Mais ici, l'Etat n'était point le vendeur; c'était la Caisse d'amortissement qui était, par fiction, une personne privée; l'acquéreur ne peut donc invoquer une garantie qui, étant, de sa nature, tout-à-fait exorbitante, doit se renfermer dans les cas rigoureusement prévus (3).

Il n'en est pas de même des créances sur les biens dont la nationalité n'est point contestée, et qui ont été cédés à la Caisse d'amortissement. Car ces biens étaient, avant la cession et par conséquent avant la vente, déjà libres de toute charge.

_____

(1) *Voy.* au mot DOMAINES NATIONAUX, § II.

(2) Loi du 22 frimaire an 8, art. 95.

(3) Quant aux biens cédés à la Caisse et vendus depuis la Charte, l'abolition de la confiscation donne cours à l'action de propriété.

La Caisse d'amortissement les a aliénés tels qu'elle les a reçus, de même que les biens nationaux donnés, à titre purement gratuit, par le chef du gouvernement impérial, à des communes ou à des particuliers, sont entrés dans leurs mains, affranchis de toute hypothèque (1). D'ailleurs, ces créanciers étaient déchus pour la plupart, lorsque les biens ont passé des mains de l'Etat dans celles de la Caisse d'amortissement ; leur hypothèque abolie ne saurait donc revivre contre le cessionnaire, à moins que la cession ne portât expressément cette réserve.

A plus forte raison, lorsque la vente se fait directement, comme dans l'hypothèse proposée, au nom et pour le compte de l'Etat, l'acquéreur doit-il jouir de tous les privilèges que les dispositions générales des lois non abrogées de la matière, ainsi que les clauses particulières du contrat, ont attachés à ces sortes d'aliénations.

Si donc la question de l'affranchissement des dettes pouvait être douteuse, ce ne serait pas à l'égard des anciens domaines nationaux, de quelque nature et de quelque origine qu'ils fussent, vendus ou à vendre, sauf les cas d'exception prévus dans la loi du 5 décembre 1814, mais seulement à l'égard des biens nouvellement tombés dans le domaine de l'Etat, par voie de déshérence, de cession, d'échange ou autre voie.

La déchéance atteint irrévocablement les créances dont les anciens domaines formaient le gage.

Quant aux créanciers des nouveaux biens, je ne croirais pas que l'appréhension nationale de leur gage puisse, malgré eux, changer leur condition antérieure, et diminuer leurs sûretés.

Ils ont conservé leurs privilèges et hypothèques avec les actions qui en découlent, soit contre l'Etat, s'il garde le bien, soit contre le détenteur, s'il l'aliène.

Est-ce devant l'administration ou devant les tribunaux qu'ils doivent porter leur demande?

_____

(1) Ordonnance du 6 décembre 1820.

Devant les tribunaux, si leur titre était contesté par le Domaine; devant l'administration, s'il ne s'agit que de liquider un titre valide et reconnu.

De telles difficultés, au surplus, ne s'élèveront guère dans la pratique, si l'on réfléchit que l'action de ces nouveaux créanciers ne serait ni frappée de déchéance dans son essence, ni annulée, en quelque sorte, dans ses effets, par un remboursement en valeurs dépréciées. Car aujourd'hui, la liquidation administrative de ces créances serait prompte et sans frais, et leur paiement s'effectuerait intégralement en numéraire.

Quant aux servitudes passives créées sur les biens avant la réunion domaniale, rentes foncières constituées à terme, et autres charges non actuellement rachetables, l'État, selon moi, serait tenu de les supporter, sous les mêmes conditions que les particuliers.

II. La seconde question, qui consiste à savoir si les tiers pourraient réclamer contre une vente faite aujourd'hui par l'État, qui comprendrait, par erreur, tout ou partie des biens qui leur appartiennent, est infiniment délicate à résoudre.

En effet, on peut dire, d'un côté, qu'il y aurait des inconvéniens politiques et financiers à ne pas maintenir une telle vente.

Politiques, en ce que les acquéreurs de biens nationaux, de bonne foi, sur enchères publiques, et qui se trouvent dans le même cas, pourraient en prendre quelque alarme; car, s'il est vrai que les nouveaux actes d'adjudication qu'on annullerait sont libellés comme les leurs, s'ils ont été passés dans les mêmes formes, et si les mêmes lois les régissent, pourquoi établir cette distinction entre des actes si semblables en tout, qu'ils ne diffèrent que par l'époque à laquelle ils ont été dressés? Ne craindraient-ils pas qu'après avoir ôté les garanties des nouveaux acquéreurs, on ne touchât aux garanties des anciens?

Financiers, en ce que les amateurs se présenteraient avec moins de confiance à l'adjudication des biens de l'État, ou offriraient, dans la crainte d'une éviction ultérieure, un prix moins élevé.

On peut ajouter que cette question de la validité ou de l'invalidité de la vente du bien d'autrui a été vivement controversée, et diversement résolue par les anciens parlemens;

Que la prescription elle-même n'est que la consécration d'une usurpation souvent manifeste;

Que la sécurité des familles, et l'intérêt même de l'agriculture, ne permettent pas qu'une propriété puisse rester si long-temps incertaine entre les mains d'un détenteur de bonne foi, et soit sujette à éviction, après des divisions infinies de terrains, des changemens de formes et de mutations successives de possesseurs;

Que la vente étant publique, les tiers ont été avertis par les affiches, et ont pu, en temps utile, former une opposition régulière, tandis que l'acquéreur, perdu avant les enchères dans la foule des amateurs, étranger à la rédaction du contrat de vente et à la composition des lots, était dans l'impuissance de consulter les titres, de remonter à l'origine des biens exposés en vente, et s'est abandonné pleinement à la foi de l'Etat, et aux promesses des lois qui servent de fondement à son contrat, et qui lui en ont garanti le maintien.

On peut répondre d'un autre côté, que le Code civil déclare nulle la vente du bien d'autrui; que si, par exception au droit commun, les lois de la révolution, la loi même du 5 décembre 1814, et surtout la jurisprudence du Conseil d'Etat, ont consacré le principe de l'inviolabilité des ventes de biens présumés nationaux, quoique patrimoniaux en réalité, ç'a été par des motifs politiques qui n'existent plus; que si ces motifs conservent toute leur force, ce ne peut être qu'à l'égard des ventes de cette époque; que, dressées en nombre immense, à la hâte, et dans le tumulte de la révolution, il était nécessaire de les confirmer toutes en bloc et quels que pussent avoir été les vices de leur rédaction ou de leur substance; mais que l'on doit, pour l'avenir, se hâter de rentrer dans le droit commun, lorsque les nécessités imposées par la révolution ont disparu avec elle; que si le crédit public, qui s'appuie sur l'irrévocabilité de la vente nouvelle, et le droit de l'acquéreur, qui se tire de sa bonne foi, sont précieux à conserver, le droit des propriétaires dont le bien est vendu sans qu'ils le veuillent, et même souvent sans qu'ils le sachent, n'est pas moins sacré; qu'il est antérieur, qu'il est inviolable; qu'aux termes de l'article 731 du Code de procédure civile,

« L'adjudication définitive ne transmet à l'adjudicataire « d'autres droits à la propriété que ceux qu'avait le saisi; »

Qu'ici, l'Etat représente le saisi, et n'a pu transmettre à l'acquéreur qu'une chose sienne.

Pour moi, j'avoue que je ne saurais regarder comme inattaquables les ventes du bien d'autrui faites depuis la Charte. Ce n'est point que je veuille, avec quelques personnes, assimiler les ventes nouvelles, faites directement au nom et dans l'intérêt seul des domaines, aux ventes de biens cédés à la Caisse d'amortissement, à l'égard desquelles les revendications des tiers restent soumises au droit commun.

Je n'ai pas besoin de répéter ici que, si les actions en revendication de cette nature ont été renvoyées aux tribunaux, c'est parce que la Caisse d'amortissement avait été considérée comme un particulier qui possédait privativement les biens cédés en remplacement des fonds privés, versés dans ses caisses, et dissipés pour les prétendues nécessités de l'État.

Je n'ai pas besoin d'ajouter qu'il suivait de cette distinction, que ces sortes de biens, n'étant alors ni nationaux ni présumés nationaux, ne tombaient plus sous l'application de la loi constitutionnelle qui maintient irrévocablement toutes les ventes de biens nationaux, sans distinction.

Je ferai seulement remarquer que le principe relatif aux ventes des biens de la Caisse d'amortissement ayant été posé en 1812, il s'ensuivrait, si l'assimilation était complète, que toutes les ventes de biens nationaux faites directement par l'État, depuis 1812 jusqu'à la promulgation de la Charte, et qui, par erreur, auraient compris le bien d'un tiers, même sans opposition antérieure de sa part, pourraient aujourd'hui, sur sa demande, être annulées; ce qui ne peut être admis. Il suffit de déclarer que le principe a changé depuis la Charte.

La Charte a, sans doute, maintenu irrévocablement toutes les ventes antérieures, quelle qu'en soit l'origine; la loi du 5 décembre 1814 a, sans doute, couvert et effacé tous les vices et irrégularités des actes définitifs émanés des gouvernemens précédens. Mais pourrait-on, aujourd'hui que tout prétexte de nécessité politique est évanoui, dépouiller de sa propriété un citoyen qui s'endort, souvent loin d'elle, dans la sécurité, sur la foi des lois de son pays? S'il n'habite pas le lieu de la vente, comment une affiche aurait-elle pu l'avertir? Son droit de propriété ne doit-il pas l'emporter, et sur celui de l'Etat qui ne consiste, tout au plus, qu'en une possession de fait, précaire et sans titre, et sur celui de l'acquéreur qui est postérieur au sien, et qui, reposant sur une erreur, ne peut durer qu'autant que cette erreur subsiste?

Sous le régime de la Charte, chaque parcelle de la propriété est sacrée; il ne faut pas que le gouvernement puisse, sous quelque prétexte que ce soit, et surtout dans un intérêt fiscal, y porter la moindre atteinte, si ce n'est dans les cas prévus et définis par les lois.

Cette doctrine est également conforme,

A l'art. 1899 du Code civil, qui prohibe « la vente de la « chose d'autrui; »

A l'art. 545 du même Code, qui veut que « nul ne soit con-« traint de céder sa propriété, si ce n'est pour cause d'utilité « publique; »

A l'art. 10 de la Charte, qui veut que l'Etat ne puisse «exi-« ger le sacrifice d'une propriété que pour cause d'intérêt pu-« blic *légalement* constaté, et avec indemnité *préalable*. »

Or les ventes de biens nationaux n'ont jamais été assimi-lées aux expropriations pour cause d'utilité publique. En effet, l'Etat, en vendant, au lieu de faire publique une chose particulière, transporte, au contraire, du domaine public dans le domaine privé, la chose qu'il vend.

Dans les cessions pour cause d'utilité publique, l'Etat acquiert pour garder éternellement. Dans les ventes de biens nationaux, il se démet et se dessaisit à perpétuité. Les expropriations sont régies par une autre loi que les ventes; les formes sont différentes. Les cas d'expropriation sont clairement définis par la loi du 8 mars 1810. Elle ne peut *s'opérer* qu'en vertu d'un jugement des tribunaux; au contraire, la vente est un acte administratif. L'indemnité précède toujours la cession; ici, la dépossession, consommée par la vente, précède l'indemnité. Il n'y a aucune analogie entre les deux espèces. Que onclure de là? C'est que tout citoyen est fondé à réclamer sa chose, lorsqu'il en a été dépouillé par des voies que les lois n'autorisent pas.

III. Mais cette réclamation des tiers ne peut s'appuyer que sur la présomption qu'ils sont propriétaires. C'est donc aux tiers à établir leur droit de propriété devant les tribunaux, contradictoirement avec l'Etat, si ce droit est contesté, et sauf l'accomplissement du préalable voulu par l'art. 15 du titre 5 de la loi du 5 novembre 1790. L'acte d'adjudication doit être annulé par l'autorité administrative, sur la représentation du jugement définitif qui condamne l'Etat; et la chose illégalement vendue doit être remise au véritable propriétaire.

Si, au contraire, le bien vendu est judiciairement reconnu domanial, la vente subsiste.

Si la vente est annulée, l'Etat doit restituer à l'acquéreur les sommes par lui versées, et il doit, en outre, être condamné à des dommages-intérêts, dans tous les cas, selon moi.

Car si, en matière civile, le vendeur ne doit pas toujours, dans le cas d'éviction, une indemnité additionnelle à l'acquéreur, c'est que la vente peut découler d'une collusion frauduleuse entre eux; c'est qu'ils ont l'un et l'autre concouru à la mise en vente, au débat des clauses, à la vérification, reconnaissance et composition des objets aliénés, en un mot, à la rédaction du contrat.

Mais dans les ventes des biens de l'Etat, l'Etat seul met en vente ce qu'il veut, et l'acquéreur doit croire que l'Etat ne vend à la chaleur des enchères que ce qui lui appartient. Que ce soit dol, erreur, négligence, de la part des agens du Domaine, l'acquéreur n'en peut souffrir. C'est à l'administration à examiner avec soin l'origine et les titres de la propriété qu'elle va aliéner. Si elle a des doutes, elle doit faire préalablement reconnaître à l'amiable, ou, à défaut, par les tribunaux, la validité de ses droits vis-à-vis des tiers : c'est le seul moyen d'exciter la vigilance des administrateurs, et de maintenir le crédit des ventes.

IV. La liquidation du prix ou des à-compte payés par l'acquéreur ne peut se faire que devant l'administration ; mais la condamnation aux dommages-intérêts ne pourrait être prononcée contre l'Etat, à la requête et au profit de l'acquéreur évincé, que par les tribunaux.

Si toutefois, lorsque la question se présentera, on venait à décider que la vente du bien d'autrui faite depuis la Charte, par l'Etat, est valable, je pense qu'il y aurait lieu de faire restituer par le trésor, après le jugement définitif de la question de propriété, non le prix versé par l'acquéreur, mais le prix réel et actuel de la chose aliénée, à dire d'experts ; que, si les bases de l'estimation contradictoire étaient contestées, le règlement du prix appartiendrait aux tribunaux ; et qu'outre la restitution du prix, l'Etat serait tenu envers le propriétaire évincé, de dommages-intérêts également arbitrés par les tribunaux.

V. La revendication des tiers peut-elle s'exercer pareillement, à l'égard de la revente sur folle enchère, d'un bien de première origine, déjà vendu avant la Charte ?

Je ne le penserais pas. Le tiers doit se reprocher de n'avoir, ni lors de la vente, ni depuis la reprise de possession, ni lors de la revente, réclamé ses droits, quoique la publicité de ces

divers actes l'ait suffisamment averti. La revendication tardive
de ce tiers négligent ne saurait prévaloir contre la bonne foi de
l'acquéreur sur folle enchère qui, après tant d'épreuves successives, a dû compter fermement sur la purgation complète
de son titre, et sur la solidité de sa possession.

D'ailleurs, on peut dire que la vente et la revente après
déchéance forment un tout indivisible régi par le même
principe et ayant les mêmes effets.

Toutefois, je propose ceci comme un doute plutôt que
comme une solution.

## § XXII.

*Est-ce à l'administration des Domaines à liquider les
indemnités dues aux anciens propriétaires régnicoles, en
remplacement de la valeur de leurs biens présumés nationaux, et aliénés par le gouvernement?*

*Quelles sont les conditions imposées aux liquidations de
cette espèce?*

I. La partie de liquidation qui avait été confiée à l'administration de l'enregistrement, par l'art. 2 de la loi du 24 frimaire an 6, a été réunie à la liquidation générale par l'arrêté
du Gouvernement du 27 vendémiaire an 10 (1).

---

(1) Art. 2 de la loi du 24 frimaire an 6.

« Les citoyens qui ont à réclamer du trésor public des sommes quel-
« conques, soit pour la restitution du prix des domaines nationaux
« dont les ventes ont été *annulées*, ou à l'utilité desquelles il a été
« renoncé, soit en *remplacement* de la valeur des domaines aliénés
« par la république, et à raison desquels les anciens propriétaires ont
« été renvoyés à se pourvoir en indemnité, fourniront leurs demandes
« en indemnité, appuyées de pièces justificatives, par-devant le *di-*
« *recteur des domaines* du département dans lequel les ventes ont été
« faites. Ce directeur procédera à la liquidation *provisoire* des sommes
« réclamées; ses opérations seront revues par la régie des Domaines,
« à Paris, qui liquidera et arrêtera *définitivement* sous sa responsa-
« bilité. »

Art. 2 de la loi du 27 vendémiaire an 6. « Le liquidateur général

Les caisses du Domaine sont fermées pour le remboursement de tout ce qui y aurait été versé avant le 1er janvier 1816. Dès lors, c'est devant le Ministre des finances que les propriétaires évincés doivent se pourvoir en liquidation.

II. Ici, il faut distinguer la qualité des réclamans.

S'ils étaient émigrés lors des ventes, il n'ont aucun droit, ni à la chose, en vertu des lois des 25 brumaire an 4, 22 frimaire an 8, 5 décembre 1814, et de l'art. 9 de la Charte (1), ni aux prix, fruits et revenus, en vertu de l'art. 1er de l'arrêté du gouvernement du 29 messidor an 8, de l'art. 17 du sénatus-consulte du 6 floréal an 10, et de l'art. 5 de la loi du 5 décembre 1814 (2).

« de la dette publique liquidera et arrêtera définitivement les créances
« dont la liquidation définitive avait été confiée à l'administration
« centrale de l'enregistrement. »

(1) Art. 1er du titre 5 de la loi du 25 brumaire an 4, sur les peines contre les émigrés. « Leurs biens sont acquis à l'État. »

Art. 95 de la loi du 22 frimaire an 8. « La nation française déclare
« qu'après une vente légalement consommée de biens nationaux,
« quelle qu'en soit l'origine, l'acquéreur légitime ne peut en être dé-
« possédé, sauf aux tiers réclamans à être, s'il y a lieu, indemnisés
« par le trésor public. »

Art. 9 de la Charte : « Toutes les propriétés sont inviolables, sans
« aucune exception de celles qu'on appelle nationales, la loi ne met-
« tant aucune différence entre elles. »

Art. 1er de la loi du 5 décembre 1814 : « Sont maintenus et sorti-
« ront leur plein et entier effet, soit envers l'État, soit envers les tiers,
« tous jugemens et décisions rendus, tous droits acquis avant la pu-
« blication de la Charte constitutionelle, et qui seraient fondés sur
« des lois et actes du gouvernement relatifs à l'émigration. »

(2) Art. 1er de l'arrêté du gouvernement du 29 messidor an 8.
« Toutes demandes en restitution ou indemnité, soit des fruits ou re-
« venus échus des biens séquestrés, jusqu'au jour de la radiation dé-
« finitive des inscrits, soit du prix de la vente des biens séquestrés à
« raison de l'inscription des propriétaires sur la liste des émigrés, ne
« peuvent être admises. »

Art. 17 du sénatus-consulte du 6 floréal an 10 : « Les biens.........
« seront rendus sans restitution de fruits qui, en conformité de l'ar-

III. S'ils n'étaient pas émigrés, il faut distinguer l'époque des ventes.

La vente est-elle antérieure au 1er vendémiaire an 9 ? Dès lors, ils sont frappés de déchéance par l'art. 12 de la loi du 15 janvier 1810 (1).

La vente est-elle postérieure à l'an 9 ? Il faut encore distinguer :

Si elle est antérieure au 1er janvier 1810, l'indemnité n'est liquidable qu'en rentes. Les lois des 20 mars 1813 et 25 mars 1817 n'ont ouvert de crédits au Ministre des finances, en inscription de rentes, que pour les créances qui ont leur origine du 1er vendémiaire an 9 au 1er janvier 1810.

Si elle est postérieure au 1er janvier 1810, l'indemnité est liquidable en valeurs de l'arriéré. Car les lois des 28 avril 1816 et 25 mars 1817 n'ont ouvert de crédits, en valeurs de l'arriéré, que pour les créances qui ont leur origine du 1er janvier 1810 au 1er janvier 1816.

IV. L'époque de la créance se détermine toujours par l'époque des ventes, soit que le créancier ait été ou non dans l'impuissance de faire reconnaître son droit, ou d'obtenir sa liquidation, après reconnaissance volontaire ou judiciaire du titre.

Telles sont les règles sur les époques des créances en indemnité, et sur les valeurs du paiement.

V. Quant au montant de l'indemnité, la justice exigeait que le propriétaire dépouillé auquel on refusait de restituer sa chose reçut au moins le prix réel de cette chose.

---

« rêté des consuls, du 29 thermidor an 8, doivent appartenir à l'Etat, « jusqu'au jour de la délivrance qui leur sera faite de leur certificat « d'amnistie. »

Art. 3 de la loi du 5 décembre 1814 : « Il n'y aura lieu à aucune « remise des fruits perçus. »

(1) 4 mars 1819.

(2) *Voy.* au mot LIQUIDATION, § L.

Il n'en est pas malheureusement ainsi : l'indemnité est évaluée dans la proportion, non du prix réel du bien aliéné, après estimation contradictoire, mais du prix effectif reçu dans les caisses de l'Etat (1).

VI. Cette règle s'applique aux ventes faites, par erreur, sur des émigrés qui auraient été réintégrés pleinement, de droit, par la déclaration du sénatus-consulte du 6 floréal an 10, et de fait, par la levée du séquestre et la remise effective de leurs biens non aliénés.

Ces dernières ventes, lorsqu'elles ont été légalement consommées, doivent être maintenues, sauf le droit des émigrés réintégrés, à la liquidation du prix, dans les formes et d'après les conditions ci-dessus rappelées.

## DOTATIONS.

### § UNIQUE.

*Les contestations relatives à la propriété des biens affectés à la Légion d'Honneur, et revendiqués par un tiers, ont elles dû être portées devant les tribunaux ou devant les Conseils de préfecture ?*

*Quid, si un tiers revendique la propriété de biens cédés par la Légion-d'Honneur à la Caisse d'amortissement, et vendus par cette Caisse ?*

*Quid, si un tiers réclame la propriété d'un bien présumé national, donné à une commune ou affecté à un hospice ?*

I. Les dotations de la Légion comprenaient des biens invendus d'émigrés. Plusieurs Conseils de préfecture conclurent de là que les revendications formées par des communes ou par

_____

(1) Ainsi, les demandes en remboursement à dire d'experts sont rejetées. On ne rembourse que les sommes versées par les acquéreurs au trésor, sur le prix des ventes, s'il y a lieu, c'est à dire, s'il n'y a pas déchéance.

C'est ce qui résulte d'une ordonnance du 19 mars 1817.

des particuliers sur la propriété de ces biens, rentraient dans le contentieux des domaines nationaux, dont la connaissance leur a été spécialement dévolue par l'art. 4 de la loi du 28 pluviôse an 8. Ils assimilaient, d'ailleurs, l'affectation faite à la Légion à une vente nationale; de cette assimilation ils tiraient la conséquence qu'un bien ainsi affecté n'était pas plus restituable aux tiers revendicans, ou aux anciens propriétaires valablement et antérieurement réintégrés dans leurs droits et qualité de régnicoles, que s'il était sorti des mains du gouvernement par une aliénation directement faite en faveur d'un particulier.

Mais le Conseil d'Etat a pensé que les dotations ne pouvaient être considérées comme des ventes auxquelles fussent applicables les lois exceptionnelles, qui, étant de droit étroit, doivent être restreintes aux seuls cas indiqués et prévus;

Que ce qui signalait sur tout la différence des deux espèces, c'était que les ventes de domaines nationaux sont précédées d'affiches, de publications, d'expertises; que par-là l'acquéreur pouvait, au besoin, former, avant la vente, opposition, et défendre sa propriété devant les juges ordinaires; que les dotations ayant été faites, au contraire, sans remplir aucune de ces formes protectrices de la propriété, le gouvernement n'a cédé et n'a pu entendre céder que ses droits et actions sur les biens désignés et affectés, tels qu'ils existaient entre ses mains; et que de même que les particuliers et les communes ont le droit de défendre leurs propriétés contre l'Etat devant les tribunaux, de même le donataire devait exercer ou subir devant ces tribunaux les droits actifs et passifs qui lui avaient été transférés par le donateur.

C'est en effet ce qui a été décidé par un décret du mois de juillet 1812.

Quoique cette question ne puisse plus aujourd'hui se représenter, j'en ai rappelé la solution, afin de mieux faire sentir la différence qui existe, relativement aux revendications des tiers, entre les ventes de biens nationaux proprement dites, et les donations, affectations, aliénations et dispositions quelconques de ces mêmes biens, faites dans une autre forme.

II. Les conséquences de ce principe, ont été étendues aux ventes mêmes des biens cédés par la Légion-d'Honneur à la Caisse d'amortissement. Il a été établi par le décret du 17 janvier 1814 (inséré au Bulletin des Lois sous le n° 555), « que, « dans les contestations relatives à la vente des biens de cette « espèce, les adjudications sont faites et jugées dans les formes « prescrites pour les biens nationaux, mais doivent être ré- « gies, à l'égard des tiers, par les règles du droit commun. »

III. Le même principe s'applique aux donations de biens nationaux, faites aux communes, par des décrets spéciaux ou généraux (1);

Aux restitutions de rentes faites aux anciennes fabriques (2);

Aux affectations de biens nationaux provisoires ou définitives, faites aux hospices, même en un remplacement de leurs biens vendus (3).

Ces dispositions, soit administratives, soit législatives, réservent toujours tacitement le droit des tiers, sauf l'action des donataires évincés contre l'État en indemnité, s'il y a lieu, après l'événement du combat judiciaire.

Les questions relatives à la propriété du bien réclamé sont du ressort des tribunaux.

Les questions relatives à l'indemnité des aliénataires évincés sont du ressort de l'administration.

---

(1) Décret du 9 août 1811.

(2) Arrêté du gouvernement, du 7 thermidor an 11. — Ordonnance royale du 22 octobre 1817.

(3) Loi du 7 septembre 1807. — Ordonnance royale du 6 mars 1816.

## E.

# ÉCHANGE.

## § UNIQUE.

*Les émigrés réintégrés par la loi du 5 décembre 1814 ont-ils qualité et droit pour réclamer comme non vendus des biens compris dans un échange fait par l'Etat, antérieurement à ladite loi, et qui n'aurait pas le caractère et la force d'une aliénation définitive ?*

Cette question s'est présentée dans l'espèce suivante, dont voici le sommaire :

Un décret impérial avait autorisé un préfet à passer contrat d'échange de bois appartenans au domaine de l'État, contre des bois appartenans à Pierre.

En vertu de ce décret, le contrat d'échange fut passé par le préfet.

Ce contrat ne fut pas suivi d'une loi de confirmation.

Néanmoins, il reçut sa pleine exécution, par la mise en possession respective des deux parties.

En cet état, parut la loi du 5 décembre 1814, portant remise aux émigrés de leurs biens non vendus.

Paul, émigré et ancien propriétaire d'une partie des bois cédés par l'Etat, en contre-échange, les réclama comme n'étant pas définitivement aliénés.

Paul avait-il qualité ? l'échange dont-il s'agit était-il définitif ?

Examinons tour-à-tour ces deux importantes questions.

I. Voici d'abord comment on établit le défaut de qualité des anciens propriétaires émigrés.

Les lois de la matière n'ont jamais voulu réintégrer les émigrés que sans préjudice du droit des tiers.

Ainsi, le sénatus-consulte du 6 floréal an 10 leur a interdit expressément de revenir contre les actes passés pendant leur absence entre l'État et des tiers, sans qu'il leur fût même permis d'examiner si ces actes étaient intrinsèquement nuls ou valides.

Ainsi, la loi du 5 décembre 1814 a maintenu tous les actes antérieurs du gouvernement, relatifs à l'émigration, quel que fût leur caractère.

Cette loi s'est bien gardée de transmettre aux anciens propriétaires l'action en nullité des jugemens rendus.

Elle ne leur a remis que l'action en restitution des biens non aliénés.

Elle a prohibé avec sagesse toute recherche curieuse et impolitique des affaires consommées avant sa promulgation.

Elle a interdit aux émigrés toute espèce de retour sur le passé.

Ils sont donc aujourd'hui personnellement non recevables dans leur pourvoi, pour défaut de qualité, si leur action ne s'est ouverte que depuis et par la loi du 5 décembre 1814.

Voici maintenant comment on repousse cette objection.

II. C'est un principe constant que tout ancien émigré, réintégré par le sénatus-consulte du 6 floréal an 10, est admis à réclamer tout ou partie de ses biens qu'il croit n'avoir pas été vendus (1).

Or, comme il n'y a pas de vente lorsqu'il n'y a pas de contrat, de même il n'y a pas d'échange tant qu'il n'y a pas de loi.

Dès lors, les biens échangés n'ont pas cessé d'appartenir à l'Etat. Dès lors, les anciens propriétaires ont droit à leur remise.

Si telle est la conséquence exacte qu'on doit tirer du sénatus-consulté du 6 floréal an 10, à plus forte raison doit-on l'induire de la loi du 5 décembre 1814, qui prononce en faveur des émigrés une réintégration encore plus étendue et plus complète.

_____

(1) *Voy.* au mot DOMAINES NATIONAUX, § II.

Cette dernière loi remet les émigrés dans tous les droits du Domaine, sans exception.

Si les lois antérieures prohibent tout recours de la part du Domaine, tout recours est également prohibé de la part de l'émigré.

Si, au contraire, le Domaine avait à faire valoir quelque action utile en nullité ou en rescision, il l'a remise aux émigrés avec leurs autres biens.

Sans cela, quelle étrange alternative !

Si l'émigré demandait, on lui opposerait son défaut de qualité !

Si le Domaine demandait, on lui opposerait son défaut d'intérêt !

Ainsi, l'action flotterait entre deux parties, à l'une desquelles elle appartient, et dont ni l'une ni l'autre ne pourraient la saisir.

La violation des lois resterait sans vengeur, et l'injustice sans réparation.

Cela n'est pas possible. Il n'y a pas de distinction à établir, puisque la loi n'en fait pas, entre les actions ouvertes et les actions à ouvrir.

Un droit, tant qu'il n'est pas prescrit, n'en existe pas moins, quoiqu'il ne soit pas exercé.

Il suit de là qu'on doit uniquement rechercher si le Domaine pouvait, avant la loi du 5 décembre 1814, alors, et depuis, attaquer l'échange dont il s'agit.

S'il le pouvait, l'émigré qui le représente le peut aussi, quant aux biens qui lui appartenaient et qui font partie de cet échange.

Dès lors, ce ne serait point par une raison tirée de son incapacité personnelle, que l'émigré devrait être repoussé, mais par la raison tirée du maintien irrévocable de l'acte attaqué.

Cet acte est-il en effet irrévocable ?

Voilà la seconde question.

III. Comment, disent les échangistes, pourrait-on attaquer

aujourd'hui un acte sincère dans son origine, et parfait dans ses complémens?

N'a-t-il pas, en effet, été précédé de toutes les formalités requises?

N'a-t-il pas été autorisé par un décret, consommé par un contrat authentique, soumis à la transcription hypothécaire, suivi de la tradition respective, de la mise en possession des objets échangés, et de la jouissance réelle et actuelle des mêmes objets?

Certes, des biens cédés par l'Etat, sortis de ses mains, remplacés par d'autres, ne peuvent être arrachés à leur possesseur! La propriété leur en est légitimement acquise. Ils n'ont pas même besoin d'une loi de ratification.

Il faut voir d'ailleurs les choses d'un point plus élevé : alors on sentira que la prévoyance politique, cette vertu des hommes d'Etat, défend d'accueillir les réclamations de ce genre, de peur qu'une foule de demandes semblables ou analogues ne se précipitent par la porte qu'on aurait une fois ouverte, et ne viennent, en troublant le repos des familles, menacer la sûreté même de l'Etat.

Ainsi, il faudrait, par voie de conséquence, revenir sur les ventes de biens nationaux entachées de vices radicaux dans leurs solennités.

Il faudrait annuler les décrets de propre mouvement, qui ont, sans le concours de la puissance législative, investi des particuliers, des communes et d'autres établissemens, de quelques portions de la fortune publique.

Il faudrait même casser les restitutions illégales faites aux anciens émigrés avant la restauration, de biens qui leur avaient appartenu, et qui depuis étaient tombés dans les liens du séquestre et de la confiscation nationale. Le danger de ces conséquences, l'intérêt des tiers, la bonne foi des échangistes, la durée de leur possession, le repos de l'Etat, la volonté de la Charte, la lettre et l'esprit de la loi du 5 décembre 1814,

7 *

rendent ces sortes d'actes inattaquables de la part, soit des anciens propriétaires, soit même de l'Etat.

IV. Nous commencerons, répondent ceux qui soutiennent que l'échange est incomplet et nul, par examiner la nature et la disponibilité des biens échangés.

Il ne s'agit ni du domaine privé dont le chef du gouvernement pouvait disposer librement comme un particulier, ni du domaine de la couronne dont l'échange ne pouvait avoir lieu qu'en vertu d'un sénatus-consulte, ni du domaine extraordinaire qu'on pouvait distribuer dans l'intérêt de l'armée, ou pour des récompenses nationales, mais du domaine public qui se compose de biens nationaux, par leur nature.

Les biens de cette espèce ne pouvaient, aux termes de l'art. 8 de la loi du 1er décembre 1790, être aliénés sans le concours de la nation, mais seulement par un décret formel du corps législatif, sanctionné par le Roi (1).

Il ne faut pas croire que la sanction du corps législatif soit une vaine formalité, une simple homologation qui peut se suppléer ou dont on peut s'abstenir.

L'inaliénabilité perpétuelle du domaine de l'Etat était, avant la révolution, la seule barrière que la sagesse des Rois et des parlemens ait pu opposer aux caprices et aux prodigalités de l'arbitraire.

La loi du 1er décembre 1790, en substituant au principe de l'inaliénabilité à titre perpétuel des domaines de l'Etat, celui de l'aliénabilité à titre incommutable, a placé la sauve-garde de l'Etat dans le concours et la sanction du corps législatif.

_____

(1) « Les Domaines nationaux [et les droits qui en dépendent de-
« meurent inaliénables sans le consentement et le concours de la na-
« tion. Mais ils peuvent être vendus et aliénés à titre perpétuel et
« incommutable, en vertu d'un *décret formel du corps législatif,*
« *sanctionné par le Roi*, en observant les formalités prescrites pour
« ces sortes d'aliénations. »

Les domaines privés de la couronne ont été séparés du domaine national, avec lequel ils se confondaient.

La nation seule est restée propriétaire de ce dernier domaine, et nul autre qu'elle.

Le Roi et les deux chambres représentent seuls aujourd'hui ce propriétaire, et peuvent seuls, en son nom et dans son intérêt, exprimer sa volonté.

La capacité d'aliéner repose, dans sa plénitude, en eux seuls et non dans le gouvernement; et comme ils peuvent admettre, ils peuvent aussi rejeter.

L'histoire de notre monarchie nous apprend que les favoris des Rois n'ont que trop souvent arraché à leur facile bonté les domaines les plus précieux de l'État. Ainsi, loin de cacher dans l'ombre ces mystérieux échanges, le devoir du gouvernement est de provoquer une discussion solennelle, qui mette les parties en présence l'une de l'autre, devant les Chambres, qui prévienne les surprises de la faveur, et qui secoure, au besoin, l'État contre l'échangiste, et le prince contre lui-même.

Voilà les vrais et salutaires principes qui découlent de la loi du 1er décembre 1790.

Existerait-il, par hasard, quelque autre loi qui, depuis l'assemblée constituante, ait affranchi ces sortes d'échanges de la sanction du corps législatif?

Non, puisque le décret organique du 11 juillet 1812 avait, dans la vue de réprimer toute collusion, soumis à la délibération du sénat les actes d'échange avec le Domaine de la couronne, et puisque plusieurs projets de lois confirmatifs d'échanges semblables ont été déférés, par le gouvernement impérial, au corps législatif, et par lui rejetés pour cause de *lésion*.

D'où il suit que, ni en principe, ni en fait, le gouvernement impérial n'a attaché à ces décrets de proposition, le caractère et la force obligatoire d'une aliénation définitive.

Y aurait-il pareillement quelque loi qui, depuis la Charte,

ait investi le gouvernement du droit plein et absolu de confirmer ces sortes de contrats?

Non, puisqu'un projet de loi relatif à un semblable échange
a été présenté, par le Ministre des finances, à l'examen et à la
ratification des Chambres.

Il est donc évident que la loi du 5 décembre 1814 n'a, ni
dérogé à la législation acuelle, ni changé la matière des actes
et des titres préexistans; qu'elle a, dans l'intérêt des tiers et pour
le repos de l'Etat, effacé et couvert tous les vices, même souvent les plus monstrueux, des actes antérieurs à sa promulgation, pourvu que les gouvernemens précédens eussent imprimé
à ces actes, dans l'intention et dans le fait, un caractère définitif;

Mais qu'elle n'a pas voulu qu'un jugement provisoire obtînt
les effets d'un jugement en dernier ressort;

Qu'en confirmant les actes passés, elle n'a pas converti une
adjudication préparatoire en une adjudication irrévocable et
transmissive de propriété;

Qu'en s'expliquant sur les actes du gouvernement, elle n'a
fait ni pu faire qu'un décret préalable et de proposition eût
la même autorité, la même nécessité, la même force obligatoire,
qu'un décret définitif et de disposition; ni enfin qu'un contrat d'échange incomplet, subordonné à une loi de ratification qui devait être rendue et qui ne l'a pas été, reçût de plein
droit son exécution, comme si cette loi existait.

On nierait peut-être difficilement la solidité de ces argumens,
et la vérité rigoureuse de leur déduction. Aussi cherche-t-on
beaucoup moins à établir l'incapacité personnelle de l'émigré,
sur le texte positif de la loi, que sur le motif politique et le danger des conséquences.

Il ne faut pas trop diminuer l'importance de cette objection,
il ne faut pas trop l'exagérer aussi.

Rassemblons et discutons en peu de mots les objections de
cette espèce:

1°. Si vous laissez, dit-on, attaquer cet acte d'échange, sous
prétexte d'irrégularité, quelles sont les ventes de biens natio-

naux qu'on ne cherchera point à ébranler, à l'aide des mêmes moyens?

Nous répondrons que la différence des deux cas est extrême:

En effet, toutes les ventes de biens nationaux, quelque ir-régulières qu'elles aient pu être, ont été irrévocablement main-tenues par les dispositions précises et solennelles de toutes les lois, de toutes les constitutions, et surtout par la Charte, qui les a reconnues et légitimées.

Tandis qu'il n'y a aucune loi qui ait déclaré inattaquable un échange dépourvu de la sanction du corps législatif.

Nous allons faire mieux sentir encore cette différence de principe; car elle est très-importante à établir.

La garantie des acquéreurs de biens nationaux ne repose pas uniquement sur la nécessité du motif politique; leur droit se fonde aussi sur les lois d'aliénation de biens d'émigrés.

Il ne s'agit donc pas de rechercher si le principe de ces lois est vicieux, puisqu'il ne s'agit pas de les faire.

Il s'agit uniquement de savoir si elles existent, puisqu'il ne s'agit que de leur application (1).

Or toute possession conforme à une loi, même injuste, est légitime; car possession légitime veut dire possession selon la loi.

Cela posé, comment, lorsque le législateur maintient les contrats de vente passés sous la foi particulière, parce que ces contrats font la loi spéciale des parties, n'aurait-il pas main-tenu des actes de vente passés sous la foi publique, en exécu-tion des lois générales de l'Etat?

Sous ce point de vue, il ne serait donc pas indispensable,

(1). Je raisonne ici dans l'hypothèse que les lois dont on parle, ont encore aujourd'hui vie et effet. Or, qu'elles aient cette vie et cet effet, c'est un point incontestable, en fait et en droit, soit qu'elles tirent leur existence et leur force obligatoire d'elles-mêmes, ainsi que quel-ques-uns le soutiennent, soit qu'elles ne les tirent, ainsi que d'autres l'ont prétendu, que des ratifications solennelles et postérieures de la Charte.

pour assurer l'irrévocabilité des ventes de biens nationaux, d'appeler à leur secours la nécessité du motif politique.

Peu importe que ces ventes renferment des biens de certaine nature; il suffit pour leur maintien que les lois en aient permis l'aliénation.

Mais si les lois l'ont défendue, ces ventes ne peuvent être maintenues, puisqu'elles sont illégitimes, c'est-à-dire contraires à la loi; et loin que ce double principe ébranle la sécurité des acquéreurs, il en est le plus ferme appui; car l'exception confirme la règle.

Il est donc vrai de dire qu'il n'y a pas une seule vente de biens nationaux qui n'ait été faite en vertu d'une loi; car sans cela elle serait déclarée nulle, même aujourd'hui.

L'acte d'adjudication n'est donc que l'exécution de la loi, qu'un acte qui, s'appliquant à un objet déterminé dont la vente est permise, peut bien être irrégulier dans l'accomplissement de ses solennités, mais non dans sa substance intrinsèque.

Au lieu que les formalités de l'échange précèdent la loi; au lieu que l'échange ne tire véritablement que de la loi confirmative son existence, son autorité, son exécution.

En un mot, la loi est à l'échange ce que l'acte d'adjudication est à la vente sur enchères. Les affiches et les publications, les expertises, les procès verbaux d'estimation, sans l'acte d'adjudication, ne constituent point la vente.

De même, les décrets de proposition et les autres actes préparatoires, sans la loi, ne constituent pas l'échange.

La possession de l'échangiste et l'exécution du contrat ne seraient ici d'aucun poids.

La *possession*, parce qu'elle ne vaut titre, à l'égard du Domaine, que lorsqu'elle est fondée sur la prescription de quarante ans; l'*exécution*, parce qu'elle est anticipée et abusive, tant que la loi d'aliénation n'est pas rendue.

Nous ajouterons que les tiers ont pu contracter avec les acquéreurs de biens nationaux, sur la foi d'une vente parfaite et irrévocable.

Mais les tiers qui auraient contracté on contracteraient avec un échangiste, détenteur précaire, se seraient exposés volontairement à toutes les chances que peut courir cet acte informe.

Mille autres différences signalent le caractère de la vente des biens domaniaux, et de l'échange des mêmes biens.

On attaquerait aussi, dit-on, sous prétexte de défaut de forme, ou d'inégalité de lots, ou de lésion, ou de tout autre vice, les partages de succession et de présuccession faits entre l'Etat et les auteurs ou cohéritiers des émigrés absens !

Non, parce que le sénatus-consulte du 6 floréal an 10, interdit expressément aux émigrés de revenir sur ces sortes d'actes, et qu'à cet égard, ils sont frappés d'une incapacité personnelle.

Si on pouvait attaquer l'échange, on pourrait également, dit-on encore, revenir contre les abandons de biens, à titre gratuit, faits par le chef du gouvernement précédent à d'anciens émigrés, comme ayant été consommés sans une loi préalable d'aliénation !

Nul doute qu'à parler rigoureusement, de pareilles cessions ne fussent illégales et nulles avant la loi du 5 décembre ; mais, depuis cette loi, quel intérêt et dès lors quelle force peut avoir une telle objection, puisque l'émigré remettrait d'une main à l'Etat ce qu'il reprendrait de l'autre ? Les droits des tiers ne seraient donc pas compromis ; il n'y a donc aucun danger de conséquence.

Enfin, a-t-on dit, il faudra donc déclarer nuls les nombreux échanges opérés entre les communes et des tiers, par de simples décrets ?

Nous répondrons que jusqu'en 1813, ces sortes de contrats ont toujours été soumis à la sanction du corps législatif, à l'exception de quelques échanges d'une valeur si mince, que, pour éviter des frais et des lenteurs, on les affranchissait de cette formalité.

Mais, outre que ce serait mal raisonner de conclure de ce

que le gouvernement a eu tort d'omettre cette formalité essentielle à l'égard des communes, qu'il doive et qu'il puisse aussi l'omettre à l'égard de l'Etat, il ne faut pas perdre de vue que, lorsqu'il s'agit de biens de l'Etat, il aliène au nom du propriétaire et sauf sa ratification; ce qui est bien différent, et ce qui ôte presque toute sa force à l'objection, même en la supposant exacte.

On voit donc que le danger des conséquences n'est pas si pressant ni si considérable qu'on pourrait se l'imaginer.

Ainsi, il résulte de l'ensemble de cette discussion :

1°. Que les anciens propriétaires ont qualité pour attaquer le décret qui a autorisé l'échange;

2°. Que ce décret n'a, dans l'intention et dans le fait, qu'un caractère préparatoire;

3°. Que le contrat d'échange est incomplet, tant qu'il n'a pas été suivi d'une loi de ratification;

4°. Que la loi du 1er décembre 1790 ne reconnaît d'échange pleinement consommé et exécutoire qu'après la sanction du corps législatif; et que la loi du 5 décembre 1814 n'a attaché l'irrévocabilité de sa confirmation qu'à des actes définitifs, quoique irréguliers;

5°. Que la proposition d'une loi confirmative de l'échange n'est plus acceptable, depuis la loi de remise, en ce qui concerne l'ancien propriétaire, puisque l'échange ne peut envelopper la propriété des tiers réclamans.

C'est ce qui a été décidé, à mon rapport, par une ordonnance du 23 janvier 1820.

Toutefois, je dois prévenir que l'on ne doit faire l'application de ces principes à d'autres espèces qu'avec la circonspection la plus sérieuse.

Car, si l'on décidait indistinctement, dans tous les cas, qu'un décret est nul, parce qu'il a violé la loi, on inquiéterait souvent les possessions le plus fermement établies.

Les décrets, même d'intérêt privé, avaient force de loi, sous le gouvernement impérial, en matière administrative; ils étaient la souveraine et dernière manifestation des volontés du pouvoir absolu (1).

Nous ne ferons point aux ordonnances royales l'injure de leur attribuer la même autorité, ou plutôt la même violence et les mêmes effets; car le Roi met sa gloire à ne pas franchir les bornes qu'il s'est prescrites à lui-même.

D'ailleurs, toute ordonnance est contre-signée par un Ministre, et le Ministre est responsable vis-à-vis de la partie lésée (2); mais vouloir que tous les décrets impériaux soient réguliers, ce serait vouloir, contre la nature des choses et l'expérience des faits, que la justice fût toujours dans l'arbitraire, et la règle dans le despotisme.

Le Conseil d'État, lorsqu'on lui défère l'un de ces décrets, se trouve placé entre deux écueils.

Ce décret a violé la loi, et, sous ce rapport, on devrait l'annuler.

Mais il a attribué des droits à un tiers, et, sous ce rapport, il doit être confirmé.

Le respect des droits acquis l'a emporté sur le maintien rigoureux des principes.

Ainsi, la justice elle-même, malgré ses droits imprescriptibles et sacrés, est souvent, dans la pratique des affaires humaines, contrainte de plier sous la loi inflexible de la nécessité.

Mais, pour atténuer cette infraction de la règle, on a établi une distinction fort sage.

Si le décret ou l'acte du gouvernement n'a pas un caractère définitif et irrévocable, on ne ferme point aux parties lésées les voies de la révocation.

Si, au contraire, le décret ou l'acte du gouvernement renferme, de fait et de droit, une disposition absolue et suprême, le rejet du pourvoi est prononcé.

---

(1) *Voy.* au mot DÉCRET.
(2) Hors des arrêts du Conseil qui sont des *jugemens.*

Ainsi, les affectations de biens nationaux faites par le gouvernement impérial, soit à des communes, soit à des particuliers, mais à titre de propriété incommutable, sans exception et sans retour, sous la forme de vente, d'échange et même de pure et simple donation, sont inattaquables (1).

## ÉMIGRÉS.

§ I. *Les tiers régnicoles peuvent-ils réclamer un bien compris indûment dans un abandon ou cession fait par une administration centrale, à la femme ou aux cohéritiers d'un émigré, pour les remplir, l'une, de ses cas dotaux, les autres, de leurs droits légitimaires ?*

§ II. *Dans les réfections de partage des successions indivises de biens séquestrés sur des émigrés, l'omission de la voie du tirage au sort entraîne-t-elle la nullité du nouveau partage ?*

§ III. *Les cessions faites, par des décrets particuliers, à des communes ou à des tiers, de biens appartenans à des émigrés, postérieurement au certificat d'amnistie, mais antérieurement à la mainlevée du séquestre national, doivent-elles être maintenues ?*

*L'Etat est-il tenu de restituer aux anciens émigrés, les fruits échus et perçus par le Domaine, depuis la délivrance du certificat d'amnistie jusqu'à la mainlevée du séquestre, ou à la rentrée en possession ?*

*La disposition faite par l'Etat, envers un tiers, d'un bien ou créance remis à un émigré, par la loi du 5 décembre 1814, dans l'intervalle du jour de la promulgation de la loi au jour de l'arrêté de remise, est-elle valable ?*

§ IV. *Les contestations élevées sur la reddition d'un compte, entre un régisseur et les héritiers d'une succes-*

---

(1) *Voy.* au mot EMIGRÉS, §§ VII et VIII.

sion dont les biens ont été séquestrés par l'État, pour cause d'émigration, étaient-elles, avant la Charte, du ressort des préfets ou des Conseils de préfecture ?

§ V. Les anciennes administrations de département ont-elles pu réintégrer des communes ou des particuliers dans la propriété de biens prétendus usurpés par l'effet de la puissance féodale ?

Dans quels cas doit-on considérer ces arrêtés, ou comme des jugemens de réintégrande, ou comme des avis préalables à l'action judiciaire, ou comme des actes administratifs, portant reconnaissance et abandon, au nom de l'État, des droits réclamés par les communes ou particuliers ?

L'administration des domaines, qui avait les droits et actions de l'émigré, aurait-elle dû être appelée dans l'instance, lors desdits arrêtés ?

Le recours contre ces arrêtés, à défaut de défense de la part du Domaine, doit-il être dirigé, à titre d'opposition, devant le Conseil de préfecture, ou, à titre de pourvoi direct, devant le Conseil d'État ?

Ne faut-il pas faire attention à la qualité des personnes réintégrées par les arrêtés des Directoires de département, et à la nature des biens adjugés ou cédés ?

Les anciens propriétaires qui ont été remis, soit par le sénatus-consulte du 6 floréal an 10, soit par la loi du 5 décembre 1814, aux droits et actions du Domaine, peuvent-ils exercer lesdits droits et actions, soit devant le Conseil d'État, en annulation desdits arrêtés, pour cause d'incompétence, soit devant les tribunaux, en revendication des biens adjugés ou cédés ? et dans quelles limites l'exercice de cette action doit-il se renfermer ?

§ VI. Le Domaine peut-il opposer aux héritiers d'un émigré, relativement aux successions à lui échues, dont le partage n'aurait pu avoir lieu que postérieurement à sa radiation définitive, la présomption de survie établie par l'art. 3 de la loi du 28 mars 1793?

§ VII. Les biens d'émigrés, donnés à un tiers par un décret impérial, à titre gratuit et définitif, doivent-ils être remis aux anciens propriétaires?

Sont-ils affranchis de toute hypothèque, du chef des anciens créanciers des émigrés?

§ VIII. Les biens nationaux dont la pleine propriété a été concédée gratuitement aux communes par le décret du 9 avril 1811 doivent-ils rester entre leurs mains ou faire retour aux anciens propriétaires?

§ IX. Le Domaine est-il tenu de restituer à l'héritier d'un régnicole les fruits perçus pendant le séquestre, mis indûment au nom d'un héritier plus éloigné, mais émigré?

§ X. Le prix du loyer dû pour les immeubles remis aux anciens émigrés par la loi du 5 décembre 1814, et retenus provisoirement pour un service public, doit-il être, en cas de contestation, réglé par l'administration ou par les tribunaux?

## § Ier.

Les tiers régnicoles peuvent-ils réclamer un bien compris indûment dans un abandon ou cession fait par une administration centrale, à la femme ou aux cohéritiers d'un émigré, pour les remplir, l'une, de ses cas dotaux, les autres, de leurs droits légitimaires?

On ne pourrait tirer l'irrévocabilité de la cession que de son assimilation à des ventes nationales.

Mais si le principe de l'assimilation est faux, la conséquence doit tomber avec lui.

Voyons:

I. La vente du bien d'autrui est prohibée par les lois civiles (Art. 1599. C. C.).

Il y a dérogation à ce principe de justice et de bon sens, pour les ventes de biens nationaux; ici, le motif politique a prévalu.

Des ventes, faites à la hâte, englobaient dans leurs désignations confuses les biens des tiers, qui souvent l'ignoraient ou n'osaient réclamer.

On maintint les ventes faites pour aider les ventes à faire. La compréhension erronée des biens des tiers fut envisagée comme une espèce d'expropriation pour cause d'utilité publique, et les tiers réclamans furent renvoyés en indemnité devant le trésor.

On pourrait argumenter en sens divers des mots de l'article 95 de la Constitution du 22 frimaire an 8 :

« La nation française déclare qu'après une vente *légale-*
« *ment consommée* de biens *nationaux, quelle qu'en soit l'o-*
« *rigine*, l'acquéreur légitime ne peut en être dépossédé,
« sauf aux *tiers réclamans* à être, s'il y a lieu, indemnisés
« par le trésor public. »

Entend-on par ces mots, les biens du clergé vulgairement nommés biens de première origine, ou les biens des émigrés appelés biens de seconde origine?

Ou plutôt, n'entend-on pas dire les biens d'origine même *patrimoniale* ?

Cette dernière interprétation est appuyée par ces autres mots, *les tiers réclamans*.

Évidemment, les tiers réclamans ne sont ici, ni les anciennes corporations religieuses, puisqu'elles étaient supprimées, confondues avec la personne de l'Etat, et sans organe légal ni vivant.

Les tiers réclamans ne sont pas non plus les émigrés ou leurs ayans cause, puisque alors le sénatus-consulte du 6 floréal an 10 n'avait pas encore reçu de promulgation, et qu'ainsi, étant dans les liens de la mort civile, les émigrés n'avaient aucune qualité pour réclamer. De plus, le caractère de *natio-*

*nalité,* avait été imprimé *à tous leurs biens,* par les lois de la confiscation.

Enfin, depuis le sénatus-consulte même, il leur était interdit d'attaquer non-seulement les ventes solennelles de leurs biens, mais même les partages de succession, les cessions, les abandons, les simples arrangemens et tous ces contrats innommés passés entre l'État et des tiers, pendant leur absence.

En effet, l'art. 16 du sénatus-consulte du 6 floréal an 10 défend aux émigrés, à leurs héritiers et ayans cause, de former des répétitions de cette nature, *en aucun cas* et *sous aucun prétexte,* soit devant les Conseils de préfecture, soit devant les tribunaux, qui ne pourraient en connaître, même indirectement, sans porter atteinte à la force irrévocable des partages (1).

Les tiers réclamans sont donc seulement, ou les régnicoles qui, par erreur, avaient été inscrits sur la liste fatale des émigrés, et qui demandaient la restitution en nature, de leurs biens vendus à titre de confiscation, ou de séquestre ; ou les régnicoles dont les biens avaient été attirés et enveloppés, par méprise, dans la vente de quelque domaine national.

Voilà les seuls tiers qu'on renvoyât et qu'on pût renvoyer en indemnité devant le trésor public, lorsque leurs biens avaient été légalement aliénés par l'État.

Je viens d'établir que la vente du bien d'autrui a été maintenue, en termes formels, par les lois les plus solennelles, les lois fondamentales de la matière, les lois dites constitutionnelles, les lois reconnues et confirmées par la Charte; dès lors, la jurisprudence du Conseil d'État devait les maintenir, parce qu'il est obligé d'appliquer, comme tribunal administratif, les lois existantes, quelle que soit leur rigueur.

II. Mais si l'exception est précise, il ne faut pas du moins l'étendre au delà de ses limites.

Il ne faut pas assimiler des cessions à des ventes.

_____

(1) 6 juin 1815, — 51 mai 1817, — 23 juin 1817.

Aucune loi, aucun arrêté réglémentaire, aucun décret rendu en matière contentieuse, n'ont maintenu, à l'égard des tiers, les cessions ou abandons qui comprenaient leurs biens (1). La différence qui existe entre les ventes et les cessions est sensible.

Les ventes nationales étaient faites sur enchères, avec des affiches, des publications et des solennités qui avertissaient les tiers.

Les cessions ou délivrances en corps héréditaires s'opéraient sur simples pétitions, se dressaient dans l'ombre des bureaux et d'une délibération secrète, par de simples arrêtés notifiés au demandeur, et inconnus des tiers dont les droits pouvaient être compromis.

Dans les premières, l'opposition des tiers avait pu, en temps utile, éclairer l'administration venderesse sur sa méprise et la faire réparer. Ils portaient donc, après la consommation de la vente, la peine de leur négligence, quelquefois réelle, toujours présumée; on leur laissait seulement leur recours en indemnité. Car l'Etat ne devait pas profiter d'un prix reçu pour une chose qui ne lui appartenait pas.

Dans les secondes, au contraire, l'opposition des tiers n'avait pu être utilement formée, parce qu'ils avaient été tenus, contre leur gré, dans l'ignorance de l'opération occulte qui lésait leurs droits. Il était donc juste de leur ouvrir une action après la cession, action en restitution et non en indemnité.

De plus, dans les ventes sur enchères, l'Etat rédige le contrat, et l'acheteur n'intervient pas, comme dans les ventes ordinaires, pour débattre les conditions de l'acte; l'acquéreur doit présumer que l'Etat ne vend que ce qui lui appartient; il achète donc et retient, sous la garantie de la foi publique, ce qui lui a été délivré.

Au lieu que le cessionnaire était le complice volontaire de l'erreur commise par l'administration. Il connaissait les biens

___

(1) *Voyez* au mot DOTATIONS.

héréditaires dont il demandait la délivrance à son profit ; il les désignait à l'autorité. Il doit s'imputer d'avoir, par erreur, ou peut-être à dessein, fait comprendre dans cette cession le bien d'autrui.

L'intention de l'acquéreur a été d'acheter tout ce que l'administration proposait en vente et qu'elle avait qualifié de national.

L'intention du cessionnaire ou abandonnataire a été qu'on lui délivrât ce qui appartenait à son débiteur, et non ce qui était à d'autres.

L'intention du cédant a été pareillement de ne délivrer que ce qu'il détenait temporairement, au nom du débiteur, et pas autre chose.

J'ajoute que le motif politique, le seul qui ait fait maintenir la vente du bien d'autrui, n'existe pas à l'égard des simples abandons.

En effet, dans le premier cas, on voulait activer et multiplier les ventes ultérieures, en enlevant tous les obstacles, en écartant toutes les réclamations contre une chose stable et ferme à jamais.

Mais les femmes d'émigrés, en ce temps déplorable, n'étaient pas très-favorisées. C'était même plutôt par exception et par grâce que par obligation, qu'on leur délivrait des corps héréditaires pour leurs cas dotaux. Car la règle générale établie par la loi du 1er floréal an 3 était de liquider leurs reprises en papier-monnaie.

Il n'y avait donc aucun motif politique pour maintenir à leur égard, et en contravention aux lois de la matière, les cessions ou dispositions erronées du bien d'autrui.

L'Etat pouvait d'ailleurs ne rendre pour les ventes que le prix reçu dans ses caisses en effectif, c'est-à-dire peu de chose.

Mais pour les cessions, il fallait bien rendre aux tiers dépossédés le prix réel de l'objet.

Pour les ventes, l'Etat était obligé de restituer à l'acquéreur, en cas d'éviction, le prix proportionnel de la partie évincée. Mais dans les cessions ou délivrances, il ne devait rien au cessionnaire qui l'avait induit le premier en erreur, et avait reçu, d'ailleurs, à ses risques et périls.

Il pouvait le renvoyer seulement à faire valoir ses droits de propriété originaire devant les tribunaux, sans s'exposer lui-même à l'action récursoire en garantie.

De plus, les abandons faits par les administrations centrales n'émanaient pas d'une autorité souveraine.

Le recours contre les arrêtés de cession était ouvert, de la part des tiers régnicoles, devant le Ministre des finances, remplacé depuis, dans cette attribution, par le Conseil d'État (1).

Lors donc que ces arrêtés n'ont pas acquis l'autorité irrévocable de la chose jugée, par une signification régulière aux tiers réclamans, non suivie de pourvoi dans le délai utile, ou par leur valable acquiescement, ils sont attaquables par la voie contentieuse. Ces arrêtés ne sont point au nombre des actes définitifs qui sont maintenus par l'art. 1er de la loi du 5 décembre 1814.

On peut encore tirer argument, par une analogie sensible et directe, des ventes de biens de la caisse d'amortissement et des affectations de biens d'émigrés à la Légion d'Honneur, ou aux hospices, lesquelles ne peuvent, en aucun cas, préjudicier au droit des tiers, et empêcher leur action en revendication devant les tribunaux ordinaires.

En définitive, les effets des cessions et partages de successions et présuccessions, dans cette matière, sont irrévocables à l'égard des émigrés ou de leurs héritiers, créanciers et ayans causes de toute espèce, parce que le sénatus-consulte du 6 floréal an 10 leur défend de revenir, en aucun cas et sous aucun

---

(1) L'art. 16 du sénatus-consulte du 6 floréal an 10 n'interdit ce recours qu'aux « individus *amnistiés*. » Or les tiers *régnicoles* n'étaient pas des individus *amnistiés*.

prétexte, contre les actes faits entre l'État et des tiers, pendant leur absence.

Mais les régnicoles ne sont pas liés par ces arrêtés ; c'est même une question de savoir si des décrets spéciaux, non contradictoires avec des tiers, et qui disposeraient de leurs droits, même définitivement, ne seraient pas aujourd'hui attaquables.

L'équité et les principes s'élèvent hautement contre de tels actes, et je pense qu'il y aurait lieu de les réformer, sous la réserve des exceptions tirées de l'acquiescement ou du défaut de pourvoi dans le délai utile, et sauf la preuve judiciaire et préalable du droit prétendu.

Mais, quoique cette opinion puisse être soutenue avec vérité, en thèse générale, je ne désavoue pas qu'elle ne soit susceptible d'être modifiée dans l'application, selon la diversité des espèces.

Je doi même dire qu'on pourrait peut-être induire d'une ordonnance du 18 juillet 1821 que les abandons sont assimilés à des ventes nationales.

En effet, cette ordonnance, après avoir considéré « que « l'État avait abandonné à la dame N***, pour la remplir « de ses droits légitimaires, le marché de G***, y compris les « halles et boucheries, ainsi que les objets se trouvaient, à cette « époque, dans les mains du gouvernement,

   « Déclare la dame N*** abandonnataire dudit marché, « ainsi que ses auteurs en ont joui ou pu jouir. »

Cette déclaration est faite dans la forme usitée pour les ventes de biens nationaux.

Mais, outre que la rédaction de cette ordonnance est un peu vague, et qu'on peut en interpréter le sens diversement, cet exemple isolé ne constituerait pas une jurisprudence. Une autre ordonnance, du 23 décembre 1815, a plus franchement attaqué la difficulté.

Il s'agissait de savoir si une commune avait pu réclamer la propriété d'un bois compris dans un partage de succession fait entre les cohéritiers d'un émigré et l'État.

Le Conseil de préfecture avait décidé que le partage comprenait le bois litigieux, et qu'aux termes du sénatus-consulte du 6 floréal an 10, ledit partage était inattaquable.

Le Conseil d'État, sur le pourvoi de la commune, a jugé, au rapport de M. de Castillon,

« Que le partage inattaquable, aux termes du sénatus-con-
« sulte du 6 floréal an 10, par l'*amnistié* ou *ses copartageans*,
« ne peut *préjudicier* aux droits de la *commune* prétendant
« à la propriété des objets compris au partage, et *ne fait pas*
« *obstacle* à ce qu'elle les suive devant les *tribunaux*. »

La difficulté me paraît plus solidément et surtout plus nettement résolue dans cette ordonnance que dans l'autre.

En résumé, la vraie doctrine, selon moi, est que les cessions, partages de présuccessions et successions, et abandons faits par les anciennes administrations centrales, sont inattaquables de la part, soit de l'État, soit des abandonnataires, soit des émigrés, leurs héritiers ou ayans cause, lorsqu'ils comprennent des biens dont la nationalité n'est point contestée.

Mais ces actes n'ont pu porter préjudice aux tiers régnicoles dont ils enveloppaient, par erreur, la propriété.

L'État a pu vendre le bien d'autrui, ou plutôt la vente qu'il en a faite est maintenue par une exception *unique*.

Mais il n'a pu transmettre à tout autre titre, céder, abandonner, délaisser aucun bien, que tel et de la même manière qu'il le possédait et devait posséder.

S'il y a litige entre l'État ou ses ayans cause et un tiers, sur la propriété de ce bien, c'est aux tribunaux seuls à prononcer.

## § II.

*Dans les réfections de partage des successions indivises de biens séquestrés sur des émigrés, l'omission de la voie du tirage au sort entraîne-t-elle la nullité du nouveau partage ?*

I. Il est souvent arrivé que le gouvernement révolutionnaire, dans ses caprices, dans ses intérêts ou dans ses alarmes, ôtait, puis réapposait le séquestre sur les successions indivises dans lesquelles il représentait l'un des héritiers émigrés; les tiers, dans l'intervalle des séquestres, contractaient de bonne foi avec les anciens propriétaires réintégrés; souvent aussi les émigrés, après leur amnistie, s'empressaient de dresser, avec leurs cohéritiers présens, le partage des successions qui leur étaient échues pendant leur exil, sans songer à y appeler l'Etat qui représentait les absens. Pauvres et dépouillés, ils se hâtaient de vendre, pour faire ressource, les portions qui leur advenaient. Cependant l'Etat avait droit d'attaquer ces partages auxquels il n'avait pas paru, et qui d'ailleurs, aux termes des lois, ne pouvaient être faits que par voie administrative.

Dans ces circonstances, devait-on procéder à la réfection de ces partages par la voie du tirage au sort?

Sans doute, un tel mode eût été plus régulier; mais on eût compromis l'intérêt des cessionnaires, acquéreurs, et créanciers. D'ailleurs, la législation ne prescrivait pas le tirage au sort impérativement et à peine de nullité; on pouvait même induire le contraire de l'article 45 de la loi du 17 nivôse an 2, qui conservait les droits acquis, soit à des tiers possesseurs, soit à des tiers créanciers hypothécaires, et à tous autres, sur les biens dont les dispositions étaient annulées, pourvu qu'il n'y eût pas fraude.

Deux décrets des 15 janvier et 17 mai 1809 ont également ordonné que des partages de biens indivis seraient refaits sans tirage au sort. La sagesse de cette résolution était justifiée par l'impérieuse nécessité de ne pas troubler dans leurs propriétés une multitude d'acquéreurs de bonne foi et avec juste titre, qui, avant la réapposition du séquestre, avaient contracté avec les détenteurs; qui avaient amélioré les portions à eux rétrocédées; qui, sous la garantie des ventes antérieures et d'un partage consommé, avaient eux-mêmes aliéné ou hypothéqué à des tiers les mêmes portions. De même, une foule de créanciers avaient prêté leurs capitaux et pris sur les biens des inscriptions hypothécaires; ils auraient donc vu, les uns, leurs pro-

priétés livrées aux chances du tirage au sort, les autres, le gage
légitime de leurs créances s'affaiblir ou disparaître, et tous auraient été et seraient encore exposés à une foule d'actions récursoires et en garantie, et jetés dans des procès ruineux et
interminables.

C'est donc avec raison que, par une exception prévoyante
et salutaire, la voie du tirage au sort a été écartée dans de
semblables circonstances.

Cette règle a été consacrée sous le gouvernement du Roi, par
une ordonnance du 7 août 1816, rendue à mon rapport, qui
a repoussé la demande en annulation d'un partage consommé
par une répartition de choix,

Attendu

« Que les lois de la matière et la jurisprudence permettent
« d'écarter la voie du tirage au sort, lors de la réfection des
« partages, pour ne point porter le trouble dans les familles
« et la confusion dans les droits acquis antérieurement auxdits
« partages, par des tiers de bonne foi (1). »

## § III.

*Les cessions faites par des décrets particuliers à des
communes ou à des tiers, de biens appartenans à des émigrés, postérieurement au certificat d'amnistie, mais antérieurement à la mainlevée du séquestre national, doivent-
elles être maintenues?*

*L'Etat est-il tenu de restituer aux anciens émigrés les
fruits échus et perçus par le Domaine depuis la délivrance
du certificat d'amnistie jusqu'à la mainlevée du séquestre
ou la rentrée en possession?*

*La disposition faite par l'Etat, envers un tiers, d'un*

___

(1) Cette règle a pour base le respect des droits acquis, principe fé-
cond et universel qui domine la solution de toutes les questions, en
matière de biens nationaux et d'émigration.

*bien ou créance remis à un émigré par la loi du 5 décem-*
*bre 1814, dans l'intervalle du jour de la promulgation de*
*la loi au jour de l'arrêté de remise, est-elle valable?*

I. La première question est très-délicate, et si elle a été
résolue affirmativement, c'est plutôt par la jurisprudence que
par les lois.

En effet, le sénatus-consulte du 6 floréal an 10, section 2,
article 16, « défend aux individus amnistiés d'attaquer, en au-
« cun cas et sous aucun prétexte, les partages de succession,
« présuccesion ou autres *actes* et *arrangemens* faits entre la
« république et les *particuliers, avant* la présente amnistie. »

Donc les émigrés réintégrés dans leurs droits de citoyens et
de propriétaires ont, d'après les termes de l'article précité,
qualité pour attaquer les actes *postérieurs* à l'amnistie.

Le caractère d'amnistié conféré *généralement* par le sénatus-consulte aux émigrés, devait l'être *spécialement* à
chacun d'eux par la délivrance d'un certificat d'amnistie.

A dater du jour de cette délivrance, les *fruits* leur sont
dus, aux termes de l'article 17 du sénatus-consulte.

Ils étaient donc alors restitués dans la plénitude de tous
leurs droits, fonds et fruits, pour les biens non vendus et non
réservés.

Ainsi, l'État ne pouvait valablement disposer de ces biens
au profit des tiers, dans l'intervalle du jour de la délivrance du
certificat d'amnistie au jour de la mainlevée du séquestre, prononcée par les arrêtés des préfets.

C'est du moins ce qui me paraît résulter textuellement du
sénatus-consulte du 6 floréal an 10.

Néanmoins, si l'État avait, par erreur, disposé, dans cet intervalle, d'un bien restitué de droit, mais encore séquestré de
fait, avec les formes voulues pour l'aliénation des biens nationaux, la facilité donnée à l'émigré amnistié par la publicité des affiches et des enchères, de former opposition à la
vente, la bonne foi des acquéreurs, et les dispositions for-

melles de la loi du 22 frimaire an 8, feraient maintenir une
telle vente, sauf le recours de l'amnistié réclamant, en indemnité, devers le trésor public.

Il serait même inutile, dans ce cas, que le bien fût, à l'époque de la vente, en état de séquestre. Le séquestre eût-il été
levé ou n'eût-il jamais été apposé, comme s'il se fût agi d'un
bien patrimonial, la vente n'en était pas moins maintenue,
à l'égard des tiers régnicoles, comme à l'égard des amnistiés.

Mais si la disposition a été faite par un décret particulier,
et non par une vente solennelle, est-elle valable?

L'émigré, porteur de son certificat d'amnistie au moment
de la disposition arbitraire et violente de sa chose, n'est-il pas
recevable à attaquer le décret, qui, seul, sert de fondement à
cette dépossession? A-t-il été averti, a-t-il pu, comme dans
les aliénations par voie d'enchères publiques, former opposition à ce décret par défaut, avant qu'il ne le dépouillât?
Peut-on dire que la foi publique soit engagée dans un décret
particulier rendu par défaut, comme dans une vente nationale?
Si le seul fait du séquestre impliquait leur nationalité du bien
à l'égard des véritables émigrés, l'impliquait-il aussi à l'égard
des tiers? La Charte et les lois antérieures doivent-elles comprendre dans leur confirmation, et sous le nom de ventes nationales, toutes les dispositions arbitraires et ténébreuses faites
par des actes du gouvernement, de biens appartenans non-
seulement à l'État, mais à des particuliers? Enfin, si la loi
du 5 décembre 1814 maintient tous *les actes passés*, ne doit-
on pas entendre qu'il s'agit d'actes *définitifs*?

Or une vente nationale légalement consommée, un décret
contradictoire, un jugement passé en force de chose jugée,
un acte du gouvernement qui dispose, par voie de partage ou
de donation, d'un bien dont la qualité nationale n'est ni contestée ni contestable au moment de la disposition, sont des
actes définitifs: donc ils sont irrévocablement maintenus.
Mais un décret qui dispose du bien d'un tiers, sans l'avoir entendu ou appelé, n'est pas un acte définitif: donc un tel acte

n'est pas confirmé par la loi du 5 décembre 1814; donc ce
tiers est recevable à l'attaquer devant le Conseil d'État, par
voie de tierce opposition.

On ne pourrait arguer contre ce pourvoi, ni du décret du
9 avril 1811, qui concède aux communes des biens nationaux,
puisque la nationalité de ces biens était certaine au moment
de la concession; ni du maintien de donations faites, quoique
irrégulièrement, par des décrets particuliers à des tiers, parce
que les créanciers, héritiers ou ayans cause des anciens propriétaires, étaient, aussi-bien qu'eux, sans qualité pour réclamer
contre des dispositions faites par l'État, avant l'amnistie (1).

Enfin l'intérêt des tiers peut être, indépendamment de
celui des émigrés, engagé fort avant dans cette tierce opposition; car les émigrés amnistiés ont pu, sous la foi du
sénatus-consulte du 6 floréal an 10, qui les réintégrait, et
munis de leur certificat d'amnistie, aliéner, sur sa représentation, leurs biens remis par la loi à des tiers qui ont pu les
rétrocéder à leur tour, avant qu'un décret inconnu d'eux, et
rendu dans l'ombre, n'en disposât. La bonne foi des différens
cessionnaires ne serait-elle pas trompée? leurs droits légitimes
ne seraient-ils pas anéantis?

Ces argumens, quoique décisifs, selon moi, puisqu'ils reposent sur le texte et l'esprit des lois elles-mêmes, n'ont pas
néanmoins prévalu.

On a considéré que le certificat d'amnistie ne changeait pas
la nature du bien; que le bien était réputé national, tant qu'il
n'était pas sorti réellement de la main de l'Etat; que si donc
l'Etat en avait disposé avant la restitution matérielle, cette
disposition était valable; que si la disposition avait été faite
par voie d'aliénation, elle était maintenue par l'art. 9 de la
Charte; que si elle avait été faite par voie de décret, elle
était maintenue par l'art. 1er de la loi du 5 décembre 1814;
que sous le nom générique d'actes du gouvernement, la loi

---

(1) Décret du 18 mars 1815. — Ordonnance du 20 novembre 1815.

avait voulu comprendre les donations et cessions aussi-bien que les ventes;

Que d'ailleurs, il importait peu que les décrets de cette nature fussent contradictoires ou par défaut, parce qu'ils n'avaient pas un caractère contentieux, mais un caractère purement administratif; que par conséquent ils n'étaient sujets ni à être signifiés, ni à être attaqués par les voies d'opposition et de tierce opposition, ouvertes contre les décisions du Conseil d'État, rendues en matière contentieuse; qu'ainsi la disposition de ces décrets était souveraine et irrévocable.

Cette doctrine a été consacrée par une ordonnance du 9 juillet 1820, qui porte, en substance, qu'un décret qui a disposé souverainement, en faveur d'une commune, d'un bien resté sous le séquestre national, est inattaquable, sauf l'action en indemnité contre l'Etat, des tiers qui se prétendraient lésés.

Toutefois, il faut bien prendre garde qu'aux termes de cette ordonnance, la disposition arbitraire faite par des décrets rendus sur pétition ou de propre mouvement n'est valable qu'à l'égard des biens mis et restés sous le *séquestre national.*

Il n'en faudrait donc pas conclure que des décrets qui auraient disposé en faveur du Domaine ou de qui que ce soit, des biens quelconques d'un particulier, si ce n'est par les voies contentieuses, fussent également inattaquables de la part de ce particulier dépouillé.

On aurait beau le renvoyer à se pourvoir, en indemnité, devers le trésor public. Ce n'est pas une indemnité qu'il lui faut, c'est sa chose. Cette chose n'a pu lui être enlevée que pour cause d'utilité publique, et cette cause a dû être constatée dans les formes voulues par les lois (1).

Cette indemnité dont on le flatte n'est, d'ailleurs, qu'une réserve dérisoire. Car si l'expropriation violente consommée par

_____

(1) Loi du 8 mars 1810, art. 1 et 2.

le décret est antérieure à l'an 9, l'indemnité constituerait une créance déchue (1).

Si elle est postérieure, elle serait remboursée en valeurs inégales (2).

J'ajoute qu'on pourrait d'autant moins rejeter la tierce opposition contre un semblable décret, qu'on l'admet contre les décrets rendus par défaut, en matière contentieuse (3), quoique les défendeurs aient été mis régulièrement en demeure. J'ose dire que cette tyrannie de la jurisprudence violerait les droits les plus sacrés de la propriété, et serait intolérable.

II. L'Etat est-il tenu de restituer aux anciens émigrés les fruits échus et perçus par le Domaine, depuis la délivrance du certificat d'amnistie jusqu'à la mainlevée du séquestre ou la rentrée en possession?

Cette question semblerait devoir être résolue contre l'émigré par le principe de l'ordonnance du 9 juillet 1820; car si l'Etat a pu, dans l'intervalle du certificat d'amnistie, à la levée du séquestre, disposer valablement du bien, même par un décret par défaut, c'est que le bien, tant qu'il est resté sous le séquestre, a été considéré comme sa chose propre. Il semble donc que les fruits devraient suivre le sort du fonds, comme l'accessoire suit le principal.

Encore pourrait-on dire que, si l'Etat ne restitue pas le fonds possédé par un tiers, à cause de l'intérêt de ce tiers, il ne doit pas moins liquider, au profit de l'amnistié, l'indemnité représentative; que par conséquent, s'il est tenu de rembourser la valeur du fonds indûment aliéné, il doit également remettre les fruits perçus par ses agens et retenus dans ses caisses.

Au surplus, comme l'opinion contraire ne s'appuie que sur un seul exemple, il est permis de la contester, puisqu'une seule

(1) *Voy.* au mot LIQUIDATION, § L

(2) Loi du 28 août 1816.

(3) Règlement du 22 juillet 1806.

ordonnance ne peut faire jurisprudence en un point si délicat, et que d'ailleurs, cette ordonnance peut être interprétée dans un sens favorable, puisqu'elle réserve aux tiers dépouillés leur action en indemnité, et que par l'expression de tiers, on doit raisonnablement entendre ici l'ancien émigré, redevenu propriétaire légal du bien en litige, par l'effet du sénatus-consulte, et par conséquent assimilé, en tout, aux tiers régnicoles.

On objectera peut-être que la loi du 5 décembre 1814 interdit la remise des fruits perçus.

Mais je crois qu'à cet égard, il y a lieu de distinguer entre les émigrés réintégrés par le sénatus-consulte du 6 floréal an 10 et les émigrés réintégrés par la loi du 5 décembre 1814.

L'art. 1er de la loi du 29 messidor an 8 portait que « toutes « demandes en restitution, soit de fruits ou revenus échus des « biens séquestrés, jusqu'au jour de la radiation définitive des « inscrits, soit du prix de la vente des biens séquestrés, à raison « de l'inscription du propriétaire sur la liste des émigrés, ne « pourraient être admises. »

L'art. 17 du sénatus-consulte du 6 floréal an 10 ordonnait la remise des biens invendus et non réservés ni exceptés, « sans « restitution de fruits, qui, en conformité de l'arrêté des con- « suls, du 29 messidor an 8, doivent appartenir à l'Etat, *jus- « qu'au jour de la délivrance* qui leur sera faite de leur *cer- « tificat d'amnistie.* »

Il résulte de la disposition expresse de ces deux lois, que les fruits et revenus échus et non perçus appartiennent à l'émigré, du jour de la délivrance du certificat d'amnistie, et non du jour de la mainlevée du séquestre. Car cette mainlevée n'est qu'une simple mesure d'exécution.

La loi seule constitue le droit de l'émigré à la répétition des fruits, et fixe la date de l'exercice de ce droit.

La loi du 5 décembre 1814 n'aurait pu, sans rétroagir, annihiler cette restitution du sénatus-consulte.

Elle ne l'a pas voulu non plus; car si on l'appliquait dans ce sens rigoureux, elle serait beaucoup plus contraire aux émigrés que le sénatus-consulte et la loi du 29 messidor an 8, tandis qu'elle leur a été, avec raison, beaucoup plus favorable.

En effet, la loi du 29 messidor an 8 ordonnait, art. 2, « que « les biens vendus antérieurement à la radiation définitive « des inscrits, et qui, par défaut de paiement des adjudica- « taires, auraient donné ou donneraient lieu de prononcer « sur leur déchéance, seraient *revendus* à la folle enchère, « comme domaines nationaux, » tandis que l'art. 4 de la loi du 5 décembre 1814 a ordonné la *remise des biens qui, ayant été déjà vendus ou cédés, se trouveraient cependant actuel- lement réunis au Domaine par l'effet d'une déchéance défi- nitivement prononcée.*

L'article 1er de la loi du 29 messidor an 8 et l'art. 17 du sénatus-consulte du 6 floréal an 10 défendaient de *restituer* les fruits et revenus *échus*, tandis que l'article 3 de la loi du 5 décembre 1814 ordonne la *remise* des termes *échus* et *non payés* du prix des ventes de biens nationaux.

La disposition de ce même article qui porte, « qu'il n'y « aura lieu à aucune remise des fruits *perçus*, » doit donc s'entendre dans un sens purement relatif, c'est-à-dire que l'État ne doit pas rendre les fruits *perçus* par le Domaine sur les biens des émigrés *encore* séquestrés à l'époque de la promul- gation de la loi du 5 décembre 1814, soit pour cause tenante d'émigration, soit parce que lesdits biens se trouvaient placés dans les exceptions d'inaliénabilité, d'affectation à un service public et de réserves, établies par le sénatus-consulte du 6 flo- réal an 10 et par les lois antérieures.

Et c'est ce qui résulte évidemment de la combinaison des articles 1, 2 et 3 de la loi du 5 décembre 1814.

Mais à l'égard des biens non réservés ni exceptés, et dont les anciens propriétaires avaient été amnistiés par le sénatus-consulte du 6 floréal an 10, comme il n'y avait plus, à leur égard, au- cune *cause d'émigration*, ni pour leurs personnes, ni pour leurs biens invendus, la perception des fruits et revenus de ces biens, laissés ou non sous le séquestre, n'a pu avoir lieu que par l'erreur du Domaine, erreur dont le préjudice doit être réparé envers lesdits émigrés par la remise des fruits *échus* et *perçus* depuis le jour de la délivrance du certificat d'amnistie jusqu'au jour de la levée effective du séquestre ou de la rentrée en possession.

C'est du moins mon opinion, et je crois qu'elle est fondée aussi-bien sur la lettre et sur l'esprit des lois de la matière, que sur l'équité.

III. Validerait-on la disposition que le gouvernement aurait faite en faveur d'un tiers, d'un bien ou créance remis à un émigré par la loi du 5 décembre 1814, dans l'intervalle du jour de la promulgation de la loi au jour de l'arrêté de remise?

Je ne le pense pas. La loi seule est pleinement attributive du droit, sauf la justification.

L'arrêté de remise n'est qu'une mesure d'exécution. La loi du 5 décembre 1814 a été plus large que le sénatus-consulte du 6 floréal an 10. Le sénatus-consulte ne restituait pas les fruits *échus* et non perçus. La loi du 5 décembre 1814 les a remis. Non-seulement les biens invendus font retour aux anciens propriétaires, du jour même de la promulgation de la loi, mais les résultats des décomptes du prix des ventes nationales leur appartiennent à la même date. Ainsi, le Ministre des finances n'a pas eu le pouvoir de remettre aux acquéreurs, au nom de l'Etat, tout ou partie, soit du capital, soit des intérêts par eux dus sur le prix des ventes (1).

Si donc l'Etat s'est pleinement et à l'instant dessaisi, par la seule vertu de la loi, de tous ses droits de propriété, et même de ceux de jouissance et de répétition, sur la chose et sur les fruits existans entre ses mains, et si, à défaut de qualité, il ne peut disposer ultérieurement de la moindre parcelle du prix, comment pourrait-il disposer légalement de la moindre parcelle de la chose que ce prix représente?

Il faut donc tenir pour constant, que toute décision minis-

---

(1) 5 décembre 1817.

térielle, ou même toute ordonnance royale, qui, depuis la loi du 5 décembre 1814, et avant l'arrêté de remise, aurait, sans le consentement de l'ancien propriétaire, ou sans l'avoir régulièrement entendu, disposé, en faveur d'un tiers, de biens ou créances remis par la loi du 5 décembre, serait susceptible d'être annulée par la voie contentieuse.

## § IV.

*Les contestations élevées sur la reddition d'un compte, entre un régisseur et les héritiers d'une succession dont les biens ont été sequestrés par l'État pour cause d'émigration, étaient-elles, avant la Charte, du ressort des préfets ou des Conseils de préfecture?*

*Sont-elles aujourd'hui du ressort des tribunaux?*

La jurisprudence a long-temps hésité sur la première question.

En effet, la loi du 9 brumaire an 7, art. 3, avait renvoyé aux administrations centrales la liquidation des comptes des biens des émigrés : mais la loi du 28 pluviôse an 8 substitua les préfets et les Conseils de préfecture aux administrations centrales.

Les préfets furent chargés de l'administration, comme agens d'exécution.

Les Conseils de préfecture eurent le contentieux, comme tribunaux administratifs.

L'application de cette distinction avait tranché la difficulté.

I. Lorsqu'il s'agissait de dresser un acte de partage entre l'État et des copropriétaires indivis, ou lorsqu'il fallait établir la liquidation d'un compte de biens séquestrés, s'il ne s'élevait pas de réclamations, le préfet devait prononcer. Car il n'était question, dans ces termes, que d'une mesure purement administrative.

Mais s'il s'élevait quelques réclamations sur la forme ou sur le fond du partage, sur la validité de quelques articles de comptes, et autres difficultés de cette nature, le Conseil de préfecture devait statuer; car il s'agissait alors d'un jugement à rendre.

Dès qu'il y a opposition d'intérêts et débat sur leur appréciation, une affaire est contentieuse.

Or l'art. 4 de la loi du 28 pluviôse an 8, qui a attribué aux Conseils de préfecture le contentieux des domaines nationaux, embrassait dans la généralité de ses expressions tout le contentieux qui peut intéresser l'État d'une manière quelconque, comme représentant les émigrés et les établissemens supprimés au profit du Domaine.

Cette distinction a été consacrée par un décret du 6 septembre 1813 portant,

« Que le *contentieux* relatif à tous les effets d'un séquestre « national rentre dans les attributions du Conseil de pré- « fecture. »

II. Cette règle doit encore aujourd'hui recevoir son application, lorsque les choses sont consommées. Mais s'il s'agissait du règlement d'un compte non encore rendu par un ancien régisseur, à moins qu'il ne fût intervenu quelque décision administrative qu'on dût respecter, et qui eût tracé irrévocablement le mode de procéder, ou qu'il n'y eût quelque commencement d'exécution, il faudrait renvoyer les parties, non plus devant les Conseils de préfecture, mais devant les juges ordinaires; car le reliquat du compte, s'il y en avait, n'appartiendrait plus à l'État, mais à l'ancien propriétaire réintégré dans la plénitude de ses droits par la loi du 5 décembre 1814.

En effet, l'émigré a succédé à l'État, et doit toucher le reliquat non perçu du compte de ses biens régis pendant le séquestre, comme il touche le résultat non soldé des décomptes du prix de ses biens vendus. Il y a cette différence entre le sénatus-consulte du 6 floréal an 10 et la loi du 5 décembre 1814, que le sénatus-consulte ne restituait pas à l'émigré les fruits échus au jour de la délivrance du certificat d'amnistie, tandis que la loi du 5 décembre 1814 remet les fruits échus et non perçus au jour de sa promulgation.

2. 9

Il y a donc lieu de rendre les bénéfices éventuels du compte à régler.

III. Est-ce devant l'administration des Domaines que ce compte doit être rendu, dans ses caisses que le reliquat, s'il y en a, doit être versé, et par son intermédiaire qu'il {doit être remis aux émigrés?

Je ne le pense pas.

L'émigré a contre le régisseur, de même que contre le fermier administratif, une action directe.

En effet, la loi du 5 décembre 1814 n'a chargé l'administration des Domaines de recueillir, au profit des émigrés, les sommes provenant de décomptes non soldés, qu'afin d'éviter des altercations fâcheuses, que des relations trop immédiates auraient pu susciter entre les acquéreurs de biens nationaux et les anciens propriétaires.

Le motif politique n'a aucune force à l'égard des régisseurs et des fermiers de ces biens. Par conséquent, les actions de cette dernière espèce ont été et ont dû être remises directement aux émigrés; et c'est devant les tribunaux ordinaires qu'ils doivent les porter, sous les modifications que j'ai indiquées plus haut.

C'est ce qui résulte d'une ordonnance rendue, à mon rapport, le 16 juillet 1817.

## § V.

*Les anciennes administrations de département ont-elles pu réintégrer des communes ou des particuliers dans la propriété de biens prétendus usurpés par l'effet de la puissance féodale?*

*Dans quels cas doit-on considérer ces arrêtés, ou comme des jugemens de réintégrande, ou comme des avis préalables à l'action judiciaire, ou comme des actes administratifs portant reconnaissance et abandon au nom de l'État, des droits réclamés par les communes ou les particuliers?*

*L'administration des Domaines, qui avait les droits et*

*actions de l'émigré, aurait-t-elle dû être appelée dans l'instance lors desdits arrêtés ?*

*Le recours contre ces arrêtés, à défaut de défenses de la part du Domaine, doit-il être dirigé à titre d'opposition, devant le Conseil de préfecture, ou à titre de pourvoi, devant le Conseil d'Etat ?*

*Ne faut-il pas faire attention à la qualité des personnes réintégrées par les arrêtés des directoires de département, et à la nature des biens adjugés ou cédés ?*

*Les anciens propriétaires qui ont été remis, soit par le sénatus-consulte du 6 floréal an 10, soit par la loi du 5 décembre 1814, aux droits et actions du Domaine, peuvent-ils exercer lesdits droits et actions, soit devant le Conseil d'Etat en annulation desdits arrêtés pour cause d'incompétence, soit devant les tribunaux en revendication des biens adjugés ou cédés, et dans quelles limites l'exercice de cette action doit-il se renfermer ?*

I. C'est un principe reconnu, que les administrations de département furent établies par l'assemblée constituante pour diriger la régie et surveiller la conservation des biens nationaux, et non pour rendre des jugemens sur des questions de propriété.

Les lois postérieures ont toutes consacré ce principe.

La première est celle du 28 août 1792. Les art. 1, 2, 5 et 6 renvoient devant les tribunaux de district, « les communes « ou les particuliers qui demanderaient à rentrer en posses- « sion des biens dont ils prétendraient avoir été dépouillés « par l'effet de la puissance féodale. »

L'art. 8 porte que « les communes qui justifieraient avoir « anciennement possédé *des biens ou droits d'usage* quel- « conques, dont elles prétendraient avoir été privées par des « ci-devant seigneurs, pourront se faire *réintégrer* dans la « possession desdits biens et droits d'usage.

Il est évident que cette réintégration offrait une question de propriété, et que toutes les questions de propriété, d'après

9 *

les anciens comme d'après les nouveaux principes, appartiennent aux tribunaux (1).

La loi du 10 juin 1793 ordonna que tous les procès semblables, nés et à naître, seraient vidés par des arbitres qui remplaçaient alors les juges ordinaires, et qui étaient investis des mêmes pouvoirs.

Cette loi, non plus que la précédente, ne confère aucune attribution de juge aux administrations de département.

La loi du 9 ventôse an 4, qui supprima l'arbitrage forcé, renvoya devant les tribunaux ordinaires les contestations précédemment soumises à ce mode de procéder (2).

Les lois du 7 brumaire an 3 (3), 28 brumaire an 7, et 19 germinal an 11, ne s'occupent que des sentences arbitrales et jugemens des tribunaux obtenus par les communes. Mais aucune de ces lois ne confirme implicitement ou explicitement les décisions illégales prises sur des questions de propriété, par les administrations de département.

Il est évident que ces décisions, considérées, soit comme de simples avis préalables à l'action judiciaire, soit comme des jugemens administratifs de première instance, soit comme des actes d'abandon, n'ont point *en elles-mêmes* un caractère de disposition définitive qui les rende inattaquables.

Pour bien apprécier le caractère et les effets de ces décisions, il faut les envisager dans ces trois hypothèses.

II. 1°. La décision peut être considérée comme un simple avis donné par les administrations de département, aux termes

---

(1) Loi du 28 pluviôse an 8, art. 4, — circulaire du Ministre de la justice, n° 1872.

(2) Loi du 9 ventôse an 4, art. 1er : « Les affaires qui, par les lois « antérieures à la constitution, étaient attribuées à des arbitres forcés, « seront portées devant les juges ordinaires. »

(3) Loi du 7 brumaire an 3 : « Toute exploitation de bois dans la- « quelle des communes seraient entrées en vertu de sentences arbi- « trales demeurent suspendues jusqu'à ce qu'il en ait été autrement « ordonné. »

de la loi du 5 novembre 1790, lorsque les communes ou les particuliers réclamans ont présenté un mémoire, d'abord, au Directoire du district, et ensuite au Directoire du département, et que, sur ce mémoire, l'administration ou Directoire du département a statué sous la forme de consultation. Dans ce cas, le Domaine était ou est libre de suivre ou de ne pas suivre cette consultation, qui, par conséquent, ne peut faire obstacle à ce qu'il défende devant les tribunaux à l'action formée contre lui, s'il préfère ne pas reconnaître et céder le droit contesté.

2°. La décision peut être considérée comme un arrangement passé avec l'État, lorsque le gouvernement, par l'organe du Ministre des finances, a confirmé l'arrêté de cession pris par le Directoire de département, arrêté qui, jusque là, ne peut être regardé que comme une proposition d'accommodement, comme un acte préparatoire, qui n'a point et ne peut avoir, en soi-même, ni force, ni effet, sans la sanction postérieure du gouvernement.

3°. Enfin, la décision peut être considérée comme un véritable jugement de réintégrande, lorsque, par une fausse interprétation de la loi du 28 août 1792, le Directoire du département a réintégré en toute propriété les communes ou les particuliers dans les biens dont ils prétendaient avoir été dépouillés par l'effet de la puissance féodale.

On a dit, pour sauver l'incompétence d'une telle décision, qu'elle pourrait même dans ces derniers termes n'être regardée que comme un simple avis.

Mais nous avons déjà fait observer ailleurs que les actes ne pouvaient être interprétés selon le caprice ou l'intérêt des parties, et pour le besoin du litige; qu'il fallait les considérer en eux-mêmes, dans leur essence, dans leur forme intrinsèque et dans leur dispositif; en un mot, qu'il fallait les voir, non tels qu'ils devaient ou auraient pu être, mais tels qu'ils sont.

Qu'ainsi, lorsqu'un Conseil de préfecture, au lieu d'émettre un simple avis, aux termes de la loi du 5 novembre 1790, avait prononcé un jugement sur une question de propriété dont l'examen appartenait aux tribunaux, il y avait lieu d'annuler son arrêté pour cause d'incompétence (1).

Cette observation est applicable au cas présent. Car si l'arrêté, dans son intention et dans sa réalité, est un véritable jugement, il ne peut, il ne doit être considéré, ni comme un simple avis, ni comme un acte d'abandon.

Il ne saurait avoir, au gré des parties ni même des juges, deux ou trois sortes de caractères et d'effets contraires ou différens. Il est ce qu'il est, ou un avis, ou une décision, ou un jugement.

Après avoir considéré ces arrêtés en eux-mêmes, il faut rechercher s'ils ont été rendus par défaut, ou contradictoirement avec le Domaine.

Or le Domaine représentait-il alors les émigrés, et par qui était-il lui-même représenté dans ses actions, soit devant l'autorité administrative, soit devant les tribunaux ? C'est ce que nous allons examiner.

La loi du 5 novembre 1790 avait confié l'administration des domaines nationaux aux Directoires de district et de département.

Suivant l'art. 14 du titre 3, il ne pouvait *être intenté aucune action par le procureur-général syndic qu'ensuite d'un arrêté du Directoire de département, pris sur l'avis du Directoire du district, à peine de nullité et de responsabilité, excepté pour les objets de simple recouvrement.*

D'après l'art. 15, il ne pouvait en *être exercé aucune contre ledit procureur-général syndic, en sadite qualité, par qui que ce fût, et sans qu'au préalable on se fût pourvu, par simple mémoire, d'abord au Directoire du district pour donner son avis, ensuite au Directoire de département pour donner une décision, aussi à peine de nullité.*

La disposition finale de cet article, qui permet aux parties

_____

(1) *Voy.* au mot DOMAINE DE L'ÉTAT, § *unique.*

de se pourvoir devant les tribunaux, si les corps administratifs n'out pas statué dans le délai *d'un mois*, explique suffisamment qu'aucune attribution spéciale de juge n'était déférée aux corps administratifs par la loi du 5 novembre 1790.

C'est par une fausse, et malheureusement presque universelle interprétation du mot de *décision*, inséré dans l'art 15, que les corps administratifs, déjà enclins à étendre leurs attributions, se sont crus autorisés à prononcer de véritables jugemens sur toutes sortes de questions de propriété, au lieu de se borner à émettre des avis préalables à l'action judiciaire: ce qui a engendré une multitude de procès non encore terminés au bout de trente ans, et ce qui fait voir, entre mille, exemples, quelle circonspection le législateur doit apporter au choix exact des termes dans la rédaction des lois.

Poursuivons:

La loi du 20 mars 1790 réunit l'administration des Domaines, pour la partie des droits incorporels, à la régie de l'enregistrement, sous la surveillance des corps administratifs, en chargeant spécialement cette régie, par l'art. 20, de la conservation desdits droits.

Une autre loi, du 27 du même mois de mars, concernant l'organisation des corps administratifs, ordonna, art. 13 et 14, « que les actions relatives aux Domaines seraient intentées et « soutenues par le Directoire du district, au nom du procu- « reur général syndic, poursuite et diligence du procureur « syndic du district, et après avoir obtenu l'autorisation du « Directoire de département. »

Ceci regarde encore les actions à intenter ou à soutenir devant les tribunaux.

Un décret du 19 août 1791, sanctionné le 12 septembre suivant, pour la mise à exécution de l'art. 1er de la loi du 27 mai précédent, qui confiait tous les domaines à la régie de l'enregistrement, porte, art. 12, « que les régisseurs de l'en- « registrement sont spécialement chargés de veiller à la con-

« servation des domaines, de prévenir et arrêter les *prescrip-*
« *tions* et *usurpations.* »

Par la loi du 30 mars 1792, les biens des émigrés ont dû
être administrés, comme les biens nationaux, par les régisseurs de l'*enregistrement*, sous la surveillance des corps administratifs.

Enfin, la loi du 25 juillet 1793 dispose, art. 11, « que
« les actions quelconques appartenant aux émigrés seront
« exercées par les *régisseurs* de l'*enregistrement*, poursuite
« et diligence des procureurs généraux syndics, devant les
« *tribunaux* qui auraient dû en connaître, si lesdits émigrés
« avaient eux-mêmes exercé leurs droits. »

Aucune loi antérieure ni postérieure n'a statué d'une manière positive par qui seraient défendus les droits de l'État
devant l'autorité administrative; mais il a été, et il est encore
entendu que l'administration des domaines et ses préposés ont
seuls qualité à cet égard, soit d'après l'art. 12 de la loi du
12 septembre 1791, et l'art. 11 de la loi du 25 juillet 1793,
soit par la force des choses, qui veut que l'État soit représenté
en cause comme tout autre particulier.

On doit dire également que le président du Directoire de
département, qui, d'après la loi du 14 frimaire an 2, rem-
plaçait le procureur-syndic, ne pouvait pas être entendu
comme partie représentant l'Etat ; de même qu'aujourd'hui le
préfet qui, d'une part, préside le Conseil de préfecture, et
qui, d'une autre part, exerce devant les tribunaux les actions
domaniales attribuées aux procureurs syndics, n'a pas qualité
pour défendre devant le Conseil de préfecture dont il est
membre les questions domaniales dans lesquelles l'Etat,
comme partie, ne peut être représenté valablement que par
les préposés du Domaine.

Il est d'ailleurs évident que si les lois précitées n'ont pas
organisé le mode de défense du Domaine devant les corps administratifs, c'est qu'elles n'ont ni entendu attribuer ni attribué

en effet à ces corps le pouvoir de juger des questions de propriété ; ce qui par conséquent excluait la nécessité d'établir devant eux , au nom de l'Etat , des défenses régulières et contradictoires.

Il résulte de là que ni le procureur général syndic , ni le président du Directoire, ne représentaient valablement, devant l'administration du département, les actions du Domaine ; que par conséquent, les arrêtés pris en l'absence de ses préposés , et qui lésaient les droits de l'État , ne peuvent être considérés comme ayant été pris contradictoirement avec lui.

Lors même qu'on assimilerait au jugement des tribunaux, les arrêtés administratifs qui réintégraient les communes dans la propriété de bois devenus nationaux par l'émigration de leurs anciens propriétaires, encore faudrait-il que ces arrêtés eussent été pris avec l'État, valablement représenté dans l'instance par les agens du Domaine.

Car les lois des 28 brumaire an 7, 11 frimaire an 9, et 19 germinal an 11, ne parlent évidemment que de jugemens contradictoires, puisqu'elles ouvrent à l'Etat, dans des délais préfixes , non la voie de l'opposition , mais la voie de l'appel.

Il n'y aurait donc pas lieu, sous ce rapport, ni à l'application de l'art. 16 du sénatus-consulte du 6 floréal an 10 , qui n'interdit de revenir que contre les actes pris entre l'Etat et des tiers, si en effet l'Etat n'a pas été présent et partie dans l'acte, ou dans l'instance jugée , ni à l'application de l'art. 1er de la loi du 5 novembre 1814 ; car cet article n'a maintenu les actes passés pendant l'émigration que selon leur nature , et sans leur imprimer des effets plus étendus qu'ils n'en comportent.

Le recours contre ces arrêtés reste donc ouvert.

IV. Est-ce devant le Conseil de préfecture , ou devant le Conseil d'État , que ce recours doit être exercé ?

Ou l'arrêté est contradictoire , ou il est par défaut.

S'il est contradictoire, il peut encore être attaqué devant le Conseil d'Etat , à moins que les communes ne l'aient signifié régulièrement au Domaine, et que celui-ci ne se soit pas pourvu dans le délai du règlement du 22 juillet 1806.

Si l'arrêté est par défaut, la voie de l'opposition serait alors ouverte devant les administrations de département, si elles existaient encore.

Mais d'après l'arrêté du gouvernement, du 8 pluviôse an 11, le recours contre de tels arrêtés ne peut être formé que devant l'autorité supérieure.

C'est ce qui résulte formellement d'une ordonnance du 18 avril 1821 (1).

Le Conseil de préfecture devant lequel le Domaine ou ses ayans cause formeraient opposition se déclarerait avec raison incompétent.

Il faut donc se pourvoir directement au Conseil d'Etat.

Ainsi l'ont décidé implicitement les ordonnances du 3 février 1819, 23 juin 1819 et 29 mai 1822, qui, dans la matière même dont nous nous occupons, ont annulé, *de plano,* des arrêtés par défaut pris par des administrations de département. L'opposition ne serait recevable que si l'arrêté de réintégrande émanait d'un Conseil de préfecture.

Le pourvoi direct introduit au Conseil d'Etat contre un semblable arrêté serait rejeté comme prématuré (2).

V. Il faut aussi faire attention, dans cette matière, à la différente qualité des personnes réintégrées, et à la différente nature des biens adjugés ou cédés.

La loi du 28 août 1792 étendit le bénéfice de la réintégration aux particuliers dépossédés par l'effet de la puissance féodale, aussi-bien qu'aux communes.

Les lois des 7 brumaire et 29 floréal an 3 ont ordonné qu'il serait sursis à l'exploitation des *bois* dont les communes auraient été remises en possession par des sentences arbitrales, ou même par des arrêtés administratifs.

_____

(1) *Voy.* le Recueil des arrêts du Conseil, par Macarel, ann. 1821, tome 1er, pag. 562.

(2) *Voy.* au mot CONSEILS DE PRÉFECTURE, § L.

La loi du 28 brumaire an 7 a rapporté celle du 7 brumaire an 3.

De ces dispositions, quelques personnes ont conclu que la loi du 28 brumaire an 7 n'ayant levé la suspension prononcée par la loi du 29 floréal an 3 qu'à l'égard des jugemens des tribunaux, cette suspension a continué d'exister jusqu'à ce jour, à l'égard des arrêtés administratifs.

Mais en admettant même que la loi du 28 brumaire an 7 n'ait pas rapporté implicitement, avec la loi du 7 brumaire an 3, celle du 29 floréal même année, qui s'y référait, et ne laisse point ainsi sans fondement l'argumentation que l'on veut tirer de la loi du 29 floréal, que résulterait-il de cet ajournement d'exploitation non encore levé ?

C'est qu'il faudrait prononcer sur l'arrêté lui-même, sur la validité de ce titre existant, dont l'exécution serait ainsi suspendue, de *droit* seulement; car il n'y a pas un seul exemple que cette exécution ait été arrêtée en *fait* jusqu'à ce jour.

Or il faudrait également annuler cet arrêté, pour cause d'incompétence, puisqu'il a violé la loi du 28 août 1792, qui investit les seuls tribunaux de district du pouvoir de juger les contestations de ce genre.

On arrive donc exactement au même résultat. Mais ce serait aller beaucoup trop loin, si l'on concluait de la non-levée de cet ajournement, que le Ministre des finances n'a pu acquiescer à l'arrêté du Directoire de département, et constituer par-là un droit aux communes. Je veux parler d'un acquiescement exprès, et je soutiens que, dans ce cas, le bien adjugé ou cédé aux communes serait, par la force de cet acquiescement, irrévocablement fixé entre leurs mains.

On a voulu aussi argumenter contre les communes qui avaient été réintégrées dans des *bois*, du défaut de dépôt des arrêtés administratifs, dans les délais fixés par les lois des 28 brumaire an 7, 11 frimaire an 9 et 9 germinal an 11, et en conséquence, on a voulu les frapper de déchéance.

Je ne crois pas que cette exception de déchéance puisse être valablement opposée aux communes; car les lois précitées ne leur avaient imposé l'obligation de produire à l'administration du département que les *jugemens* qui les réintégraient dans la propriété de *forêts*, sur lesquelles la nation pouvait élever des prétentions.

Il était nécessaire, en effet, que les communes produisissent les *jugemens* qui étaient entre leurs mains, afin que le gouvernement fût mis à même d'en interjeter appel, s'il y avait lieu.

Mais qu'était-il besoin de déposer au secrétariat du département les arrêtés rendus par le Directoire du département, dont les minutes se trouvaient nécessairement dans ses archives?

L'obligation de produire ne concernait donc que les jugemens des tribunaux et les autres titres et actes possessoires, et non les arrêtés de l'administration. On ne saurait, par conséquent, opposer de déchéance aux communes, soit pour n'avoir pas fait le dépôt de ces arrêtés dans le délai utile, soit même pour ne l'avoir pas fait du tout.

Au surplus, les communes n'auraient été restreintes à faire ce dépôt que lorsqu'il s'agissait de *bois*.

Lors donc que la réintégration comprenait des biens d'une autre nature, le dépôt des arrêtés administratifs, et même des sentences arbitrales, n'était point exigé; par conséquent, la déchéance, quelque extension qu'on lui donne, ne saurait, dans ce cas, leur être applicable.

Quant aux particuliers qui se sont fait réintégrer, soit dans des bois, soit dans des terres, prés et autres biens, les lois de l'an 7, de l'an 9 et de l'an 11 ne les contraignaient à aucun dépôt.

Pareillement, les lois des 7 brumaire et 29 floréal an 3 ne prononcent pas la suspension des exploitations de forêts dans lesquelles ils auraient été remis en possession. Il faut donc écarter, à leur égard, l'application de ces lois, et ne considérer qu'en eux-mêmes les arrêtés qui les réintègrent, pour apprécier leur véritable caractère.

J'ai déjà prouvé que si ces arrêtés ont été pris sous la forme de jugement, ils ont excédé leur compétence ; il me reste à examiner si les émigrés ont qualité et droit pour les attaquer, et s'ils peuvent exercer ces droits dans des limites plus étendues que le Domaine, leur auteur.

VI. On a demandé, sur l'exception du défaut de qualité, si le sénatus-consulte du 6 floréal an 10 n'interdisait pas aux émigrés de revenir contre les actes et arrangemens passés entre l'État et des tiers, pendant leur absence; si la loi du 5 décembre 1814 ne maintenait pas tous les actes antérieurs à la promulgation de la Charte, et fondés sur les lois relatives à l'émigration; si les arrêtés des administrations de département ne devaient pas être rangés au nombre de ces actes; et si, par conséquent, lesdits arrêtés ne sont pas, du chef des émigrés, inattaquables.

Je ne crois pas que cette argumentation soit exacte dans l'hypothèse où nous sommes placés.

En effet, il ne s'agit point ici d'un partage de succession ou présuccession, d'une opération que les lois confiaient aux administrations locales ou que le gouvernement leur déléguait avec de pleins pouvoirs, d'une transaction faite entre l'État et un particulier ou une commune.

Il ne s'agit non plus, ni d'une vente nationale, qu'il n'est jamais permis à l'émigré d'attaquer dans sa substance, ni d'un remboursement dans les caisses du trésor, que les administrations centrales étaient compétentes pour autoriser.

Il s'agit ici d'un véritable jugement de réintégrande, que les tribunaux seuls pouvaient rendre, aux termes non-seulement du droit commun, mais même des lois spéciales alors en vigueur.

La Cour de cassation a reconnu et établi aussi cette distinction, et lorsqu'elle interdit aux émigrés de revenir contre les actes passés, pendant leur absence, entre l'État et des tiers, elle leur a permis et leur permet de se pourvoir contre les sentences arbitrales qui n'avaient pas été revêtues des homologations et autres formalités prescrites par les lois : d'où l'on

doit conclure que, s'il est permis de revenir contre des jugemens pris par les autorités légales et compétentes, pour une
simple omission de formes, il doit l'être, à fortiori, d'attaquer
un arrêté administratif profondément atteint de nullité, dans
sa substance, pour excès de pouvoirs.

Ce principe a commencé a être posé par le Conseil d'État,
à l'occasion d'un arrêté du préfet d'Ille-et-Vilaine, qui avait
réintégré la ville de Rennes dans la propriété des halles
de cette ville, au préjudice d'un sieur de Cheffontaine, émigré.

Cet arrêté fut annulé par une ordonnance rendue, à mon
rapport, le 7 août 1816, pour cause d'incompétence et par le
motif,

« Qu'il ne pouvait être considéré comme l'un de ces arran-
« gemens faits de plein gré et de propre mouvement, par le
« *gouvernement,* à titre onéreux ou gratuit, avec des tiers,
« pendant l'absence des émigrés, et contre lesquels l'art. 16
« du sénatus-consulte du 6 floréal an 10 leur interdit de
« revenir après leur élimination; mais que cet *arrêté* portait,
« au contraire, *tous les caractères* d'un *véritable jugement*
« de *réintégrande* (1). »

Une autre ordonnance royale, du 3 février 1819, rendue
à mon rapport et relative à un pourvoi formé par un ancien
émigré contre un arrêté d'une administration centrale qui
avait réintégré, par voie de jugement, une commune dans la
propriété d'un canton de bois, étendit aux arrêtés des administrations centrales ou Directoires de département l'application du principe posé dans l'affaire Cheffontaine, à l'égard
des arrêtés des préfets. Une troisième ordonnance, du 23 juin
1819, rendue également à mon rapport, a confirmé cette
doctrine.

Mais une quatrième ordonnance, du 29 mai 1822, a établi
plus explicitement encore, sur mes conclusions, « que les
« émigrés, ayant été remis aux droits et actions du Domaine,

---

(1) Ordonnance du 7 août 1816.

« peuvent, dans les mêmes limites que leurs auteurs, exercer
« les mêmes droits et actions, soit devant le Conseil d'État,
« soit devant les tribunaux. »

Si donc, avant la réintégration de l'émigré, opérée, soit
par le sénatus-consulte du 6 floréal an 10, soit par la loi
du 5 décembre 1814, le Domaine s'était cru fondé à revendiquer la propriété des biens adjugés à la commune, il aurait
pu intenter, à cet égard, une action judiciaire, sans qu'on eût à
lui opposer l'arrêté incompétent de réintégrande. Or le droit
de former cette action a été transmis aux anciens propriétaires
par la loi du 5 décembre 1814, qui comprend la remise de
tout ce qui n'a pas été définitivement aliéné.

Mais pour que l'émigré, ses héritiers ou ayans cause, puissent
exercer l'action du Domaine, il faut que cette action soit
formée dans le délai utile, ou qu'elle ne soit pas éteinte par
un acquiescement valable; ainsi, dans le premier cas, les anciens propriétaires seraient non recevables à attaquer aujour-
d'hui de semblables arrêtés, si les communes ont, avant la restauration, mis le Domaine en demeure, par une signification
régulière, soit que ces arrêtés aient été rendus contradictoirement ou par défaut, pourvu que, dans cette dernière circonstance, ils émanent d'un Directoire de département, ou d'une
administration centrale (1).

Dans le second cas, il faut que l'acquiescement, pour avoir
force, procède de personnes ayant capacité, c'est-à-dire, ici,
du gouvernement.

Ainsi, l'arrêté de réintégrande eût-il été pris, ou l'arrangement fait, contradictoirement avec les préposés locaux du
Domaine, je soutiendrais volontiers que leur consentement,
donné avant ou au moment de l'arrêté ou de l'acte, ne suffirait pas seul pour constituer un acquiescement obligatoire; car
les agens du Domaine, et surtout les agens inférieurs, n'ont
pas mission et caractère pour disposer irrévocablement des

_____

(1) Arrêté du gouvernement, du 8 pluviôse an 11.

propriétés de l'Etat, soit qu'il s'agisse d'un arrêté d'abandon ou d'un arrêté de réintégrande.

Dans le premier cas, ils sont sans pouvoir pour céder; dans le second, ils sont sans qualité pour agir; dans tous les cas, ils sont subordonnés au Ministre des finances, qui, pour valider leurs actes lorsqu'il ne les a pas prescrits, doit leur donner sa ratification ou son consentement exprès, et qui, seul, a pu constituer au profit des tiers, par sa sanction, les effets d'un acte, abandon ou arrangement inattaquable.

C'est dans ce sens que les ordonnances des 20 janvier, 20 octobre 1819 et 6 septembre 1820 ont décidé que le Ministre des finances avait pu seul, par son acquiescement, donner force d'exécution perpétuelle à des arrêtés de ce genre.

C'est dans ce sens que les ordonnances des 6 novembre 1817 et 2 février 1821 ont prononcé (1).

C'est dans ce sens que les ordonnances des 7 août 1816, 3 février 1819, 23 juin 1819 et 29 mai 1822, rendues à mon rapport, n'ont reconnu l'irrévocabilité de ces sortes d'arrangemens entre l'Etat et les tiers que lorsqu'ils avaient été faits par le *gouvernement* lui-même, et non pas ses agens secondaires.

Au surplus, cette doctrine est essentiellement conservatrice des propriétés de l'Etat, dont il ne doit être permis de disposer que dans les cas prévus, et selon les formes instituées par les lois.

Néanmoins, le consentement tacite du gouvernement pourrait peut-être s'induire de toutes les circonstances de l'affaire et de l'exécution longue et paisible que l'arrêté aurait reçue en présence et sous les yeux du Domaine, surtout si cet arrêté avait été pris contradictoirement avec lui.

---

(1) Add. Ordonnance du 24 mars 1820, qui porte: « Considérant « que les décisions attaquées ont été prises pendant l'inscription du « sieur N. sur la liste des émigrés; qu'elles ont été *exécutées par ordre* « *du gouvernement* et avec l'*acquiescement* des parties *alors* intéressées, « qu'elles ont acquis l'autorité de la chose jugée, et qu'elles sont « maintenues par l'art. 1er de la loi du 5 décembre 1814. »

C'est ce qu'il y aurait lieu de rechercher avec soin dans tous les cas semblables qui peuvent s'offrir, afin d'apprécier avec sûreté, le caractère et les effets d'un tel acquiescement.

Cette matière touche par tous les points à des intérêts si délicats, que chaque espèce doit être étudiée et jugée avec la plus grande circonspection.

Je ferai observer, en terminant, que l'annulation des arrêtés de réintégrande pour cause d'incompétence, ne préjuge nullement le fond du droit, et n'empêche pas les communes ou les particuliers qui les avaient obtenus, de discuter, s'il y a lieu, les prétentions de leur adversaire, devant les tribunaux, d'après les lois spéciales de la matière, les titres anciens et les maximes du droit commun, d'y opposer la prescription, si elle est acquise, et de s'y faire décharger de la restitution des fruits, s'ils ont été de bonne foi.

C'est ce qui a été décidé, sur mes conclusions, par une ordonnance du 29 mai 1822.

## § VI.

*Le Domaine peut-il opposer aux héritiers d'un émigré, relativement aux successions à lui échues, dont le partage n'aurait pu avoir lieu que postérieurement à sa radiation définitive, la présomption de survie, établie par l'art. 3 de la loi du 28 mars 1793 ?*

I. L'art. 3 de la loi du 28 mars 1793, porte :

« Les successions échues aux émigrés en ligne directe et col-
« latérale, depuis leur émigration, et celles qui écherraient
« par la suite, seront recueillies par l'État pendant cinquante
« années, à compter du jour de la publication de la présente
« loi, sans que pendant ce temps, les cohéritiers puissent op-
« poser la mort naturelle desdits émigrés. »

C'est une chose que l'on ne peut s'empêcher de remarquer, qu'en même temps que l'on abrégeait par toutes sortes de voies violentes la vie naturelle des émigrés, par une fiction contraire au bon sens, au droit civil, à la nature des choses, et que le génie de la fiscalité avait pu seul enfanter, ou les réputait existans, malgré leurs décès, pendant cinquante années.

Cette loi, la plus monstrueuse peut-être de la révolution ; parce qu'elle joint l'absurdité à la barbarie, ne pouvait long-temps subsister.

A peine fut-on revenu sous une législation plus probe et plus humaine, qu'on s'empressa d'y déroger.

La loi du 8 messidor an 7 y fit une première exception (1).

Le sénatus-consulte du 6 floréal an 10 s'expliqua, depuis, à cet égard, encore plus nettement.

L'art 16 défend aux amnistiés de revenir sur les *partages* de succession et de présuccession consommés avant ladite loi.

L'article 17 ordonne que les biens des émigrés qui sont encore entre les mains de l'Etat leur seront rendus.

Or que résulte-t-il de ces dispositions ?

C'est que, si les biens litigieux n'ont pas été partagés avant l'an 10, ils se trouvaient encore, à cette époque, frappés du séquestre national.

Si donc les biens, ou, ce qui est la même chose, l'action en partage, devaient être rendus à l'émigré amnistié, dans le cas où il n'aurait pas été décédé à l'époque du sénatus-consulte, ses enfans, à plus forte raison, auraient eu droit à ce partage, au lieu de l'Etat, s'ils se fussent fait connaître alors.

Cette conclusion est rigoureuse. Dans cette matière, je le répète, on s'est empressé, aussitôt qu'on l'a pu, de déroger aux dispositions absurdes de la loi de 1793, et il a passé en jurisprudence, que l'amnistie accordée aux émigrés remontait au jour de leur décès, et de ce jour, profitait à leurs héritiers.

C'est ce qui résulte des termes exprès d'un avis du Conseil d'Etat, du 9 thermidor an 10.

_____

(1) Art. 1er. «Les pères, mères, etc. d'émigrés, qui s'étaient confor-
« més aux dispositions de la loi du 9 floréal an 3, auront la libre dis-
« position de toutes les successions qui ont pu leur échoir depuis ledit
« jour, 9 floréal an 3, sans que la république puisse y exercer aucun
« droit successif. »

Cet avis porté :

« Que l'amnistie ayant été principalement accordée.en fa-
« veur des *familles* des émigrés, il est tout-à-faitconforme à
« l'esprit du sénatus-consulte d'étendre la grâce aux héritiers,
« quand la mort a mis le prévenu lui-même hors d'Etat d'en
« profiter;

« Que s'il eût vécu, il serait rentré dans les biens dont
« l'art. 16 du sénatus-consulte fait remise aux amnistiés;
« comment refuser la même grâce à ses enfans nés avant l'émi-
« gration? »

Les mêmes principes ont été rappelés dans un arrêt de la
Cour de cassation, du 21 décembre 1809.

II. Ainsi, il est solidement établi par ces actes législatifs,
administratifs et judiciaires, que l'amnistie accordée à la mémoire des émigrés par les arrêtés spéciaux du gouvernement
remonte au jour de leur décès. Lors donc que ce décès est antérieur à celui de la personne dont il s'agit de partager la succession, les droits des héritiers régnicoles à ladite succession ne
procèdent véritablement pas de leur père, et par représentation, mais d'eux-mêmes, comme saisis directement de la succession.

On en doit conclure que les lois de l'émigration ne leur sont
point applicables; que s'ils se fussent représentés, soit en l'an
10 après l'amnistie, soit postérieurement, lors du partage, l'Etat
ne pouvait, à ces deux époques, leur refuser leur portion, comme
héritiers, dans la liquidation de la succession litigieuse; que
par conséquent, ils ont droit aujourd'hui à demander la réfection de ce partage dans la forme administrative, après avoir,
en cas de contestation, fait reconnaître leur qualité d'une manière définitive, devant les tribunaux, contradictoirement avec
le Domaine.

III. Si le lot d'immeubles échu à l'Etat, en exécution du partage, lorsqu'il se croyait seul héritier dans l'une des lignes, se
trouvait encore entre ses mains, à l'époque de la loi du 5 décembre 1814, il y a lieu par lui de le remettre aux héritiers, en

*nature,* d'après les termes de l'art. 2 de ladite loi, qui prescrit la restitution, en nature, *des biens immeubles* advenus à l'Etat par suite des partages de succession et de présuccession, lorsque ces biens n'ont point été vendus et font actuellement partie du Domaine de l'Etat.

IV. Cette règle s'applique aux autres cas prévus par la loi du 5 décembre ou par les lois interprétatives, rendues postérieurement, et qui ordonnent la remise immédiate ou conditionnelle des mêmes biens.

V. Il ne faut pas perdre de vue que, si le Domaine avait partagé, dans la ligne qu'il représentait, avec d'autres cohéritiers, l'intérêt de ces cohéritiers et des tiers, s'opposerait à la refection du partage en nature.

D'après ces motifs, le Domaine ne serait tenu qu'à la restitution des seuls biens qu'il détiendrait actuellement du chef des héritiers réclamans qui ne seraient pas, sous prétexte de lésion, admis à faire remettre dans la masse les lots échus aux cohéritiers de l'Etat, pour être procédé à un nouveau partage en nature, par la voie du tirage au sort.

Ce serait seulement le cas d'une soulte ou indemnité additionnelle, dans l'établissement de leur compte avec le Domaine.

VI. De même, si les biens induement recueillis par l'Etat ont été vendus comme nationaux, il est évident qu'on ne pourrait, en aucune manière, opérer la restitution en nature. Dès lors, l'indemnité représentative constituerait une créance à la charge de l'Etat, qui, si elle est antérieure à l'an 9, se trouve frappée de déchéance, et si elle est postérieure à cette époque, remonte toujours à 1814, et ne peut, par conséquent, être liquidée et payée que selon le mode et d'après les valeurs prescrites par les art. 22 et suivans de la loi des finances du 22 septembre 1814.

C'est ce qui a été décidé, à mon rapport, par une ordonnance du 3 septembre 1817.

## § VII.

*Les biens d'émigrés donnés à un tiers par un décret impérial, à titre gratuit et définitif, doivent-ils être remis aux anciens propriétaires?*

*Sont-ils affranchis de toute hypothèque, du chef des anciens créanciers des émigrés?*

I. Les biens des émigrés compris dans les exceptions du sénatus-consulte du 6 floréal an 10 étaient restés biens de l'Etat.

Ils ne pouvaient régulièrement être aliénés que dans les formes voulues par la loi.

Mais le pouvoir impérial mit souvent, comme on le sait, les lois de côté. Il disposa, sans règle et sans forme, des rentes sur l'Etat, des forêts nationales, des domaines réservés, des actions sur les canaux, enfin, on peut dire, de toutes les parties de la fortune publique (1).

Ce n'est pas dans leur rapport avec les limites du pouvoir constitutionnel, mais dans leur rapport avec la nature et les conditions du pouvoir absolu, que ces dispositions doivent être envisagées.

Lorsque le gouvernement impérial tomba, la haute sagesse du Roi ne voulut pas toucher aux droits acquis. Il venait pour restaurer et non pour détruire. Il comprit que, plus les actes du pouvoir impérial étaient illégaux, plus il était urgent de calmer les alarmes de ceux de ses sujets dont la fortune n'avait d'autre origine et d'autre garantie.

La loi du 5 décembre 1814 parut, et jeta sur le passé le sceau de la confirmation.

---

(1) « Les bois et forêts déclarés inaliénables par la loi du du 2 nivôse « an 4, les immeubles affectés à un service public, les droits de pro-« priété ou prétendus tels, sur les grands canaux de navigation, les « créances qui pouvaient leur appartenir sur le trésor public, et dont « l'extinction s'est opérée par confusion au moment où l'Etat a été « saisi des biens, droits, et dettes actives des émigrés » ont été exceptés de la remise (art. 17 du sénatus-consulte du 6 floréal an 10).

D'après cette loi, les anciens propriétaires ne sont pas admissibles à revenir contre les décrets qui ont disposé définitivement de leurs biens, alors confisqués, en faveur de particuliers, ou de communes, ou d'hospices, soit parce que l'art. 1er de la loi du 5 décembre 1814 maintient tous les actes du gouvernement antérieurs à la promulgation de la Charte, soit parce que l'une des conditions de la remise, et la plus essentielle, est que les biens à rendre se trouvent *actuellement* dans les mains de l'Etat.

Ainsi doit être résolue la question, à l'égard des anciens propriétaires, leurs héritiers et ayans cause.

II. Maintenant que doit-on décider à l'égard des anciens créanciers dont les biens concédés formaient le gage (1) ?

-------------------------------------------------------------------

(1) « Les anciens émigrés sont-ils tenus, soit personnellement, soit « hypothécairement, d'acquitter les dettes dont les biens qui leur ont « été remis étaient *grevés avant* leur mort civile? »

Le jugement de cette grande question appartient aux tribunaux, encore qu'il s'agisse de l'application de lois politiques et administratives, parce que l'intérêt de l'Etat a cessé depuis la réintégration de l'émigré dans la vie civile, et que d'ailleurs la juridiction du Conseil d'Etat étant exceptionnelle, il ne peut connaître que des matières qui lui ont été spécialement attribuées par les lois.

Or aucune loi n'attribue au Conseil d'Etat le jugement de ces sortes de contestations. Toutefois, je ne crois pas inutile de faire remarquer que la jurisprudence du Conseil d'Etat est tout-à-fait favorable, en principe, à la libération des émigrés.

Pour le prouver, je ferai cette question :

La cour de cassation n'a-t-elle pas, dans l'affaire du marquis d'Espinay Saint-Luc contre l'abbé Duclaux, établi, en thèse, par son célèbre arrêt du 25 août 1819.

« Que les biens confisqués sur les émigrés et réunis au Domaine de « l'État, qui ont été rendus par la loi du 5 décembre 1814, ne l'ont « été réellement qu'*à titre de libéralité.* »

Que conclure de là ? C'est qu'il y a eu donation et non restitution, et que, par conséquent, toute la question se réduit à savoir si les biens remis étaient affranchis dans les mains du donateur, au jour de la donation, de toutes charges et hypothèques antérieures.

Or c'est ce que l'ordonnance royale, rendue à mon rapport, dans

Il faut rechercher quelle a été la volonté du donateur.

Si l'acte exprime que la donation est faite sans préjudice du droit des tiers, cette condition, indivisible de l'accepta-

---

l'affaire du duc de la Vauguyon, le 29 décembre 1819, a explicitement décidé. C'est aussi ce qui résulte implicitement du décret du 9 avril 1811, qui donne à titre gratuit aux départemens, arrondissemens et communes, la pleine propriété de certains bâtimens et édifices nationaux.

En vain prétendroit-on que les biens nationaux n'ont été libérés qu'au moment de la vente et de la tradition réelle à ce dernier titre. Il faut reconnaître, au contraire, qu'ils ont été affranchis par le seul fait de la mainmise nationale. Si les effets de la donation n'étaient pas les mêmes que ceux de la vente, à l'égard des tiers qui revendiquaient la propriété, ils étaient les mêmes à l'égard des créanciers.

Cela est si vrai, que je ne sache pas qu'aucun créancier hypothécaire se soit jamais adressé aux communes investies par le décret du 9 avril 1811, de la pleine propriété des biens qui formaient leur gage.

C'est qu'ils ont pensé avec raison, que ces biens étaient libres de toute hypothèque.

Si donc les émigrés remis dans leurs biens par le sénatus-consulte du 6 floréal an 10, et par la loi du 5 décembre 1814, possèdent au même titre que les communes et que les particuliers donataires en vertu de décrets généraux ou spéciaux, et si les biens étaient libres dans les mains de l'Etat donateur, ils ont dû, par conséquent, passer libres dans les mains des émigrés donataires.

C'est la déduction pure et rigoureuse de ce double principe établi à la fois par la Cour de cassation et par le Conseil d'Etat.

C'est dans ce sens que la Cour de Dijon a prononcé par deux arrêts célèbres des 12 et 14 avril 1821. C'est dans ce sens que la Cour royale de Toulouse, toutes les chambres assemblées, vient également de trancher la question.

A ces imposans témoignages on peut, je dois le dire, opposer un arrêt de la Cour royale de Paris, du 23 juillet 1821, qui établit avec une force remarquable que « la réintégration du débiteur dans ses « biens comprend, par une conséquence invincible du droit, la réin-« grande des créanciers dans toutes actions personnelles et réelles, et « que toute la législation intermédiaire a proclamé que la mort « civile, les déchéances, le principe de la confusion, n'étaient que dans

tion des donataires, doit être exécutée. Dès lors, les anciens créanciers peuvent exercer leur action hypothécaire. Les cessionnaires ultérieurs ne peuvent se plaindre, puisque avant de

« l'intérêt exclusif du fisc et des tiers parmi lesquels, ni les *émigrés*, ni « leurs *créanciers*, ne pouvaient être placés. »

La solution de cette grave question est donc, comme on le voit, très-controversée.

Quant aux argumentations qu'on pourrait tirer, par analogie et en sens divers, de la jurisprudence du Conseil d'Etat, je dois dire que si, d'un côté, l'ordonnance du 29 décembre 1819 est favorable à la libération des dettes, de l'autre côté, une ordonnance du 28 juillet 1820, rendue à mon rapport, pourrait lui paraître contraire, puisque cette ordonnance établit que : « la confusion ne saurait être opposée par le « débiteur émigré à son créancier émigré, depuis que la main-mise « nationale a cessé. »

Toutefois, je me hâte d'ajouter (c'est du moins mon opinion) que, par cette dernière déclaration de principe, le Conseil a seulement décidé et voulu décider que, depuis la restitution des émigrés dans la vie civile, l'Etat n'était plus tenu du paiement de leurs dettes. C'est en effet le seul point qui fût et qui pût être en litige devant le Conseil. Cette ordonnance n'a donc établi aucun préjugé sur la question de la libération des dettes, qu'elle a renvoyé et dû renvoyer toute entière aux tribunaux. Car, en effet, de ce que l'Etat déclare qu'il ne doit plus, ce n'est pas une raison pour que les émigrés doivent encore. A la vérité, ceux-ci ne peuvent exciper de la confusion, qui ne peut être invoquée que dans l'intérêt de l'Etat; mais ils peuvent se fonder sur les lois de la révolution, non rapportées, qui déclarent leur libération. Ils peuvent opposer à leurs créanciers les mêmes exceptions que les communes opposent aux leurs, et soutenir que l'Etat, en prenant leurs biens à son profit, a pris aussi leurs dettes à sa charge. Les cas sont si exactement semblables, que les raisons de décider doivent être les mêmes, et les ordonnances royales des 10 janvier et 22 mars 1821, intervenues après de si longs et de si solennels débats, à mon rapport, dans l'affaire du sieur Vinot et dans celle des héritiers Latouche-Téville, ajoutent tant de poids aux argumentations des émigrés, que si la question de la libération de leurs dettes eût été soumise par les lois à la décision du Conseil d'Etat, je ne doute pas que, par voie de conséquence, cette décision ne leur eût été favorable.

Cette opinion prend une nouvelle force, si l'on veut considérer at-

contracter, ils ont dû s'enquérir des charges de la donation primitive, d'où leur titre est dérivé.

Mais, si la donation est faite en toute propriété, sans aucune

---

tentivement le caractère et les dispositions du sénatus-consulte du 6 floréal an 10, et de la loi du 5 décembre 1814.

Ces lois ont hautement proclamé que la propriété des biens confisqués n'avait pas cessé un seul moment de reposer dans les mains de l'État.

On a demandé pourquoi elles étaient des lois de remise et non des lois de restitution.

C'est que, si elles avaient déclaré la restitution, il fallait regarder tout ce qui s'était passé dans le temps intermédiaire comme non avenu. Il fallait donc, par une disposition rétroactive, anéantir la confiscation pour le passé, dans son principe, et par conséquent dans ses effets: ce qui ébranlait, et sappait même à sa base, tout le système des ventes de biens nationaux et des droits acquis.

La loi a donc voulu, par une sorte de transaction entre tant d'intérêts en lutte, que les émigrés reprissent les choses dans l'état où le gouvernement les leur remettrait. Ils ont perdu à cela, d'une part, puisqu'on ne leur a pas restitué tous leurs biens. Ils y ont gagné d'autre part, puisqu'ils ont été, selon moi, libérés de leurs dettes.

Nous venons de voir quel a été le principe de ces lois; voyons si leurs dispositions sont conformes à ce principe.

Si le sénatus-consulte et la loi de 1814 avaient été des lois de restitution, elles auraient nécessairement rendu au moins tout ce qui n'avait pas été aliéné; au contraire, ces lois ont excepté de la remise des biens de certaine nature; elles n'ont point accordé d'indemnité, soit pour les biens que l'État avait aliénés, soit pour ceux qu'il gardait. Tout porte donc dans ces lois le caractère d'une donation plutôt que d'une restitution. Or le donateur a-t-il attaché à sa libéralité la condition de payer les dettes?

C'est ce que ces deux lois n'expriment point.

Est-il dès lors permis de donner aux paroles du législateur-donateur un sens que leur texte et leur esprit repoussent? Et n'est-ce pas le cas de dire, avec la Cour royale de Dijon, «que la seule obligation « imposée aux amnistiés par le sénatus-consulte du 6 floréal an 10 « est de ne pouvoir, en aucun cas, et sous aucun prétexte, attaquer « les partages de successions, présuccessions ou autres actes et arran- « gemens faits entre la république et les particuliers, avant la promul-

condition, sans aucune réserve, on doit en conclure que le
bien est passé dans les mains du donataire, libre des charges
antérieures.

---

« gation de cette loi; qu'il suit de là qu'elle a confirmé, au regard des
« émigrés, tous les effets de la mort civile pour le passé, et qu'elle
« n'a rendu les émigrés à l'état civil que pour l'avenir; que la décharge
« du débiteur émigré envers son créancier, antérieure à l'émigration
« éteinte par la mort civile et par la confiscation générale de ses biens,
« a été maintenue; que l'action *personnelle* n'a *pu revivre* contre lui,
« et que cette action de la part du créancier, s'il n'a pas encouru la
« *déchéance* par *sa faute*, ne peut s'exercer que contre le confis-
« cataire. »

Sans doute, dirai-je avec la Cour royale de Dijon, l'État seul devrait
être tenu de l'action personnelle, à cause de la novation opérée
par la substitution d'un nouveau débiteur qui est l'État, à l'ancien
qui était l'émigré, et j'ajouterai que l'obligation qui résultait de
cette novation liait d'autant plus étroitement l'État, qu'il l'avait imposée au créancier malgré lui, et que la loi, plus forte encore qu'un
contrat privé, l'avait solennellement établie.

Mais les créanciers n'ont-ils aucun reproche à se faire? N'avaient-
ils pas été avertis par les lois des 28 mars, 25 juillet et 28 août 1795,
1er floréal an 3, 24 frimaire an 6, et par une foule d'autres, que l'État
était devenu, par la toute-puissance de la loi, leur débiteur unique et
direct? N'ont-ils pas été sommés de se présenter à la liquidation générale? n'ont-ils pas été prévenus que s'ils laissaient expirer des délais
vingt fois renouvelés, ils seraient frappés d'une déchéance absolue et
irrévocable? Et lorsque cette déchéance les atteint, peuvent-ils venir
récursoirement contre l'émigré et lui disputer les débris de son naufrage?

Il faut l'avouer : il s'est présenté dans ces derniers temps peu de
questions aussi difficiles à résoudre. Les deux parties, créancier et débiteur, sont également si intéressantes!

C'est l'État seul, c'est le persécuteur des émigrés, c'est le confisca-
taire de leurs biens, c'est le spoliateur de leurs créanciers, qui est
odieux. En bonne justice, en bonne morale, en bonne politique, l'État
seul doit, et c'est peut-être une des considérations les plus solides
qu'on pourrait alléguer en faveur de l'indemnité.

Mais sans me jeter dans cette autre question de l'indemnité, je réduis
la question des dettes à deux points qui me semblent suffisamment

Quand le décret de disposition aurait ordonné la mainlevée du séquestre, il ne s'ensuivrait pas que le décret n'eût voulu que *restituer* et non pas *donner*. D'abord, on ne restitue qu'à celui qui possédait. Or le tiers donataire n'a jamais possédé. De plus, l'État détenait réellement; il fallait bien, pour investir le donataire, que l'État se dessaisît. Il était donc nécessaire de lever le séquestre. C'est une simple mesure d'ordre et d'exécution, prescrite aux agens des Domaines, et qui ne peut changer le caractère et l'effet de la disposition en elle-même.

En vain prétendrait-on aussi que le donataire, ayant reçu le bien à titre gratuit, peut, sans injustice et sans de grands dommages, acquitter les dettes.

Nous n'en disconvenons pas; mais il fallait que le donateur imposât cette condition à une libéralité qu'on n'aurait peut-être pas alors acceptée.

Il ne faut pas, au surplus, ne voir ici que le donataire seul. En effet, si l'intérêt des anciens créanciers est considérable, l'intérêt des nouveaux créanciers qui ont prêté avec hypothèque, sur la foi du plein et absolu affranchissement des biens donnés, ne l'est pas moins. L'intérêt des tiers qui, après

---

établis par la législation spéciale de la matière et par la jurisprudence du Conseil d'État.

1°. Les lois qui ont réintégré les émigrés dans leurs biens non vendus sont des lois de grâce et de libéralité.

Les biens remis ont passé dans les mains des émigrés tels et de la même manière que l'État les possédait.

L'État les possédait francs et quittes de toutes charges et hypothèques antérieures.

Conséquence : les émigrés anciens débiteurs sont libérés de toute action hypothécaire sur les biens remis.

2°. Par l'effet de la novation politique et légale qui emporte les mêmes effets que la novation contractuelle, l'État, nouveau débiteur, a été substitué à l'ancien débiteur, l'émigré; et la dette primitive a été, par l'effet de cette substitution, complétement éteinte.

Conséquence : les émigrés anciens débiteurs ne sont plus passibles de l'action personnelle.

la donation, ont reçu les biens comme libres, en échange, en
vente, en dot, à toutes sortes de titres, et par des traditions
de toute espèce, réclame, avec non moins de force, le maintien des choses dans cet état de libération.

Les anciens créanciers peuvent, d'ailleurs, se reprocher de
n'avoir pas fait leurs diligences, en temps utile, devant la liquidation générale de la dette publique, lorsque le bien était encore entre les mains de l'État.

Mais laissons de côté l'intérêt des parties; ne considérons que
l'acte en lui-même.

Le bien a été donné, d'intention et de fait, tel que l'État le
possédait.

Or l'État possédait-il les biens nationaux, francs de toute
charge et hypothèque antérieure?

Voilà où se réduit la question.

Elle est tranchée affirmativement par cette seule observation,
que l'État, en s'emparant des biens confisqués sur le clergé et
les émigrés, a déclaré leurs créanciers, créanciers directs de la
nation. Dès ce moment, les biens confisqués et frappés de la
mainmise nationale ont été purgés de toute charge, rente, ré-
méré, hypothèque et prestation en nature, de toute espèce.

Le gouvernement révolutionnaire, qui n'avait appréhendé
les biens que pour les vendre, avait intérêt à les dégager de
toute action des tiers.

On conçoit d'ailleurs que l'État ne pouvait ouvrir un recours
en liquidation sur ses caisses, et laisser subsister en même
temps l'action hypothécaire sur les biens. Il y a eu novation
absolue, soit dans la dette, puisqu'elle est devenue nationale
de privée qu'elle était, soit dans la personne du débiteur, puisque l'État s'est violemment substitué au lieu de l'émigré et du
clergé, soit dans la nature de l'action et les sûretés du paiement, puisque l'action hypothécaire ou privilégiée s'est convertie en une action personnelle et directe contre l'État, par
voie de simple liquidation, soit enfin dans le mode d'exécution du titre, puisqu'au lieu de payer dans les valeurs, aux

époques et dans l'endroit fixés par le contrat, l'État payait dans le temps, l'endroit et la monnaie qu'il lui plaisait de désigner.

Ce n'est donc pas au moment où le bien a été vendu, c'est au moment où il a été confisqué, qu'il est devenu spontanément libre par la toute puissance de la loi.

Cette distinction rend indifférente la circonstance qu'il ait été ensuite plutôt donné que vendu. Car s'il eût été vendu tel qu'il existait au moment de la vente, il n'a pu être donné (à moins qu'il n'y ait de réserves expresses) que tel aussi qu'il existait au moment de la donation.

Or il existait libre.

C'est par suite de ce principe que les concessions de biens nationaux faites aux communes, à titre gratuit, par le décret du 9 avril 1811, ont été délivrées de toute hypothèque. Quoique cette clause d'affranchissement ne soit pas exprimée dans le décret, il n'y a pas d'exemple que jusqu'ici aucun des créanciers hypothécaires de l'ancien propriétaire se soit présenté pour suivre son privilége ou son hypothèque sur les communes détentrices.

J'ajouterai, par voie d'induction, que, d'après la jurisprudence constante du Conseil d'État, les créanciers des émigrés ne peuvent attaquer les partages de succession faits entre l'État et des tiers, partages à l'occasion desquels certaines portions grevées d'hypothèques, sont entrées libres malgré le principe de l'indivisibilité, dans le lot d'un cohéritier non personnellement débiteur.

On peut donc avec sûreté poser cette double règle ; 1° que toutes les dispositions de biens nationaux, faites définitivement par les gouvernemens intermédiaires, depuis la confiscation jusqu'à la promulgation, soit du sénatus-consulte du 6 floréal an 10, soit de la Charte constitutionnelle, à titre gratuit ou onéreux, par voie de donation, cession, partage, arrangement ou vente, sans condition et sans réserves, sont inattaquables du chef, soit du Domaine, soit des anciens propriétaires, leurs héritiers ou ayans cause ; 2° que lesdits biens ont été et demeurent libres, entre les mains de leurs possesseurs, de toutes les hypothèques antérieures qui les grevaient, sauf le recours des créanciers, en liquidation et en paiement de la dette, s'il y a lieu, contre le trésor public, et devant l'autorité administrative, et sans préjudice de l'action personnelle qu'ils peuvent exercer, *s'il y a lieu également*, contre leur débiteur originaire et devant les tribunaux.

## § VIII.

*Les biens nationaux dont la pleine propriété a été concédée gratuitement aux communes par le décret du 9 avril 1811 doivent-ils rester entre leurs mains, ou faire retour aux anciens propriétaires ?*

La jurisprudence de la Commission de remise des biens des émigrés a long-temps varié sur cette question.

D'abord, et jusqu'en 1817, la Commission avait pensé que la propriété de ces sortes de biens devait être rendue aux émigrés sauf la jouissance provisoire des communes, moyennant indemnité.

Plusieurs décisions ont, en effet, été prises dans ce sens.

Mais ces décisions ayant excité les plus vives réclamations de la part des communes, la question fut soumise au Conseil d'Etat.

Il s'agissait, comme on le voit, de déterminer le sens de l'article 7 de la loi du 5 décembre 1814, qui porte :

« Sont exceptés de la remise les biens affectés à un *service* « *public*, pendant le temps qu'il sera nécessaire de leur laisser « cette destination. Mais l'indemnité due à raison de la « jouissance de ces biens sera réglée dans le budget de 1816. »

Les biens concédés aux communes, par le décret du 9 avril 1811, doivent-ils rester entre leurs mains ou être remis aux anciens propriétaires (1) ?

---

(1) L'art. 1er du décret du 9 avril 1811 porte « nous concédons gra-
« tuitement aux départemens, arrondissemens et communes, la *pleine*

Voilà la question :

I. On a allégué en faveur des émigrés ,

1°. Que l'article 7 de la loi de 1814 était le seul qu'on dût consulter, parce que cet article est le seul qui prononce la remise des biens affectés à un service public; qu'il ordonne la remise de ces biens d'une manière absolue et sans aucune réserve ; que, par conséquent, sa disposition s'étend sur toutes les propriétés d'émigrés, à celles concédées par le décret de 1811, comme à celles non comprises dans ce décret ;

Que, lorsqu'il s'agit de l'exécution de l'article 7, il n'y a que deux faits à considérer : l'immeuble réclamé appartient-il à un émigré? est-il détenu par un établissement public? que, dans le concours de ces deux circonstances, il y a nécessairement lieu à la restitution, parce que l'article est rédigé de telle sorte qu'il est nécessairement applicable, par cela seul que ces deux circonstances concourent;

Qu'enfin ; si les rédacteurs de la loi de 1814 avaient voulu que l'article 7 pût être modifié par le décret de 1811, ils l'auraient dit, puisque leur prévoyance n'avait été en défaut sur aucune des exceptions jugées nécessaires; que le silence gardé sur ce décret suffit donc pour l'écarter de la discussion actuelle ;

2°. Que si on admettait que l'article 7 de la loi de 1814 dût être modifié par le décret de 1811, qu'arriverait-il?

En fait, il est reconnu que presque tous les biens d'émigrés qui sont affectés à un service public sont également, par suite du décret de 1811, concédés aux départemens, arrondissemens ou communes.

Lors donc qu'un émigré réclamerait un de ces biens, on serait toujours ou presque toujours fondé à lui répondre : La loi vous rend, il est vrai, votre immeuble mais le décret vous le

___

« *propriété* des édifices et bâtimens *nationaux* actuellement occupés « pour le service de l'administration, des cours et tribunaux, et de « l'instruction publique. »

reprend. Et de ce bizarre conflit, il résulterait que la loi ne serait presque jamais susceptible d'application et deviendrait illusoire. Or les principes du droit s'opposent à ce que l'on interprète une loi en un sens qui rend sa disposition inefficace et sans objet.

3°. Que dans une discussion de ce genre, ce qui importe principalement, c'est de considérer l'esprit de la loi; qu'ici, il n'est pas douteux que le législateur a voulu, et que la justice exigeait que l'on rendît aux émigrés leurs biens invendus, c'est-à-dire ceux dont l'Etat n'avait pas touché le prix.

Or les biens dont il s'agit maintenant, l'Etat en a disposé à titre gratuit, non au profit de particuliers qui les considéreraient comme leur chose propre, mais seulement en faveur de corps administratifs.

4°. Qu'enfin, il était à remarquer que les choses n'étaient plus entières; que presque toutes les réclamations auxquelles l'article 7 de la loi de 1814 donnent lieu étaient jugées, et qu'elles l'étaient toutes en faveur des émigrés.

N'y aurait-il pas de l'inconvenance, de l'injustice même à changer une jurisprudence établie, à traiter d'une manière différente des hommes placés dans la même position, à refuser rigoureusement au petit nombre d'entre eux ce que l'on a accordé, sans scrupule, au plus grand?

II. A ces considérations qui s'élevaient en faveur des émigrés, voici ce qu'on opposait.

1°. Aux termes de l'article premier de la loi du 5 décembre 1814, « sont *maintenus* et sortiront leur *plein et entier effet*, soit envers l'Etat, soit envers les tiers, tous jugemens et « décisions rendus, tous *actes* passés, tous *droits acquis* avant « la publication de la Charte constitutionnelle, et qui seraient « fondés sur des lois ou *actes du gouvernement* relatifs à « *l'émigration*. »

Or, dans l'hypothèse, il existe un *acte du gouvernement*, le *décret* du 9 avril 1811, qui *concède aux départemens, aux arrondissemens et communes, la pleine propriété* des édifices dont il s'agit. Voilà par conséquent un *droit acquis* au profit des départemens, des arrondissemens et des communes, et un droit inviolable, aux termes de l'article 1<sup>er</sup>.

2°. Suivant l'article 2 de la même loi, les émigrés ne peuvent réclamer que ceux de leurs biens qui font actuellement partie du domaine de l'Etat; or les biens en litige sont devenus la *pleine propriété* des départemens et des communes; ainsi, nul droit aux émigrés sur ces biens, d'après la disposition de l'article 2.

3°. Quant à l'art. 7 que l'on oppose, il est favorable aux émigrés dans un cas, il leur est défavorable dans un autre.

En affectant leurs biens à un service public, l'Etat en a aliéné la propriété ou il l'a retenue.

S'il l'a retenue, l'immeuble est resté dans le Domaine; le gouvernement l'a sous sa main; il peut le restituer, et par cette raison il doit le restituer : l'art. 7 s'applique sans difficulté à cette hypothèse.

Mais si le gouvernement ne détient plus l'immeuble; si en l'affectant à un service public, il l'a vendu ou donné, il ne peut plus le rendre, et cela, par deux raisons évidentes; la première, fondée sur l'art. 2 de la loi, c'est que le gouvernement ne peut rendre que ce qu'il a; la seconde, c'est qu'il ne pourrait rendre ce qu'il n'a plus qu'en dépouillant le propriétaire actuel, et l'art. 1<sup>er</sup> le lui défend positivement.

Ainsi, la discussion se réduit à ce fait :

Tout bien d'émigré affecté à un service public est restituable, aux termes de l'art. 7, si le gouvernement en est resté propriétaire; il n'est plus restituable, d'après l'article 1<sup>er</sup> et l'art. 2, si le gouvernement n'en a plus la propriété.

4° Il n'est pas exact de dire que tout bien d'émigré est sujet à restitution, par ce que l'ancien gouvernement en a disposé à titre gratuit; ce principe n'est pas exprimé dans la loi, et il est formellement contredit par l'art. 1<sup>er</sup>, qui sanctionne, en termes généraux et absolus, toutes les dispositions faites par le gouvernement, et qui comprend celles à titre purement gratuit, comme celles à titre onéreux.

5° Enfin, quant à la jurisprudence que l'on oppose, il résulte de ce qui précède, qu'elle est contraire au texte et à l'esprit de la loi, que par conséquent elle offre un abus à corriger et non un exemple à suivre, et qu'ainsi la demande des émigrés ne peut être accueillie.

III. On ne peut disconvenir que ces derniers motifs ne soient fondés sur les principes du droit commun, et sur la législation spéciale de la matière. En effet, les biens dont les émigrés réclament la propriété n'existent entre les mains de l'État, ni de droit, ni de fait. ni de droit, puisque le décret général du 9 avril 1811 en concède aux communes la pleine propriété; ni de fait, puisqu'elles n'ont pas cessé d'en jouir. La forme authentique et solennelle du titre, la tradition réelle d'une part, l'acceptation formelle de l'autre, l'accomplissement des charges imposées aux communes, et la durée de la jouissance, rendent la donation parfaite et irrévocable. Le gouvernement, le donateur aurait-il pu l'anéantir? non. Eh bien, ses ayans cause n'ont pas plus de droits que lui. Depuis 1811, le bien donné a changé de nature; il a cessé d'être national; il est devenu communal; il est, à ce titre, semblable, en tout, aux propriétés particulières.

Si, depuis la révolution, le gouvernement s'est quelquefois emparé par force des biens des communes, on a trop oublié que ces sortes de biens ont le même caractère et les mêmes garanties que ceux des particuliers, et l'on a trop pris l'abus de la violence pour l'exercice d'un droit.

On a eu tort aussi de dire que les concessions dont il s'agit, ne doivent pas être exceptées de la remise générale, parce que la loi du 5 décembre 1814 n'en parle pas; c'est le raisonnement contraire qu'il faudrait faire; car la possession actuelle est la règle générale : la remise n'est que l'exception. Les biens concédés aux communes par le décret du 9 avril 1811 ne peuvent donc être remis aux émigrés, s'ils ne sont compris ni directement, ni implicitement dans les exceptions de la loi du 5 décembre 1814. Or les biens dont il s'agit n'y sont pas compris, et ils ne pouvaient l'être. Ils n'y sont pas compris, car il suffit pour cela d'ouvrir la loi et de la lire. Ils ne pouvaient l'être, car l'État n'a pu disposer que de sa chose propre, n'a pu rendre que ce qu'il détenait : or il n'avait, au 5 décembre 1814, ni la propriété, ni la détention de ces sortes de biens.

Il ne faut pas d'ailleurs se méprendre sur le caractère et l'objet du décret général d'affectation. En effet, ce n'était pas, à proprement parler, une vente, puisqu'il n'y avait pas de prix convenu et payé. Ce n'était pas non plus, à proprement parler, une donation pure, puisqu'elle était grevée de charges très-onéreuses; c'était plutôt un de ces arrangemens mixtes, faits entre l'Etat et des tiers, dans un commun intérêt, pendant l'absence des émigrés, et sur lesquels le sénatus-consulte du 6 floréal leur interdit expressément de revenir.

L'art. 1er de la loi du 5 décembre 1814 a renouvelé, par une confirmation encore plus précise et plus solennelle, les dispositions de ce sénatus-consulte. Elle garde et légitime tous les actes antérieurs, relatifs à l'émigration; et si elle maintient les concessions spéciales et même de faveur, émanées, dans l'ombre, du dernier gouvernement, que doit-ce être d'un décret général, discuté en Conseil d'Etat, sur le rapport d'un Ministre, inséré au Bulletin des lois, et d'ailleurs fondé sur des motifs raisonnables de bonne administration et d'intérêt public?

Quant à la force obligatoire de ce décret, il est évident qu'il se trouve au nombre des actes du gouvernement maintenus par l'art. 1er de la loi du 5 décembre 1814, et que par conséquent il doit sortir son plein et entier effet.

Je ne dois pas omettre de dire, pour l'exactitude des faits, que ce qui a beaucoup contribué à déterminer le jugement du Conseil d'Etat, c'est la tradition réelle des biens réclamés faite aux communes, au nom et par les soins de l'administration des Domaines, leur prise de possession, et leur longue et paisible jouissance.

Ces dernières circonstances justifient davantage encore la nécessité de maintenir les communes dans les concessions définitives qui leur ont été faites. Mais lors-même que ces circonstances ne se rencontreraient pas dans toutes les espèces, l'acceptation pure et simple des maires, à ce légalement autorisés, suffirait pour consommer la donation, et ce principe a été exprimé dans le sens le plus absolu et avec une force remarquable, par une ordonnance du 17 novembre 1819, rendue à mon rapport, et ainsi motivée :

« Considérant que l'art. 7 de la loi du 5 décembre 1814 ne « peut être étendu aux biens concédés en pleine propriété aux « communes par le décret du 9 avril 1811;

« Que ce décret est un acte du gouvernement, maintenu « par la loi du 5 décembre 1814;—Annulle l'arrêté de remise. »

D'autres ordonnances, en date des 23 février 1820 et 25 avril 1820, conformes à ce principe, ont définitivement tranché la question.

§ IX.

*Le Domaine est-il tenu de restituer à l'héritier d'un régnicole les fruits perçus pendant le séquestre mis indûment au nom d'un héritier plus éloigné, mais émigré.*

La question s'est présentée dans l'espèce suivante :

Une succession s'ouvre; l'héritier qui doit la recueillir est en instance devant les tribunaux pour faire reconnaître sa qualité.

Avant que cette qualité litigieuse ne soit reconnue, un parent plus éloigné revendique la succession.

Ce parent est émigré, l'Etat le représente.

L'Etat appose le séquestre sur les biens.

Ces biens sont affectés à la Légion-d'Honneur, qui les cède à la Caisse d'amortissement.

Cependant le véritable héritier fait reconnaître sa qualité, jusque là douteuse, par des jugemens passés en force de chose jugée contradictoirement avec l'Etat.

Armé de ces jugemens, il redemande au Domaine, détenteur des biens de la succession, et ces biens et leurs fruits.

Le Ministre des finances décide que ces biens ne peuvent être rendus que par la Commission instituée pour la remise à faire aux anciens émigrés.

La remise doit-elle, en effet, avoir lieu par cette Commission ou par les voies ordinaires?

C'est là la question.

I. Pour la résoudre dans le sens de la décision ministérielle, on a avancé qu'aux termes des lois d'exception, les femmes d'émigrés qui réclamaient leur dot, malgré la juste faveur qui, dans tous les pays, s'attache à de semblables répétitions, et les copropriétaires régnicoles de biens indivis avec les émigrés, malgré l'inviolabilité de leurs droits, ne pouvaient recouvrer les fruits perçus par l'Etat;

Que, si les tiers ne peuvent y prétendre même avec des droits positifs, à plus forte raison ceux dont les droits litigieux ne sont redevenus positifs qu'après le séquestre;

Qu'aux termes de la loi du 5 décembre 1814, la Commission de restitution est chargée de remettre tous les biens confisqués pour cause d'émigration; que cette dernière expression, pour cause d'émigration, est générale; qu'elle enveloppe les séquestres apposés sur les biens et droits positifs des émigrés, ou sur les biens et droits litigieux entre l'Etat représentant un émigré, et des tiers;

Que, dans l'espèce, le séquestre avait été mis sur les biens d'une succession dont l'émigré était le propriétaire apparent et légal;

Qu'il y avait donc lieu à l'application de la loi du 5 décembre 1814.

Ces moyens ne paraissent pas décisifs.

II. En effet, l'appréhension du bien par le Domaine est

l'acte du plus fort, que son adversaire n'a pu empêcher. On ne se constitue pas un droit par son propre fait. Le séquestre, lorsqu'il ne procède pas d'une confiscation *super domino*, n'est qu'une mesure conservatoire, un simple dépôt, et n'a jamais pu imprimer aux biens ainsi séquestrés une qualité qu'ils n'ont jamais eue ni pu avoir, celle d'avoir appartenu à un émigré.

Le séquestre présuppose la nationalité des biens; mais cette présupposition cède à la preuve contraire. Cette preuve résulte ici de jugemens acquis et passés en force de chose jugée.

Dire que les copropriétaires indivis avec des émigrés ne pourraient réclamer leur portion aliénée, c'est éluder la difficulté; car on ne revendique pas ici des biens vendus, mais des biens donnés à la Légion-d'Honneur, cédés par elle à la Caisse d'amortissement, puis réunis au domaine de l'Etat. C'est donc l'Etat qui les possède encore et non des tiers acquéreurs que l'héritier poursuit.

J'ajoute que l'indivisibilité de la propriété avec l'émigré entraînait l'aliénation du tout, et, par suite, la compétence de l'administration ; que néanmoins, les lois révolutionnaires avaient ordonné, dans l'intérêt des copropriétaires, qu'il fût sursis à toute aliénation, jusqu'à ce qu'un partage définitif, intervenu entre les copropriétaires et le Domaine, eût spécialisé la portion afférente à l'Etat, du chef de l'émigré.

Ces lois supposent donc que le bien séquestré appartenait véritablement à un émigré; que le copropriétaire le possédait indivisément avec lui; enfin, que le bien a été vendu dans les formes voulues pour l'aliénation des domaines nationaux.

Or aucune de ces circonstances ne se rencontre dans l'hypothèse que nous discutons; par conséquent, les lois et les analogies invoquées ne peuvent recevoir d'application.

La loi du 5 décembre 1814 n'est pas davantage applicable; car elle n'attribue à la Commission que le droit de remettre les biens confisqués pour cause d'émigration. Or, pour réclamer à ce titre, il faut être, ou émigré, ou héritier d'émigré, ou ayant cause d'émigré.

Mais un tiers régnicole qui réclame, non par représentation, mais de son chef, le bien appréhendé par le Domaine, comme sa chose propre, ne peut, en aucune manière, tomber sous l'application de la loi du 5 décembre 1814.

Les jugemens sont déclaratifs, et font remonter le droit de l'héritier antérieurement au séquestre; d'où il suit que la cause du séquestre ayant disparu, ses effets doivent cesser.

Sans doute, il semble qu'il importe peu que l'Etat remette les biens à l'héritier, d'une main ou d'une autre; mais, en regardant de plus près, on voit que l'héritier a intérêt à ce que la remise soit effectuée par les voies ordinaires; car la Commission des émigrés ne remet pas les fruits perçus par le Domaine avant la promulgation de la loi du 5 décembre 1814, aux termes de l'art. 3 de ladite loi.

Si, au contraire, la remise des biens est faite par les moyens ordinaires, il ne s'agit plus que d'une simple action dirigée contre le Domaine par voie d'exécution des jugemens, et qui entraîne nécessairement la restitution des fruits et revenus perçus pendant la durée du séquestre.

Sous ce dernier rapport, la solution de cette question est importante.

Quant au mode de la restitution des fruits, cette restitution constitue une créance à la charge de l'Etat, dont la portion échue avant le 1er janvier 1816 doit être liquidée en valeurs de l'arriéré, et la portion échue après, en numéraire.

C'est dans le sens de cette dernière opinion que l'ordonnance royale du 7 avril 1819, rendue à mon rapport, a tranché la question.

Cette ordonnance est motivée sur ce que « les biens récla- « més n'ayant pas été confisqués pour *cause d'émigration* du « requérant, il n'y a pas lieu d'en poursuivre la restitution « devant la Commission créée par la loi du 5 décembre 1814. »

Quoique la question de la restitution des fruits n'ait pas

été tranchée par cette ordonnance, elle n'en est pas moins implicitement jugée contre le Domaine. C'est la conséquence inévitable du principe posé dans l'ordonnance.

## § X.

*Le prix du loyer dû pour les immeubles remis aux anciens émigrés par la loi du 5 décembre 1814, et retenus provisoirement pour un service public, doit-il être, en cas de contestation, réglé par l'administration ou par les tribunaux?*

La loi du 5 décembre 1814 sur la remise aux émigrés de leurs biens non vendus porte, art. 7 :

« Sont exceptés de la remise aux émigrés les biens affectés « à un service public pendant le temps qu'il sera jugé néces- « saire de leur laisser cette destination, mais l'indemnité due, « à raison de la jouissance de ces biens, sera *réglée* dans le « budget de 1816. »

Le budget de 1816 n'ayant pas réglé cette indemnité, est-ce à l'autorité administrative ou à l'autorité judiciaire à la fixer?

Voilà la question.

I. On peut dire en faveur de la juridiction administrative, que la loi du 8 mars 1810 ne saurait être applicable à l'espèce; que cette loi concerne les expropriations pour cause d'utilité publique; qu'ici, il s'agit d'une restitution à liquider; qu'on ne peut comprendre l'indemnité dans le budget qu'après qu'elle aura été réglée entre les parties intéressées, et les Ministres sous la surveillance desquels sont placés les immeubles remis; que la loi du 5 décembre, en restituant leurs biens aux anciens propriétaires, a pu y attacher, dans l'intérêt du trésor, la condition de rester soumis, pour de certaines opérations, à la juridiction administrative; qu'ils ne sont point, à cet égard seulement, rentrés tout-à-fait, comme les autres citoyens, sous l'empire du droit commun; que si l'on avait assimilé la non-jouissance des immeubles restitués, à une expropriation provisoire, la disposition de l'art. 7 eût été surabondante ; que les Ministres exécutent les lois et ne peuvent se dessaisir de l'obligation qui leur est imposée ; que d'après l'art. 7 l'indemnité due, à raison de la jouissance devait être réglée par le budget de 1816 ; qu'ainsi, il n'appartient qu'au Ministre des finances chargé de la rédaction du budget, de proposer aux Chambres de comprendre, sur les renseignemens qui lui auront été fournis, l'indemnité qu'elles détermineront devoir être accordée aux propriétaires momentanément expropriés ; que, par conséquent, la liquidation de cette indemnité est du ressort de l'autorité administrative.

II. Cette argumentation n'a pas dû prévaloir.

C'est en effet une erreur de dire que le droit de propriété ne date que du moment de l'entrée en jouissance. La saisine réelle ne détermine pas le point de départ de la propriété.

L'art. 7 de la loi du 5 décembre 1814 a assimilé les émigrés dont il suspend la réintégration, à tout citoyen exproprié momentanément pour cause d'utilité publique.

Ces mots, *l'indemnité sera réglée dans le budget de 1816,* ne veulent dire autre chose, si ce n'est que l'indemnité sera portée dans le budget du Ministre qui occupera les immeubles vendus.

Une estimation préalable est indispensable ; qui la fera ?

La loi du 8 mars 1810, relative aux expropriations pour cause d'utilité publique, porte :

Art. 16. « Les tribunaux fixeront la valeur des indemnités « dues aux propriétaires.

Art. 18. « Les indemnités dues à des usufruitiers seront ré-« glées en la même forme que celles dues aux propriétaires. »

Cette loi est applicable aux anciens émigrés.

La loi du 5 décembre 1814 n'établit aucune différence entre ceux qui sont rentrés en possession des biens remis et ceux qui n'en ont pas encore la pleine jouissance ; tous possèdent au même titre ; tous sont propriétaires ; ils ont une action contre le gouvernement locataire, à fin de fixation des loyers. Où cette action doit-elle être portée? devant les tribunaux. Ce sont les tribunaux qui règlent le prix de location des salles de théâtre appartenantes à des particuliers, et affectées momentanément à un service public. Ce sont eux qui procèdent à l'estimation et à la liquidation des fruits, même en matière de domaines nationaux. Dans les affaires de régie, dans mille autres, où le gouvernement est intéressé, les tribunaux n'ordonnent-ils pas des expertises? Pourquoi donc en serait-il autrement dans l'espèce? L'Etat qui garde la jouissance ne peut en régler l'estimation. Sans cela, il serait à la fois juge et partie. Il est politique, il est juste de rentrer, à cet égard, dans le droit commun, et d'effacer toute dénomination entre les propriétaires, comme toute différence entre les propriétés.

Le principe de la compétence judiciaire ne saurait donc être contesté.

Est-ce son application qu'on redoute? Mais on n'a pas entendu dire que la loi du 8 mars 1810, qui confie aux tribunaux le règlement des indemnités, en cas de contestation, ait jusqu'ici trompé l'attente du gouvernement, et porté à l'Etat de graves préjudices.

Il y a donc lieu de déclarer que, lorsqu'il s'agit de fixer l'indemnité qui peut être due à raison de la jouissance des bâtimens affectés à un service public et retenus en exécution de l'article 7 de la loi du 5 décembre 1814, et que cette fixation ne peut avoir lieu de gré à gré, les tribunaux sont seuls compétens pour en connaître.

C'est ce qui a été décidé, à mon rapport, par ordonnance royale du 17 juin 1818.

# F.

## FABRIQUES.

### § UNIQUE.

*Les transferts de rentes faits par le Domaine, postérieure-*
*ment à l'arrêté du gouvernement, du 7 thermidor an 11,*
*qui a rendu lesdites rentes aux fabriques, doivent-ils*
*être maintenus, s'ils sont antérieurs à l'envoi en posses-*
*sion que les fabriques ont dû en demander?*

*Les questions élevées entre le Domaine et les fabriques sur*
*la propriété desdites rentes, d'après leur origine, sont-elles*
*du ressort des tribunaux ou des Conseils de préfecture?*

*Les tiers peuvent-ils réclamer des rentes transférées par le*
*Domaine, qui s'en réputait propriétaire?*

*Les questions qui peuvent s'élever entre le Domaine et les*
*porteurs de transferts, sur la validité intrinsèque de*
*l'acte d'aliénation, sont-elles du ressort des tribunaux*
*ou des Conseils de préfecture?*

I. Les lois du 19 août 1792 et du 13 brumaire an 2 ont ordonné la vente des immeubles réels affectés aux frabriques
des églises, et déclaré national tout l'actif qui leur appartenait (1).

A la renaissance du culte, le gouvernement sentit le besoin
de réparer les désordres de ces spoliations révolutionnaires.

---

(1) 19 août 1792. Art. 1er. « Les immeubles réels affectés aux fabri-
« ques des églises, à quelque titre et pour quelque destination que ce
« puisse étre, seront vendus, dès à présent, dans la même forme et
« aux mêmes conditions que les autres biens et domaines nationaux. »

13 brumaire an 2. « *Tout l'actif* affecté, à quelque titre que ce
« soit, aux fabriques des églises cathédrales, particulières et suc-
« cursales, ainsi qu'à l'acquit des fondations, fait partie des pro-
« priétés nationales. »

L'arrêté du 7 thermidor an 11 remplit ce vœu. Il porte, article I<sup>er</sup> :

« Les biens des fabriques non aliénés, ainsi que les rentes
« dont elles jouissaient, et dont le transfert n'a pas été fait, sont
« rendus à leur destination. »

Cet arrêté paraissait, d'un côté, restituer universellement
les fabriques dans tous les biens et rentes non aliénés au
7 thermidor an 11, et de l'autre, les saisir immédiatement de
la propriété de ces biens.

On ne tarda guère à y rapporter des restrictions.

En effet, les nouvelles fabriques dont les anciens membres
n'existaient plus, en partie, ignoraient quels étaient les biens
de ces fabriques, ceux qui avaient été aliénés, et ceux qui ne
l'avaient pas été.

L'arrêté du 7 thermidor an 11 ne reçut donc qu'une exécution lente et incomplète.

D'un autre côté, beaucoup de débiteurs des anciennes fabriques s'étaient empressés de racheter leurs rentes entre les
mains du Domaine, ainsi que la loi du 21 nivôse an 8 leur
en concédait la faculté. Le Domaine, nanti des titres de
créances que les nouvelles fabriques ne réclamaient pas, avait,
se réputant propriétaire, consenti une foule de rachats ainsi
que de transferts; il avait également vendu des immeubles qui,
aux termes de l'arrêté du 7 thermidor an 11, auraient dû faire
retour aux fabriques.

Le Domaine aurait été obligé de restituer aux acquéreurs
par voie de rachat ou de transferts, qui se seraient trouvés
évincés, le prix de cette éviction, et peut-être même des dommages-intérêts ; d'ailleurs, l'annulation de ces transferts de
rentes, quoique permise, en principe, et sur la réclamation des
tiers, d'après l'avis du Conseil d'Etat, du 14 mars 1808, touchait
néanmoins de si près à la solidité des ventes nationales d'immeubles, que les acquéreurs de ces derniers biens auraient pu
s'en alarmer ; le remplacement avec d'autres rentes de même
nature n'aurait pas toujours été facile, soit envers les acqué-

reurs qui n'avaient pas contracté sous cette condition, et qui pouvaient ne pas l'accepter, soit envers les fabriques qui, souvent, n'auraient pu remplir les intentions des fondateurs.

Dans ces circonstances, le gouvernement, qu'aucune disposition législative n'enchaînait, dérogea, par plusieurs exceptions à l'arrêté du 7 thermidor an 11. Ainsi, par décisions des 15 ventôse, 18 messidor an 13 et 12 février 1814, il déclara que les fabriques n'étaient pas recevables à réclamer en propriété les biens formant la dotation des bénéfices simples, et qu'elles n'avaient droit qu'à la restitution des biens dépendans de fondations pieuses.

L'avis du Conseil d'État, du 30 janvier 1807, qui règle le mode à suivre pour l'envoi en possession des fabriques, ordonna : « Que les fabriques ne se mettraient en possession à l'avenir « d'aucun objet, qu'en vertu d'arrêtés spéciaux des préfets, « rendus par eux, après avoir pris l'avis des directeurs des « domaines, et après qu'ils auraient été revêtus de l'appro- « bation du Ministre des finances. »

L'avis est précédé de ce considérant « que les arrêtés du « gouvernement n'ont restitué aux fabriques que leurs biens et « rentes non aliénées. »

On peut induire de ces expressions générales, que les aliénations sont valables, quelle qu'en soit l'époque, même postérieure à l'arrêté du 7 thermidor an 11.

Au surplus, l'avis du 30 janvier 1807 établit nettement la nécessité de l'envoi en possession.

Le devoir imposé aux fabriques de demander l'avis du directeur des Domaines a eu pour but de faire examiner si les rentes réclamées n'ont pas été aliénées, ou si elles procèdent de fondations religieuses, ou de bénéfices simples.

C'est dans ce but, que le Ministre des finances doit approuver, s'il y a lieu, les arrêtés d'envoi en possession, et non le Ministre de l'intérieur, quoique l'administration des biens des fabriques ait été placée sous la dépendance de ce dernier Ministre.

De plus, la faculté laissée au Ministre des finances d'approuver les arrêtés d'envoi en possession implique celle de les rejeter.

Ainsi, le véritable titre des fabriques est dans l'arrêté d'envoi en possession, d'après cet avis du 30 janvier 1807.

En vain dirait-on que l'avis du 25 avril 1807 établit la doctrine contraire.

Ce dernier avis est inapplicable ici.

En effet, il se borne à régler les prétentions que les hospices et les fabriques peuvent faire valoir respectivement sur la propriété des rentes restituées; mais il ne règle pas le cas des mêmes prétentions entre le Domaine et les fabriques (1).

Dans le premier cas, il importait peu au Domaine que les hospices possédassent plutôt que les fabriques. C'était une affaire de règlement entre deux établissemens publics.

Dans le second cas, il importait beaucoup au gouvernement de ne pas faire sortir de ses caisses, déjà trop épuisées, le prix des

_____

(1) La question proposée au Conseil d'Etat était celle de savoir si les biens des fabriques que les hospices ont découverts depuis la loi du 13 brumaire an 2, qui les déclare nationaux, jusqu'à l'arrêté du 7 thermidor an 11, qui les rend aux fabriques, appartenaient aux hospices par le fait seul de la découverte, et sans qu'ils en eussent été envoyés en possession?

Le Conseil fut d'avis :

« Que la question était résolue clairement par l'article 1er de l'ar-
« rêté du 7 thermidor an 11, où on lit que « les biens des fabriques
« non aliénés, ainsi que les rentes dont elles jouissaient et dont le
« transfert n'a pas été fait, seront rendus à leur destination :» d'où
« il suit que tout immeuble ou rente provenant de fabriques, de con-
« fréries, de fondations ou de fabriques d'anciens chapitres dont
« l'aliénation ou le transfert n'avait pas été consommé antérieurement
« à la promulgation des arrêtés des 7 thermidor an 11, 25 frimaire
« an 12, 15 ventôse et 28 messidor an 13, retourne aux fabriques et
« doit leur être restitué, quelles qu'aient été ces démarches prélimi-
« naires des hospices pour en obtenir la jouissance, et que ces démar-
« ches leur donnent seulement le droit de répéter contre les fabriques
« le remboursement des frais faits pour parvenir à la découverte et à
« l'envoi en possession desdits biens. »

rentes que les débiteurs des fabriques y avaient versé, ou que les acquéreurs lui avaient payé pour en obtenir le transfert.

C'était donc sa propre affaire qu'il réglait, et il l'a réglée à la manière du plus fort, en déclarant qu'il ne devait rendre qu'à de certaines conditions, quoiqu'il eût promis de rendre sans condition.

Sa volonté, exprimée en termes généraux dans l'avis du Conseil d'État, du 30 janvier 1807, s'est manifestée également par voie d'application, dans un décret spécial du 7 octobre 1812, qui maintient des transferts de rentes de fabriques faits postérieurement à l'arrêté du gouvernement du 7 thermidor an 11, mais antérieurement à l'envoi en possession.

L'ordonnance du 8 septembre 1819, ayant trouvé le principe posé, l'a suivi et a établi nettement la nécessité de l'envoi en possession.

Ce principe se retrouve encore dans une seconde ordonnance du 18 juillet 1821, rendue à mon rapport, après une longue délibération, et qui semble avoir, sur ce point, fixé la jurisprudence.

Les motifs de cette ordonnance sont, « qu'il résulte du « décret du 7 octobre 1812, et de l'ordonnance conforme « du 8 septembre 1819, que l'arrêté du gouvernement, du « 7 thermidor an 11, n'a été *entendu* et *exécuté* qu'en *ce sens*, « que les fabriques n'étaient investies de la *propriété* des biens « à elles rendus *que* par *l'envoi en possession* ;

« Qu'en conséquence, la fabrique de N... est non recevable « à attaquer les transferts de rentes en litige, dont elle ne « s'était pas fait envoyer en possession antérieurement auxdits « transferts, etc. »

II. Quant aux questions élevées sur la propriété des rentes de fabriques transférées par le Domaine, il faut distinguer :

Si la question s'élève entre le Domaine et une fabrique, après l'envoi en possession comme il s'agit de savoir si la rente contestée provient d'un bénéfice simple ou d'une fondation pieuse, il est évident qu'une pareille question découle des actes administratifs qui ont restitué leurs biens aux fabriques; qu'il s'agit, par conséquent, d'interpréter ces actes et de déterminer leur sens et leurs effets; que, puisqu'il y a débat sur la nature du titre, la question devient contentieuse, et que, sous ce rapport, elle appartient aux Conseils de préfecture.

III. Mais si la question s'élève, soit entre les porteurs de transferts et des tiers, soit entre les fabriques envoyées en possession d'une rente, et leurs débiteurs, cette question de propriété est du ressort des tribunaux, sauf l'intervention du Domaine au procès, s'il y a lieu.

Néanmoins la compétence de l'autorité judiciaire fut long-temps controversée. On voit même qu'un arrêt de la Cour de cassation, du 12 février 1806, a annulé des jugemens qui avaient statué sur une contestation de cette espèce.

On s'appuyait, d'une part, sur l'arrêté du 3 nivôse an 6, qui déclare que les administrations sont seules compétentes pour statuer sur la validité ou l'invalidité de la vente d'un bien national, et d'autre part, sur l'art. 4 de la loi du 28 pluviôse an 8, qui défère aux Conseils de préfecture la décision des contestations élevées en matière de ventes de biens nationaux, et enfin sur l'art. 95 de la loi constitutionnelle du 22 frimaire an 8, qui garantit l'inviolabilité de toutes les ventes nationales.

On en concluait que le transfert d'une rente nationale conférait au porteur la même irrévocabilité de possession que la vente d'un bien immobilier à l'acquéreur.

L'avis du Conseil d'Etat, du 14 mars 1809, n'admit pas cette conclusion.

Il établit,

« Qu'il convenait de faire une distinction entre la vente « d'un domaine national et le transfert d'une rente; »

« Que la rente d'un domaine national ne se fait qu'après « des affiches et publications, qui avertissent tous les inté- « ressés; au lieu que le transfert d'une rente est consommé

« sans que le particulier réputé débiteur en ait pu avoir au-
« cune connaissance.

« D'où il suit que ces sortes de contestations sont de la com-
« pétence des tribunaux. »

Cet avis ne renvoie aux tribunaux que les questions *de féodalité*; mais il comprend nécessairement dans ce renvoi toutes
questions de propriété auxquelles s'adressent les mêmes motifs (1).

---

(1) On a néanmoins prétendu que le vrai motif de la disposition de
l'avis du 14 mars 1808, qui reconnaît que le transfert peut être res-
cindé, lorsque la rente a été jugée féodale, est que le gouvernement
même n'a pu aliéner valablement une chose qui n'existait pas, ou du
moins qui n'existait plus, savoir une rente supprimée antérieurement
au transfert, pour cause de féodalité; qu'il en est du seul cas prévu par
cet avis comme de celui où le gouvernement aurait aliéné une pièce
de terre qu'il ne pourrait pas délivrer, parce qu'elle n'existerait point;
que l'acquéreur n'aurait droit d'obtenir que la rescision du contrat
a ce remboursement, remplacement ou indemnité, ainsi que la seconde
disposition de l'avis du Conseil d'État l'a réglé pour une rente non
existante et néanmoins transférée; que, quant à l'aliénation de la chose
d'autrui, l'avis du Conseil d'État n'a rien innové; que ces deux dispositions concernent uniquement les rentes non existantes pour cause de
féodalité; que la loi du 28 pluviôse an 8 n'établit aucune distinction
entre les aliénations d'immeubles, et les aliénations de rentes par voie
de transfert; que l'aliénation d'un immeuble par voie de vente, n'empêche pas un tiers d'exercer une action de propriété devant les tribunaux; mais que cette action de propriété est étrangère à l'acquéreur;
que le droit du réclamant qui a fait reconnaître judiciairement sa
propriété contre l'État se résout en une indemnité à payer par l'État;
qu'il peut en être de même pour la revendication de propriété d'une
rente transférée, puisque l'avis du 14 mars 1808 n'a rien statué pour
ce cas-là; qu'alors il est vrai de dire que, le Conseil de préfecture est
compétent pour prononcer le maintien du transfert, nonobstant la
réclamation d'un tiers, ce qui n'empêche pas celui-ci de faire reconnaître, judiciairement ou à l'amiable, que la rente a été transférée à son
préjudice et qu'il lui est dû une indemnité; qu'avant d'engager une
instance à ce sujet, devant les tribunaux, il est tenu de se présenter
devant le Conseil de préfecture; ce qui établit, en outre, la compétence

De même, il s'applique, et avec encore plus de force, aux rentes restituées aux fabriques et aux hospices, qu'aux rentes nationales. C'est devant les tribunaux que les débiteurs doivent être poursuivis et qu'ils doivent opposer leurs exceptions (1).

Cette doctrine a été établie par une ordonnance du 24 octobre 1821, rendue, à mon rapport, à l'occasion de l'espèce suivante.

Un sieur Albar s'était pourvu devant le Conseil d'Etat contre un arrêté du Conseil de préfecture du département du Tarn, qui déclarait valables, nonobstant la revendication de propriété faite par le requérant, 1° un transfert passé au pro-

---

de cette autorité, d'après la loi du 5 novembre 1790, rappellée dans l'avis du Conseil d'Etat précité. — Ces motifs n'ont pas prévalu.

En effet, dire que les tribunaux peuvent seuls juger si une rente est féodale, parce que, dans le cas de l'affirmative, le gouvernement n'a pu l'aliéner valablement, attendu qu'elle n'existait pas ou n'existait plus, c'est fournir un argument, dans l'hypothèse, pour la compétence des tribunaux. Car lorsqu'une fabrique réclame une rente que le Domaine a transférée, par erreur, après son envoi en possession, de droit et de fait, ou lorsqu'un tiers exerce la même révendication, n'est-il pas certain que l'Etat a transféré ce qui n'existait plus ou ce qui n'existait pas entre ses mains, puisqu'il a disposé de la propriété d'autrui.

Quant à la loi du 28 pluviôse an 8, en supposant qu'elle attribuât aux Conseils de préfecture une juridiction aussi étendue qu'on le suppose, cette juridiction aurait été modifiée et restreinte par les dispositions de l'avis du Conseil d'Etat du 14 mars 1808, dont les motifs sont raisonnables, et conformes aux règles du droit commun.

Enfin, la circonstance que le Conseil de préfecture doit donner un avis aux termes de la loi du 5 novembre 1790, loin d'écarter la compétence des tribunaux, l'implique au contraire. Car si le Conseil de préfecture n'est appelé qu'à donner un avis, il ne peut donc statuer par voie de jugement, et l'on sait que cet avis n'est jamais qu'un préalable à l'action judiciaire.

Concluons, avec l'ordonnance du 24 octobre 1821, que de pareilles questions sont du ressort des tribunaux.

(1) Décrets des 28 février 1809 et 28 mai 1812.

fit de l'hospice d'Alby, 2° un remboursement, effectué par le débiteur dans la caisse du Domaine, de deux rentes léguées par un testament aux prêtres de la famille Albar, et, à défaut, aux laïques.

Le tribunal de Gaillac s'était déclaré incompétent pour prononcer sur l'action portée devant lui par le sieur Albar.

Sur ce intervint la susdite ordonnance royale, qui annulle l'arrêté du Conseil de préfecture et le jugement du tribunal de Gaillac, par le motif « qu'il s'agit, dans l'espèce, de récla- « mations faites par un tiers, relativement à la *propriété* de « plusieurs rentes *transférées* par le *Domaine* ; qu'aux termes « de l'avis du Conseil d'Etat, du *14 mars* 1808, et de notre « ordonnance du 16 *mars* 1816, les contestations de *cette na- « ture* sont du ressort des *tribunaux* ;

« Qu'ainsi, d'une part, le Conseil de préfecture a excédé « ses *pouvoirs* en statuant sur la *propriété* des rentes *trans- « férées* par le *Domaine* à un particulier et aux *hospices* « d'Alby, et *revendiquées* par le sieur Albar ; et, de l'autre, « que le tribunal de Gaillac n'aurait pas dû se *dessaisir* de « la contestation portée d'abord devant lui (2). »

IV. Toutefois, les questions qui peuvent s'élever entre le Domaine et les porteurs de transfert exclusivement, sur l'acte

---

(2) L'ordonnance du 16 mars 1816 porte : « que les attributions de « biens faites par la loi du 7 septembre 1807 n'ont pu l'être que *sauf* « *le droit des biens* ; qu'il y est expressément fait réserve de ceux des « biens y désignés qui ne seraient pas *disponibles*, et *à plus forte* « *raison*, de ceux qui n'auraient pas appartenu à l'Etat, à l'époque « *de l'affectation* ; qu'en conséquence, ladite loi ne fait pas obstacle « à l'action en révendication des prétendant droit à la propriété desdits « biens, et que les actions de cette nature ne peuvent être poursuivies « que devant les *tribunaux ordinaires*. » *Voy.* Loi du 16 vendé-miaire an 5, — Loi du 4 ventôse an 9, — Arrêtés du gouvernement des 7 messidor an 9 et 14 nivôse an 11. — *Voy.* au mot DOTATIONS, § *unique.*

d'aliénation, sa validité et ses effets, appartiennent aux Conseils de préfecture (1).

Pareillement, le trésor public ne peut être tenu à remboursement, remplacement ou indemnité envers les porteurs de
transferts, après leur éviction, que dans le cas où ils se sont
adressés préalablement à l'autorité administrative, aux termes
de la loi du 5 novembre 1790 (2).

Telles sont les principales règles de jurisprudence qui di-
gent cette matière.

## G.

## GARDE NATIONALE.

### §. UNIQUE.

*Les décisions rendues par les Conseils de discipline de la
garde nationale, dans les limites de leur compétence,
sont-elles susceptibles de recours en appel, soit devant
l'autorité administrative, soit devant l'autorité judiciaire ?*

*Dans quels cas y a-t-il lieu à se pourvoir contre les déci-
sions des Conseils de discipline, devant la cour de cassation ?*

I. Cette question de compétence, délicate et long-temps incertaine, a été résolue par une ordonnance royale du 6 février 1822.

Mais cette ordonnance, intervenue sur un conflit négatif,
exige, pour être bien entendue, le développement des actes
antérieurs.

Il nous paraît même utile de faire précéder cette exposition

_____

(1) 10 janvier 1821.
(2) Avis du Conseil d'Etat, du 14 mars 1809.

de quelques considérations sur les caractères particuliers qui distinguent la discipline de la garde nationale.

Voici dans quels termes l'homme le plus habile en cette matière s'est exprimé à ce sujet :

« Aucune portion de la force publique ne peut subsister « sans discipline.

« L'organisation militaire ne suffit pas pour faire d'une « aggrégation d'individus un corps mobile à la voix d'un chef, « en vertu d'une seule volonté : c'est la discipline qui anime « et conserve cette organisation ; c'est elle qui donne aux « corps militaires une direction toujours utile à l'Etat, qui « les empêche de tomber dans le désordre et la sédition, et « d'employer à la destruction même de l'ordre social cette vi-« tesse et cette unité d'action qu'ils ont reçues pour le con-« server. Mais si la discipline est pour toute force armée une « condition même de son existence, celle de la garde nationale « doit être maintenue avec d'autant plus de soin, qu'elle est « moins sévère, et n'agit que par intervalles, sur des citoyens « qui sont habituellement soumis à la loi commune.

« En effet, lorsqu'en vertu d'un appel, d'un brevet ou « d'une commission, un citoyen passe de la vie civile dans « l'armée, il cesse d'être régi, comme militaire, par la loi « commune, et demeure habituellement soumis, pour les dé-« lits militaires, à la juridiction des Conseils de guerre, pour « les fautes de discipline, à l'autorité des chefs militaires. Les « punitions de discipline lui sont infligées en vertu de cette « seule autorité. Ce n'est qu'après avoir obéi, qu'il peut ré-« clamer auprès du chef supérieur, qui prononce également « sans formes et en vertu de son autorité personnelle.

« Mais les gardes nationaux ne sont soumis à la discipline « de l'armée que dans les cas prévus par les lois, où, étant ap-« pelés à un service d'activité militaire ou de siége, ils cessent « d'agir sous la direction de l'autorité civile, et passent en-« tièrement sous l'autorité militaire du Roi ou des comman-« dans qui l'exercent au nom de Sa Majesté.

« Dans tout autre service que celui d'activité militaire ou
« de siège, la discipline de la garde nationale n'est pas la
« même que celle de l'armée.

« Les gardes nationaux, dans ce service et pendant sa du-
« rée, cessent d'être régis par la loi commune, et demeurent
« soumis aux lois, règlemens et usages militaires communs à
« toute espèce de force publique. Le chef est investi de toute
« l'autorité qui lui est nécessaire pour maintenir ses subor-
« donnés dans l'obéissance, et leur faire observer les règles
« de la subordination et du service. Il peut les réprimander,
« les consigner, les faire arrêter même et traduire devant qui
« de droit; mais il ne peut leur infliger les peines que les lois
« et règlemens sur la garde nationale ont mises au rang des
« punitions de discipline.

« Il se borne à constater dans un rapport les fautes de dis-
« cipline qui donnent lieu d'appliquer ces punitions.

« Cette application ne peut être faite que par les Conseils
« de discipline.

« Enfin, lorsque les infractions aux règles de la discipline
« ou du service sont graves, et de nature à entraîner des peines
« autres ou plus grandes que les punitions de discipline, ces
« infractions constituent des délits militaires; et, dans ce cas,
« les gardes nationaux ne sont justiciables que des tribunaux
« ordinaires.

« Telles sont, en général, les règles qui distinguent la dis-
« cipline de la garde nationale. »

Après avoir caractérisé la discipline de la garde nationale,
il faut se reporter à l'origine des Conseils de discipline, et parcourir les divers changemens que cette institution a successivement éprouvés.

Créés par la loi du 14 octobre 1791, ces Conseils avaient
été conservés avec quelques modifications par les décrets réglémentaires des 12 novembre 1806 et 5 avril 1813, rendus en
vertu de l'acte législatif du 24 septembre 1805 (sénatus-consulte du 2 vendémiaire an 14).

Un règlement intérieur du mois de mars 1814, modifié le 15 mai suivant, avait établi dans la garde parisienne des Conseils de bataillon et de légion, et un Conseil général, qui formaient trois degrés de juridiction.

- Ce règlement avait été appliqué dans beaucoup d'autres villes.

Il excita des réclamations.

On mit en question la légalité de ces Conseils.

En 1819, un projet d'ordonnance, portant règlement sur les Conseils de discipline de la garde nationale, fut soumis par le Ministre de l'intérieur à la délibération du Comité de législation du Conseil d'Etat.

Ce Comité avait considéré d'abord que le Roi, par son ordonnance du 30 septembre 1818 sur la garde nationale, en rappelant celles des lois relatives à cette institution qui se trouvent maintenues par l'article 68 de la Charte, rangeait dans cette classe la loi du 14 octobre 1791, modifiée par l'acte législatif du 24 septembre 1805 (sénatus-consulte du 2 vendémiaire an 14).

Il en résultait que les dispositions de cette loi, non abrogées par le sénatus-consulte ni par les règlemens d'administration publique auxquels il donnait force de loi, subsistaient et devaient continuer d'être exécutées.

C'est aussi ce qu'avait jugé un décret du 23 août 1809, rendu en Conseil d'Etat, sur le rapport de la Commission du contentieux, dans une instance, où l'on avait mis en question l'existence des anciennes lois sur la garde nationale.

Or la loi du 14 octobre 1791, après avoir spécifié dans la section cinquième les délits dont les Conseils de discipline pourront connaître et les peines qu'ils pourront appliquer, renvoie aux tribunaux, par l'article 18, les délits, tant militaires que civils, qui mériteraient de plus grandes peines.

Par le Code pénal et par d'autres lois, les tribunaux peuvent aussi connaître d'autres délits commis par les chefs ou dépositaires de la force publique dont la garde nationale fait partie.

De ces dispositions et de la nature même de l'institution, le Comité de législation avait conclu que les Conseils de discipline devaient être considérés comme des tribunaux particuliers de police municipale, établis pour réprimer les contraventions que les citoyens commettaient en leur qualité de gardes nationaux.

Dans le silence de la loi, le Comité avait cru que les gardes nationaux, qui, dans leur service ordinaire, ne cessent pas d'être sous l'autorité municipale et administrative, ne devaient pas être privés du droit de déférer à un tribunal supérieur, les jugemens des Conseils de discipline qu'ils croiraient injustes au fond, ou qui leur paraîtraient avoir été rendus contre le texte formel des lois, ou contenir une violation manifeste des formes légales et substantielles.

Il lui paraissait que si la discussion d'une loi nouvelle pouvait conduire à refuser tout recours contre ces décisions, il était impossible de les interdire dans l'état actuel de la législation, et sans danger de les admettre dans l'état de paix, et quand la garde nationale n'est appelée qu'à peu de service.

Ce fut d'après ces considérations que le Comité de législation adopta et modifia, dans quelques points, le projet d'ordonnance qui lui était soumis.

Les circonstances firent ajourner ce projet.

Cependant, appuyé sur cette opinion du Comité de législation, le Ministre de l'intérieur dressa, le 24 août 1820, une instruction dont les dispositions principales ont été fondues et reproduites dans une nouvelle instruction du 15 mars 1822, à l'exception de celles qui touchaient la compétence des Conseils de discipline.

Cette instruction, après avoir rappelé que les Conseils de discipline de la garde nationale ont été créés par la loi du 14 octobre 1791, dirigés jusqu'au sénatus-consulte du 2 vendémiaire an 14 par l'instruction du 13 floréal an 7, réorganisés en vertu de ce sénatus-consulte par les décrets réglémentaires du 12 décembre 1806 et 5 avril 1813, maintenus par l'ordon-

nance du 17 juillet 1816, et conservés par l'ordonnance du
30 septembre 1818, recherchait dans cette loi et dans ces règlemens les dispositions qui régissaient les Conseils de discipline, et le principe d'après lequel, à défaut d'une législation
spéciale, ils doivent être gouvernés par les règles du droit
commun.

Elle établissait qu'avant le sénatus-consulte du 2 vendémiaire an 14, la juridiction des Conseils de discipline ne s'é-
tendait, sous le rapport des personnes, qu'aux gardes nationaux en état de service (Loi du 14 octobre 1791, sect. 5,
art. 4 et 5; instruction du 13 floréal an 7, chap. 7.);

Que, par les règlemens donnés en vertu de ce sénatus-consulte, les gardes nationaux requis et commandés pour un service quelconque ont été assujettis à la discipline « depuis l'ins-
« tant où ils seraient requis ou commandés, jusqu'à la cessation
« de ce service » (Décret du 12 novembre 1806, art. 19;
décret du 5 avril 1813, art. 62.);

Que la juridiction de ces Conseils ne peut s'étendre qu'aux
gardes nationaux inscrits, et, en cas de réclamation, maintenus sur les contrôles de la garde nationale, suivant les règles
prescrites par l'ordonnance du 17 juillet 1816, réclamations
qui, aux termes de ladite ordonnance, doivent être jugées
par les Conseils de recensement et de préfecture;

Que les Conseils de discipline ne peuvent délibérer que sur
les objets de discipline intérieure (Loi du 14 octobre 1791,
sect. 5, art. 16.);

Qu'il faut, de plus, que ces objets constituent une faute de
discipline, et que les Conseils en soient saisis par le renvoi du
rapport de service qui la constate;

Que la loi met au rang des fautes de discipline celles que
les gardes nationaux commettent dans le service et pendant
sa durée, lorsqu'ils manquent, soit *à l'obéissance,* soit *au
respect dû à la personne des chefs,* soit *aux règles du service* (Loi du 14 octobre 1791, sect. 5, art. 5 et 6,— décret
du 12 novembre 1806, art. 34.);

Que tel est encore le *refus de service*, que, dans la législation de 1791, l'administration municipale appliquait au refus du service ordinaire la taxe de remplacement, et renvoyait à la police correctionnelle les refus du service extraordinaire (Loi du 14 octobre 1791, sect. 5, art. 4; — instruction du 13 floréal an 7, chap. 7.);

Mais que, par les règlemens donnés en vertu du sénatus-consulte de l'an 14, les gardes nationaux, régulièrement inscrits, et, en cas de réclamation, maintenus sur les contrôles, ont été, comme on l'a vu, soumis à la discipline, pour l'accomplissement du service, depuis l'instant où ils étaient requis ou commandés, et que, par une conséquence de cette disposition, le refus de service a été formellement attribué au Conseil de discipline — (Décret du 12 novembre 1806, art. 19 et 33);

Que les Conseils de discipline peuvent appliquer au refus de service et aux fautes de discipline la *peine* des arrêts ou de la détention;

Que la suite de la législation les y autorise; mais que ces peines, limitées à huit jours par la loi du 14 octobre 1791, et portées à un mois par les décrets des 12 novembre 1806 et 5 avril 1813, ont été restreintes par l'ordonnance du 17 juillet 1816 (art. 35), et ne peuvent excéder cinq jours d'arrêts et trois jours de détention;

Que cette même ordonnance (art. 35) donne au Conseil de discipline, sur la demande du prévenu, la faculté de commuer la peine de détention en une amende qui ne peut excéder vingt francs par jour de détention, ni cinquante francs, au total (1);

Que cette amende doit être versée dans la caisse municipale; que, dans aucun cas, elle ne peut être prononcée d'office et comme peine directe;

_____

(1) Voilà sous le rapport des peines (dit l'instruction du 15 mars 1822) les limites qu'assignent à la compétence des Conseils de discipline le dernier état de la législation et les intentions paternelles de Sa Majesté, qui n'a fait ici que tempérer la sévérité des lois, soit en diminuant beaucoup le temps pendant lequel la détention peut enle-

Que la loi du 14 octobre 1791 autorise d'autres peines, que les règlemens donnés en vertu du sénatus-consulte du 2 vendémiaire an 14 n'ont pas maintenues, et que les Conseils de discipline doivent s'abstenir de les prononcer;

Que telle est, sous le rapport des personnes, des délits et des peines, la compétence des Conseils de discipline;

Que dans tous les autres cas, qui, sous l'un de ces rapports, excéderaient les bornes de cette compétence, les Conseils de discipline doivent renvoyer les parties devant les tribunaux ordinaires;

Que les délits même qui, de leur nature, sont militaires, et semblent appartenir plus spécialement aux Conseils de discipline, ne sont plus de leur ressort lorsqu'ils emportent une peine plus grave que celle qu'il leur appartient de prononcer;

Que la loi est formelle à cet égard :

« Tout délit, tant militaire que civil, qui mériterait de « plus grandes peines, ne sera plus réprimé par les lois de la « discipline, mais rentrera sous la loi générale des citoyens « (Loi du 14 octobre 1791, sect. 5, art. 18.) » ;

Enfin, qu'aucune disposition des lois et règlemens sur la garde nationale n'indique si la juridiction des Conseils de discipline est absolue, ou si leurs décisions sont susceptibles de recours, soit au fond, soit pour incompétence ou violation de la loi;

Que, dans le silence de cette législation, ce point ne peut être décidé que par les règles du droit commun;

Que pour reconnaître ces règles, il suffit de déterminer les changemens que la juridiction spéciale des Conseils de discipline produit dans l'ordre des juridictions ordinaires;

---

ver un garde national à ses affaires ou au soin de sa famille, soit en permettant de commuer la peine légale en une amende, d'après les règles qui concilient avec la modicité du plus grand nombre des fortunes, la réparation qu'exigent, suivant la gravité des cas, le bien du service et le maintien de la discipline.

Mais que, puisque les gardes nationaux, même en cette qualité et pour les délits militaires, ne cessent pas d'être justiciables des tribunaux ordinaires, les Conseils de discipline, dans les bornes de leur compétence, ne font évidemment que remplacer les tribunaux de police municipale, pour le jugement des contraventions que les citoyens commettent comme gardes nationaux; qu'on ne peut donc refuser à ceux-ci, dans le silence de la loi, le droit d'exercer contre les décisions de ces Conseils, dans les mêmes cas, suivant les mêmes règles, devant les mêmes tribunaux, les mêmes recours qu'ils exercent contre les jugemens des tribunaux de police municipale.

Le Ministre de l'intérieur, en transmettant cette instruction aux préfets des départemens, et à Paris, au maréchal commandant en chef la garde nationale, les engagea à suspendre, jusqu'à décision des tribunaux, l'exécution des jugemens rendus par les Conseils de discipline dont il serait interjeté appel.

En vertu de cette instruction, rendue publique à Paris par un ordre du jour du commandant en chef, plusieurs gardes nationaux ont cru devoir interjeter appel, devant le tribunal de police correctionnelle de la Seine, de différens jugemens rendus contre eux par des Conseils de discipline de leurs légions.

Ce tribunal s'est déclaré incompétent, par jugement du 24 août 1821, dont les motifs sont:

« Que les fautes contre la discipline, dans la garde natio-
« nale, ont été regardées par le législateur comme devant
« être réprimées par une juridiction toute particulière, qui ne
« peut imprimer aucune tache aux délinquans; et qui, gou-
« vernée par des règlemens et des institutions toutes pater-
« nelles, ne devait être confiée qu'à des membres de la garde
« nationale;

« Qu'aucune disposition législative n'indique que les déci-
« sions émanées de cette juridiction puissent être suceptibles
« d'appel;

« Que d'ailleurs, toutes les lois et règlemens relatifs à l'or-
« ganisation de la garde nationale prouvent que la volonté bien
« précise du législateur est de refuser aux tribunaux ordi-
« naires la connaissance des affaires auxquelles ces sortes de
« fautes peuvent donner lieu, puisque l'exécution des jugemens
« qui les terminent définitivement est confiée exclusivement
« à l'autorité administrative, attendu que les Conseils de dis-
« cipline de la garde nationale forment des tribunaux d'ex-
« ception qui ne se trouvent pas, dans la hiérarchie des tribu-
« naux, établis pour statuer sur les délits et contraventions, et
« sont absolument étrangers à l'ordre judiciaire ;

« Enfin, que le tribunal de police correctionnelle ne se
« trouve investi par aucune loi du droit de connaître, par
« appel, des décisions des Conseils de discipline de la garde
« nationale ;

« Déclare les sieurs N. N. non recevables dans leur appel,
« et les condamne aux dépens. »

Renvoyés par l'autorité judiciaire, ces gardes nationaux ont
formé leur appel, les uns, devant le Conseil de préfecture, les
autres, devant le Ministre de l'intérieur.

Le Conseil de préfecture a déclaré, « qu'il ne pouvait con-
« naître que des matières qui lui étaient attribuées, et que les
« règlemens sur la garde nationale ne lui attribuaient pas le
« droit de connaître des recours exercés contre les décisions
« rendues par les Conseils de discipline. »

Le Ministre de l'intérieur a décidé également de son côté,
« Qu'à la vérité, les règlemens d'administration publique
« pris en exécution de l'acte législatif du 24 décembre 1805
« veulent que les jugemens des Conseils de discipline soient,
« au besoin, exécutés par l'intervention de l'autorité admi-
« nistrative ; mais que, de ce qu'elle intervient au besoin,
« pour faire exécuter ces jugemens, il ne s'ensuit pas qu'elle
« puisse les réformer, et que la juridiction de ces Conseils est
« placée en dehors de l'administration comme du commande-
« ment; que par conséquent, il ne pouvait rendre aucune dé-

« cision qui infirmât ou modifiât les jugemens des Conseils de
« discipline. »

Cette déclaration respective d'incompétence, faite par l'autorité judiciaire et l'autorité administrative, laissait l'exécution des décisions des Conseils de discipline dans un état de suspension fâcheux pour le service.

C'est pour vider ce conflit négatif, que le Ministre de l'intérieur a provoqué la délibération du Conseil d'Etat.

II. La question à résoudre était celle-ci :

Les décisions des Conseils de discipline sont-elles ou non susceptibles d'appel, et en cas d'appel, devant quelle autorité doit-il être interjeté ?

Il est évident que ni le Conseil de préfecture, ni le Ministre de l'intérieur, n'ont ici aucune juridiction d'appel.

En effet, les Conseils de préfecture sont des tribunaux d'exception qui ne peuvent connaître, à l'égard de la garde nationale, que des questions qui étaient spécialement attribuées aux administrations centrales de département, par la loi du 14 octobre 1791, et par l'instruction du 14 fructidor an 7. Les attributions légales des Conseils de préfecture ont été, d'ailleurs, définies avec précision par l'ordonnance royale du 17 juillet 1816 et par l'instruction du 31 juillet suivant. Ces attributions consistent dans le jugement des exceptions, exemptions ou dispenses, et des autres réclamations auxquelles peuvent donner lieu les inscriptions aux contrôles, et les radiations ordonnées par les Conseils de recensement. Dans ce cas, les Conseils de préfecture prononcent évidemment sur l'obligation de servir, considérée comme une charge légale et personnelle, et statuent comme en matière de contributions et autres charges publiques. Mais aucune loi, aucun règlement, aucune décision, ni même aucune anologie, n'autorisent ces tribunaux administratifs à se considérer comme tribunaux d'appel ou de révision, à l'égard des Conseils de discipline.

Le Ministre de l'intérieur est peut-être encore moins compétent, puisqu'il n'a, ici, en aucune manière, les formes, le caractère et l'autorité de juge, qu'il n'exerce, d'après les lois et règlemens, aucune juridiction spéciale, que ces attributions sont purement administratives, et que s'il peut intervenir dans les décisions des Conseils de discipline, c'est, bien loin de les réformer, pour prêter, au besoin, main-forte à leur exécution.

Quant à l'autorité judiciaire, l'analogie semblerait d'abord l'indiquer, parce que, en effet, les Conseils de discipline remplacent les tribunaux de police municipale, dans l'application des peines que les citoyens encourent comme gardes nationaux, lesquels sont, en effet, justiciables des tribunaux ordinaires, même pour les délits contre le service et la discipline, lorsque ces délits emportent des peines plus fortes que celles qu'il appartient aux Conseils de discipline de prononcer.

On peut encore dire que si la décision du tribunal de police correctionnelle de la Seine venait à former jurisprudence, cette jurisprudence fortifierait, il est vrai, la discipline, en ajoutant à l'autorité des Conseils ; mais qu'elle ôterait aussi, d'un autre côté, toute garantie contre l'erreur de leurs décisions ; que, d'ailleurs, en admettant même que le recours fût susceptible d'être formé devant l'autorité judiciaire, ces recours auraient bientôt leur remède dans les frais et les chances des appels, comparés au peu de gravité des peines que prononcent les Conseils de discipline ; enfin , que les parties peuvent provoquer par la voie de la juridiction gracieuse la remise ou commutation de la peine et l'abolition même du jugement.

On doit répondre qu'on ne peut suppléer par des analogies au silence de la loi. Or aucune des lois, aucun des nombreux règlemens intervenus sur cette matière, depuis la révolution, n'ont institué d'autorité d'appel.

La nécessité des deux degrés de juridiction n'existe pas toujours. Ainsi, en matière civile, les juges de paix et les tribunaux de première instance prononcent en dernier ressort, dans les affaires dont la valeur n'excède pas une somme déterminée.

Les jugemens rendus par les tribunaux civils sur les difficultés relatives à la perception des droits d'enregistrement
sont sans appel, et ne peuvent être attaqués que par la voie de
cassation.

En matière criminelle, le jury ne prononce-t-il pas aussi
sans appel?

De même ici, le législateur a institué un tribunal mixte,
tribunal civique et de famille, espèce de jury où le citoyen
délinquant est condamné par ses pairs, et qui admet les formes
régulières d'une instruction simplifiée, des citations et notifi-
cations, la publicité des séances, la défense des prévenus,
la forme et l'authenticité des jugemens, reçoit l'opposition,
accorde des délais, et ne procède qu'avec toutes les précautions d'une sage lenteur. D'ailleurs, les corrections paternelles
que les Conseils de préfecture infligent sont plutôt des avertis-
semens que des peines véritables, peines qui ont été tellement
mitigées par les derniers règlemens, qu'elles ne pourraient l'être
encore davantage sans perdre tout-à-fait leur efficacité, et
sans manquer leur but, qui est le besoin de l'ordre si nécessaire à tous les corps quelconques de la force publique organisée, et le maintien de cette obéissance hiérarchique et de
cette discipline si tempérée d'ailleurs par les ménagemens de
l'égalité, et sans lesquelles l'esprit de sédition et de désordre
feraient tourner contre le repos et la sûreté de l'État les armes
que la loi confie aux gardes nationales pour sa police et pour
sa défense.

Peut-être serait-il possible de créer, dans le sein de chaque
légion, un Conseil supérieur qui recevrait l'appel des décisions des Conseils de discipline.

Ce mode, qui réserverait aux parties deux degrés de juridiction, serait plus expéditif, plus convenable et moins dispendieux; mais il ne faut pas oublier que l'ordonnance du 30 septembre 1818 a ramené l'organisation, le service, la discipline
et l'administration de la garde nationale, à la législation maintenue par la Charte.

C'est donc dans les termes exacts de cette législation, et non dans des hypothèses plus ou moins ingénieuses, que le Conseil d'Etat a dû se renfermer.

Or nous croyons avoir démontré que, d'après cette législation, toute voie d'appel est fermée aux parties contre les décisions des Conseils de discipline.

II. Mais il faut que les décisions des Conseils de discipline, pour jouir des bénéfices du dernier ressort, soient prises dans les limites de leur compétence.

Si ces Conseils statuent sur des contraventions ou sur des matières qui sont attribuées, soit aux tribunaux civils, soit aux tribunaux militaires, soit aux tribunaux correctionnels et aux cours d'assises, où s'ils évoquent devant eux des citoyens qui ne soient pas gardes nationaux, ils excèdent leur compétence; s'ils prononcent des peines autres que celles que la loi de la matière définit, ils violent la loi; s'ils étendent la gravité ou la durée des peines limitées qu'ils peuvent appliquer, ils transgressent leurs pouvoirs; s'ils prononcent avec des juges en moindre nombre, ou de qualité différente que le nombre ou la qualité prescrits par la loi, ils altèrent les formes substantielles de leur composition.

Sous ces rapports, le recours est ouvert, soit aux parties, soit au ministère public, devant la Cour de cassation, dont l'autorité tutélaire et universelle s'étend tacitement sur tous les tribunaux du royaume, pour protéger la personne des citoyens, et pour renfermer les juridictions dans le cercle de la loi.

Ainsi le pourvoi en cassation qui n'a point d'effet suspensif, sans énerver la force et la rapidité de cette police militaire qui constitue la discipline de la garde nationale, garantit en même temps les prévenus et le gouvernement contre le pouvoir de ces Conseils ou contre les erreurs graves qu'ils commettraient dans l'application de la loi.

III. C'est dans le sens de ces distinctions qu'il a été prononcé par l'ordonnance royale du 6 février 1822, rendue à mon rapport, et que je crois devoir rappeler ici toute entière, parce qu'elle embrasse, dans ses visa, l'ensemble des lois de la matière, et que, dans ses considérans et son dispositif, elle tranche avec netteté un point fort délicat de compétence :

« Vu les lettres de notre Ministre de l'intérieur, en date « des 5 et 10 janvier 1822, adressées à notre Garde-des-Sceaux, « Ministre de la justice, et tendant à ce qu'il nous plaise « mettre fin à un conflit négatif, existant entre le Conseil de « préfecture du département de la Seine et notre Ministre « de l'intérieur, d'une part, et le tribunal de police correc- « tionnelle dudit département d'autre part, qui refusent res- « pectivement de connaître de différens pourvois formés par « plusieurs gardes nationaux devant lesdites autorités, contre « des jugemens rendus par les Conseils de discipline de la « garde nationale ;

« Vu le jugement du tribunal de police correctionnelle de la « Seine, du 24 août 1821, l'arrêté du Conseil de préfecture « du département de la Seine, du 24 décembre 1821, et la « décision du Ministre de l'intérieur, du 20 novembre 1821, « par lesquels lesdites autorités ont successivement déclaré « leur incompétence pour statuer sur l'appel des décisions des « Conseils de discipline ;

« Vu notre ordonnance du 30 septembre 1808, qui rap- « pelle les lois sur la garde nationale, comprises au nombre « de celles qu'a maintenues l'art. 68 de la Charte ;

« Vu la loi du 14 octobre 1791, et spécialement les art. 15, « 16, 17, 18, de la section cinquième, qui créent les Conseils « de discipline, déterminent leur compétence, et renvoient « devant les juges ordinaires les délits, tant militaires que « civils qui excèdent cette compétence ;

« Vu l'arrêté du gouvernement du 13 floréal an 7, et spé- « cialement les dispositions du chap. 7 sur les oppositions à « former contre les décisions des Conseils de discipline devant « les mêmes Conseils;

« Vu le sénatus-consulte du 2 vendémiaire an 14 ;

Vu les décrets des 12 novembre 1806 et 5 avril 1813, qui
« règlent la compétence des Conseils de discipline, et portent
« que leurs décisions seront, au besoin, exécutées par l'au-
« torité administrative;

« Vu l'art. 35 de notre ordonnance du 17 juillet 1816, qui
« fixe et restreint, sous le rapport des peines, la juridiction
« des Conseils de discipline;

« Considérant qu'aux termes des lois et règlemens ci-dessus
« visés, l'autorité administrative ne peut intervenir que pour
« faire, au besoin, exécuter les jugemens rendus par les Con-
« seils de discipline de la garde nationale, et qu'aucune dis-
« position de ces lois n'autorise à recourir contre lesdits juge-
« gemens, soit devant notre Ministre de l'intérieur, soit devant
« les Conseils de préfecture;

« Considérant qu'aucune disposition de ces lois et règlemens
« n'a ouvert la voie de l'appel devant l'autorité judiciaire
« contre les jugemens desdits Conseils, rendus dans les limites
« de leur compétence, et que ces jugemens ne seraient suscep-
« tibles d'être attaqués que pour incompétence ou violation de
« la loi, devant la Cour de cassation;

« Que, par tous ces motifs, le tribunal de police correction-
« nelle, notre Ministre de l'intérieur et le Conseil de préfec-
« ture se sont, avec raison, déclarés incompétens; »

« Notre Conseil d'État entendu,

Art. 1er. « Il n'y a lieu de réformer aucune des déclarations
« d'incompétence contenues dans les jugemens, arrêté et déci-
« sion ci-dessus visés. »

# H.

## HALAGE.

### § UNIQUE.

*Quelle est l'autorité compétente pour déclarer la nécessité d'un chemin de halage ?*

*La servitude de halage oblige-t-elle implicitement le riverain à souffrir d'autres servitudes particulière ?*

I. Les servitudes établies par la loi pour l'utilité publique, ont pour objet le marche-pied le long des rivières navigables ( Code civil, art. 650 ).

La servitude de halage n'est donc imposée à la propriété que dans l'intérêt du service public de la navigation (1).

Il suit delà, 1°. que l'étendue, le mode et l'exercice de cette servitude doivent être déterminés par des règlemens particuliers ( Code civil, art. 650. ) ( Ordonnance de 1668 et 1669. );

2°. Que la propriété du riverain s'étend jusqu'au flot, de manière que si le chemin de halage était transporté sur l'autre bord, ou si la rivière cessait d'être navigable, le propriétaire serait libre de rendre à l'agriculture ou de planter le chemin précédemment grevé de cette servitude;

3°. Que cette servitude doit être restreinte étroitement à son objet; que, par conséquent, elle ne peut être établie que sur des rivières navigables.

II. Ainsi, la question de savoir si le propriétaire riverain doit le chemin de halage, si le halage existe, s'il est nécessaire, est une question purement administrative. Elle dépend, en

--------------------------------------------------

(1) C'est dans ce sens que les contraventions à la servitude de halage, sur les rivières navigables et flottables appartiennent à la grande voirie, et doivent être réprimées par les Conseils de préfecture. — Ordonnance royale du 8 mai 1822.

effet, de la question de savoir si la rivière est ou n'est pas navigable. Or c'est ce que l'administration seule peut déclarer. La déclaration de ce fait appartient aux préfets et non aux Conseils de préfecture. C'est donc aux préfets à reconnaître préalablement la navigabilité de la rivière, à déclarer la nécessité du chemin de halage, et à ordonner les mesures nécessaires pour son exécution, sauf le recours des parties qui se prétendraient lésées, au Ministre de l'intérieur (1).

III. Mais si un particulier élève la prétention d'exercer, pour l'exploitation de ses fonds, un droit de passage sur la propriété d'un riverain grevé de la servitude de halage, l'administration n'a point qualité pour s'immiscer dans cette contestation, parce qu'elle est sans intérêt.

L'exercice du halage n'est pas permis dans tous les temps de l'année, de peur de gâter les récoltes et de défoncer le rivage ; mais l'exercice du droit de passage avec voitures dégraderait encore plus le terrain que le halage à bras d'hommes, ou avec des chevaux. Ce serait donc aggraver la servitude de halage, que de contraindre les propriétaires riverains à souffrir le droit de passage pour l'exploitation des fonds particuliers.

Cette dernière servitude doit être établie par titres, d'après les règles du droit civil ( Code civil, art. 691 ), et c'est aux tribunaux seuls qu'il appartient de statuer à ce sujet.

Ainsi décidé, au rapport de M. Villemain, par une ordonnance royale du 3 juin 1821 (2).

## HALLES.

§ UNIQUE.

*Les contestations élevées sur la propriété des halles, marchés, places et champs de foire, sont-elles du ressort de l'administration ou des tribunaux ?*

(1) 26 août 1818.
(2) 31 août 1822.

*Les communes sont-elles autorisées par les lois à exiger à leur gré, des propriétaires, la vente ou la location des halles ?*

*Est-ce aux tribunaux à déterminer la valeur vénale ou locative des halles, à défaut d'arrangement amiable ?*

*Les experts doivent-ils cumuler, avec la valeur intrinsèque des halles, la valeur relative que leur donnent leur destination et leur emploi ?*

*Les Conseils de préfecture et les préfets peuvent-ils ordonner que les revenus des halles seront perçus au profit des communes, versés et tenus en dépôt dans les caisses publiques, avant que les propriétaires des halles n'aient été pleinement désintéressés ?*

Il est très-nécessaire, pour résoudre ces diverses questions qui embrassent presque toutes les difficultés de la matière, de rappeler succinctement les dispositions textuelles des lois, décrets et règlemens relatifs aux halles et marchés.

L'art. 19 du titre 2 de la loi du 28 mars 1790 porte :

« Les *droits* connus sous le nom de hallage, etc.... et
« généralement tous ceux qui étaient perçus en nature ou en
« argent, à raison de l'apport ou du dépôt des grains, viandes,
« bestiaux, poissons et autres denrées et marchandises, dans
« les foires, marchés, places ou halles de *quelque nature*
« *qu'ils soient*, ainsi que les droits qui en sont représentatifs,
« sont *supprimés* sans indemnité; mais les *bâtimens et halles*
« *continueront d'appartenir* à leurs propriétaires, sauf à eux
« à s'arranger à l'amiable, soit *pour le loyer*, soit pour *l'a-*
« *liénation*, avec les municipalités des lieux, et les difficultés
« qui pourraient s'élever à ce sujet seront soumises *à l'arbi-*
« *trage des assemblées administratives.* »

La loi, en forme d'instruction, du 20 août 1790, a développé en ces termes le sens de la loi du 28 mars précédent :

« Ce sont les *Directoires* de département qui, conformé-
« ment à l'art. 19, doivent terminer par voie d'arbitrage *toutes*
« les difficultés qui pourraient s'élever entre les municipalités

« et les ci-devant possesseurs des droits de hallage, à raison
« des bâtimens, halles, étaux, bancs et autres objets qui ont
« servi jusqu'à présent au dépôt, à l'étalage, ou au débit de
« marchandises et denrées, au sujet desquels les droits étaient
« perçus.

« Les bâtimens, halles et bancs *continuent d'appartenir* à
« leurs *propriétaires*; mais *ceux-ci peuvent obliger* les mu-
« nicipalités de les *acheter* ou de les prendre *à loyer*, et
« réciproquement, ils peuvent être contraints par les munici-
« palités de les *vendre*, A MOINS QU'ILS *n'en préfèrent le louage*.
« Cette faculté réciproque est le principe qui dirigera les
« *Directoires de département* dans les difficultés qui leur
« seront soumises.

« Si les municipalités et les propriétaires s'accordaient, les
« uns à ne vouloir pas acheter, les autres à ne vouloir *ni louer*
« *ni vendre*, alors le Directoire de département, après avoir
« consulté celui du district, proposerait au Corps-législatif son
« avis sur *la rétribution* qu'il conviendrait d'établir *à titre*
« *de loyer*, au profit des propriétaires, sur les marchands,
« pour le dépôt, l'étalage et le débit des denrées et marchan-
« dises. »

Telles sont les dispositions des lois qui régissent la matière.

I. Les contestations élevées sur la propriété des halles, marchés, places et champs de foire, sont-elles du ressort de l'administration ou des tribunaux ?

La révolution dispersa la plupart des anciens propriétaires
des halles, qui étaient en même temps seigneurs des lieux où
elles étaient établies.

Un grand nombre de communes prétendirent que les bâtimens et halles étaient assis sur des fonds communaux; elles allé-
guèrent que la féodalité avait été abolie, s'emparèrent avec
violence de la propriété de ces halles, et en perçurent exclusivement le loyer, par voie de régie ou de ferme.

Les administrations centrales, et, depuis, les Conseils de préfecture, trompés par le sens apparent des lois des 28 mars et

20 avril 1790, qui semblaient leur soumettre indistinctement toutes les difficultés de la matière, s'arrogèrent le droit de décider même les questions de propriété, et elles les jugèrent, en effet, tantôt en faveur des communes, tantôt en faveur des anciens possesseurs.

Leurs arrêtés, lorsqu'ils n'avaient pas acquis l'autorité de la chose irrévocablement jugée, devaient être et ont été annulés pour cause *d'incompétence*. Ils étaient évidemment contraires au texte et à l'esprit de ces lois, qui considèrent les Directoires de départemens comme des arbitres conciliateurs et non comme des juges, et qui leur défendent même expressément de s'immiscer dans les questions de droit et de propriété, en leur rappelant que « tout ce qui dépend du pouvoir judiciaire excède « les bornes de leur autorité (1). »

II. Les communes peuvent-elles, à leur gré, forcer les propriétaires des halles à les leur louer ou à les leur vendre?

C'est ce qu'il s'agit d'examiner.

Les communes prétendent que la loi du 11 frimaire an 7, qui a rangé les produits de location des places dans les halles et marchés, au nombre des revenus municipaux, n'a point excepté les bâtimens assis sur les fonds particuliers, et a implicitement confirmé dans toute sa latitude, en faveur des communes, le droit exclusif de jouir de ces propriétés, et par conséquent celui de contraindre les propriétaires des fonds à leur en faire l'abandon, comme moyen de jouissance nécessaire (2);

Que cette faculté des communes se trouve comprise dans le droit de dépossession consacré par le Code civil et la loi du

---

(1) Loi du 20 août 1790.

(2) Loi du 11 frimaire an 7, art. 7 : « Les recettes communales se « composent...

« 5°. Du produit de la location des places dans les halles, les marchés.... « Lorsque les administrations auront reconnu que cette location peut « avoir lieu sans gêner la voie publique et la liberté du commerce. »

8 mars 1810, qu'ainsi, elles ont incontestablement le droit de provoquer la dépossession d'un propriétaire de halles, dès que l'utilité publique réclame cette mesure.

L'analogie n'est pas entière, et les règles générales de l'expropriation pour cause d'*utilité publique* n'ont point ici d'application. Toutefois, il faut reconnaître que les lois des 28 mars et 20 août 1790 confèrent aux communes le droit d'exiger, pour l'*utilité communale*, que les propriétaires leur cèdent ou leur afferment les halles et bâtimens de même nature.

Mais la faculté de la cession ou de la location est laissée par la loi au propriétaire, et non à la commune. C'était déjà un sacrifice assez grand imposé aux propriétaires de ce genre de biens, que de renfermer leur droit dans cette faculté alternative, lorsque, aux termes du droit commun, ils eussent été libres d'user et même d'abuser de leur chose.

En résultat, le choix de vendre ou de louer, appartient aux propriétaires seuls et non aux communes.

Mais si les communes ne peuvent contraindre le propriétaire à vendre plutôt qu'à louer, elles peuvent l'empêcher d'employer les bâtimens et halles à son usage personnel, et de les louer ou de les vendre à d'autres qu'à elles.

III. Si les communes ne s'arrangent pas avec le propriétaire pour régler le prix de loyer ou de vente, est-ce à l'administration ou aux tribunaux à déterminer ce prix?

La jurisprudence a varié sur cette question.

Mais à mesure que le Conseil d'Etat, plus éclairé ou moins gêné par l'empire des circonstances, a pu se rapprocher des principes, il a successivement moins accordé à l'influence de l'administration, et il a ramené sous la règle du droit commun un genre de débat entre les communes et les particuliers, dans lequel l'Etat n'est plus engagé, ni par aucun intérêt fiscal ni par aucune raison politique.

C'est ainsi que le règlement de l'expertise a été remis d'abord aux préfets, ensuite aux Conseils de préfecture, puis enfin aux tribunaux.

Les lois des 28 mars et 20 août 1790 soumettaient, comme nous l'avons vu, les difficultés élevées entre les communes et les propriétaires à l'arbitrage des administrations centrales.

En vain l'article 545 du Code civil, promulgué en 1804, voulait-il que nul ne pût être contraint « de céder sa propriété, « si ce n'est pour cause d'utilité publique, et moyennant une « juste et préalable indemnité. »

En vain l'art. 16 du tit. 4 de la loi du 8 mars 1810 ordonnait-il que,

« Dans tous les cas où les parties seraient discordantes sur « des indemnités dues aux particuliers expropriés pour cause « d'utilité publique, le tribunal fixerait la valeur de ces in- « demnités. »

Jusqu'à la restauration, l'ancien Conseil d'État pensa que les halles et marchés restaient soumis à une législation spéciale; qu'il ne s'agissait pas ici d'expropriation pour cause d'utilité publique, mais pour cause d'utilité communale; qu'ainsi, les formalités établies par la loi pour constater la nécessité de l'expropriation dans le premier cas, n'étaient pas requises dans le second;

Que l'expropriation pour cause d'utilité publique s'opère lorsque cette utilité est constatée, malgré la volonté des propriétaires, tandis que les propriétaires des halles ne peuvent être contraints de vendre lorsqu'ils préfèrent louer; qu'il n'était pas besoin, comme pour les expropriations, qu'un décret impérial précédât les cessions des halles à titre de vente ou de loyer ( art. 3 ), ni que l'expropriation s'exécutât par autorité de justice ( art. 1 ); que par conséquent l'administration était compétente, aux termes des lois des 28 mars et 20 août 1790, pour ordonner l'expertise, et la régler si les propriétaires et les communes ne s'arrangeaient pas de gré à gré.

On concluait également de ces lois que les préfets, et non les Conseils de préfecture, avaient succédé aux Directoires de département; qu'ainsi, ils étaient seuls aptes à déterminer, en cas de difficulté, les bases de l'expertise.

C'est ce qui résulte d'un avis du Conseil d'Etat, approuvé le 6 août 1811, et inséré au *Bulletin des lois* (1).

On pouvait tirer de cet avis deux conclusions :

L'une, que, quoique la loi du 8 mars 1810 eût déjà été pro-

---

(1) Avis du Conseil d'Etat, du 6 août 1811.

« Le Conseil d'Etat, qui a entendu le rapport de la section de l'in-
« térieur sur celui du Ministre de ce département, tendant à autoriser
« la commune de Coulonges à acquérir pour le prix de trois mille fr.
« le minage et la portion de halle appartenans au sieur de Lusignem ;

« Considérant que, dans le procès verbal d'estimation dressé le
« 6 mars 1811, du minage et des halles de Coulonges, les experts ont
« réuni et confondu avec les droits de propriété desdits édifices, d'au-
« tres droits annoncés, de *quelque espèce*, est-il dit, *nature et qua-*
à *lité qu'ils soient, que le sieur de Lusignem doit avoir sur lesdites*
« *halles; qu'il y est même question de compenser les redevances*
« *quelconques pour raison du minage ou des halles, dont il est*
« *inutile de faire la désignation spéciale* ;

« Que cependant l'article 19 de la loi du 28 mars 1790 a expressé-
« ment supprimé *tous les droits de hallage, et généralement ceux*
« *qui étaient perçus en nature et en argent, à raison de l'apport ou*
« *du dépôt des grains, et dans les foires, marchés, places ou halles,*
« *de quelque nature qu'ils soient, ainsi que les droits qui en seraient*
« *représentatifs* ;

« Que ces droits ont été par la même loi supprimés sans indemnité ;

« Que la seule propriété des bâtimens et halles a été maintenue en
« faveur des propriétaires, et que l'aliénation ou le loyer desdits bâti-
« mens peut seul être l'objet d'une transaction entre le propriétaire
« et la commune ;

« Considérant, en deuxième lieu, que le prix stipulé de trois mille fr.
« et déclaré exigible au moment du contrat excède de près d'un tiers
« la somme actuellement disponible pour la commune, d'après son
« budget ;

« Est d'*avis* qu'il doit, avant tout, à la diligence des autorités loca-
« les, être procédé à une nouvelle expertise, laquelle devra se renfer-
« mer dans l'estimation pure et simple de la valeur des bâtimens et
« halles de Coulonges, sans confusion ou cumulation d'aucun droit ou
« redevance prétendu par le propriétaire, le tout conformément à
« l'article 19 de la loi du 28 mars 1790, pour ensuite, sur le vu de
« ladite expertise et le *nouveau rapport du Ministre, être statué ce*
« *qu'il appartiendra.* »

mulguée, ainsi que le titre II du Code civil, on les regardait néanmoins comme inapplicables aux cessions des halles en faveur des communes;

L'autre, que les difficultés relatives aux expertises étaient laissées à la décision des préfets, puisque le Conseil d'Etat se réservait de statuer sur le rapport du *Ministre de l'intérieur.*

Mais ce ne fut point ainsi qu'on entendit dans l'application la compétence du préfet.

On distingua dans l'expertise les opérations purement administratives et les questions contentieuses.

Le préfet, sauf le recours au Ministre, continua d'être considéré comme seul investi du droit de nommer le tiers expert, etc., en un mot, de faire tous les actes de pure administration.

Mais le Conseil de préfecture parut seul compétent pour juger les questions contentieuses.

C'est ce qu'a décidé un décret du 6 décembre 1813, dans les circonstances suivantes :

Le préfet de la Seine-Inférieure avait, malgré l'opposition du propriétaire, homologué le rapport des experts chargés d'estimer le prix de la location annuelle des halles d'une commune.

Cet arrêté fut déféré au Conseil d'Etat.

La commune établissait la compétence du préfet d'après les dispositions des lois des 28 mars et 20 août 1790, et de l'avis du 6 août 1811.

Le propriétaire demandait qu'il fût procédé à une nouvelle expertise, conformément à la loi du 8 mars 1810.

Le Conseil d'Etat n'accueillit ni l'une ni l'autre de ces conclusions; il annula l'arrêté du préfet, et renvoya les parties devant le Conseil de préfecture.

Les motifs de ce décret sont assez remarquables pour être rappelés :

« Considérant que, d'après la loi du 28 pluviôse an 8 et « autres lois postérieures, le préfet est seul chargé de l'admi-

« nistration, et que dès lors il doit seul statuer sur toutes les
« matières qui sont purement d'administration, mais que les
« Conseils de préfecture sont institués pour prononcer sur
« toutes les matières contentieuses administratives; qu'ainsi, la
« compétence de chacune de ces deux autorités doit se dé-
« terminer d'après la nature ou contentieuse ou purement
« administrative de la question proposée;

« Que dans l'espèce particulière, le préfet avait le droit, à
« la vérité, d'approuver l'expertise, si les parties eussent été
« respectivement d'accord; mais que, puisqu'il existait, au
« contraire, un débat entre elles sur les bases de l'estimation,
« il aurait dû renvoyer l'examen de cette question conten-
« tieuse au Conseil de préfecture. »

L'insertion de ce décret au *Bulletin des lois* semblait avoir
pour but, comme cela est d'usage, d'avertir les parties intéressées et les autorités locales, et d'établir sur ce point de compétence une règle définitive.

Un décret du 27 mars 1814, conforme à cette règle, rappela que, si les parties n'étaient pas d'accord sur le mode d'estimation, elles devaient se pourvoir devant le Conseil de préfecture (1).

_____

(1) Ce décret porte en substance :

1°. Que le préfet aurait bien pu prendre des mesures pour forcer
les propriétaires des halles à les louer ou à les vendre aux communes,
mais qu'il ne pouvait pas déposséder les propriétaires des halles, sans
qu'il n'eussent reçu une juste et préalable indemnité, conformément
à l'art. 545 du Code civil;

2°. Que le mode à suivre pour la fixation de cette indemnité était
réglé par la loi; que si les parties étaient d'accord sur l'estimation de
l'indemnité, le préfet était compétent pour la confirmer, s'il la trouvait juste; que si au contraire les parties étaient divisées sur les bases
de l'estimation, elles devaient être renvoyées devant le Conseil de
préfecture ;

3°. Que, jusqu'à ce que le propriétaire des bâtimens fût indemnisé,
il devait continuer de percevoir les droits de hallage, non sur l'ancien
tarif, mais sur un nouveau qu'il devait demander au préfet, et que
la commune pouvait également exiger.

La jurisprudence antérieure à la restauration était, comme on le voit, fondée sur une suite de décrets, dont l'un avait été inséré au *Bulletin des lois* (1).

C'est donc en pleine connaissance de cause qu'après la restauration, le Conseil d'Etat du Roi a cru devoir proposer à Sa Majesté d'adopter une nouvelle jurisprudence.

Le motif déterminant de ce changement a été qu'aucun intérêt fiscal ni politique n'obligeait ici de soumettre les communes et les particuliers au jugement de l'administration, et qu'il était dès lors juste et utile de les renvoyer devant les tribunaux.

A la vérité, la loi confère aux communes le privilège d'acheter ou de louer les halles et autres bâtimens de même nature, parce que les constructions nouvelles et la difficulté de trouver des emplacemens convenables auraient entraîné pour les communes la privation d'une des branches les plus précieuses de leurs revenus, détourné les approvisionnemens de leurs routes ordinaires, et gêné les consommations.

Mais lorsqu'il ne s'agit plus que de régler, non pas le mode et les valeurs du paiement, ce qui est du ressort de l'administration, mais simplement la valeur locative ou vénale des bâtimens et places, c'est aux tribunaux seuls qu'il appartient de prononcer : l'exception ne doit pas s'étendre au delà de sa nécessité. Il ne faut pas oublier, d'ailleurs, que les Conseils de préfecture sont les tuteurs des communes, et qu'ils doivent, presque malgré eux, faire incliner la balance de leur côté. Les tribunaux, au contraire, la maintiennent plus égale entre les communes et les citoyens.

---

(1) M. le président Henrion, pag. 180 du *Pouvoir municipal*, dit, que c'est aux Conseils de préfecture, et non au préfets, à statuer sur les difficultés qui peuvent s'élever sur l'estimation des halles. Mais il raisonne d'après la seconde jurisprudence, qui a changé depuis la restauration.

Ces sortes de contestations ont été renvoyées au jugement des tribunaux, ainsi qu'il résulte des ordonnances que je cite, et que M. le Président Henrion paraît n'avoir pas connues.

Les convenances, aussi-bien que la loi, s'accordent donc à constituer les tribunaux seuls juges des difficultés relatives aux estimations de cette espèce.

Il est évident que du moment où l'on renvoyait les parties devant les tribunaux, il était nécessaire d'indiquer la seule loi qui puisse leur servir de règle dans cette matière, celle du 8 mars 1810.

Sans doute l'utilité communale est ici distincte de l'utilité publique, mais seulement quant au mode de le déclarer.

En effet, l'utilité communale est déclarée d'avance par la loi, et résulte de la nature même et de l'ancienne destination des édifices.

Mais pour l'établissement du prix du loyer, les formes protectrices de la loi du 8 mars 1810 pouvaient et devaient seules être appliquées.

Tel fut le premier et le principal motif de l'ordonnance du 2 juin 1819, qui a été rendue au rapport de M. de Villefosse (1).

---

(1) Ordonnance du Roi, du 2 juin 1819, relative *au droit qu'ont les communes de contraindre les propriétaires de halles à leur vendre ou louer ces établissemens, moyennant une juste et préalable indemnité, et aux formes suivant lesquelles doit être fixé le prix de vente ou de location desdites halles.*

Louis, etc.;

Sur le rapport du Comité du contentieux, etc.;

« Vu la requête à nous présentée au nom du sieur Brichet, et ten-
« dante à ce qu'il nous plaise annuler, 1° un arrêté du préfet du dépar-
« tement des Côtes-du-Nord, du 15 juillet 1813, lequel arrêté ordonne
« que toute perception de droits dans les halles, places, marchés et
« champs de foire, au profit des particuliers propriétaires de ces im-
« meubles, ou de leurs fermiers, cessera à compter du premier jour
« de la publication du présent, et que cette perception sera continuée
« au nom et profit des communes, qui tiendront compte du prix de
« location ou de la vente desdits immeubles, d'après l'estimation qui
« en sera faite contradictoirement, et sans préjudicier à la poursuite
« des instances qui seraient pendantes devant les tribunaux ou devant
« le Conseil d'Etat, sur recours contre des arrêtés du Conseil de pré-

Dans un second motif, l'ordonnance établit que le Conseil
de préfecture a excédé ses pouvoirs, en prescrivant l'exper-

---

« fecture, au sujet de la propriété desdits halles, places, marchés ou
« champs de foire ;

« Annuler, 2° l'acte par lequel la commune de Lannion a, en
« exécution de l'arrêté ci-dessus, pris possession de la halle dont le
« réclamant est propriétaire ; annuler également la saisie que ladite
« commune a fait faire des revenus de ladite halle, entre les mains du
« sieur Brichet et de son fermier ;

« Annuler, 3° un arrêté du Conseil de préfecture du même dépar-
« tement, en date du 28 mai 1818, lequel arrêté rejette la demande
« du réclamant tendante à être réintégré dans la jouissance de sa halle,
« et ordonner qu'il sera procédé par des experts à l'évaluation de cet
« établissement, afin d'en fixer le prix de vente ou de location ;

« Vu l'ordonnance de soit communiqué au maire de Lannion, ren-
« due par notre Garde-des-Sceaux, Ministre secrétaire d'Etat au dé-
« partement de la justice, le 21 août 1818 ;

« Vu le mémoire en défense de la commune de Lanion, du 1er fé-
« vrier 1819, lequel conclut au maintien des articles attaqués ;

« Vu la loi du 28 mars 1790, art. 19, et la proclamation royale en
« date du 20 août suivant, annexée à cette loi ;

« Vu la loi du 8 mars 1810, articles 1, 11, 12, 16 et 27 ;

« Vu l'avis du Conseil d'Etat, approuvé le 6 août 1811 ;

« Vu toutes les pièces produites ;

« Considérant, sur l'arrêté du préfet, qu'aux termes de l'art. 19 de
« la loi du 28 mars 1790, et de l'instruction annexée à cette loi, les
« communes peuvent contraindre les propriétaires des halles à leur
« vendre ou louer ces établissemens ;

« Mais que, suivant l'article 545 du Code civil, « nul ne peut être
« contraint à céder sa propriété que moyennant une juste et préalable
« indemnité ; »

« Que l'arrêté attaqué a contrevenu à cette loi en prescrivant à la
« commune de se mettre en possession des halles du sieur Brichet et
« d'en faire saisir les revenus, avant que le sieur Brichet eût reçu
« l'indemnité qui lui était due ;

« Considérant, sur l'arrêté du Conseil de préfecture, que si, aux
« termes de la loi du 28 mars 1790, les communes ont le droit de
« louer ou d'acquérir les halles établies sur leurs territoires, le prix
« de vente ne peut être fixé que d'après les formes prescrites par la loi

tise. Ce motif est une conséquence exacte du premier; mais il est juste de remarquer que le Conseil de préfecture avait appliqué fidèlement la jurisprudence antérieure, telle qu'elle se trouvait enseignée, et dans ce changement de jurisprudence, il eût mieux valu peut-être motiver autrement l'annulation de son arrêté.

Quoi qu'il en soit, l'ordonnance du 2 juin 1819, ayant été insérée au *Bulletin des lois*, établit et fixe le dernier état de de la jurisprudence; et nous croyons que cette dernière jurisprudence est conforme aux vrais principes de la matière.

IV. Une autre question peut s'élever encore.

Comprendra-t-on dans l'estimation des halles, outre la valeur intrinsèque du sol, des bâtimens et des objets qui les gar-

---

« du 8 mars 1810, c'est-à-dire par convention amiablement arrêtée « entre les parties, ou par autorité de justice, en se conformant aux « bases établies par l'avis du Conseil d'Etat du 6 août 1811,

« Considérant que dans l'état actuel de la législation, le Conseil de « préfecture, en ordonnant une expertise à l'effet de déterminer la « valeur des halles dont il s'agit, a entrepris sur l'autorité judiciaire, « et commis un *excès de pouvoir;*

« Notre Conseil d'Etat entendu;

« Nous avons ordonné et ordonnons ce qui suit :

Art. 1er. « L'arrêté du préfet du département des Côtes-du-Nord, « du 13 juillet 1813, est maintenu en ce qu'il reconnaît à la commune « de Lannion le droit d'acquérir ou de louer les halles qui appartien- « nent au sieur Brichet.

« Il est annulé dans la disposition qui ordonne la dépossession du « sieur Brichet avant qu'il ait reçu l'indemnité qui lui est due.

« Sont également annulés tous les actes d'exécution qui s'en sont « suivis.

2. « L'arrêté du Conseil de préfecture, du 28 mai 1818, est annulé « comme *incompétemment* rendu.

« Le prix *de vente* ou *de location* des halles dont il s'agit sera « *fixé* suivant les *formes prescrites* par la *loi du 8 mars* 1810, et con- « *formément aux règles établies par l'avis du Conseil d'Etat du* « *6 août* 1811.

2. 14

nissaient au moment de la prise de possession de la commune, leur produit ou revenu ?

Pour résoudre cette question, il faut d'abord se rappeler,

1°. Que les lois des 28 mars et 20 août 1790 avaient aboli tous les *droits de halles*, etc., de quelque nature qu'ils fussent ;

2°. Que la loi du 11 frimaire an 7 ( art. 7 ) a rangé parmi les revenus municipaux le *produit et la location des places* dans les *halles* et *marchés ;* ce qui permet de rétablir les droits supprimés comme *droits communaux ;*

3°. Que la loi du 20 août 1790 permet aussi d'établir, à titre de loyer, au profit des propriétaires, une *rétribution* sur les marchands ; ce qui autorise à percevoir des *droits de halle, représentatifs du loyer.*

Or deux cas peuvent se présenter :

L'un , c'est que le tarif qu'il est permis de dresser ne suffise absolument qu'à l'indemnité de loyer ;

L'autre ( comme il peut arriver dans les grandes villes et les marchés très-fréquentés), c'est qu'on puisse établir un taux de droits assez élevé pour dédommager le propriétaire du loyer de ses halles, et fournir encore en excédant, un revenu communal.

Or, pour l'estimation, il est juste d'évaluer ce que serait l'indemnité de loyer, si l'on établissait des droits ou portions de droits, au profit du propriétaire, dans l'état actuel de la législation.

Un produit équivalent doit entrer comme élément dans l'estimation.

Cette conclusion est conforme au sens et à l'esprit d'un avis du Conseil d'Etat, approuvé le 18 août 1807 (1).

_____

(1) Avis du Conseil d'Etat, du 18 août 1807, sur les rentes pour concession de bancs sous les halles.

« Le Conseil d'Etat , en exécution du renvoi, etc.;

« Vu les art. 13, 15 et 19 de la loi du 28 mars 1790, portant que

L'avis subséquent du même Conseil, approuvé le 6 août 1811, ne renferme rien de contraire à celui-ci, lorsqu'on en pèse attentivement les termes. En effet, il défend de comprendre l'estimation des droits abolis par les lois de 1790. Mais ces lois permettent de conserver les *droits représentatifs du loyer.*

. C'est au surplus une difficulté dont la solution appartient

« les droits de hallage sont supprimés sans indemnité; que cependant
« ceux desdits droits qui auraient été concédés pour cause de dédom-
« magement de frais de construction sont exceptés de cette suppres-
« sion, et que les bâtimens des halles continueront d'appartenir à leurs
« propriétaires;

« Vu la loi du 25 août 1792, qui a supprimé tous les droits seigneu-
« riaux, tant féodaux que censuels, ainsi que tous les abonnemens,
« pensions, ou prestations quelconques qui les représentaient, à
« moins qu'ils ne fussent justifiés avoir eu pour cause une concession
« primitive de fonds, et a déclaré, par l'art. 8, ces derniers droits
« rachetables;

« Vu la loi du 17 juillet 1793 qui a supprimé toutes redevances et
« tous droits, même ceux qui avaient été conservés par le décret du
« 22 août 1792, à l'exception des rentes et prestations foncières et
« non féodales;

« Vu un mémoire du préfet du département de la Charente, dans
« lequel il est dit que les bancs des halles de la plupart des commu-
« nes avaient été aliénés par les propriétaires du bâtiment à des par-
« ticuliers, moyennant une redevance annuelle, et que les preneurs
« ont cessé de servir cette rente, sous prétexte qu'elle a été supprimée
« par la loi du 28 mars 1790;

« Considérant que cette loi n'a prononcé cette suppression que des
« droits féodaux et de ceux de hallage, qui étaient perçus à raison de
« l'apport ou du dépôt des marchandises dans les halles; qu'elle a
« maintenu ceux mentionnés dans l'art. 13, qui, dans l'origine, avaient
« été établis pour frais de construction, et qu'il n'a point été dérogé
« à cette disposition par les lois subséquentes;

« Est d'*avis* que les rentes pour concession de bancs sous les halles
« ne sont pas féodales par elles-mêmes;

« Que la question de savoir si elles sont dues dans les cas particuliers
« est du *ressort des tribunaux,* qui jugeront sur le vu des titres et le
« dire des parties, et que les communes doivent être autorisées à
« poursuivre les débiteurs. »

14 *

entièrement aux tribunaux, depuis que le règlement de la valeur des halles, en cas de contestation, leur a été remis.

V. Il ne reste plus qu'à résoudre la cinquième et dernière question, celle de savoir si, avant que les propriétaires des halles n'aient été pleinement désintéressés, les Conseils de préfecture et les préfets peuvent ordonner que les revenus des halles seront perçus au profit des communes, versés dans les caisses publiques, et tenus provisoirement en dépôt.

Les préfets s'étaient d'abord attribué exclusivement ce pouvoir, en vertu d'une circulaire du Ministre de l'intérieur, du 8 avril 1813, portant que « toute perception dans les halles, « places, marchés et champs de foire, au profit des particu- « culiers propriétaires de ces immeubles, ou de leurs fermiers, « cesserait dorénavant, et que cette perception serait conti- « nuée au *nom* et au *profit* des communes où ils sont situés. »

Cette circulaire était fondée, 1°. sur ce que la loi du 28 mars 1790 a supprimé, sans indemnité, tous les droits de hallage appartenans aux propriétaires de ces établissemens;

2°. Sur ce qu'il résultait de la loi du 11 frimaire an 7, que toute perception dans les halles est essentiellement municipale, et ne doit être faite qu'au nom des communes.

Ce principe était vrai en lui-même. Les propriétaires des halles ne peuvent percevoir de rétributions qu'en vertu d'un bail passé avec les communes, ou d'un tarif représentatif du loyer, convenu avec elle et dûment approuvé.

Ainsi, les préfets peuvent ordonner que toute perception directe, et à d'autre titre que l'indemnité du loyer, cessera d'avoir lieu au profit des propriétaires. Ils peuvent même prendre des mesures pour faire réduire le tarif, ou la portion du produit qui leur est affectée par l'autorité compétente, si ce tarif comprenait des droits abolis ou supérieurs à l'indemnité locative. Mais il ne leur appartient pas plus qu'à l'autorité municipale de régler d'office la ventilation dont le revenu, présumé illégal ou excessif, peut être susceptible, ni d'ordonner, tant qu'il y a litige, la perception des revenus, au nom et au profit des communes.

Cette entreprise est formellement contraire à la lettre et à l'esprit de la loi du 28 mars 1790, qui, en déclarant que « les bâtimens et halles continueront d'appartenir à leurs pro- « priétaires », veut, sans doute, que cette propriété ne reste pas paralysée et improductive entre leurs mains.

Elle est contraire aussi aux règles du Code civil qui veulent que « nul ne puisse être contraint de céder sa propriété sans « une juste et préalable indemnité ».

Or, c'est souffrir une privation de sa propriété, temporaire du moins, que de perdre la jouissance des fruits. J'ajoute que dans la pratique, les indemnités de jouissance, même pour cause d'utilité publique, sont réglées d'après la loi du 8 mars 1810, comme les indemnités d'expropriation.

Cette violation des droits de la propriété a commencé à être réprimée par le décret du 27 mars 1813, portant,

« Que les préfets ne peuvent ordonner la perception de ces « droits au profit des communes dans lesquelles ils sont établis, « sans que les propriétaires des halles et bâtimens affectés aux « halles et marchés aient été *préalablement désintéressés* ; « que, s'il en était autrement, le propriétaire se trouverait « dépossédé *avant* d'avoir reçu son indemnité, ce qui serait « contraire aux dispositions de la loi du 28 mars 1790, et du « Code civil ».

Il faut donc que les propriétaires aient été *préalablement désintéressés*, soit par le paiement du prix, soit par le règle- ment du loyer ou de la perception représentative, ou de la part afférente au propriétaire dans la perception communale.

Depuis, plusieurs Préfets et Conseils de préfecture ont es- sayé de concilier l'exécution de cette règle avec les besoins des communes, en ordonnant que la perception cesserait d'avoir lieu au profit des propriétaires ; qu'elle serait faite au nom des communes et par les receveurs municipaux; mais que les sommes en provenant seraient versées dans la caisse de service du tré- sor public, pour être tenues en dépôt, à la conservation des droits de qui il appartiendrait, et jusqu'à ce que les questions élevées, entre les propriétaires et les communes, sur la propriété des halles et marchés, eussent été définitivement jugées par les tribunaux, ou jusqu'à ce que les estimations nécessaires pour parvenir à déterminer la valeur vénale ou locative eussent été consommées à l'amiable, ou, à défaut de ce, réglées par les tribunaux.

Quoique ces derniers arrêtés ne paraissent ordonner que des mesures conservatoires, ils n'en ont pas moins été annulés par le Conseil d'État, avec restitution de fruits, sur la demande des propriétaires et pour excès de pouvoir (1).

---

(1) 2 juin 1819, — 9 juillet 1820, — 22 février 1821, — 22 février 1821, — 22 février 1821.

Il résulte de la troisième de ces ordonnances, rendue au rapport de M. Maillard :

« Que si, aux termes de la loi du 28 mars 1790, les communes « ont le droit de louer ou d'acquérir les halles établies sur leur terri- « toire, le prix de la vente ne peut en être fixé que d'après les formes « prescrites par la loi du 8 mars 1810, c'est-à-dire par convention « amiablement arrêtée entre les parties, ou par autorité de justice, « en se conformant aux bases établies par l'avis du Conseil d'État, du « 6 août 1811 ;

« Que le Conseil de préfecture, en ordonnant le dépôt dans une « caisse publique, des revenus des halles d'une commune appartenant « à un particulier, est contrevenu à l'art. 545 du Code civil et à la « loi du 8 mars 1810, qui veulent que personne ne soit dépossédé de « sa propriété sans indemnité préalable. »

C'est dans le même sens qu'une ordonnance du 18 juin 1821, rendue à mon rapport, a jugé qu'un Conseil de préfecture n'avait pu priver un particulier de la jouissance des halles qui lui appartenaient, ni ordonner le dépôt dans une caisse publique, des revenus desdites halles.

La même ordonnance annulle en conséquence, dans son dispositif, les arrêtés du Conseil de préfecture, et enjoint de restituer au propriétaire de la halle les sommes déposées en vertu de ces arrêtés.

On pourrait conclure de la lettre de cette dernière ordonnance, que les Conseils de préfecture doivent procéder encore aujourd'hui à l'expertise du prix de la location annuelle des halles et foires. Mais si l'ordonnance n'annulle pas les arrêtés du Conseil de préfecture sous ce

Si les communes ne veulent pas voir se tarir cette source
abondante de leurs revenus, c'est à elles à contraindre dili-
gemment les propriétaires des halles et marchés à les leur
vendre, à moins que ceux-ci ne préfèrent les louer, ou qu'on
ne convienne d'une perception ou d'une part de perception
représentative du loyer. Mais, jusqu'à ce que les propriétaires
aient été pleinement désintéressés, les communes n'ont pas le
droit de percevoir ce qui ne leur appartient pas; car les lois
qui leur confèrent cette perception exclusive présupposent
qu'elles la feront dans les halles et marchés qui leur appartiennent, et non sur la propriété d'un tiers qu'il faut alors,
avant tout, désintéresser.

VII. Si la question de propriété est indécise, c'est aux tribunaux, qui prononcent sur le principal, à accorder la provision de jouissance (1).

Il ne faut pas se dissimuler, toutefois, que cette dernière
règle, assez vaguement posée par l'ordonance du 22 février 1821, n'est peut-être pas très-exacte.

Car, de même que les Conseils de préfecture accordent aux
communes la jouissance provisoire des chemins vicinaux,
quoique la question relative à la propriété contestée desdits
chemins soit soumise aux tribunaux, de même les Conseils de
préfecture ne paraissent pas excéder leur compétence lorsque,
laissant aux tribunaux à décider la question de propriété des
halles, ils ordonnent seulement la perception provisoire de

rapport, c'est qu'il avait, dans l'espèce, agi en exécution d'un décret
du 6 décembre 1813, qui renvoyait devant lui la contestation. A la
vérité, la jurisprudence a depuis changé. Mais on ne pouvait l'appliquer sans rétroactivité aux cas réglés définitivement sous l'empire
de l'ancienne jurisprudence.

(1) Une ordonnance du 22 février 1821, rendue à mon rapport,
renvoie une commune et un particulier devant les tribunaux, pour y
faire statuer, conformément à la loi du 8 mars 1810 et au décret du 6
août 1811, sur les questions de propriété, d'indemnité et de provision
de jouissance, relatives à des halles.

leurs revenus au nom de la commune, et le dépôt des sommes perçues, non dans la caisse municipale, mais dans la caisse du trésor public, à la conservation de tous les intérêts.

Les Conseils de préfecture n'ordonnent, en effet, dans ce cas, que le dépôt des produits du hallage dont la perception n'appartient qu'aux municipalités. Cela n'empêche pas de tenir ensuite compte au propriétaire des revenus de ses halles, proportionnellement au temps pendant lequel il en aura été privé. Le dépôt n'est ici qu'un acte purement conservatoire, qui garantit même au propriétaire le remboursement exact et intégral de ses répétitions de jouissance, après le règlement définitif du prix de vente ou de loyer.

Mais si les perceptions, dont la continuation a été prescrite exclusivement au profit des communes, avaient lieu précédemment au profit des propriétaires, soit en vertu d'un tarif légalement établi et à titre de rétribution locative, soit en vertu d'un bail passé avec la commune, je pense alors que la perception doit s'exécuter, dans le premier cas, au profit des propriétaires, jusqu'à ce que le tarif ait été réformé, s'il y a lieu, et que le prix du bail, ou la perception ou part de perception représentative du loyer convenu, doit continuer à lui être payé, dans le second cas, jusqu'à ce que les tribunaux l'aient résilié, s'il y a lieu, également.

Telles sont les principales règles de législation et de jurisprudence qui gouvernent cette importante matière.

# HOSPICES.

§ I. — *Les hospices doivent-ils remettre aux anciens émigrés l'excédant des concessions, même définitives, à eux faites en remplacement de leurs biens aliénés, ou, en d'autres termes, le 3e § de la loi du 5 décembre 1814 s'applique-t-il aux concessions définitives comme aux concessions provisoires ?*

§ II. — *Les héritiers de ceux qui ont fait des legs aux hos-*

pices sont-ils recevables à demander la révision des ordonnances royales qui autorisent l'acceptation de ces legs ?

## § Ier.

Les hospices doivent-ils remettre aux anciens émigrés l'excédant des concessions, même définitives, à eux faites en remplacement de leurs biens aliénés, ou, en d'autres termes, le 3e § de la loi du 5 décembre 1814 s'applique-t-il aux concessions définitives comme aux concessions provisoires?

La loi du 23 messidor an 2 dépouilla les hospices, comme tous les autres établissemens de charité (1).

Leurs biens furent incorporés au domaine national, et vendus.

L'exécution de cette loi fut suspendue par les lois des 9 fructidor an 3, 2 brumaire et 28 germinal an 4.

Depuis, la loi du 16 vendémiaire an 5 répara cette spoliation.

Elle ordonna le remplacement des biens vendus sur les hospices, en domaines nationaux (2).

Ensuite, on leur affecta « toutes les rentes appartenantes à « l'État, dont la reconnaissance et le paiement se trouveraient « interrompus, et tous les domaines nationaux qui auraient été « usurpés par des particuliers (3). »

Les hospices furent mis d'abord en possession de ces biens par des concessions provisoires.

---

(1) « L'actif des établissemens de bienfaisance fait partie des pro-
« priétés nationales; il sera administré et vendu conformément aux
« lois existantes pour les domaines nationaux. »

(2) Loi du 16 vendémiaire an 5. — Art. 5. « Les hospices civils sont
« conservés dans la jouissance de leurs biens et des rentes et rede-
« vances qui leur sont dues par le trésor public ou par des parti-
« culiers. »

(3) Loi du 4 ventôse an 9, art. 1er.

Mais la plupart de ces concessions furent déclarées définitives par les lois des 8 ventôse an 12 et 7 septembre 1807 (1).

C'est dans cet état que le projet de loi du 5 décembre 1814 parut.

Ce projet faisait remise aux émigrés de leurs biens non aliénés.

Considèrerait-on comme non aliénés les biens confisqués et cédés aux hospices ?

De longs débats s'élevèrent sur cette question devant la Chambre des députés.

Les uns voulaient que les biens, même définitivement concédés, fussent remis aux émigrés ; les autres, que les hospices

___

(1) Loi du 8 ventose an 12. — « Les hospices des départemens compris dans l'état annexé à la présente loi jouiront définitivement et à titre de propriété incommutable des biens dont ils étaient en possession provisoire avant l'arrêté du 1er floréal dernier, en exécution de la loi du 16 vendemiaire an 5, et montant, en capitaux, à la somme de huit millions, etc. »

« Loi du 7 septembre 1807, qui envoie plusieurs hospices et établissemens de charité en possession définitive des biens désignés aux états de *concession provisoire* annexés au décret du 1er jour complémentaire an 13; le tout, à titre de *remplacement des biens et capitaux*, dont ils ont perdu la jouissance par l'effet de la loi du 23 messidor an 2, sauf néanmoins *distraction* des objets qui ne se *trouvent plus disponibles.* »

Art. 6. — « Ceux desdits biens qui ont été vendus en vertu de la loi du 23 messidor an 2, qui est définitivement rapportée par la présente, en ce qui concerne les hospices civils, leur seront *remplacés en biens nationaux du même produit,* suivant le mode réglé ci-après. »

9. — « Les redevances, de quelque nature qu'elles soient, dont ils jouissaient sur des Domaines nationaux qui ont été vendus ou sur des biens appartenans à des particuliers qui, pour s'en libérer, en ont versé le prix au trésor public, seront payées par le trésor public auxdits hospices. »

10. — « Jusqu'à ce que cette remise soit effectuée, il sera payé auxdits hospices une somme égale à celle que leur produisaient, en 1790, leurs biens vendus. »

conservassent irrévocablement les biens qui leur avaient été donnés, même d'une manière provisoire.

La Chambre divisa la question.

Elle consacra irrévocablement les cessions définitives, et temporairement les cessions provisoires.

En conséquence, l'art. 8 de la loi porte :

« Sont encore *exceptés* de la *remise*, les biens dont par « des *lois* ou des *actes* de l'administration, il a été *définitive-* « *met* disposé en faveur des hospices, maisons de charité et « autres établissemens de bienfaisance, en remplacement de « leurs biens aliénés ou donnés en paiement des sommes dues « par l'Etat.

« Mais lorsque, par l'effet de *mesures législatives*, ces établis-« semens auront reçu un accroisssement de dotation égal à la « valeur des biens qui n'ont été que *provisoirement affectés*, « il y aura lieu à la remise de ces derniers biens en faveur « des anciens propriétaires, leurs héritiers ou ayans cause.

« Dans le cas où les biens donnés, soit en remplacement, soit « en paiement, *excéderaient la valeur des biens aliénés*, et « le montant des sommes dues à ces établissemens, *l'excédant* « sera *remis à qui de droit.* »

Il s'agissait d'effectuer les remises prescrites par cet article, dont la rédaction improvisée est un peu vague.

L'ordonnance du Roi, du 11 juin 1816, traça le mode et les formalités de la remise (1).

---

(1) Il s'est élevé quelques difficultés sur la compétence du Conseil d'Etat dans cette matière.

L'art. 2 de l'ordonnance du 11 juin 1816 porte, qu'il sera statué par le Roi sur les demandes présentées par les émigrés ou leurs ayans cause en remise de l'excédant, dans la même forme que pour les *alié-nations et transactions* des biens des communes et des hospices, c'est-à-dire sur le rapport du Ministre de l'intérieur.

Il est certain qu'en s'attachant à la lettre de cette ordonnance ré-glémentaire, on devrait rejeter l'opposition des hospices formée par

L'art. 3 porte :

Si les biens concédés à un établissement de charité, en exécution de la loi du 16 vendémiaire an 5, « en remplacement « de son ancienne dotation, vendue en vertu de la loi du 23 mes- « sidor an 2, excèdent la valeur de ladite dotation, *l'excédant* « sera restitué aux émigrés, dont tout ou partie de ces biens sera

---

la voie contentieuse contre les ordonnances royales qui les autorisent à remettre l'excédant dont il s'agit aux anciens propriétaires.

Mais le Conseil d'Etat a constamment reçu l'opposition des hospices.

En effet, lorsqu'il n'y a pas de contestation entre les parties, et que les estimations sont faites d'accord, il ne s'agit plus que d'obtenir l'homologation du gouvernement. Jusque là l'affaire est purement administrative.

En effet, d'un côté on doit, d'après l'ordonnance réglémentaire, observer les mêmes formes que pour les *aliénations* et les *transactions*, parce qu'une *aliénation*, une *transaction*, sont essentiellement des actes de libre volonté.

D'un autre côté, les ordonnances royales d'application n'*ordonnent* pas aux hospices de remettre l'excédant, c'est-à-dire qu'elles ne prononcent pas par voie de jugement. Elles *autorisent*, ce qui suppose une demande formée, à cet effet, par les hospices eux-mêmes.

Il y a plus : aux termes de l'ordonnance réglémentaire du 11 juin 1816, les hospices ne sont pas admis non plus que l'émigré, à présenter leurs défenses ou observations devant le Ministre de l'intérieur. Celui-ci ne consulte que le préfet qui lui envoie directement les pièces. Il n'y a devant le Ministre aucune instruction contradictoire, aucun débat, aucun jugement.

Mais lorsque les hospices élèvent des prétentions sur la propriété des biens dont la remise est *autorisée*, l'affaire, d'administrative qu'elle était devant le Ministre, devient contentieuse, et c'est devant le Conseil d'Etat, et par la voie contentieuse, que les hospices doivent alors se pourvoir. (*Voy.* la note pag. 232.)

Cette distinction, puisée dans la nature des choses, concilie, si je ne me trompe, les dispositions de l'art. 2 de l'ordonnance du 11 juin 1816, avec les ordonnances rendues en Conseil d'Etat, sur le rapport du Comité du contentieux, qui ont reçu, dans la forme, l'opposition des hospices, et qui ont statué au fond.

« provenu , *dans quelque forme que la concession ait été faite.* »

L'art. 4 ordonnait que « si l'Etat avait affecté, depuis la « loi du 16 vendémiaire an 5, ou venait à affecter, par la suite, « d'autres biens auxdits hospices , il serait remis aux émigrés « y ayant droit , ou à leurs héritiers , une portion correspon- « dante de biens provenans d'eux ou de leurs auteurs. »

L'art. 6 disposait ,

« Que les *donations entrevifs* ou *testamentaires ,* faites « aux hospices par des *particuliers* , avec l'autorisation du « gouvernement , seraient comprises dans l'*évaluation* des « biens affectés à ces établissemens par l'Etat. »

Cette disposition était fondée sur l'opinion que tous les biens des émigrés concédés aux hospices , en vertu de la loi du 5 vendémiaire an 5 , ne devaient être considérés que comme l'ayant été *provisoirement*, et qu'à mesure que l'État pourrait acquitter ,*par ses propres moyens*, la dette qu'il a contractée, les biens des émigrés seraient restitués.

Cette interprétation extensive violait ouvertement le texte et l'esprit de la loi du 5 décembre 1814.

En effet, l'Etat ne s'acquitte pas par *ses propres moyens ,* lorsque la dotation des hospices s'accroît par les dispositions entre vifs et testamentaires *des particuliers.* Les biens concé- dés définitivement aux hospices ne peuvent changer de nature que par des actes législatifs; et ils ne peuvent surtout leur être ravis sans remplacement préalable et intégral. Mais le vice de cet article 6 sera rendu plus sensible par un exemple :

Je suppose que la dotation primitive d'un hospice en biens immobiliers ait été de 100,000 fr.; et que les biens na- tionaux qui lui ont été délivrés en remplacement par une loi, c'est-à-dire définitivement , soient d'une valeur égale ; dans ce cas, il n'y a point d'excédant, aux termes de la loi du 5 dé- cembre 1814 ; il n'y a point, par conséquent, de remise à faire. Mais si l'hospice voit, par la suite, s'accroître sa dotation d'une somme de 100,000 fr. par l'effet de legs ou donations, il aurait fallu, aux termes de l'art. 6 de l'ordonnance du 11 juin 1816, qu'il remît aux anciens propriétaires tout ou partie des biens qui lui ont été définitivement concédés.

Cette disposition de l'ordonnance du 11 juin, qui ébranlait tout le système de la loi du 5 décembre 1814, qui renversait l'art. 8 de cette loi, et qui aurait glacé le zèle de la charité, a été, sur les représentations du Conseil d'État, rapportée par une seconde ordonnance, du 12 août 1818, insérée au *Bulletin des lois* (1).

Mais la disposition de l'article 3 a continué à recevoir son exécution.

Cet art. de l'ordonnance du 11 juin 1816 n'est-il pas en contradiction avec l'art. 8 de la loi du 5 décembre 1814 ?

Si la contradiction est manifeste, qu'y a-t-il lieu d'appliquer, la loi ou l'ordonnance ?

Cette question de principe est sans doute une des plus graves qui puisse s'agiter.

On peut soutenir, d'un côté, qu'il n'appartient pas au Conseil d'État d'écarter l'application d'une ordonnance, même contraire à la loi ; que le Roi est investi par la Charte du soin de pourvoir par des ordonnances à l'exécution des lois ; que les décrets impériaux qui expliquaient, modifiaient, interprétaient la loi, étaient obligatoires pour les tribunaux, qui ne pouvaient se dérober à leur application ; que si les parties sont lésées par quelque disposition d'une ordonnance réglémentaire, elles ne peuvent qu'adresser une humble supplique au Roi pour le prier de la réformer, ou se plaindre aux Chambres par voie de pétition.

Pour moi, je ne pense pas que cette doctrine soit conforme

_____

(1) Art. 1er. « L'article 6 de notre ordonnance du 11 juin 1816,
« portant que les donations entre vifs ou testamentaires faites aux
« établissemens de charité, par des particuliers, avec autorisation du
« gouvernement, seront comprises dans l'évaluation des biens affectés
« à ces établissemens par l'Etat, est rapportée. »

à l'institution du Conseil d'État, à l'esprit de la Charte, aux droits des citoyens et au véritable intérêt du pouvoir royal, qui est la justice.

En effet, ou le Conseil d'État est un tribunal qui prononce en matière contentieuse administrative sur des intérêts privés, ou il ne l'est pas.

S'il est un tribunal, il doit, comme les tribunaux ordinaires, appliquer la loi plutôt que l'ordonnance, lorsqu'elles ne s'accordent point entre elles.

S'il n'est pas un tribunal, qu'y a-t-il d'irrespectueux aux conseillers du Roi de proposer à Sa Majesté d'appliquer la loi plutôt que l'ordonnance ? Le Roi n'est-il pas l'une des branches du pouvoir législatif, et même la plus importante, puisque lui seul déclare la nécessité des lois, et qu'il en a l'initiative ? La doctrine contraire ne tendrait-elle pas directement à affaiblir le respect des citoyens pour la loi, et à ébranler les droits qui reposent sur elle, si le maintien et la jouissance de ces droits pouvaient être subordonnés aux interprétations arbitraires d'une ordonnance que le Ministre responsable surprendrait à la religion du monarque ?

Où ne s'étendraient pas les conséquences de cette doctrine ?

Ainsi, qu'une ordonnance vienne à modifier ou à changer une disposition du Code civil, les tribunaux se croiraient donc aussi liés par cette ordonnance ?

Mais, dira-t-on, il s'agit devant le Conseil d'État, non de matières civiles, mais de matières administratives ! et qu'importe ? Ne prononce-t-on pas toujours sur des intérêts privés, par voie de condamnation judiciaire, dans ce premier cas, et par voie de condamnation administrative, dans le second cas ? les arrêts du Conseil, en matière contentieuse, n'ont-ils pas la même forme, la même autorité et les mêmes effets que les jugemens des tribunaux ? ne constituent-ils pas des droits acquis ? ne deviennent-ils pas la propriété irrévocable de ceux qui les ont obtenus ? D'ailleurs, le citoyen ne choisit pas toujours des juges administratifs ; on les lui impose. Ses juges naturels sont, dans chaque matière, ceux que la loi lui donne. Or ces juges, quels qu'ils soient, doivent appliquer la loi et l'ordonnance d'exécution, si elles s'accordent; la loi seule, si elles se contredisent.

Mais je vais attaquer de front l'objection.

On sait que la Charte a maintenu irrévocablement les ventes de biens nationaux.

Qu'une ordonnance générale et réglémentaire enjoigne aux acquéreurs, contre le texte et la volonté de la Charte, de remettre tout ou partie des biens vendus aux anciens propriétaires.

Dira-t-on aussi qu'il s'agit d'une matière administrative, et que le Conseil d'Etat serait lié par cette ordonnance, lorsque les acquéreurs viendraient se plaindre aux juges administratifs que la loi leur a donnés, de la violation de la Charte?

Exposer le conséquences d'une telle doctrine, c'est l'avoir réfutée.

On dit que le Roi exécute la loi par ses ordonnances : oui. Mais exécuter la loi, c'est en traduire fidèlement le sens, et non point lui faire dire le contraire de ce qu'elle dit. Car ce ne serait pas aller à la suite de la loi, mais se mettre à sa place.

Or il est évident que si l'ordonnance pouvait suppléer la loi, il n'y aurait pas besoin de loi; les pouvoirs constitutifs organisés par la Charte et la Charte elle-même disparaîtraient. Mais alors, les Ministres n'étant plus responsables, les ordonnances ne paraîtraient plus, du moins comme aujourd'hui, l'expression de la volonté ministérielle ; elles seraient l'expression auguste et personnelle de la volonté du monarque. Elles seraient la loi elle-même.

On ajoute que les parties peuvent s'adresser au Roi ou aux Chambres.

Mais si elles s'adressaient au Roi pour faire réformer, par voie administrative, l'ordonnance réglémentaire, ne les repousserait-on point par défaut de qualité ? N'est-il pas plus naturel et plus convenable qu'elles attaquent la décision du Ministre qui leur a fait l'application d'une ordonnance contraire à la loi, et qu'elles réclament, par voie contentieuse, l'application de cette loi, dans le jugement de leurs intérêts privés (1)?

Si elles s'adressaient aux Chambres, elles y feraient entendre des plaintes qu'il est sage de prévenir, et les Chambres ne pourraient d'ailleurs que les renvoyer au Conseil d'Etat. Car il ne peut y avoir de plainte fondée, s'il n'y a lésion de droits; il ne peut y avoir de lésion, sinon réelle, du moins apparente, s'il n'existe pas de réclamation contre une décision; et si cette réclamation existe, elle doit être portée devant le Conseil d'Etat, et non devant les Chambres. D'un autre côté, si les parties s'adressaient aux Chambres après le rejet de leur pourvoi par le Conseil d'Etat, on passerait à l'ordre du jour, motivé sur la chose jugée. De manière que la réclamation des parties, avant le jugement du Conseil, serait prématurée, et après le jugement, tardive.

On prétend que le gouvernement impérial expliquait la loi, et que ses décrets interprétatifs, quoique contraires aux lois, étaient obligatoires pour le Conseil d'Etat, et même pour les tribunaux.

Les décrets n'interprétaient pas la loi, ils la modifiaient. C'est un privilége, ou plutôt une usurpation, dont le gouvernement paternel et légitime du Roi n'est assurément pas jaloux.

Il y avait même de la conséquence dans cette usurpation; car le chef d'un gouvernement absolu est seul législateur. Or c'est au législateur seul à interpréter la loi. Le principe admis, l'effet suit.

Mais les ordonnances royales n'ont, sous l'empire de la Charte, ni le même caractère, ni les mêmes effets (2).

---

(1) N'est-ce pas dans le même sens qu'il a été décidé par un décret du 27 mars 1814 : « Qu'on n'est pas admis à se pourvoir devant la Commission du contentieux contre les instructions ministérielles, mais que l'on peut attaquer les *décisions administratives* ou judiciaires qui en ont fait l'*application*, si ces décisions sont *contraires* à la *loi*. »

(2) Une ordonnance royale du 24 décembre 1814 a posé en principe qu'une loi n'avait pas été et n'*avait pu* être *révoquée* par un simple

Si elles prennent leur source dans l'étendue et le fonds irresponsable du pouvoir exécutif, elles obligent, parce qu'elles sont la loi même de la matière.

Mais si elles touchent aux droits et aux intérêts privés des citoyens, qui ne peuvent être régis que par la loi, elles ne sont plus que les actes d'un ministère responsable.

En un mot, les ordonnances *d'exécution* ne sont et ne peuvent être que le développement naturel et nécessaire de la loi, qui ne pose que le principe et ne règle pas les détails. (Art. 14 de la Charte.)

Elles ne peuvent donc ni l'interpréter, puisque l'interprétation n'appartient régulièrement qu'aux trois pouvoirs qui concourent à la formation de la loi. Elles ne peuvent surtout disposer le contraire de ce qu'elle dispose; car ce ne serait plus alors l'exécuter, mais l'enfreindre.

En résumé, attaquer devant les Chambres, par voie de pétition, la responsabilité du Ministre contre-signataire de l'ordonnance, pour avoir enfreint la loi, lorsque cette infraction lèse des intérêts privés, c'est prendre une voie extraordinaire, désespérée, illusoire.

S'adresser directement au Roi, par voie de supplique, pour obtenir la réformation d'une ordonnance générale, c'est s'exposer à se voir écarter par défaut de qualité.

Mais s'adresser par requête au Roi, mieux informé, en son Conseil d'Etat, pour le prier respectueusement d'appliquer, comme juge suprême, plutôt la loi qu'il a faite et qui garantit un intérêt privé, que l'ordonnance d'exécution qui lui a été surprise par l'erreur d'un Ministre, également responsable vis-à-vis de lui et de la nation, et qui a violé cet intérêt, c'est prendre la voie la plus simple et la plus droite.

Ainsi, en définitive, que le Conseil d'Etat soit, en matière contentieuse, un véritable tribunal, ou qu'il ne le soit pas,

---

*décret*; encore moins pourrait-elle l'être sous la forme actuelle de notre gouvernement, par une simple *ordonnance*.

il ne peut s'empêcher de proposer au Roi, lorsque la loi et l'ordonnance d'exécution sont en contradiction manifeste, d'appliquer plutôt la loi que l'ordonnance.

Si maintenant de la discussion du principe nous descendons à l'espèce, je dirai qu'il ne faudrait point défendre l'ordonnance du 11 juin 1816, en commençant par avouer qu'elle est contraire à la loi du 5 décembre 1814, et en ajoutant que, nonobstant cette contradiction, il y a lieu d'appliquer l'ordonnance plutôt que la loi. Il vaudrait mieux dire que cette ordonnance est conforme à la loi, et que la loi a repoussé les prétentions des hospices.

A la vérité, je ne partage pas cette opinion; je vais néanmoins exposer, dans toute leur force, les argumens sur lesquels on la fonde.

Le § 3 de l'art. 8 de la loi du 5 décembre 1814 embrasse, dit-on, dans la généralité de sa disposition, les concessions définitives, aussi-bien que les concessions provisoires. Il ne distingue pas; il ne fait aucune réserve; il remet l'excédant de toute concession quelle qu'elle soit : c'est cette interprétation que l'ordonnance du 11 juin 1816 a donnée, interprétation légale et équitable; légale, parce qu'elle ne soumet à la remise que l'excédant, et qu'ainsi, loin de porter atteinte, par cette exception, au principe de l'irrévocabilité, elle le confirme; équitable, parce que l'intention du gouvernement n'a pu être de donner, et celle des hospices de recevoir, plus que la valeur effective de l'ancienne dotation.

Il y a mieux, c'est que la disposition du § 3 ne peut s'appliquer qu'aux seuls biens *définitivement* concédés. En effet, il ne pourra jamais arriver qu'on reconnaisse et qu'on remette l'*excédant*, en ce qui touche les cessions *provisoires*, puisque, dès que l'accroissement de dotation que les hospices recevront atteindra la valeur de ces derniers biens, ils seront rendus intégralement aux anciens propriétaires.

Au lieu que si la loi du 5 décembre 1814 a voulu que les biens *définitivement* affectés ne pussent faire retour aux

15 *

émigrés; ce n'est que jusqu'à concurrence de ce qui a été aliéné sur les hospices: donc, tout ce qui excède cette quotité doit être restitué aux émigrés.

D'ailleurs, il ne faut pas assimiler les cessions faites aux hospices à des ventes de biens nationaux. Ces cessions étaient des arrangemens passés entre l'État et les hospices, à titre gratuit; et c'est le respect seul de leur longue possession, ainsi que la nécessité de ne point désorganiser à l'instant un service aussi précieux, qui les ont fait maintenir.

Les hospices ont dû légitimement recouvrer l'équivalant de leurs propriétés aliénées; mais ils ne doivent pas tirer un lucre de leur propre infortune, et s'enrichir des dépouilles des émigrés.

Pour moi, je ne pense pas, à la vérité, qu'on puisse assimiler les hospices aux acquéreurs de biens nationaux, ni par conséquent les cessions à des ventes. Les ventes ont irrévocablement investi les acquéreurs de la propriété des biens. Tout ce qui a été aliéné l'est sans retour, à l'égard soit de l'État, soit des émigrés, soit des tiers. Au contraire, lorsque des tiers prétendent qu'un bien compris dans une cession définitive faite aux hospices leur appartient, ils sont admis à en revendiquer la propriété devant les tribunaux. En effet, l'État n'a pu et n'a dû céder aux hospices que ce qui lui appartenait; mais il a pu vendre et il a vendu valablement d'après les lois spéciales de la matière, et sauf indemnité, ce qui ne lui appartenait pas.

Telles sont les différences qui séparent les ventes des cessions, différences qu'il serait facile de justifier, malgré l'apparente similitude des cas.

Il n'en faudrait pas conclure néanmoins que les hospices ne soient que des établissemens publics, auxquels le gouvernement donne et retire des biens, en telle quotité, en telle nature, et d'après tel mode qu'il lui plaît, ni que les affectations de domaines nationaux aient été faites aux hospices à titre purement gratuit.

Les biens des hospices sont des propriétés particulières, indépendantes, soumises seulement à la surveillance de l'administration, dans l'intérêt des hospices eux-mêmes.

Lorsque l'État a remplacé les biens aliénés sur les hospices, il ne leur a pas fait, comme on a paru le croire, une grâce, un pur don. Il a réparé l'abus de sa propre violence ; il n'a fait que restituer ce qu'il avait pris. Il a consommé un échange de propriétaire à propriétaire, et il est impossible de ne pas considérer ces affectations définitives comme le paiement légitime et irrévocable du prix des biens des hospices versé dans les caisses du trésor.

Il importe donc peu ici que l'assimilation des cessions aux ventes soit exacte. Il suffit que ces cessions soient empreintes de ce caractère définitif que l'art. 1er de la loi du 5 décembre 1814 considère dans les actes qu'il maintient.

C'est de la combinaison des art. 1er et 8 de cette loi que jaillit la solution de la difficulté.

L'art. 1er maintient tous les droits acquis, et les droits acquis ne reposent que sur les actes définitifs.

L'art. 8 confirme cette distinction : les concessions provisoires sont à temps ; les concessions définitives sont à toujours.

Il en est ainsi des déchéances qui, pour opérer le cas de la remise, doivent avoir été *définitivement* prononcées contre l'acquéreur ( art. 4 ).

Le même esprit pénètre toute la loi.

Or, puisque le § III de l'art. 8 ne s'applique pas littéralement aux concessions définitives, doit-on, contre l'esprit et le vœu de la loi, étendre son application ?

Ce n'est pas seulement le maintien des détenteurs que la loi a considéré ; c'est l'intérêt des tiers qui ont contracté avec eux, sous la foi d'une possession légale et irrévocable.

Qu'en effet, les hospices aient emprunté et qu'ils aient consenti ou subi des hypothèques sur les biens concédés définitivement, faudra-t-il que leurs créanciers perdent ou voient diminuer leurs sûretés ? Ces créanciers, avant de contracter, ont vu que la possession des hospices reposait, non sur un simple contrat, mais sur la loi même qui constitue le plus fort, le plus sacré, le plus solennel, le plus irrévocable de tous les titres. Ont-ils dû croire qu'une loi postérieure enleverait à leur débiteur, par une mesure rétroactive, une portion de sa fortune et de leur gage ?

Sans doute, lorsque la disposition particulière d'une loi est claire, il faut se soumettre à sa décision, quoique erronée. Mais lorsqu'elle renferme un sens ambigu, c'est dans sa corrélation avec le système général de la loi que l'on doit chercher la solution de la difficulté. Or la loi du 5 décembre a voulu maintenir tous les actes définitifs, quelque irréguliers qu'ils fussent. Ce n'est pas l'équité naturelle qui a dirigé le législateur de 1814, c'est l'équité politique. Si l'on ôte l'excédant aux hospices, parce qu'ils n'ont dû recevoir rien au delà de ce qu'on leur a pris, il faut donc aussi résoudre les dispositions faites par de simples décrets en faveurs des communes ou des particuliers, à titre purement gratuit. L'équité naturelle ne souffre assurément pas que ces derniers détenteurs retiennent des biens dont ils n'ont point, comme les acquéreurs de domaines nationaux, payé le prix réel ou apparent. Ces décrets de donation ont cependant été maintenus irrévocablement, soit par l'art. 1er de la loi du 5 décembre 1814, soit par la jurisprudence du Conseil d'État (1).

Les hospices investis par la loi même sont, sous tous les rapports, beaucoup plus favorables. Néanmoins, il sont traités avec plus de rigueur par le gouvernement, qui, étant leur tuteur, devrait leur accorder une protection encore plus efficace.

La loi du 5 décembre 1814 doit être considérée comme une transaction entre les intérêts nouveaux et les intérêts anciens, entre les émigrés et les acquéreurs, le Domaine, les hospices, et les autres possesseurs de biens nationaux, à titre collectif ou

_____

(1) *Voy.* au mot ÉMIGRÉS, § 7 et § 8, — décret du 9 avril 1811, — 25 avril 1820.

singulier. Tout se tient, tout est solidaire dans les transactions politiques de cette nature ; et le plus léger manquement de foi envers l'un des contractans ne doit pas seulement être regardé comme une injustice particulière, mais comme une infidélité commune.

Chaque loi doit être appliquée d'après son principe : la loi civile, d'après les maximes de l'équité naturelle, sur laquelle elle repose ; la loi politique, d'après les conséquences que la violation détournée d'une seule de ses dispositions peut entraîner pour le repos de l'Etat.

Le patrimoine des pauvres est sacré, le malheur des émigrés était sacré également, *res sacra miser*. Il y avait un moyen de concilier ici l'équité avec la nécessité. L'art. 7 de la loi du 5 décembre 1814 semblait préparer cette voie de transaction, par analogie : c'était de maintenir les hospices, même pour l'excédant, et d'accorder aux anciens propriétaires, sur les fonds du trésor, une indemnité représentative et proportionnelle (1).

L'ordonnance du 11 juin 1816, touche peut-être, non sans danger, s'il est permis de le dire, à des droits fondés sur les lois antérieures à la promulgation de la Charte, et, par conséquent, irrévocablement acquis, détourne, selon moi, l'esprit de la loi du 5 décembre 1814, et lèse éventuellement les intérêts des tiers ; quoi qu'il en soit, le Conseil d'Etat s'est cru lié par les dispositions de cette ordonnance, et il a repoussé les réclamations des hospices qui en contestaient l'application.

Il a pensé, d'ailleurs, que cette interprétation était conforme à la loi ; c'est ce qui résulte de trois ordonnances rendues en matière contentieuse, la première, à mon rapport, le 21 octobre 1818, et les deux autres, au rapport de MM. Jauffret et de Villefosse, les 12 mai 1820 et 15 août 1821.

Ces trois ordonnances me paraissent avoir fixé, sur ce point, la jurisprudence.

(1) *Voy.* au mot DOMAINES NATIONAUX, § II.

Elles reposent sur ce motif ;

« Qu'aux termes du 3e § de l'art. 8 de la loi du 5 dé-
« cembre 1814, et de l'art. 3 de l'ordonnance du 11 juin 1816,
« si les biens concédés à un établissement de charité, en rem-
« placement de ses biens vendus, excèdent la valeur de l'an-
« cienne dotation, cet excédant doit être restitué aux émigrés
« dont tout ou partie de ces biens sera provenu, dans *quelque*
« *forme* que la concession ait été faite (1). »

## § II.

*Les héritiers de ceux qui ont fait des legs aux hospices
sont-ils recevables à demander la révision des ordonnances royales qui autorisent l'acceptation de ces legs?*

Cette question doit être décidée négativement.

D'abord, l'application de l'art. 40 du règlement du 22 juillet 1806, invoquée par les héritiers du testateur, est purement
facultative.

C'est au Roi seul à examiner, dans sa sagesse, s'il y a lieu
de procéder à une révision. Il suit de là que l'art. 40 ne confère aux héritiers aucun droit et, par conséquent, aucune
action coërcitive, soit par la voie administrative, soit encore
moins par la voie contentieuse.

Secondement, l'ordonnance royale d'autorisation n'est jamais prise, sur la demande des hospices, qu'après avoir entendu les héritiers du testateur. Cette autorisation est donc en-
vironnée de toutes les lumières d'une discussion préalable et
contradictoire; et la faculté de remontrance, permise aux héritiers, est épuisée par ce débat.

(1) L'ordonnance du 11 juin 1816 contient encore d'autres dispositions qui étaient du domaine du législateur seul; ce que je prouverais
facilement. Si les hospices doivent être, relativement à la propriété de
leurs biens, considérés comme des particuliers, ils restent dans le
droit commun. Sous ce point de vue, toutes les difficultés qui s'élevaient sur la remise de l'excédant, et en général, sur l'application de
l'article 8 de la loi du 5 décembre 1814, ne pouvaient être jugées, à
défaut d'arrangement amiable, que par les tribunaux. Où est la loi qui
attribue à l'administration le contentieux de cette espèce?

Troisièmement, on peut dire que si les hospices, qui, d'après les lois, sont capables de recevoir par testament, doivent préalablement obtenir l'autorisation du gouvernement, cette autorisation n'est, après tout, qu'une exception au droit commun. Or, quand elle est obtenue, elle fait rentrer l'hospice dans tous les droits d'un légataire ordinaire. Il est dès lors propriétaire incommutable de l'objet litigieux, sauf la faculté qui reste aux héritiers de faire annuler, s'il y a lieu, par les voies de droit, les dispositions du testament qui peuvent blesser leurs intérêts.

Enfin, comme les ordonnances d'autorisation ne sont point signifiées par les hospices aux héritiers, et qu'elles n'en ont pas besoin, puisqu'elles ne renferment qu'une mesure purement administrative, un simple acte de discipline intérieure, un règlement d'ordre entre l'État et les hospices, il pourrait arriver que la demande en révision ne fût formée que dix ans après l'ordonnance, et lorsque les hospices auraient valablement, et sur la foi de cette ordonnance, aliéné, échangé, dénaturé même les biens immobiliers, ou disposé des capitaux mobiliers, ou consenti ou subi des inscriptions hypothécaires. Dès lors il est évident que l'intérêt des créanciers, échangistes, acquéreurs et cessionnaires de toute espèce, est engagé très-avant dans l'autorisation ; et qu'ainsi, la révision, qui aurait pour résultat éventuel de faire rentrer, par la voie gracieuse de l'art. 40, tout ou partie des biens légués, entre les mains des héritiers, selon leur qualité et leur degré, porterait un très-grave préjudice aux tiers de bonne foi.

Ainsi, en résumé, le titre des hospices, après l'autorisation, est irrévocable.

Il doit l'être à l'égard des héritiers, sauf à eux à l'attaquer, s'il y a lieu, par les voies judiciaires ; et il ne dépendrait même pas du gouvernement de révoquer son autorisation, si l'exécution du testament est déjà consommée, et si les biens ou droits qui en dérivent sont valablement transférés et acquis à des tiers.

# I.

## INTERPRÉTATION DE LA LOI.

### § UNIQUE.

*Lorsque la Cour de cassation a annulé deux arrêts ou ju-*
*gemens en dernier ressort, rendus dans la même affaire*
*entre les mêmes parties, et qui ont été attaqués par les*
*mêmes moyens, et que, par conséquent, il y a lieu à*
*interprétation de la loi, le Conseil d'Etat doit-il donner*
*cette interprétation, aux termes de la loi du 16 sep-*
*tembre 1807, et dans la forme des règlemens d'admi-*
*nistration publique?*

Lorsqu'un peuple a été travaillé, en peu d'années, par des
révolutions qui ont renouvelé plusieurs fois la forme du gouvernement, sa législation reste surchargée de dispositions in-
cohérentes et contraires les unes aux autres dans leurs principes et dans leurs effets. Tant qu'elles ne sont pas rapportées,
ces dispositions continuent à subsister, mais souvent de nom
seulement, et comme de simples théories; car souvent elles ne
reçoivent et ne peuvent recevoir d'application, parce qu'elles
sont contraires aux principes de la constitution nouvelle. Il
arrive de là que le citoyen erre au milieu de ce chaos de lois,
sans reconnaître celles qui le justifient ou le condamnent, le
gênent ou le protègent. La législation générale perd alors sa
majesté et sa certitude : c'est l'effet ordinaire des changemens
de gouvernement. Il ne faut pas s'y méprendre : le principe
politique se mêle toujours plus ou moins aux lois civiles et
criminelles elles-mêmes. Si donc ce principe vient à changer,
les lois doivent changer entièrement, ou, du moins, s'accommoder et se tourner à ce nouveau principe. Lorsque le Roi et
les Chambres auront achevé l'œuvre des lois fondamentales,
on procédera sans doute, de session en session, à la révision

graduelle de toutes les parties de la législation qui ne sont point en harmonie avec la Charte, afin d'arriver, sans secousse et sans la lésion d'aucun intérêt, à l'établissement d'un système de législation uniforme et complet.

Parmi les lois dont la prévoyance du gouvernement s'était occupée sous les précédens ministères, il en est une qui lui avait paru mériter toute son attention : c'est celle qui a pour objet l'interprétation de la loi, dans le cas d'opposition de jugemens entre les Cours royales et la Cour de cassation.

Est-ce encore aujourd'hui au Conseil d'Etat à donner, dans ce cas, l'interprétation de la loi par voie de règlement d'administration publique?

Cette grande question, qui touche aux fondemens mêmes de notre ordre constitutionnel, a été vivement agitée dans le sein du Conseil.

Mais, avant de la résoudre, il convient de faire connaître les variations successives de principes et de systèmes que cette matière a subies depuis la révolution.

« On a senti de tout temps, disait, en 1807, l'orateur du tribunat, qu'il fallait un terme aux débats judiciaires; que, « si plusieurs arrêts ou jugemens en dernier ressort, rendus « sur le même fait, et annulés par les mêmes moyens, pou- « vaient être sans cesse reproduits par le pourvoi en cassation, « les plaideurs seraient invités à parcourir autant de degrés « de juridiction qu'il y a de cours souveraines dans le « royaume. »

La facilité et l'inutilité d'un continuel recours aux tribunaux, en déconsidérant les magistrats, éterniseraient les inimitiés parmi les citoyens, n'offriraient d'autre terme aux procès que la ruine des parties, et la justice elle-même deviendrait un des fléaux de la société.

Il a donc fallu, pour prévenir ces malheurs publics, que le législateur traçât le cercle où doivent se renfermer les discussions judiciaires, et qu'il y posât une barrière que le plaideur le plus acharné ne pût pas franchir.

Lorsqu'il est reconnu par une contrariété d'arrêts rendus par les Cours souveraines et par la Cour de cassation sur le même fait, entre les mêmes parties, et par les mêmes moyens, que l'obscurité de la loi occasione seule l'erreur des juges, il est nécessaire que le législateur s'explique, pour la faire disparaître.

C'est le cas de l'interprétation de la loi.

La difficulté est de savoir à qui cette interprétation appartient.

La loi du 1er décembre 1790, qui a créé la Cour de cassation, porte, art. 91 :

« Lorsqu'un jugement aura été cassé deux fois, et qu'un
« troisième tribunal aura jugé en dernier ressort de la même
« manière que les deux premiers, la question ne pourra plus
« être agitée au tribunal de cassation, qu'elle n'ait été sou-
« mise au Corps-législatif, qui, en ce cas, portera un décret
« déclaratoire de la loi, et le tribunal de cassation s'y confor-
« mera dans son jugement. »

La même disposition se retrouve dans la constitution de l'an 3, art. 256, avec cette seule différence :

« Que la question doit être immédiatement soumise au
« Corps-législatif, si, après une première cassation, un second
« tribunal juge la question comme l'a jugée l'autre. »

L'art. 78 de la loi du 27 ventôse an 8, qui vint ensuite, porte seulement :

« Que, lorsque, après une première cassation, le second
« jugement sur le fond sera attaqué par les mêmes moyens
« que le premier, la question sera portée devant toutes les
« sections réunies de la Cour de cassation. »

Cette dernière loi, comme on le voit, n'avait pas prévu le cas où, après une seconde cassation, une troisième Cour d'appel jugerait comme les deux premières.

On pensait sûrement alors que la réunion de toutes les sections imposerait plus de respect aux Cours souveraines, et qu'elles déféreraient, sans opposition, à l'avis de la Cour suprême, si solennellement émis.

Cette loi était encore vicieuse.

En effet, si elle avait voulu que le jugement des sections réunies eût force de loi, il y avait inconstitutionnalité; si elle ne l'avait pas voulu, il y avait lacune.

Il arriva, malgré la précaution nouvelle introduite dans la loi du 27 ventôse an 8, que des Cours d'appel rendirent plusieurs fois un troisième arrêt, qui se trouvait en opposition directe avec le premier et le second arrêt de la Cour de cassation.

Il fallut alors résoudre la difficulté, et la loi du 16 septembre 1807 parut.

Cette loi est ainsi conçue :

Art. 1ᵉʳ. « Il y a lieu à interprétation de la loi, si la Cour « de cassation annulle deux arrêts ou jugemens en dernier « ressort, rendus dans la même affaire, entre les mêmes par- « ties, et qui ont été attaqués par les mêmes moyens. »

2. « Cette interprétation est donnée dans la forme des rè- « glemens d'administration publique. »

3. « Elle peut être demandée par la Cour de cassation, avant « de prononcer le second arrêt. »

4. « Si elle n'est pas demandée, la Cour de cassation ne « peut rendre le second arrêt que les sections réunies, et sous « la présidence du Grand-Juge. »

5. « Dans le cas déterminé en l'article précédent, si le « troisième arrêt est attaqué, l'interprétation est de droit, « et il sera procédé comme il est dit à l'art. 2. »

Cette loi était fondée, 1°. sur le motif, ou plutôt sur le prétexte, que le droit d'interpréter la loi doit appartenir à l'autorité, qui en a l'initiative et qui connaît parfaitement le but dans lequel elle l'a proposée; 2°. sur cet autre motif ou prétexte, que le décret émané du Corps-législatif est une loi à laquelle on donnerait un effet rétroactif en l'appliquant à une cause pendante.

Cette loi consacrait une usurpation mal déguisée du gouvernement sur la puissance législative.

Sous l'empire naissant de la Charte, la Chambre des députés voulut réparer cet abus.

Elle prit, le 21 septembre 1814, une résolution ainsi conçue :

Art. 1er. « Lorsque, après la cassation d'un premier arrêt ou « jugement en dernier ressort, le deuxième arrêt ou jugement « rendu dans la même affaire, entre les mêmes parties, est « attaqué par les mêmes moyens que le premier, la Cour de « cassation prononce sur la question de droit, sections « réunies, sous la présidence du chancelier de France. »

2. « Lorsque l'arrêt ou jugement des Cours et tribunaux « aura été cassé deux fois, si un troisième tribunal juge de la « même manière que les deux précédens, et qu'il y ait, par les « mêmes moyens, un pourvoi en cassation, il y a lieu à in- « terprétation de la loi, et il doit en être référé au pouvoir « législatif par la Cour de cassation. »

3. « La déclaration interprétative des lois est donnée par le « pouvoir législatif dans la forme ordinaire des lois. »

4. « La loi interprétative ne change rien aux jugemens qui « auraient acquis l'autorité de la chose jugée, et aux transac- « tions arrêtées avant sa publication. »

Cette résolution fut portée à la Chambre des pairs. La Commission chargée de l'examiner en proposa l'adoption, sauf quelques amendemens.

La Commission demandait qu'au lieu de ces mots, *il doit en être référé au pouvoir législatif*, on substituât ceux-ci, *il en sera référé au Ministre de la justice*. La raison qu'elle donnait de cet amendement était, que la Cour de cassation ne devait point être mise en rapport direct avec les deux Chambres; que l'initiative n'appartient qu'au Roi, et qu'ainsi, ce n'est qu'à lui que la demande en interprétation doit être déférée.

La Commission écarta aussi l'expression de *pouvoir législatif*, expression trop vague et trop abstraite.

Elle proposa cette autre rédaction : *La déclaration interprétative est présentée, discutée, adoptée et promulguée dans la forme ordinaire des lois.*

Les événemens du vingt mars éclatèrent, et cette résolution n'eut pas de suite.

Ainsi, nous vivons toujours sous le régime de la loi du 16 septembre 1807, ou du moins cette loi, qui peut-être n'est plus en harmonie avec nos institutions actuelles, n'a été ni expressément abrogée, ni modifiée par aucune disposition nouvelle sur la matière.

Je ne sache pas que, depuis la restauration, l'interprétation par voie de règlement ait été demandée, soit par la Cour de cassation, soit par les parties intéressées.

Mais, le 21 octobre 1816, le Conseil permanent de révision de la dix-huitième division militaire ayant pris un arrêté par lequel il déclarait qu'il y avait lieu de recourir au mode d'interprétation établi par la loi du 16 septembre 1807, attendu le dissentiment existant entre le premier et le deuxième Conseil de guerre permanent de la dix-huitième division militaire d'une part, et le Conseil de révision d'autre part, sur une question relative au crime de désertion; il intervint, le 22 avril 1818, sur le rapport du Ministre de la guerre, et le Conseil d'Etat entendu, une ordonnance du Roi, interprétative d'un article du Code pénal militaire.

Je n'examinerai pas jusqu'à quel point cette ordonnance peut être considérée comme une application de la loi du 16 septembre 1807. Dans tous les cas, elle ne doit pas nous empêcher de rechercher quelle serait sous l'empire de la Charte la règle la plus convenable pour résoudre la difficulté que nous avons indiquée.

Cette difficulté peut se dénouer, ou par voie d'interprétation doctrinale, ou par voie d'interprétation législative.

L'interprétation doctrinale peut avoir lieu de deux manières:

Ou la troisième Cour d'appel, à laquelle l'affaire serait renvoyée après deux cassations, si elle partageait l'opinion des deux premières, prononcerait sur le fond, définitivement et sans recours en cassation ;

Ou les Cours ou tribunaux seraient tenus de se conformer à l'arrêt interprétatif rendu, pour la seconde fois, par la Cour de cassation.

Voici comment on établit le premier moyen.

On peut, dit-on, selon les règles de probabilité appliquées aux jugemens humains, réputer vérité une décision uniforme, rendue par trois Cours royales éloignées l'une de l'autre, et composées de magistrats éclairés, nombreux et indépendans.

Les lois, comme toutes les théories sociales, se résolvent en applications, et les Cours royales entendent mieux que la Cour de cassation la pratique des lois et leur application immédiate et sensible aux hommes et aux choses.

On terminerait ainsi plus vite les procès, immense avantage pour la société.

Le juge qui, depuis le Code civil, a la plus grande latitude, et peut, dans le silence ou l'obscurité de la loi, se déterminer d'après sa conscience ou les droites inspirations de l'équité, n'a pas besoin de loi interprétative. Il applique la loi parce qu'elle lui paraît claire, parce qu'elle présente à son intelligence le sens qu'il lui donne dans son jugement.

Enfin, la fausse application d'une loi à une espèce n'est, après tout, qu'un mal particulier, et il sera très-rare de ne pas voir la troisième Cour royale déférer à l'opinion solennellement émise par la Cour de cassation. Mais si la fausse application

est un mal général ; car elle suppose l'obscurité profonde de
la loi dans le sens de l'ambiguïté, et toute loi ambiguë perd
nécessairement de son autorité et de sa considération dans l'esprit des hommes, pour qui la loi ne doit pas être une énigme,
mais un oracle.

Ce premier moyen se réfute par les raisonnemens suivans.

Si les Cours royales jugent irrévocablement et sans recours
en cassation, qui empêchera qu'elles ne se concertent entre
elles d'un aveu tacite, et par le seul entraînement de l'esprit
de corps ? Pense-t-on qu'elles ne verront pas avec quelque joie
leur pouvoir s'élever au-dessus de celui de la Cour suprême ?
Qui empêchera que les Cours royales n'appliquent certaines
dispositions de la loi à un fait qui n'a jamais été prévu par elle,
ni directement ni indirectement, qu'elles ne fassent ainsi l'office du législateur, et, qui pis est, qu'elles ne donnent ainsi et
à l'instant, à la loi qu'elles viendraient de créer par voie
de fausse application, un effet rétroactif ? Que deviendront ces
excès de pouvoir, ces créations de l'arbitraire, ces omissions
de formes, ces violations de la loi, si l'irrévocabilité des jugemens les couvre et les consacre ? La Cour de cassation, instituée pour les réprimer, en sera-t-elle la spectatrice impuis-
sante ? Ne verrait-elle pas la loi, dont elle a été chargée de
conserver le dépôt dans toute sa pureté, se dénaturer et se
dissoudre dans la contrariété étrange et dans l'inconstance perpétuelle de ses applications ? Ne cesserait-elle pas d'être le lien
commun et vigoureux de la jurisprudence ? Ne sentirait-elle
pas diminuer son autorité dans l'opinion des Cours royales et
dans l'opinion publique ? Mais quelle autre et plus grande
force ne reçoivent pas ces objections, lorsqu'il s'agira de jugemens rendus en dernier ressort par les tribunaux de première instance, et même par de simples juges de paix ?

Préférerait-on donner à la Cour de cassation ce qu'on refuse aux Cours royales ?

Mais si la troisième Cour d'appel est tenue de se conformer
à ce qu'aurait décidé la Cour de cassation, ce serait en quelque

sorte investir la Cour de cassation du pouvoir législatif, puisque son arrêt deviendrait une loi dont il ne serait pas permis
à la troisième Cour d'appel de s'écarter.

D'un autre côté, si la Cour de cassation juge le fond, elle
entre alors de vive force dans le domaine des tribunaux inférieurs; elle établit trois degrés de juridiction; elle transgresse
la loi de son institution, qui porte : « Que sous aucun prétexte
« et dans aucun cas, le tribunal de cassation ne pourra con-
« naître du *fond* des affaires, et qu'après avoir cassé les pro-
« cédures et les jugemens, il en *renverra* le *fond* aux tribu-
« bunaux qui doivent en connaître. »

La sage économie de l'ordre judiciaire serait troublée.

Le jugement ne peut donc se consommer tout entier dans le
sanctuaire des tribunaux sans l'intervention du législateur,
lorsque l'obscurité de la loi se manifeste par la contrariété des
arrêts.

Ainsi, il faut écarter l'interprétation doctrinale, et recourir, de toute nécessité, à l'interprétation législative.

Mais qui donnera cette autre interprétation ? est-ce le gouvernement ? est-ce la Chambre des pairs ? est-ce le Roi avec
les deux Chambres ?

Parcourons ces trois systèmes.

Dans le premier, ce serait le gouvernement qui interpréte-
rait la loi.

Mais si l'on remet au Roi la faculté de l'interprétation, le
Roi, qui ne peut l'exercer personnellement, la délèguera, et
à qui ?

Au Ministre de la justice ? Mais un seul homme aura-t-il la
pleine intelligence et la libre disposition d'une loi faite et délibérée par le gouvernement et les deux premiers corps de la
nation ?

Au Conseil d'Etat ? Mais qu'est-ce que le Conseil d'Etat
actuel ? Ressemble-t-il en rien au Conseil impérial ? est-il reconnu explicitement par la Charte ? est-il constitué par la
loi ? Et même, en supposant qu'il puisse être légalement cons-

titué comme tribunal administratif, pourrait-on jamais, sans inquiéter la liberté et sans affaiblir l'autorité royale, élever le Conseil d'Etat au rang des suprêmes pouvoirs qui font la loi? Ne craindrait-on pas d'ailleurs avec raison, d'un côté, que le gouvernement, par voie d'interprétation, ne s'immisçât dans l'indépendance des tribunaux, et, de l'autre côté, ne retînt seul l'œuvre du législateur commun, et ne franchît ainsi le cercle dans lequel la Charte l'a renfermé?

Abordons le second système.

Il consisterait à remettre à la Chambre des pairs le droit, soit d'interpréter la loi, soit de rendre l'arrêt définitif.

Mais alors on créerait sans utilité une institution étrange dans nos mœurs; on confierait le jugement des affaires civiles qui exigent des études spéciales, la science du droit et l'expérience des applications, à un corps formé en grande partie de militaires.

La Chambre repousserait elle-même cette indiscrète attribution.

Oublierait-on, d'ailleurs, que la Chambre des pairs est une Cour politique et que, lorsqu'elle est constituée en Cour judiciaire, elle prononce plutôt comme un jury que comme un tribunal;

Que si on transfère à un corps inamovible, puissant, héréditaire, les jugemens entre simples particuliers, on enlève aux citoyens leurs juges-pairs, leurs protecteurs naturels; qu'on viole la Charte, qui a classé les différens pouvoirs de la société, et défini leurs attributions; qu'on laisse craindre enfin qu'un jour, passant des voies extraordinaires aux voies ordinaires, la Cour des pairs, chose monstrueuse! ne se constitue, par ruse ou par force, à la fois législateur et juge.

Ainsi, si la Chambre de pairs prononçait par voie d'interprétation doctrinale, elle renverserait les pouvoirs et l'indépendance des tribunaux. Si elle procédait seule et par voie d'interprétation législative, elle usurperait un droit qui n'appartient qu'à la trinité constitutionnelle.

16*

J'arrive au troisième et dernier système.

L'interprétation, dans ce système, serait donnée par le Roi et les deux Chambres.

Ce dernier mode est le seul qu'on devrait admettre, selon nous, parce qu'il est le seul régulier.

En principe, l'interprétation de la loi appartient au législateur.

On entend par législateur, dans le vrai sens de ce mot, celui qui exerce et possède la plénitude du pouvoir législatif.

Tantôt ce pouvoir se concentre dans une seule personne, tantôt il s'exerce par plusieurs, selon les différentes formes de gouvernement.

Mais la conséquence a toujours, par la force des choses, suivi invariablement le principe, c'est-à-dire que partout c'est le législateur seul, le législateur tout entier, qui a interprété la loi.

Ainsi, avant la révolution, le Roi était le juge suprême de droit, et quelquefois de fait. Mais il était toujours le législateur suprême et unique, de droit et de fait. Lors donc que les ordonnances, les déclarations, les édits, présentaient quelque obscurité à l'intelligence ou à la détermination des juges, le Roi seul expliquait, le Roi seul devait expliquer ces ordonnances, ces déclarations, ces édits. Le Roi seul interprétait la loi.

L'ordonnance de 1667 (tit. I<sup>er</sup>, art. 7) porte : « Si dans « les jugemens qui seront pendans en nos Cours de parlement « et autres, il survient aucun doute ou difficulté sur l'exécu- « tion de quelques articles de nos ordonnances, déclarations, « édits et lettres-patentes, nous leur défendons de les *inter-* « *préter;* mais voulons qu'en ce cas, elles aient à se retirer « *par-devers nous*, pour apprendre ce qui sera de notre in- « tention. »

Ensuite, et lorsque la plénitude du pouvoir législatif reposa dans les assemblées nationales, elles possédèrent à leur tour, seules et exclusivement, l'interprétation des lois.

Depuis, et sous le régime impérial, la question d'un nouveau mode d'interprétation des lois s'éleva, et dut s'élever ;
car il y avait alors deux législateurs : le législateur de droit,
dont les pouvoirs négligés, ou plutôt asservis, dormaient dans
le sein d'une constitution morte ; et le législateur de fait, dont
le Conseil d'Etat était l'âme et le vivant organe. Il était donc
raisonnable que le Conseil d'Etat expliquât les ambiguïtés de
la loi, puisque, au fond, le Conseil d'Etat était le véritable,
le seul législateur.

Mais ne violait-on pas la lettre des constitutions? Pour
éluder la difficulté, on imagina de prétexter que le gouvernement avait l'initiative de la loi ; et on en conclut que, lorsque
la loi était obscure, c'était au gouvernement à l'interpréter. Si
l'on eût raisonné avec plus de justesse, on en aurait conclu
seulement que le gouvernement avait, dans ce cas, l'initiative de *la proposition d'interprétation*. Mais il aurait mieux
valu encore dire franchement que le gouvernement voulait,
malgré la Constitution, faire seul la loi ; que seul, en effet, il
la faisait ; et que seul, par conséquent, il devait, au besoin,
l'expliquer.

Aujourd'hui, nous vivons sous les clartés du gouvernement
constitutionnel. Il ne s'agit plus d'enrichir un pouvoir des dépouilles des autres ; il s'agit de maintenir chacun d'eux dans
les limites que la Charte lui a tracées, et qui lui sont propres.
Il ne s'agit plus, en un mot, d'éluder la difficulté, il faut
l'aborder franchement.

Qui fait aujourd'hui la loi? Est-ce le Roi seul? Non. C'est
le Roi qui propose, et les deux Chambres qui discutent et
adoptent. Le Roi et les deux Chambres, voilà donc le législateur. C'est à ce triple législateur à interpréter la loi : c'est là
le principe dans sa rigueur, dans sa nécessité.

Ce dernier système est précisément celui de la résolution
adoptée par les deux Chambres en 1814.

Il paraît tout-à-fait conforme à la lettre et à l'esprit de la
Charte.

On a cependant combattu ce système dans son principe et dans son exécution.

Exposons, en les réfutant, ces diverses objections.

On a dit premièrement que, puisque la loi constitutionnelle n'avait point indiqué avec précision l'autorité chargée de donner l'interprétation, il s'agissait dès lors d'une compétence égarée, qui rentrait naturellement dans le domaine de l'autorité royale.

D'abord, il ne s'agit pas ici de compétence, qui est, à proprement parler, dans le domaine du juge; il s'agit de l'interprétation des lois, qui est dans le domaine du législateur. On peut, sans s'égarer, trouver ce législateur; il suffit d'ouvrir la Charte. La loi se fait à l'aide et par le concours du Roi et des deux Chambres. Voilà le législateur.

Nous sortons de vivre sous un gouvernement arbitraire dans l'exécution, déréglé dans son principe: Nous avons encore une idée peu nette des vérités du gouvernement constitutionnel. Nous perdons peut-être trop de vue que, sous ce gouvernement, tous les pouvoirs étant classés et toutes leurs attributions définies, il n'y a pas tant de compétences égarées qu'on le suppose. La Charte est le fil à l'aide duquel on les retrouve aisément.

Voici la seconde objection contre le principe de la résolution.

On a dit qu'une loi interprétative était une loi nouvelle; que les lois ne devaient point avoir d'effet rétroactif; que cependant, dans l'espèce, on donnerait un effet rétroactif à la loi interprétative.

Voici la réponse :

La loi n'a d'effet rétroactif que lorsqu'elle change par une disposition contraire une disposition existante, ou lorsqu'elle crée une disposition qui n'existait pas encore. On peut dire aussi que la loi a, en quelque sorte, un effet rétroactif, lorsqu'elle s'applique, en l'annulant, à un jugement passé en force de chose jugée. Une loi interprétative n'est donc pas une loi nouvelle. La loi ancienne continue à subsister. Il ne s'agit que de l'éclaircir, œuvre du législateur; et ensuite de l'appliquer, œuvre du juge. Le juge avait fermé le livre de la loi et suspendu son jugement; le législateur parle, le juge déclare alors que tel est le sens de la loi ancienne. Cette déclaration appliquée à un fait particulier est un jugement, et ce jugement ne reçoit point, comme on le voit, d'effet rétroactif.

Les Chambres peuvent, d'ailleurs, reconnaître et déclarer que la loi ancienne n'a point réglé tel fait ou prononcé telle peine, et dire qu'il n'y a point lieu à interprétation. C'est alors le cas, non d'une loi interprétative, mais d'une loi nouvelle.

D'un autre côté, il n'y a pas jugement ou arrêt passé en force de chose irrévocablement jugée, puisque le recours en cassation, dans les délais, a ouvert une issue à l'annulation de ces jugemens ou arrêts. Par conséquent, la loi interprétative ne viole point l'autorité de la chose jugée; car cette autorité n'existait pas encore.

Au surplus, la résolution avait prévu cette difficulté, puisqu'elle soustrait les contestations terminées par des transactions ou par des jugemens passés en force de chose jugée, à l'empire et aux effets de la loi interprétative.

On peut, d'ailleurs, ajouter qu'en matière civile, l'effet de la loi interprétative aurait peu de conséquences, et qu'en matière criminelle, la faculté de grâce, qui appartient à la couronne, pourrait seconder la déclaration d'équité des Cours royales, et modérer, dans l'exécution, la rigueur abstraite de la loi interprétative, par des tempéramens d'indulgence.

Enfin ( et c'est la dernière objection contre le principe ), la résolution imposerait au Roi l'obligation de présenter une loi !

Cela n'est pas exact; car le Roi exerce son initiative aussi bien dans la proposition d'interprétation que dans la proposition de la loi même. Il peut sans doute se prescrire à lui-même telle obligation dans tel cas donné. Il ne s'agit pas ici de l'interprétation d'une loi politique qui puisse directement ou indirectement porter atteinte à la prérogative royale; il s'agit d'éclaircir les ambiguités d'une loi criminelle ou civile. C'est la manifestation plus lucide que le législateur, consulté par le juge, donne au sens de ses propres paroles; c'est un devoir auquel, par la force des choses, le Roi ne peut ni ne veut échapper.

Après avoir réfuté les objections dirigées contre le principe de la résolution, il faut examiner celles qui se sont élevées relativement à son exécution.

On a dit que les séances des deux Chambres n'étant pas perpétuelles, si, dans l'intervalle d'une session à l'autre, il y avait lieu de se pourvoir par interprétation, les parties seraient obligées d'attendre long-temps; ce qui serait extrêmement pénible à des personnes déjà fatiguées par toutes les alternatives de ces arrêts et de ces cassations.

On a fait observer aussi que l'inconvénient serait bien plus grand s'il arrivait que les deux Chambres ne fussent pas d'accord, ou que le Roi refusât sa sanction.

Que résulte-t-il de ces dernières objections, dirons-nous avec l'orateur de la Chambre des pairs? « Qu'il y a des in-« convéniens dans la mesure proposée? Mais quelle est la loi « où il ne s'en rencontre pas? Qu'on nous indique une autre « mesure qui n'ait pas d'inconvéniens plus graves, qui ne « soit pas en contravention manifeste avec les principes. Au « reste, ces inconvéniens naissent de la constitution de notre « Corps-législatif, et nullement de la loi. Or, quand des « inconvéniens tiennent à la constitution même de l'Etat, « on est dispensé d'y répondre; mais après tout, ces incon-« véniens ne sont pas aussi graves qu'on le prétend. En effet, « il est des choses qui, métaphysiquement parlant, peu-« vent arriver, mais qui, considérées moralement, n'arri-« veront jamais. Telle est cette discordance des deux Cham-« bres, sur une demande en interprétation de loi. Pour arriver

« là, il faut supposer trois pourvois en cassation ; il faut sup-
« poser que l'autorité réunie de tous les magistrats qui com-
« posent la Cour de cassation, présidée par le Ministre de la
« justice, n'aura, en aucune manière, aucune influence sur le
« troisième tribunal ; il faut supposer précisément encore que
« les deux Chambres ne seront pas d'accord sur l'interpréta-
« tion. Que de suppositions ! N'est-il pas plus naturel au con-
« traire de supposer que si la demande en interprétation arri-
« vait aux deux Chambres, et qu'il y eût quelque difficulté,
« les deux Chambres, pénétrées de l'obligation de s'accorder,
« parce qu'il s'agirait ici d'une loi nécessaire et forcée, se-
« raient bientôt unanimes ? »

Ne voit-on pas d'ailleurs que l'objection faite à la partie
s'appliquerait également au tout ? En effet, si l'on craint que
les Chambres et le Roi ne puissent s'entendre pour interpréter
la loi qu'ils ont faite, à plus forte raison devrait-on craindre
qu'ils ne s'entendissent pas pour faire la loi même.

Les citoyens, dit-on, peuvent rester sans jugemens par la
division des Chambres, ou par le refus de la sanction royale !

Mais, à ce compte, ils pourraient aussi rester sans lois.

Ils vivraient, dit-on alors, provisoirement sous la législation précédente !

Mais si le principe du gouvernement a changé, et que la
législation précédente soit contraire au nouveau principe,
n'est-il pas nécessaire de l'y accommoder ? Et pour prendre
les exemples parmi nous, serions-nous éternellement privés
des lois fondamentales sur le recrutement de l'armée, les
élections, l'instruction publique, la liberté de la presse, la
responsabilité des Ministres et autres, parce qu'il aurait pu ou
pourrait arriver que les trois organes du pouvoir législatif ne
s'accordassent pas entre eux ? La loi annuelle du budget
pourrait-elle être rendue ? De pareilles suppositions ne sont-
elles pas contraires à la vérité des choses et au bon sens ? Si
l'instrument législatif était aussi mauvais, il faudrait le briser

et en refaire un autre; car la fin de tout gouvernement est
d'agir conformément à son principe.

N'oublions pas d'ailleurs qu'il ne peut jamais être question
ici que de l'interprétation d'une loi criminelle ou civile; que
la nécessité d'une loi pareille se fait également sentir à tous
les intérêts de la société, à toutes les classes de citoyens,
quelles que soient d'ailleurs leurs opinions politiques. Les lois
politiques seules, qui excitent les passions des hommes, peuvent produire la division des Chambres. Mais les lois purement civiles ou criminelles sont un besoin pressant, journa-
lier, universel, que tous les pouvoirs de la société, dans leur
intérêt commun, s'empresseront toujours à satisfaire.

Venons à la seconde objection.

Les Chambres ne sont pas, dit-on, assemblées toute l'année, et les citoyens éprouveront ainsi, pendant plusieurs mois,
un déni de justice.

C'est un mal, sans doute; mais les cas où, d'après la résolution, il faudrait interpréter la loi, seront, comme nous
l'avons déjà fait remarquer, des cas extraordinaires. Il n'est
donc pas bien surprenant que les règles qui gouvernent ces
sortes de cas soient extraordinaires aussi. Ne dirait-on pas que
la justice se distribue si vite en France? Ne sait-on point que
la justice administrative, la plus expéditive de toutes, ne se
délivre souvent qu'au bout d'une année? Je ne veux assurément pas défendre cet abus; je veux seulement en conclure
que les citoyens ne seraient pas aussi frappés qu'on se l'ima-
gine de l'inconvénient du retard dans des cas si rares. D'ailleurs, supposons, avec l'orateur de la Chambre des pairs,
qu'une demande soit formée dans l'intervalle d'une session à
l'autre : « Ou il s'agit de matière civile, ou il est question de
« matière criminelle. S'il s'agit de matière civile, il faut se
« rappeler que le pourvoi en cassation ne suspend pas l'exé-
« cution du jugement attaqué, qui *s'exécute toujours par*
« *provision.* Ainsi, la demande en interprétation est un inci-
« dent qui ne suspend pas davantage.

« Si, au contraire, le pourvoi est en matière criminelle,
« c'est ordinairement le condamné qui se pourvoit. Or, en
« matière criminelle, le pourvoi en cassation *suspend le ju-*
« *gement.* La plupart des condamnés, à coup sûr, ne trou-
« veront pas mauvais que cette suspension soit prorogée. »

Ainsi, en définitif, ce grave inconvenient se réduit à peu
de chose.

D'après tous ces motifs, et en principe, je pense qu'on ne
devrait pas déférer la consommation pleine et définitive du
litige par voie d'interprétation doctrinale, soit aux Cours
royales, soit à la Cour de cassation; qu'il y aurait lieu, dans
le cas prévu de l'obscurité de la loi, à l'expliquer par voie
d'interprétation législative; que cette interprétation ne devrait
être donnée, ni par la Cour de cassation, ni par la Chambre
des pairs, ni par le Ministre de la justice, ni par le Conseil
d'État, mais seulement par le Roi et les deux Chambres, dans
la forme voulue pour la présentation et la confection des lois.

Toutefois, la loi du 16 septembre 1807, qui attribue spécialement au Conseil d'État, dans le cas donné, l'interprétation
de la loi, existe; et je n'en veux d'autre preuve que la résolution elle-même qui proposait de la changer : si donc cette
loi existe, elle conserve, tant qu'elle ne sera pas rapportée
dans les formes constitutionelles, une force obligatoire à laquelle ne peuvent se soustraire, ni le gouvernement qui doit la
faire exécuter, ni les citoyens qui doivent y obéir.

# L

## LIQUIDATION.

§ I. *Quelles sont les règles de la législation et de la
jurisprudence, en matière de liquidation de la dette
publique antérieure à l'an 9?*

§ II. *Quels sont le caractère, l'autorité et les effets des décisions rendues par le gouvernement impérial, en matière de liquidation de la dette publique ?*

§ III. *Les liquidations de fournitures et services maritimes, faites par les Commissions de liquidation et de révision des créances de Saint-Domingue, sont-elles, dans tous les cas, définitives, et sont-elles susceptibles de recours par la voie contentieuse ?*

§ IV. *Le Conseil d'État a-t-il le pouvoir d'annuler les décisions du Ministre de la marine, qui se bornent à faire l'application pure et simple des décrets des 23 décembre 1810 et 28 février 1812, lesquelles ont anéanti toutes les traites du caissier général, délivrées à la Martinique, à la Guadeloupe et aux îles de France et de Bourbon, après les capitulations de ces colonies ?*

## § Ier.

*Quelles sont les règles de la législation et de la jurisprudence, en matière de liquidation de la dette publique antérieure à l'an 9 ?*

I. La France, au commencement de la révolution, périssait par le désordre de ses finances. L'Assemblée constituante, appelée pour combler le vide du trésor, voulut raffermir les fondemens ébranlés du crédit. Elle proclama, dans ses déclarations des 17 juin et 13 juillet 1789, qu'elle mettait *dès à présent les créanciers de l'État sous la garde de l'honneur et de la loyauté française*, et que, *dans aucun cas,* et sous *aucun prétexte,* il ne pourrait être fait *aucune nouvelle retenue* ni *réduction quelconque* sur *aucune* des parties de la dette publique.

Pour procéder à la liquidation de cette dette, l'Assemblée constituante nomma dans son sein un Comité, et se réserva de juger, sur son rapport, les créances contestées:

Par décret du 22 décembre 1790, elle créa une direction générale de liquidation, qu'elle chargea, sous sa sanction, du travail préparatoire.

Bientôt le torrent de la révolution entraîna l'Assemblée elle-même avec ses fastueuses promesses.

La loi du 24 août 1793 prononça des déchéances contre les créanciers des émigrés, des corporations religieuses supprimées et des communes, qui ne produiraient pas leurs titres dans le délai utile.

Les lois du 24 frimaire an 6 et 30 ventôse an 7 consommèrent, par la banqueroute des deux tiers mobilisés, la ruine des créanciers de l'État.

Cependant, malgré ces banqueroutes, l'État s'était obéré.

Il avait englouti presque toutes les fortunes particulières; mais la guerre avait dévoré ces richesses; le trésor n'avait reçu, pour la vente des biens nationaux, que des assignats ou d'autres valeurs dépréciées. Les dettes restaient; leur masse s'était grossie, depuis l'Assemblée constituante, d'une multitude de créances diverses à la charge du trésor.

La dette avait pour cause en l'an 10,

1°. La rente perpétuelle inscrite sur le Grand-Livre (Lois des 9 fructidor et 24 frimaire an 6.);

2°. La conversion des contrats en inscriptions (24 août 1793.);

3°. La mobilisation des deux tiers de rentes perpétuelles (Loi du 14 frimaire an 6.);

4°. Les créances pour fournitures et entreprises de toutes les parties du service public (Décret du 22 janvier 1790, règlement du 11 juin 1806.);

5°. La réunion au domaine de l'État des biens du clergé, de l'actif des communes, des corporations laïques supprimées et des émigrés (Lois des 2 novembre 1789, 24 août 1793, etc., etc.);

6°. La suppression des offices de toute nature, des maîtrises et jurandes, et la dépossession des engagistes (Lois des 10 frimaire an 2, etc.);

7°. Les pensions ecclésiastiques et autres;

8°. Les emprunts du gouvernement.

La liquidation de ces différentes dettes avait été confiée au liquidateur général (arrêté du 23 vendémiaire an 9) ;

Au directeur du Grand-Livre, à la commission de liquidation et de comptabilité intermédiaire ;

A celle de l'arriéré des postes et messageries ;

Au Ministre des finances,

A tous les Ministres, pour leurs départemens respectifs.

Pour centraliser les opérations et arriver à un résultat définitif, l'arrêté du 13 prairial an 10 institua un Conseil de liquidation générale.

L'art. 8 porte : « Les recours contre les décisions du Conseil « de liquidation seront déférés au Conseil d'Etat.

« Les arrêtés du Conseil de liquidation pris à l'unanimité « recevront leur exécution provisoire, sans que le recours au « gouvernement puisse la suspendre.

« En cas de diversité d'opinions dans le Conseil de liquida-« tion, il en sera fait, par le Conseiller d'Etat, directeur gé-« néral, un rapport au Conseil d'Etat, et la liquidation y sera « jugée comme *affaire contentieuse*. »

L'art. 9 ajoute : «Au premier Conseil d'Etat du mois, le con-« seiller directeur général présentera aux Consuls, séant au « Conseil d'Etat, le *tableau* des liquidations arrêtées dans le « mois précédent au Conseil de liquidation, ou définitivement « arrêtées au Conseil d'Etat. »

Ce tableau, purement *sommaire*, comme l'énonce l'art. 10, était approuvé *sans discussion*. Ainsi le recours au Conseil d'Etat, admis de droit, était illusoire dans le fait.

Le Conseil de liquidation jugeait donc souverainement sur la production des titres des parties.

Si l'économie eût présidé à la distribution des richesses publiques, l'Etat aurait pu honorer ses engagemens, et liquider peu à peu, sans ébranler le crédit et sans aggraver les impôts les créances sincères, légitimes et vérifiées.

Mais le chef du gouvernement dissipait, chaque année dans des guerres universelles et ruineuses, les fonds généraux et spéciaux de l'exercice courant. Il dévorait, en hommes et en choses, le présent et l'avenir. Enfin, las de rejeter en détail, il voulut frapper, en masse et d'un seul coup, les créanciers de l'Etat. On fabriqua, dans le mystère du cabinet, les fameux décrets des 25 février 1808 et 13 décembre 1809, dont la fatale application a été ordonnée par la loi du 15 janvier 1810 et les autres lois de finances postérieures.

Ces décrets mémorables dans les fastes de la fiscalité n'ont jamais été insérés au Bulletin des lois.

Le décret du 25 février 1808 ne fut pas même délibéré en Conseil d'Etat. On craignait sans doute les remontrances de quelques voix libres et généreuses, et surtout l'éclat de la publicité. Il fut pris sur le rapport du Ministre des finances, en Conseil d'administration.

Les motifs de ce décret, qu'on lit dans son préambule, sont, qu'il fallait *parvenir à une prompte liquidation de la dette de l'Etat.*

Jamais liquidation ne fut en effet plus *prompte,* comme on va le voir :

Art. 1er. « La direction générale de la liquidation sera « dissoute au 1er janvier 1810.

Art. 2. « Elle devra avoir prononcé, avant cette époque, « sur toutes les demandes en liquidation actuellement pen-« dantes.

## TITRE II.

*Anciennes dettes antérieures au 1er vendémiaire an 5.*

Art. 3. « Le Conseil général de liquidation n'admettra à la « charge de notre trésor *aucune liquidation* réclamée pour « créances dont l'origine remonte à une date antérieure au « 1er *vendémiaire an 5,* quelles que soient la *nature* et la « *cause* de ces créances.

Art. 4. « De même il n'admettra *aucune* liquidation de « créances réclamées par suite de la réunion à l'empire des

« départemens de la Belgique, de la rive gauche du Rhin,
« du Piémont, de la Ligurie, et des états de Parme et de
« Plaisance, si l'origine de ces créances remonte à une date
« antérieure à la réunion.

Art. 5. « Sont seulement exceptées des dispositions des deux
« articles précédens, les créances fondées en titre de consti-
« tutions de rentes perpétuelles ou viagères.

Art. 6. « Le Conseil général de liquidation sera tenu de
« prononcer dans le plus court délai sur toutes les demandes
« en liquidation de rentes perpétuelles ou viagères, et de re-
« jeter *définitivement* celles de ces demandes qu'il ne jugera
« pas *suffisamment justifiées*.

Art. 7. « Il *rejettera toutes* les demandes formées pour
« et au nom des *villes*, des *communes*, des *établissemens*
« *publics*, de *quelque nature* qu'elles soient.

Art. 8. « Notre Ministre du trésor fera rayer du Grand-
« Livre de l'intégral, et de celui de la dette viagère, les ar-
« ticles d'inscriptions non délivrés. Il ne pourra à l'avenir
« être délivré aucun extrait d'inscriptions intégrales.

Art. 9. « Le Ministre d'État directeur général de la liquida-
« tion fera, sans délai, procéder au *triage* général de toutes
« les créances qui ne peuvent être admises en liquidation à la
« charge de notre trésor, conformément aux dispositions pré-
« cédentes. Il en fera dresser des *états sommaires* qui seront
« joints, chaque mois, au compte qu'il nous rend, et soumis
« à *notre approbation* en notre Conseil d'État.

Art. 10. « Il fera procéder *de suite à l'annulation* de
« *toutes* les *productions* et *dépôts* sur lesquels il a été statué
« avant le 1er juillet dernier; il fera de même procéder suc-
« cessivement, tous les six mois, à l'annulation de *toutes* les
« productions et dépôts sur lesquels il aura été définitivement
« statué, si, dans les *six mois* de la date de notre décret d'ap-
« probation, nous n'avons pas ordonné un nouvel examen.

Art. 11. « Les parchemins et papiers qui proviendront des-
« dites productions et dépôts seront vendus pour l'usage du

« commerce avec les précautions nécessaires pour prévenir
« tout abus.

## TITRE III.

### *Des créances de l'arriéré des années 5, 6, 7 et 8.*

Art. 12. « Le Conseil général de liquidation sera tenu de
« prononcer dans le courant de 1808, et dans l'état où se
« trouveront les productions, sur les demandes en liquidation
« pour services des années 5, 6, 7 et 8.

« Le travail, divisé par ministère, par année et par cha-
« pitre du budget, nous sera remis dans le courant de no-
« vembre prochain, afin que nous accordions un crédit
« spécial pour cet effet, entendant qu'il ne soit plus rien
« inscrit jusqu'à cette époque.

« Au Conseil qui sera tenu en novembre pour cet objet,
« les Ministres apporteront le relevé du montant de la dé-
« pense de chacun des chapitres, sur lesquels il sera fait des
« demandes de crédits en conséquence de la liquidation.

Art. 13. « Il *ne pourra admettre aucune* liquidation à la
« charge de notre trésor, pour créances prétendues sur les an-
« nées 5, 6 et 7, à raison de *services, réquisitions* ou *avances*
« faites, soit dans les *colonies*, soit en Italie, soit en Orient,
« soit à Malthe ou dans les états de Naples, de Rome et
« d'Helvétie.

Art. 14. « De même *il ne pourra admettre* en *liquidation*
« aucune demande en *indemnités*, pour raison de *pertes de*
« *guerre*, pillage, incendie, dévastation, *coupe de bois*,
« contributions extraordinaires et *réquisitions*.

## DISPOSITIONS GÉNÉRALES.

Art. 15. « Nos Ministres *arrêteront*, à la réception du pré-
« sent, leurs registres de dépôts de demandes, à fin de liqui-
« dation de créances antérieures *au 1er vendémiaire an* 9,
« et ils adresseront avant le 1er mai prochain, au Ministre

« directeur général de la liquidation, le registre de dépôts et
« les productions.

Art. 16. « Les préfets de chaque département se conforme-
« ront, pour ce qui les concerne, aux dispositions de l'article
« précédent.

Art. 17. « Il ne sera reçu *aucune nouvelle demande* pour
« raison des *créances desdits exercices.*

Art. 18. « Nos Ministres, etc, etc, etc. »

Je ne ferai pas remarquer que l'art. 3 du titre 2, en frap-
pant d'une déchéance absolue toutes les dettes antérieures au
1er vendémiaire an 5, faisait ce que la loi seule aurait pu
faire ; car la loi qui, seule, peut créer des droits, peut
seule les ôter ; encore ne peut-elle jamais, sans rétroactivité,
lorsqu'elle est juste, enlever des droits acquis.

Je n'ajouterai pas que le gouvernement, tuteur légal des
communes et des établissemens publics, les dépouillait par
l'art. 7 de leurs droits qu'il était chargé de défendre et de
conserver.

Mais je ferai remarquer l'art. 9, qui ordonne au directeur
général de procéder, sans délai, au *triage* de toutes les
créances susceptibles d'être liquidées, et de faire dresser *des
états sommaires.*

Ces *états* étaient avec raison appelés *sommaires.* Car ils
n'étaient pas motivés comme tout jugement ; ils ne contenaient
qu'une mention brève de la somme réclamée, de la nature de la
créance, de sa date, et du nom du réclamant ; ils étaient lus rapidement dans l'assemblée du Conseil d'État, et passaient sans
discussion.

Les créanciers, qui ignoraient l'existence de ce décret mystérieux, n'étaient avertis ni que leur créance figurât sur l'*état
sommaire*, ni que cet état serait présenté tel jour au Conseil.

Voulaient-ils réclamer ? On avait prévu cette difficulté.
L'article 10 ordonnait l'annulation de leurs productions et
dépôts.

Ainsi, en abolissant leurs droits, on étouffait aussi leurs plaintes.

En exécution de ce décret, le Conseil général liquida en capitaux de créances 88,491,702 fr. : en rentes viagères, 510,600 fr.; en pensions, 1,333,000 fr., et il comprit dans les *états sommaires* dressés d'après l'art. 9 du décret du 25 février 1808, 680,000,000 fr. de créances inadmissibles en liquidation.

Cependant l'arbitraire, effrayé des conséquences de ce décret, recula devant son propre ouvrage.

Une Commission spéciale fut chargée de rechercher les exceptions qu'il y aurait lieu de faire au décret du 25 février 1808, et, sur sa proposition, le décret du 13 décembre 1809 fut rendu.

Ce décret, qui confirme le précédent, et ne sauve du naufrage que quelques victimes, est conçu en ces termes :

« Sur le *rapport* de la *Commission spéciale* chargée de « l'examen des *exceptions* proposées à notre décret du 25 fé- « vrier 1808, par notre Ministre et Conseiller d'État, direc- « teur général de la liquidation;

« Vu notre décret du 25 février 1808, nous avons décrété « et décrétons ce qui suit :

Art. 1er. « Le Conseil général de la liquidation sera dé- « *finitivement supprimé* au 1er janvier prochain.

Art. 2. « Les états des créances arriérées sur les années 5, « 6, 7 et 8, liquidées par le Conseil général de liquidation « depuis le 1er mars 1808 jusqu'au 31 octobre dernier, sont « *approuvés*.

« En conséquence, les 28,479 articles de cette nature com- « pris auxdits états pour 442,700 fr. de rentes, dites cinq pour « cent consolidés, seront inscrits au Grand-Livre avec jouis- « sance du semestre courant. »

Art. 3. « Les états composés de 98 articles de créances « de l'an 9, liquidées pendant le même temps, par le Con-

17 *

« seil général de liquidation, montant ensemble à 177,647 fr.
« en capital, sont approuvés. »

Art. 4. « Notre Ministre d'État, directeur général, est chargé
« de faire procéder, d'ici au *premier juillet* 1810, à l'examen
« de *toutes* les demandes en liquidation, dans le cas des *ex-*
« *ceptions* que notre Commission spéciale nous a proposé
« d'admettre ; »

Savoir :

« 1°. Les *dots*, *reprises* et *droits héréditaires* sur *confis-*
« *cations d'émigrés*, pourvu toutes fois qu'elles aient été for-
« mées avant l'époque de la *déchéance* du 1$^{er}$ germinal an 7,
« et que les justifications prescrites par l'arrêté du gouverne-
« ment du mois de floréal an 11 aient été faites ;

« 2°. Le *prix des ventes d'immeubles faites à l'Etat*, les
« créances résultantes de *travaux*, de *constructions* ou de *ré-*
« *parations* faites à des édifices *publics*, *appartenans* au
« gouvernement et qui en ont *augmenté* la valeur ;

« 3°. Les réclamation ayant pour objet *l'indemnité* qui
« peut être due aux *engagistes* et *échangistes* qui n'ont été
« dépossédés *que depuis la loi de pluviôse an* 12 ;

« 4°. Les *créances* sur *émigrés* données en *paiement* de
« *domaines nationaux* ou *autres compensations*;

« 5°. Les créances qui résultent des *paiemens* faits *à la*
« *décharge du trésor public* ;

« 6°. Les réclamations *individuelles* renvoyées à la liqui-
« dation par nos décrets *spéciaux* ;

« 7°. Les actions dans l'emprunt de deux millions de florins
« ouvert en Hollande par les états de Liége, en 1794 ;

« 8°. Les créances sur la ci-devant université de Louvain,
« et celles provenant de la dette des départemens de la rive
« gauche du Rhin, mises exclusivement à la charge de la France,
« dont les *titres* auront *été produits* à la liquidation *avant le*
« 1$^{er}$ *mars* 1810 ;

« 9°. Les créances dont les productions n'ont pas pu être

« admises par le Conseil général de liquidation, parce qu'elles
« lui sont parvenues *depuis* le décret du 25 février 1808;

« 10°. Les créances comprises aux *états de rejet,* et qui,
« par les productions faites *depuis,* se trouveront susceptibles
« d'être liquidées.

Art. 5. « Notre ministre d'Etat, directeur général, nous
« soumettra, audit jour 1er *juillet* 1810, au plus tard, *le résul-*
« *tat* du travail prescrit par l'art précédent.

Art. 6. « Les préfets des quatre départemens de la rive gau-
« che du Rhin arrêteront, au 1er mars 1810, les registres de
« productions, et procéderont, dans le délai de deux mois,
« à compter de la même époque, à la liquidation *provisoire* de
« toutes les créances constituées ou portant intérêt, dont les
« *titres* leur auront été *produits en temps utile.*

« Ils comprendront dans des *états sommaires* toutes les créan-
« ces *exigibles,* non susceptibles d'être liquidées, d'après les
« dispositions du décret du 25 février 1808.

« Ils adresseront le tout successivement, et *avant le* 1er *mai*
« 1810, au bureau de liquidation à Mayence, lequel sera
« *supprimé au* 1er *juillet* 1810.

Art. 7. « Notre ministre d'état, directeur général de la liqui-
« dation, fera procéder, d'ici au 1er *juillet* 1810, à l'examen
« *définitif* de toutes les comptabilités qui n'ont pas encore été
« jugées par le Conseil général de liquidation, et nous en sou-
« mettra, ledit jour 1er juillet, au plus tard, *le résultat.*

Art. 8. « Les comptabilités qui n'auront pas pu être appurées
« avant ladite époque seront renvoyées à notre cour des com-
« ptes.

Art. 9. « Les liquidations qui resteront *à faire audit jour,*
« *de créances données en paiement de domaines nationaux,*
« seront renvoyées à la direction générale des domaines, pour
« être par elles liquidées *provisoirement,* et soumises à notre
« Ministre des finances, qui les présentera à notre *approba-*
« *tion.*

Art 10. « Il en sera *de même* pour les *remboursemens* ré-

« clamés par des engagistes *et échangistes dépossédés depuis*
« *la loi du mois de pluviôse an 12.*

Art. 11. « A compter *dudit jour 1er janvier*, les opéra-
« tions dont se trouvait chargé le Conseil général de liquida-
« tion par l'arrêté du 15 floréal an 11, pour la fixation de
« nouvelles pensions à accorder pour services civils, seront
« attribuées à notre Ministre des finances.

Art. 12. « Les demandes en rétablissement de pensions re-
« jetées des registres du trésor, en exécution de l'art. 9 du
« même arrêté, lui seront également attribuées.

« Il en sera de même des demandes en pensions ecclésias-
« tiques.

Art. 13. « Il ne pourra être inscrit au trésor *aucune rente*
« *perpétuelle* et viagère, ni pensions, qu'elles n'aient été *préa-*
« *lablement* comprises dans un état par nous *approuvé*, sur
« la *proposition* de notre Ministre des finances.

Art. 14. « Les registres, états et archives du Conseil géné-
« ral de liquidation seront mis à la disposition de notre Mi-
« nistre des finances, le 1er juillet prochain. »

Ce dernier décret, malgré la générosité apparente de ses
exceptions, n'a fait que reculer jusqu'au 1er juillet 1810 la
déchéance générale prononcée par le décret du 13 février 1808
contre toutes les créances antérieures à l'an 9; car toutes les
créances placées dans ces exceptions, et à l'examen desquelles
la direction générale de la liquidation n'avait pas jugé à propos de faire procéder, malgré les injonctions du décret, les
instances des créanciers, la suffisance et l'opportunité de leurs
productions, ont été forcloses de plein droit, au 1er juillet 1810,
par la suppression du Conseil général de liquidation.

Les seules créances dont la liquidation ait été renvoyée à
la direction générale des Domaines sont, comme on vient de
le voir, 1° les créances données en *paiement de biens natio-*
*naux*, de peur sans doute d'inquiéter et de tourner contre soi
une classe nombreuse de citoyens; 2° les remboursemens réclamés par les engagistes et les échangistes.

Mais encore fallait-il que ces engagistes eussent été dépossédés seulement depuis la loi du 11 pluviôse an 12; exception qui confirmait pleinement la règle posée dans le décret précédent, de l'irrévocabilité des déchéances encourues par tous les créanciers de l'Etat antérieurs à l'an 9, pour quelque cause que ce fût.

La fiscalité unie à l'arbitraire n'a jamais combiné avec un artifice plus habile la ruine des créanciers de l'Etat.

Néanmoins, quelque tout-puissant que fût alors le gouvernement, il n'osa pas affronter avec de simples décrets l'opinion indignée.

Il essaya de couvrir ces iniquités, *déjà consommées*, des apparences d'une sanction légale.

On glissa dans le budget du 15 janvier 1810 un article qui porte :

« Le Conseil général de liquidation de la dette publique
« est supprimé, à partir du 1er *juillet* 1810 ; les liquidations
« qui restent *à faire* seront *entièrement terminées dans ce
« délai, conformément* aux *décrets des 25 février* 1808 et
« 13 *décembre* 1809. »

Le Corps-législatif, alors aveugle et muet, adopta le budget de 1810, sans qu'aucun de ses membres peut-être eût la moindre connaissance des deux décrets furtifs qu'il sanctionnait.

Les budgets de 1811 et de 1812 confirmèrent implicitement les dispositions de l'art. 12 de la loi de finances du 15 janvier 1810, puisqu'ils n'ouvrirent aucun nouveau crédit en rentes pour la liquidation de l'arriéré antérieur à l'an 9.

Mais le budget du 20 mars 1813 maintint la loi du 15 janvier 1810 dans des termes plus explicites :

Art. 7. « Tout ce qui reste dû pour les exercices de 1809
« et années antérieures, *jusques* et compris *l'an* 9, sera ins-
« crit au Grand-Livre de la dette publique. A cet effet, un
« *crédit* d'un *million de rentes* est mis à la disposition du
« Ministre des finances. »

Le budget du 23 septembre 1814 s'exprima en termes plus vagues :

Art. 22. « Les budgets des années 1810, 1811, 1812 et « 1813 sont clos au 1er avril 1814, et réunis sous le titre de « dépenses de l'année 1813 et *antérieures*, sans distinction « de fonds généraux et spéciaux. »

Le budget du 28 avril 1816 ne fixa pas également l'époque à laquelle l'arriéré liquidable remonte.

Mais, outre que ces deux budgets n'ont pas rapporté formellement les lois de finances antérieures, on doit conclure qu'ils les ont implicitement maintenues, puisqu'ils n'accordent pas de nouveaux fonds pour l'acquittement de l'arriéré de l'an 9.

Au surplus, l'article 1er de l'ordonnance du Roi, du 24 juillet 1816, insérée au Bulletin des lois, explique clairement que l'arriéré dont parle la loi du 20 mars 1813 s'étend depuis le 23 septembre 1800 jusqu'au 31 décembre 1809.

Le budget du 25 mars 1817 déclara que l'arriéré antérieur à 1816 se composait :

1°. Des créances de 1809 et années antérieures, jusques et compris l'an 9 ;

2°. Des créances du 1er janvier 1810 au 1er janvier 1814.

De plus, l'article 5 du titre 1er maintient irrévocablement les *déchéances encourues.*

Enfin le titre 1er du budget du 15 mai 1818, sur la fixation de l'arriéré, porte :

Art. 1er. « Le montant des créances de 1801 à 1810, res- « tant à ordonnancer au 1er octobre 1817, est limité, sauf « les réductions qui pourront avoir lieu par suite des liquida- « tions, à la somme de 60 millions, 780,000 francs. »

Tel est l'ensemble des dispositions législatives sur cette matière.

Il en résulte qu'une distinction très-nette a été établie entre les créances antérieures à l'an 9 et celles postérieures.

Les premières sont toujours considérées comme n'existant

plus; on n'en parle même pas. A l'égard des autres, ayant date du 1er vendémiaire an 9 au premier janvier 1816, les derniers budgets les comprennent toutes sous la dénomination d'arriéré antérieur à 1816; des dispositions expresses en garantissent la liquidation et le paiement, et en assignent les fonds (1).

Il a sans doute fallu que la loi de la nécessité fût bien impérieuse pour enchaîner la justice et la générosité du Roi et des Chambres. Triste et inévitable effet des révolutions!

Il me reste à examiner quelles sont les autorités chargées de statuer sur les créances dont il s'agit, par voie d'application des lois et décrets que j'ai rappelés, et quelles règles la jurisprudence du Conseil d'Etat a introduites.

II. Le décret d'organisation de la Commission du contentieux, du 11 juin 1806, exceptait de ses attributions deux matières, celle de la liquidation de la dette publique et celle des domaines nationaux.

Depuis, le décret réglémentaire du 23 février 1811, qui supprima le département des domaines nationaux, saisit la Commission du contentieux de l'instruction des affaires de cette espèce.

Mais aucun décret général ou spécial n'attribua les matières de liquidation à cette Commission, depuis l'abolition du Conseil général de liquidation.

En effet, on n'avait pas voulu sans doute le supprimer pour le faire revivre sous un autre nom.

L'art. 9 de l'ordonnance du 29 juin 1814, qui réorganisa le Conseil d'Etat, dispose que :

« Le Comité du contentieux connaîtra de tout le conten-
« tieux de l'administration de tous les départemens minis-
« tériel. »

Cet article n'investissait pas le Comité du contentieux du

---

(1) Loi du 23 septembre 1814, titre 3, — 28 avril 1816, titre 4, — ordonnance du 24 juillet 1816, — loi du 25 mars 1817, titre 4.

jugement des affaires de liquidation. Car, ou le Conseil général n'avait pas statué sur la créance réclamée; alors le pourvoi direct au Conseil d'Etat était tout au moins intempestif, puisqu'il n'existait aucune décision de première instance contre laquelle on recourût. D'un autre côté, cette décision de première instance ne pouvait désormais être prise, puisque aucune autorité n'a été substituée au Conseil général de liquidation, depuis sa suppression.

Ou le Conseil général de liquidation avait statué par voie de décision approuvée, ou porté la créance sur l'un des états sommaires de rejet. Dès lors, le créancier déchu ne pouvait être admis à revenir contre la chose irrévocablement jugée.

En vain le créancier dirait-il qu'il n'attaque que la décision du Ministre des finances, lorsque cette décision s'appuie uniquement, pour repousser sa demande, sur l'arrêté du Conseil général de liquidation (1).

C'est véritablement cet arrêté qu'il attaque et qu'il ne peut plus attaquer, et non la décision du Ministre, qui n'a ni ne s'arroge d'attribution pour en connaître.

Car le pouvoir de confirmer de tels arrêtés impliquerait le pouvoir de les rapporter.

Le Ministre ne fait réellement que délivrer aux créanciers la déclaration de son impuissance.

Il suit de là qu'il n'y a pas de voie ouverte contre cette déclaration improprement qualifiée de décision, puisqu'elle ne décide virtuellement rien.

Le pourvoi dirigé contre les contraintes décernées par le

---

(1) Il résulte d'une ordonnance du 29 mai 1822, que lorsqu'une décision du Conseil d'Etat a prononcé, sur la demande d'une partie en paiement de créances antérieures à l'an 9, qu'elle n'était pas recevable à se pourvoir par la voie contentieuse, cette partie ne peut ensuite recourir devant le Conseil d'Etat par voie indirecte, en attaquant la décision du Ministre des finances qui a rejeté ladite demande.

Ministre des finances pour l'exécution de ces arrêtés serait également inadmissible par le même motif.

Au surplus, l'ordonnance du 23 août 1815, rendue pour la nouvelle organisation du Conseil d'Etat, ne laisse aucun doute à cet égard.

En effet l'art 12 porte :

« Le Comité du contentieux connaîtra de tout le conten- « tieux de l'administration des divers départemens ministériels, « *d'après les attributions* assignées à la Commission du con- « tentieux par les décrets du 11 juin et du 22 juillet 1806.

D'où il faut conclure que si les matières de liquidation n'entraient pas dans les attributions de l'ancienne Commission du contentieux, elles ne peuvent entrer non plus dans les attributions du nouveau Comité.

Or l'ancienne Commission du contentieux s'abstenait telle-ment d'en connaître, que même elle renvoyait les parties à se pourvoir devant le Conseil général, quoiqu'il fût supprimé ; ce qui, pour le dire en passant, était dérisoire (1).

On lit également dans deux décrets du 4 mai et du 4 juin 1815,

« Qu'aux termes des *lois*, la Commission du contentieux « *ne peut* connaître des *difficultés* relatives à la liquidation « ou au paiement des dettes contractées par l'Etat avant le « 1er vendémiaire an 9. »

A la vérité, ce principe, dont l'énonciation est si absolue, a été posé pendant l'interrègne des cent jours.

Mais deux ordonnances royales rendues après la seconde restauration, les 18 mars 1816 et 11 juin 1817, ont confirmé ce principe, du moins quant aux arrêtés pris par le Conseil général de liquidation.

Elles portent :

« Qu'aux termes du décret du 11 juin 1806, le Comité du

_____

(1) 19 août 1815.

« contentieux n'est pas compétent pour connaître des *déci-*
« *sions* du Conseil de liquidation (1). »

Il serait compétent, que le pourvoi des parties n'en serait pas
moins non recevable, parce que ces arrêtés, approuvés par le
chef du gouvernement précédent, ont acquis la force de chose
jugée.

C'est ce que le Ministre des finances a exprimé dans une
décision du 29 novembre 1816, qui porte :

« Que les arrêtés du Conseil général de liquidation, *ap-*
« *prouvés* par le chef de l'ancien gouvernement, sont consi-
« dérés comme *des jugemens en dernier ressort,* contre les-
« quels il n'existe aucune voie de recours. »

Il suit de là que les parties ne peuvent se pourvoir valablement contre de semblables arrêtés, ni devant le Conseil d'État,
ni devant le Ministre des finances, ni devant quelque autre
autorité que ce puisse être.

Si l'on voulait tirer du décret du 11 juin 1806 une conséquence plus littérale que ne l'ont fait les ordonnances royales
du 18 mars 1816 et du 11 juin 1817 qui s'y réfèrent, on devrait aller jusqu'à dire que l'art. 7 de ce décret excepte des
attributions de la Commission, non-seulement les *décisions*
du Conseil général de liquidation dont il ne parle point,
mais toutes les *affaires contentieuses qui concernent la liqui-*
*dation de la dette publique..*

C'est donc une thèse qui n'est pas insoutenable, de préten-

_____

(1) Une ordonnance royale du 12 mai 1819 a prononcé dans le
même sens. Une autre ordonnance du 18 avril 1821 a même posé en
principe que, s'il y avait lieu à réformer de pareils arrêtés par suite
d'une *erreur matérielle reconnue,* cette *rectification,* si elle portait
sur une créance antérieure à l'an 9, se trouverait, *comme celle-ci,*
frappée de déchéance. Deux ordonnances des 20 mars et 12 juin 1822
ont aussi déclaré en principe, que les parties n'étaient pas recevables
à se pourvoir par la *voie contentieuse* contre les *arrêtés* du Conseil
général de liquidation.

dire que si le Comité du contentieux avait voulu s'attacher étroitement aux termes de ce décret réglémentaire, il aurait été fondé à repousser, par l'exception de son incompétence absolue, toutes les réclamations en paiement de dettes de l'Etat, quelles que soient l'époque, la cause et la nature de ces dettes.

Quoi qu'il en soit, le Comité du contentieux ne s'est pas cru incompétent pour proposer l'application de la déchéance, lorsqu'il s'agit d'un pourvoi formé contre une décision du Ministre des finances, qui repousse quelque créance dans l'arriéré de l'an 9, et qu'il n'est intervenu d'office, ou sur la demande des parties, aucun arrêté du Conseil général de liquidation.

C'est ce qui résulte des ordonnances des 27 mai, 20 novembre 1816, 11 juin 1817, 11 février 1818, 12 mai 1819, et autres (1).

Mais, outre que cette attribution que le Comité du contentieux retient pourrait lui être contestée, d'après le décret du 11 juin 1806, auquel le Comité s'est lui-même référé dans les ordonnances des 18 mars 1816, 11 juin 1817, 12 mai 1819 et 22 février 1811, il y a, dit-on, cet autre inconvénient, que les parties, déjà ruinées par les désastreuses mesures de la banqueroute, entament, à grands frais et à pure perte, un recours au Conseil d'Etat, qui lié par les mêmes nécessités que le Ministre des finances, nécessités peut-être plus étroites encore, puisqu'il statue comme juge, les repousse toujours (2).

---

(1) Ces ordonnances ont rejeté la demande des créanciers, quoiqu'ils eussent produit leurs titres en temps utile, et qu'ils n'eussent même cessé de réclamer devant le Conseil général de liquidation. Ce qui prouve que, dans cette matière, le mot de déchéance n'a pas la même acception que dans les lois ordinaires, puisqu'on ne devrait régulièrement appeler créanciers déchus que les créanciers qui n'ont pas fait leurs diligences avant l'expiration du délai fatal.

(2) Je crois qu'on pourrait peut-être résoudre la difficulté par cette distinction :

On pourrait dire que le Comité du contentieux doit se déclarer in-

Je dis que le Ministre des finances est lié comme le Conseil d'État, comme toute autre autorité quelle qu'elle puisse être ;

Car l'art. 17 du décret du 23 février 1808, porte :

« Il ne sera reçu *aucune nouvelle demande*, pour raison « des créances des exercices *antérieurs* au 1er vendémiaire « an 9. »

Enchaîné par la prohibition de ce décret, auquel le budget du 15 janvier 1810 a communiqué le caractère et la force d'un acte législatif, le Ministre des finances ne saurait admettre à la liquidation aucune créance de cette époque, sans ressusciter à la charge de l'État une dette abolie, et par conséquent sans excéder ses pouvoirs, et sans compromettre sa responsabilité.

Et comment le Conseil d'État qui, dans notre organisation actuelle, n'a aucune autorité propre et légale pour engager l'État ni pour ouvrir aux Ministres de nouveaux crédits, pourrait-il, en reconnaissant une telle dette, et en ordonnant son paiement, faire peser sur le Ministre une responsabilité que celui-ci n'aurait pas acceptée ?

Le caractère et les effets de la responsabilité ministérielle ne permettent donc pas, au Conseil d'État sous notre gou-

---

compétent, aux termes du décret du 11 juin 1806, pour connaître non-seulement des décisions du Conseil général de liquidation, mais encore de toutes les réclamations formées en paiement de créances antérieures au 1er vendémiaire an 9, parce que ces réclamations tombaient dans les attributions du Conseil général de liquidation.

Quant aux créances postérieures et sur lesquelles le Conseil général n'était pas appelé à prononcer et n'a pas prononcé en effet, il a fallu que les Ministres, chacun dans leur partie, statuassent en première instance. Or, aux termes de l'art. 12 de l'ordonnance du 23 août 1815, le Comité du contentieux doit connaître de tout le contentieux de l'administration des divers départemens ministériels. Il doit donc recevoir et examiner le recours des parties contre les décisions des ministres qui se renferment dans les limites que je viens d'indiquer.

Il y a même à cela plusieurs avantages, *Voy. eod. verb. §. 2.*

vernement représentatif, de connaître des demandes en liquidation de créances, sur des exercices dont les crédits législatifs
sont irrévocablement absorbés (1).

III. Toutefois, puisque l'usage, selon moi frustratoire pour
tous les créanciers antérieurs à l'an 9, permet de recevoir
dans la forme et d'instruire au fond leur recours au Conseil
d'Etat, il faut rechercher s'il n'y a pas quelques créances qui
échappent à l'application fatale de la loi du 15 janvier 1810,
soit parce qu'elles se trouveraient dans les exceptions de la déchéance, soit parce qu'elles paraîtraient appartenir à un
exercice postérieur à l'an 9.

Les questions qui s'élèvent entre le fisc et les créanciers
roulent presque toutes à la fois et sur la nature et sur la date
de la créance.

---

(1) Le Ministre des finances n'aurait pas le pouvoir de réformer une
décision du Conseil de liquidation, prise sous la forme d'arrêté ou d'état
sommaire de rejet, lors même que cet arrêté ou cet état aurait prononcé sur des créances postérieures à l'an 9.

Car, de deux choses l'une :

Ou la décision ou état n'a pas été approuvé par le chef du gouvernement ; et dans ce cas, le Ministre des finances n'est pas compétent
pour réformer la décision d'une autorité spéciale, égale à la sienne
dans cette matière, et dont l'appel devait être directement porté au
Conseil d'Etat, d'après l'arrêté du gouvernement du 11 prairial
an 10.

Ou la décision ou état sommaire a été approuvé ; et dans ce cas, il
y a également force de chose jugée, et pour le Ministre et pour le
Conseil d'Etat lui-même.

D'où il suit que, dans les deux cas, le Ministre des finances ou de
tout autre département doit s'abstenir de statuer. *Voy.* l'ordonnance
du 20 mars 1822.

La jurisprudence n'a introduit qu'une seule exception à cette règle,
c'est le cas où le Conseil général de liquidation a déclaré son incompétence. Car il n'existe pas alors de décision au fond, et il y a nécessité que le Ministre prononce.

C'est ce qui a été décidé, à mon rapport, par une ordonnance du
25 avril 1818.

D'une part, chaque créancier ne manque pas de prétendre que sa créance est rangée, par la spécialité unique de sa nature, dans une cathégorie à part, et qu'elle n'a jamais pu tomber dans les liens de la déchéance.

D'une autre part, le Ministre des finances attache un sens absolu à ce mot de créance; il n'admet aucune exception à la déchéance, à moins que cette exception ne soit littéralement écrite dans le texte des lois de la matière.

C'est ce qu'il a exprimé d'une manière remarquable dans une décision portant que, « la loi du 23 octobre 1814 ( art. 22 « et 23 du titre 4 ) ayant confondu sous le nom commun « de *créances* et de *dépenses* tous les paiemens étrangers au « service courant, ces dénominations générales embrassent les « répétitions de toute espèce;

« Que nulle autorité, si ce n'est celle du *législateur*, n'a « droit d'excepter un *ordre quelconque* de créances, de la « condition *commune à toutes*, et que les *interprétations* « qui n'émaneraient pas de la *loi* seraient non-seulement « *arbitraires*, mais encore *abusives*, faute de pouvoir leur « assigner des limites certaines. »

C'est d'après cette déclaration de principe que les Ministres des finances, de la marine, de l'intérieur et de la guerre, en première instance, et le Conseil d'Etat, en appel, ont classé indistinctement dans l'arriéré de l'an 9 des créances de toute nature et réclamées à titre de spécialité:

1°. Pour prix de biens vendus par erreur comme nationaux, sur des prêtres réclus (1);

2°. Pour revenus d'une corporation indivise avec l'Etat, et perçus par lui, pendant le séquestre national, quoique la créance ait été liquidée par les préfets, au profit des réclamans;

---

(1) Ordonnance du 11 février 1818.

3°. Pour le prix de biens partagés pendant la minorité des réclamans (1);

4°. Pour remboursement de capitaux de rentes ou dettes payées à la décharge de l'État, par suite de partage de successions et de présuccessions, ou à autre titre (2);

---

(1) Décision du Ministre des finances, du 18 juillet 1817.
(2) Décision du 2 septembre 1817.
Ordonnances des 13 mars 1822, — 20 mars 1822.

C'est aussi ce qui a été exprimé avec force dans un avis des Comités de législation et des finances, approuvé le 20 décembre 1820 par le Ministre des finances.

Il s'agissait de savoir si le copartageant d'un bien d'émigré, qui est contraint, par suite de l'obligation hypothécaire, de payer une dette mise à la charge de l'État par l'acte de partage, est subrogé aux droits du créancier qui a encouru la déchéance, ou bien s'il peut exercer son recours en garantie contre le gouvernement, sans éprouver la fin de non recevoir résultant de la subrogation ?

Sur cette question, les Comités réunis ont été d'avis et le Ministre des finances a décidé :

« Que tout ce qui tient à la transmission et au partage des biens
« possédés par les émigrés, ou qui leur sont échus pendant leur émi-
« gration, et au paiement de leurs dettes passives, ayant été réglé
« par des lois d'exception, c'est par ces lois, et non par l'application
« du droit commun, que doivent être jugés tous les actes relatifs aux
« valeurs échues ou aux dettes passives de ces mêmes émigrés ;

« Que les lois des 13 nivôse et 1er floréal an 5 ayant déclaré ex-
« pressément créanciers directs de l'État les créanciers des émigrés,
« toutes les actions, directes ou indirectes, principales ou accessoires,
« qui dérivent de ces mêmes créances, sont assujetties à la législation
« exceptionnelle ;

« Que l'art. 112 de la loi du 1er floréal, en abolissant toute solida-
« rité envers la nation à raison de créances sur les émigrés, a détruit
« en même temps, et par une conséquence nécessaire, tous les recours
« qui dérivent de l'action hypothécaire et de la solidarité que l'hypo-
« thèque établit sur tous les biens qui lui sont soumis;

« Que le recours mutuel des cohéritiers entre eux était incompati-
« ble avec la législation exceptionnelle sur les émigrés; et que les prescrip-
« tions établies par l'État, en matière de créance, n'étant pas les

5°. Pour indemnité de non-jouissance de terrains vendus par l'État (1);

6°. Pour exécution d'un titre créé en l'an 10 par une loi, en indemnité de pertes antérieurement éprouvées (2);

7°. Pour le prix de biens appartenans à un *régnicole*, et néanmoins vendus comme nationaux (3);

8°. Pour le prix de fournitures et créances de toute espèce, dont la liquidation a été renvoyée au Conseil général, par des décrets spéciaux des années 13 et postérieures, ou dont l'ajournement a été prononcé par ledit Conseil (4);

9°. Pour prix des sommes dues par l'État à des femmes d'émigrés sur leurs constitutions dotales, quoique déjà liquidées provisoirement (5);

10°. Pour solde d'avances faites avant l'an 9, par des fournisseurs et entrepreneurs du service public, mais reconnues postérieurement par des arrêts de la Cour des comptes (6);

11°. Pour avances faites par des comptables, qui n'ont été reconnues par des arrêts de la Cour des comptes que *postérieurement* à l'an 9 (7);

12°. Pour l'exercice d'un privilége sur un bien tombé dans

---

« mêmes que celles qui régissent les dettes entre particuliers, on ne
« peut, à prétexte d'une condamnation et d'un paiement fait après le
« 1er vendémiaire an 9, faire revivre une créance frappée de déchéance,
« comme antérieure à l'an 9, par le décret du 25 février 1808;

Sur le recours de la partie lésée, la décision du Ministre des finances a été confirmée par une ordonnance du mois de juin 1822, rendue au rapport de M. le baron de Crouseilhes.

(1) Décision du Ministre des finances, du 13 mars 1818.
(2) Décision du Ministre des finances, du 14 juin 1818.
(3) Décision du Ministre des finances, du 4 août 1820, — ordonnances des 11 février 1818, — 4 mars 1819, — 24 octobre 1821.
(4) Décision du Ministre des finances, du 9 juin 1820.
(5) Ordonnances des 11 février 1818, — 6 décembre 1820.
(6) Ordonnance du 20 novembre 1816.
(7) Ordonnances des 21 octobre 1818, — 4 août 1819, — 8 août 1821.

la main de l'Etat, par une dation en paiement et à titre d'antichrèse (1);

13°. Pour indemnité de biens vendus comme nationaux sur des chevaliers de Malthe, postérieurement au traité politique du 24 prairial an 6, qui prohibait l'aliénation ultérieure desdits biens (2);

14°. Pour rectification d'erreurs commises au préjudice des réclamans dans la liquidation et l'inscription de rentes viagères sur le Grand-Livre de la dette publique, quoique la production des titres ait été faite en temps utile (3);

15°. Pour des condamnations en garantie prononcées contradictoirement avec l'État, par des jugemens passés en force de chose jugée (4);

16°. Pour dépôts de sommes versées à titre de cautionnement dans les caisses du trésor, ou à tout autre titre (5);

17°. Pour consignations de deniers provenans d'expropriation forcée et versés avant l'an 5, par ordre de justice, dans les caisses publiques (6);

18°. Pour indemnité du prix de biens nationaux dont l'acquéreur a été évincé au profit d'un premier acquéreur des mêmes biens, ou pour toute autre cause (7);

19°. Pour les bonifications d'intérêts liquidés en l'an 12, mais qui ne sont autre chose qu'une indemnité à raison de pertes essuyées sur un service antérieur à l'an 8 (8);

---

(1) Ordonnance du 19 mars 1820.
(2) Ordonnance du 20 novembre 1816.
(3) Ordonnance du 27 mai 1816.
(4) Ordonnance du 8 août 1821.
(5) Décision du Ministre des finances du 17 mai 1816, — Lois des 24 frimaire an 6, — 9 vendémiaire an 7, — Arrêté du 5 nivôse an 7, — Avis du Conseil d'Etat du 14 floréal an 13, — Ordonnance du 6 septembre 1820.
(6) 18 avril 1821.
(7) 17 novembre 1819, — 2 février 1821.
(8) 23 février 1820.

20°. Pour les dettes des communes, mises par les art. 82 et 85 de la loi du 24 août 1793, à la charge de l'Etat (1);

21. Pour valeur de maisons abattues ou de terrains expropriés pour cause d'utilité publique, avant l'an 9 (2);

22°. Pour des démolitions de châteaux faites en 1792 (3);

23°. Pour des hypothèques assises sur des biens vendus au profit de l'Etat avant l'an 9 (4);

24°. Pour les dettes des émigrés, qui, indépendamment des déchéances générales qui frappent les créances antérieures à l'an 9, ne peuvent être à la charge de l'Etat, puisqu'il ne représente plus les débiteurs (5);

25°. Pour fonds versés en l'an 8 dans la caisse des invalides de la marine (6);

26°. Pour prix de biens vendus par suite de prévention d'émigration (7);

27°. Pour soldes arriérées (8);

28°. Pour dettes exigibles des hospices, des établissemens de bienfaisance et du Mont-de-Piété, mises à la charge de l'Etat, à compter du 23 messidor an 2 jusqu'au 16 vendémiaire an 5 (9).

On peut encore ranger parmi les créances déchues toutes celles qui n'ont pas été admises à liquidation avant le 1er juillet 1810, et qui se trouvent comprises sous les n°s 1, 2, 6, 7, 8, 9, 10, de l'*art.* 4 du décret du 13 décembre 1809, ou

---

(1) *Voyez* au mot COMMUNES, § IX.

(2) 15 mars 1822, — 8 mai 1822.

(3) 6 septembre 1820.

(4) 19 mars 1820.

(5) 6 décembre 1820.

(6) 27 octobre 1819.

(7) 12 mai 1819.

(8) 31 mars 1819.

(9) Lois des 20 messidor an 2, — 29 pluviôse et 9 prairial an 5, — Avis du Conseil d'Etat, du 8 thermidor an 13. — Ordonnance royale du 6 février 1822.

portées sur les états sommaires dressés par le Conseil général de liquidation et approuvés en masse au Conseil d'Etat (1).

IV. Les questions qui s'élèvent sur la date originaire des créances ne sont pas moins nombreuses que celles qui s'élèvent sur leur nature.

On peut néanmoins les réduire à celles-ci :

La date de la créance remonte-t-elle au jour où elle engendre un titre exécutoire, ou bien au jour où elle est née ?

N'est-ce pas la date du jour où le titre de la créance existe qui détermine l'exercice sur lequel la créance doit être payée ?

La question n'a pas été trouvée sans difficulté.

Ainsi, par exemple, des jugemens ou arrêts des tribunaux, passés en force de chose jugée, n'ont accordé au créancier un titre exécutoire que postérieurement à l'an 9.

Des arrêts définitifs de la Cour des comptes, après avoir apuré la gestion d'un receveur des contributions, l'ont reconnu et déclaré créancier de l'Etat en l'année 1801 et suivantes.

Des créanciers n'ont pu obtenir qu'en 1810 des bordereaux de collocation pour toucher, en ordre utile, des sommes déposées en 1790, par autorité de justice, dans la caisse des consignations, dont l'Etat s'est depuis emparé.

Des tiers ont fait condamner l'Etat, par des arrêts passés en force de chose jugée, à les garantir et indemniser de sommes payées par eux à sa décharge.

Un tiers régnicole, dépouillé en l'an 8 de sa propriété, vendue, par l'erreur ou la violence de l'administration, comme bien national, n'a pu, à cause des lenteurs affectées du Domaine, son adversaire, ou de divers incidens, indépendans de sa volonté, se faire reconnaître et juger définitivement propriétaire du bien illégalement aliéné, qu'en 1810.

_____

(1) 8 septembre 1819.

Un décret spécial, rendu en 1808, en maintenant la vente d'un bien indivis avec l'Etat faite avant l'an 9, et indécise jusqu'au décret, aura ordonné de procéder à la liquidation des indemnités dues au copropriétaire dépossédé.

Des créanciers privilégiés ou hypothécaires, des corporations et congrégations religieuses supprimées, poursuivent l'Etat en paiement de créances contractées avant la main-mise nationale sur les biens de leurs débiteurs, et demandent qu'à défaut de paiement, ils soient autorisés à suivre leur action hypothécaire par la voie de saisie réelle sur l'Etat, qui garde les biens.

Des régnicoles ont été expropriés en l'an 8 par l'Etat, qui refuse de leur rembourser la valeur des bâtimens ou terrains dont il s'est emparé et qu'il détient, quoique les lois leur assurassent une indemnité juste et préalable.

Des fournisseurs, entrepreneurs de travaux publics, comptables ou autres, opposent aux poursuites du trésor la compensation de leurs créances sur l'Etat, dont le trésor ne conteste pas la validité intrinsèque, mais qu'il refuse d'admettre, parce qu'elles sont antérieures à l'an 9 et, à ce titre, frappées de déchéance.

Un cohéritier est contraint, non par voie de subrogation, mais hypothécairement, à payer à un tiers, à la décharge de ses cohéritiers, représentés par l'État, et en vertu d'un jugement de condamnation de l'an 10, une rente due par la succession et contractée en 1790, et il soutient que sa créance sur l'État, pour en être garanti et indemnisé, ne date que du jour de la condamnation prononcée par le jugement de l'an 10, etc.

Si l'on examinait ces divers cas et autres semblables, d'après les lois de l'équité naturelle et les maximes du droit commun, on ne pourrait s'empêcher d'admettre la réclamation des créanciers.

Il est évident qu'ils se trouvaient dans l'impossibilité matérielle de se pourvoir en liquidation. Car un créancier ne peut demander le paiement de ce qui lui est dû, que lorsqu'il possède un titre exécutoire. Si, en effet, il s'était présenté devant la liquidation, ne l'aurait-on pas repoussé par le défaut de production de titre? On ne peut être déchu que lorsqu'on est mis en demeure. On ne peut être mis en demeure que lorsqu'on peut agir. On ne peut agir sans titre. C'est le titre seul qui constitue un créancier. La division des exercices est purement administrative, pour l'ordre et la régularité des diverses parties du service. C'est donc à l'époque seule où le titre a été reconnu que la créance commence à exister. C'est à l'exercice de cette époque qu'elle appartient, et c'est dans les valeurs de cet exercice qu'elle doit être payée.

A ces objections, le Ministre des finances a constamment répondu,

Que prétendre que la date des liquidations détermine celle de la créance et l'exercice auquel elle appartient, c'est tout confondre, tout intervertir; que, s'il en était ainsi, telle créance qui, d'après la loi du 9 vendémiaire an 6, est réductible au tiers, serait payée intégralement en rentes à 5 pour cent, par cela seul que des circonstances particulières en auraient retardé la liquidation, et que, si elle n'avait lieu que postérieurement au 1er janvier 1816, on ne serait même plus fondé à en refuser le paiement en numéraire; que le budget de chaque année détermine le montant de la recette et de la dépense qui lui est propre; que si la dépense a excédé la masse de contribution dont le recouvrement était affecté à son paiement, ce qui reste dû, liquidé ou non, ne peut plus faire partie du budget de l'année suivante; qu'il y est pourvu, soit sur l'arriéré des contributions restant à recouvrer, soit par des moyens extraordinaires; que lorsque la somme de l'un et de l'autre se trouve insuffisante, on avise à de nouveaux moyens, si les circonstances le permettent; mais que jamais les produits d'un exercice ne sont affectés à l'acquit d'un autre exercice autrement que par une loi spéciale.

Ces argumens sont décisifs, et il est évident que c'est l'exercice dans lequel la dépense a été faite, et non la date de la liquidation qui détermine l'application du mode de paiement.

Quant à la date de la créance, il n'est pas moins évident que l'impossibilité d'agir ne constitue pas le défaut d'obligation ; que l'obligation date du jour où elle a pris naissance ; que les jugemens ou aveux sont purement déclaratifs ; qu'ils reconnaissent seulement qu'à telle date antérieure, l'Etat a été débiteur ; qu'ainsi, le jugement ne crée pas le titre, mais qu'il lui donne seulement force et exécution, après l'avoir vérifié ; que, par exemple, lorsqu'un tiers régnicole a été dépouillé de son bien par une vente nationale, ou exproprié pour cause d'utilité publique, ce n'est pas du jour du jugement, mais de la date de l'expropriation que doivent courir les intérêts représentatifs des fruits de la chose dont il a été privé ; qu'il a droit de les répéter contre l'Etat depuis sa dépossession ; qu'on les lui accorde en effet, lorsque l'expropriation ou la vente sont postérieures à l'an 9 ; que si donc les intérêts courent, c'est que le capital est dû, c'est que la créance existe (1).

L'impossibilité d'agir, qui vient, soit de l'incapacité de la personne, comme si elle était mineure, soit de la force des circonstances, soit même du fait de l'Etat adversaire, pourrait être un juste motif de relever le créancier de la dé-

---

(1) C'est ce qui a été exprimé clairement dans une ordonnance royale du 8 août 1821, d'où il résulte que les jugemens des tribunaux n'étant point des actes constitutifs, mais déclaratifs des créances pour lesquelles ils prononcent des condamnations, ce n'est point au jour où ces jugemens sont obtenus que remonte la créance sur l'Etat, mais au jour où l'instance s'est liée entre les parties, où le trouble a été apporté, où l'engagement originaire et d'où se tire la condamnation a été contracté, où l'action récursoire en garantie s'est ouverte contre l'Etat, quoique sans exercice vivant et actuel.

Il importe même peu que les jugemens qui condamnent l'Etat, et les actes exécutoires de ces jugemens, soient passés en force de chose jugée. Car l'Etat, dans l'ordre de la compétence administrative, a droit d'opposer la déchéance à l'exécution comme au titre.

chéance; mais elle ne saurait avoir pour effet de placer cette créance dans un exercice qui ne se détermine que par la date originaire de ladite créance.

Aussi ne repousse-t-on pas les créanciers de l'arriéré parce qu'ils sont déchus; car souvent ils ont été mis dans l'impuissance matérielle ou légale d'agir; souvent ils ont fait leurs diligences en temps utile; souvent ils n'ont cessé d'être en instance de réclamation devant le Conseil de liquidation pendant la durée de ce Conseil; souvent enfin la liquidation même a été consommée, soit par le Conseil général, soit par les différentes autorités investies de ce droit d'après les lois. Sous tous ces rapports, il n'y a pas lieu de prononcer leur déchéance. On ne peut dire non plus que leur créance est nulle ou mal vérifiée; car on n'en conteste ni l'existence ni la validité.

Mais l'exercice sur lequel leur action porte est épuisé. On ne refuse pas de leur ouvrir la caisse de cet exercice, mais ils la trouveront vide.

En un mot, aucune autorité, depuis la suppression du Conseil de liquidation, n'a reçu la mission légale de faire rembourser, par le trésor, les créances antérieures au 1er vendémiaire an 9, qui ne se trouvent pas dans le cas de la seule exception admise par le décret du 13 décembre 1809, et les crédits ouverts sur le Grand-Livre de la dette publique, par les lois des 23 septembre 1814, 28 avril 1816 et 25 mars 1817, ne sont affectés qu'aux paiemens des créances arriérées postérieures à ladite époque du 1er vendémiaire an 9.

V. En résumé, une proscription générale enveloppe toutes les créances arriérées de l'an 9, quels qu'en soient la cause, la forme et le titre (1).

La jurisprudence du Ministre des finances n'a consacré que

_____

(1) 11 juin 1817, — 22 février 1821, — 27 février 1822, — 17 avril 1822, — 29 mai 1822, — juin 1822.

deux exceptions à cette règle, parce qu'elles se trouvent clairement écrites dans le décret du 13 décembre 1809.

L'article 9 de ce décret, qui ferme irrévocablement, au 1er juillet 1810, la liquidation de toutes les autres créances, en excepte les seules créances données en paiement de domaines nationaux, et les remboursemens réclamés par des engagistes et échangistes dépossédés depuis la loi du 11 pluviôse an 12.

Cette dernière loi autorisait une spoliation si monstrueuse, que le gouvernement, pour en atténuer l'iniquité, ne crut pas pouvoir s'empêcher d'ouvrir un recours en indemnité aux échangistes et engagistes si violemment dépossédés.

La loi du 28 avril 1816 (art. 116), les a pleinement restitués dans le bénéfice de la loi du 14 ventôse an 7 (art. 14.).

Dès lors, il leur importe assez peu que le recours en liquidation soit aujourd'hui fermé pour eux, puisqu'ils peuvent, à défaut du prix, avoir la chose.

D'ailleurs, j'inclinerais à penser que, d'après les lois anciennes et nouvelles sur les domaines engagés, la dépossession conférait une action en remboursement du prix de l'engagement, qui n'a pu être forclose.

Cela posé, la date de la créance (1) serait postérieure à l'an 9; par conséquent, la déchéance ne pourrait l'atteindre. Mais aujourd'hui la solution de cette difficulté est presque sans objet, à moins que les engagistes n'aient laissé expirer le délai utile de la soumission, et que le Ministre des finances ne leur applique la déchéance prononcée par l'art. 13 de la loi du 14 ventôse an 7.

Quant aux acquéreurs de biens nationaux, on craignait de les alarmer, comme je l'ai déjà dit, si l'on eût repoussé des valeurs que les lois d'aliénation les invitaient à donner pour se libérer.

---

(1) *Voy.* au mot DOMAINES ENGAGÉS, § 2.

On ne peut donc aujourd'hui refuser de les admettre définitivement à cet emploi, même lorsqu'ils ne représenteraient
pas les pièces justificatives de ces créances, pourvu toutefois
qu'il existe des traces d'une liquidation, telles, par exemple,
que celles qu'on retrouve sur les états sommaires dressés en
exécution du décret du 25 février 1808. On a vu que ce décret avait ordonné la destruction de tous les titres. Ce fait volontaire du débiteur ne peut être opposé au créancier.

C'est ce qui résulte d'une décision du Ministre des finances,
du 12 mai 1819.

On n'a point égard, dans ce cas, à l'intérêt que peut avoir
l'ancien propriétaire au résultat du décompte, parce que la
loi du 5 décembre 1814, en ordonnant que le produit des
décomptes du prix des biens vendus pour cause d'émigration
serait remis aux anciens propriétaires, les a substitués aux
droits du domaine de l'Etat, et n'a pu leur attribuer que les
sommes réellement dues à l'Etat et exigibles. Or le Domaine
n'aurait pu, avant ladite loi, exercer aucune poursuite ni réclamation contre l'acquéreur. En le déclarant quitte, on ne
lui accorde ni remise ni faveur. On reconnaît sa libération,
antérieurement et réellement opérée par la remise de ses
pièces et par la compensation de sa créance.

C'est dans ce sens que le Ministre des finances a pris une décision le 9 juin 1819.

Je dois ajouter que les lois de la révolution et des gouvernemens intermédiaires ont frappé de déchéance certaines
créances, non-seulement d'après leur origine, mais encore
d'après la qualité des créanciers.

Ainsi, indépendamment des déchéances générales qui at-
teindraient les émigrés, considérés comme créanciers de l'Etat,
il y a des déchéances spéciales qui les privent, eux, leurs héritiers ou ayans cause, de tout recours pour le prix de leurs
biens vendus et des fruits de ces biens échus pendant la main-
mise nationale.

L'art. 1er de l'arrêté du 29 messidor an 8 porte :

« Toutes demandes en *restitution* ou *indemnité*, soit des
« fruits ou revenus *échus* des biens séquestrés jusqu'au jour
« de la radiation définitive des *inscrits*, soit sur le prix de la
« vente des biens séquestrés à raison de l'inscription des pro-
« priétaires sur la liste des *émigrés*, *ne peuvent être ad-*
« *mises.* »

L'art. 3 de la loi du 5 décembre 1814 leur refuse également la remise de tous fruits *perçus* par le Domaine.

Je terminerai en disant qu'une ordonnance royale, du 30 avril
1816, avait excepté de la déchéance les créanciers expropriés
pour cause d'utilité publique, de maisons, terrains, bois, établissemens d'eau minérale, etc. (1).

_____

(1) Je sais combien il serait périlleux, et même injuste, d'établir des
distinctions entre les créanciers de l'Etat. Les Ministres encourraient
une grave responsabilité et le Conseil trahirait ses devoirs, si, sous
quelque prétexte que ce puisse être, ils admettaient, comme juges, les
uns en première instance, l'autre en appel, des créances que la loi
a proscrites. Mais s'il était permis de demander quelque exception au
législateur, ne serait-ce pas en faveur des particuliers expropriés pour
cause d'utilité publique, et dont l'Etat a gardé les biens ? Y eut-il
jamais une spoliation plus monstrueuse ? Car l'Etat peut dire (quoique
ce soit, en morale, en conscience, en justice, une mauvaise excuse)
aux dépositaires: La révolution a dévoré les fonds que vous aviez versés
dans mes caisses ; aux régnicoles dont les biens ont été vendus comme
nationaux : Je n'ai ni votre chose ni le prix de la vente ; aux fournisseurs, aux communes et particuliers frappés de réquisitions, à tous les
créanciers de l'Etat : Je ne nie pas ma dette, mais je n'ai pas de fonds
pour l'acquitter ; aux émigrés : J'ai vidé mes mains, etc. Mais que peut-
il dire aux expropriés qui ne sont pas des créanciers ordinaires, des
créanciers volontaires, comme les fournisseurs et les entrepreneurs de
travaux publics, et même comme les rentiers qui se sont abandonnés
spontanément à la foi de l'Etat, et qui, par conséquent, ont couru les
chances de cet abandon ?

Comment l'Etat peut-il frapper de déchéance les expropriés ? Est-ce
qu'ils sont créanciers ? Est-ce qu'une créance ne présuppose pas une

, Mais cette ordonnance a été rapportée comme contraire à la loi du 28 avril 1816, qui n'établit aucune distinction entre tous les créanciers de l'Etat.

. Tel est l'ensemble des règles de cette matière.

## § II.

: *Quels sont le caractère, l'autorité et les effets des déci-sions rendues par le gouvernement impérial, en matière de liquidation de la dette publique?*

Le premier effet des révolutions politiques est presque toujours de remettre en question ce que le gouvernement qui s'en va a jugé.

Ainsi, lorsque le Roi remonta sur le trône de ses pères, les créanciers de l'Etat poussèrent un cri vers lui, et se soulevè-rent en masse contre les actes du pouvoir déchu.

Le gouvernement royal, ému de pitié, attisa leurs espé-rances par quelques concessions. Mais lorsque, après les pre-mières agitations de son établissement, il se fut un peu reposé sur lui-même, et qu'il eut tourné ses regards vers les néces-sités du trésor, il eut frayeur. Il vit que la France allait suc-comber sous le poids de la dette éteinte.

Il crut que c'était assez d'avouer dans leur effrayante im-mensité les dettes vivantes; que les autres restaient pour lui et pour les créanciers telles que le passé les avait faites; que les actes du pouvoir absolu étaient nécessairement, de leur na-

---

somme prêtée ou une chose fournie? Est-ce qu'aux termes des lois civiles et constitutionnelles, la fixation et le remboursement de l'indem-nité ne doivent pas précéder le fait matériel de l'expropriation? Est-ce qu'il n'est pas révoltant que l'Etat punisse les particuliers de sa propre violence et de sa mauvaise foi, qu'en refusant le prix il garde la chose, et qu'il étale ainsi aux yeux des citoyens le spectacle continuel et présent de la spoliation? C'est une de ces infractions des lois éternel-les de la conscience et de la justice qui ébranlent la foi des citoyens dans la probité des gouvernemens, et contre lesquelles on ne saurait trop hautement protester, ne fût-ce que pour en prévenir le retour,

ture, absolus comme lui-même; qu'il fallait les juger par ce qu'ils ont été, et non par ce qu'ils auraient dû être; qu'on ne pouvait appliquer la règle à ce qui était hors de la règle; que les fournisseurs et entrepreneurs des différentes parties du service public avaient été condamnés par le pouvoir illimité dont ils relevaient; qu'ils avaient accepté, et, par conséquent, qu'ils devaient subir les conséquences de la position dans laquelle ils s'étaient volontairement placés; qu'ils ne pouvaient imposer au gouvernement du Roi l'obligation d'appliquer les principes qui le dirigent à des opérations aléatoires, librement engagées et définitivement consommées sous l'empire et dans l'esprit d'un autre système.

Depuis, le gouvernement, les Chambres, le Conseil d'État et l'opinion publique ont constamment marché, dans cet ordre d'idées, vers la restauration des finances.

Toutes les créances sur l'État antérieures à 1814 ont été, sans distinction, rangées dans deux classes.

Les créances antérieures à l'an 9 ont été frappées de la déchéance universelle prononcée par le décret du 25 février 1808, confirmée par les lois des 15 janvier 1810 et 20 mars 1813, et renouvelée par les lois des 25 mars 1817 et 15 mai 1818 (1).

Les créances postérieures à l'an 9 ont été soumises, selon leur nature, à des déchéances particulières.

Dans le cours de son existence, le gouvernement impérial avait statué sur une multitude d'intérêts, surtout en matière de fournitures, d'entreprises et de travaux publics.

Les uns avaient été frappés par des actes souverains, auxquels les empiètemens du pouvoir exécutif prêtaient une force législative; les autres, par des actes administratifs, tels que

---

(1) Le budget discuté, en ce moment, par la Chambre des députés porte de nouvelles forclusions contre les créanciers de l'arriéré qui ne se pourvoiront pas dans le délai utile.

décisions, arrêtés, liquidations, etc. , qui prenaient leur source dans les lois ou dans les règlemens généraux de l'époque. Tous ces actes, sans exception, se tiennent dans l'état immobile où la restauration les a surpris.

S'ils étaient définitifs pour le gouvernement impérial, ils sont aujourd'hui définitifs pour le gouvernement du Roi.

Ainsi, les décisions rendues par le chef du gouvernement précédent dans les Conseils d'administration, les arrêtés du Conseil général de liquidation, les états sommaires des créances rejetées, les décisions des commissions de Saint-Domingue et des autres commissions spéciales, les décisions même des Ministres de chaque département, notifiées aux parties, et non attaquées dans le délai utile; les décrets particuliers pris sur le rapport de ces commissions spéciales, ou sur celui des Ministres, en matière de travaux, fournitures, entreprises, réquisitions de marchandises, de denrées, de vivres et d'argent, confiscations, expropriations, dépôts, répétitions de deniers, changes, négociations de valeurs, déclarations de débets, services, pensions, indemnités et créances de toute espèce, ont acquis l'autorité irrévocable de la chose jugée.

On a commencé à établir cette doctrine dans une ordonnance royale, du 19 juin 1817, qui porte :

« Les entrepreneurs qui ont traité avec le gouvernement
« antérieur à la restauration étaient soumis, pour l'interpré-
« tation et l'exécution de leurs marchés, aux décisions qu'il
« rendait pour régler leurs comptes et fixer leurs liquidations,
« puisqu'il était *juge* en *dernier ressort* de leurs *réclama-*
« *tions.*

« Dès lors, *toute décision* contre laquelle un entrepreneur
« n'a pas réclamé, ou dont la requête n'a pas été admise
« *avant* le 1ᵉʳ *avril* 1814, doit être considérée comme *défi-*
« *nitive.* »

Je ferai remarquer que, si ce décret a tout jugé, il importe peu qu'il ait été rendu par défaut ou contradictoirement; ou qu'il ait excédé sa compétence; car, en matière de liquidation, les formes juridiques, et, il faut le dire, justes, de l'instruction contentieuse, n'étaient pas admises.

Par conséquent, la voie de l'opposition ou de la tierce opposition, que le règlement du 22 juillet 1806 ouvre contre les décisions rendues en Conseil d'Etat, sur la proposition du Comité du contentieux, serait fermée.

Il importe peu aussi que le décret ait été ou non attaqué dans les délais du règlement du 22 juillet 1806, par deux motifs : l'un, que les dispositions de ce règlement ne sont pas applicables, dans la forme, aux matières de liquidation; l'autre, que ces matières, quant au fond, et surtout lorsqu'elles ont été consommées avant le 1er avril 1814, sont étrangères aux attributions du Comité du contentieux.

On doit même ajouter que ces actes souverains ne sont susceptibles d'aucun recours devant toute autre autorité, quelle qu'elle soit.

Il suit de là, que les ordonnances rendues sur le rapport du Ministre des finances, qui réconnaîtraient l'existence et la force obligatoire d'une dette éteinte par un décret définitif, engageraient la responsabilité de ce Ministre, puisqu'elles augmenteraient la dette de l'Etat sans l'autorisation des Chambres.

Il suit de là, pareillement, qu'une ordonnance rendue sur le seul rapport du Ministre des finances ne peut reconstituer une dette abolie par un décret, à la charge des Ministres de la marine, de l'intérieur, de la guerre, sans leur participation et leur aveu, parce qu'il ne peut faire peser sur eux, malgré eux, une responsabilité qu'ils n'ont ni prévue ni acceptée.

La solidarité ministérielle ne doit s'entendre raisonnablement que des actes simultanés et volontaires.

Le décret rapporté par l'ordonnance, resterait dans toute sa force pour le Ministre qui l'invoque dans l'intérêt de son département.

Il est également vrai de dire que de simples ordonnances, même consenties par tous les Ministres, ne suffiraient pas, en principe, pour révoquer les décrets pris au profit de l'État, et qui, en matière de liquidation surtout, ont le caractère et la force non-seulement des actes législatifs, mais encore de la chose jugée, de cette chose jugée que l'irrévocabilité des droits acquis au profit, soit des particuliers, soit de l'État, et que les besoins universels de la société, ont mise au-dessus de la puissance abrogatoire des lois elles-mêmes.

Les lois de finances, rendues depuis la restauration, ont toutes confirmé à l'envi, et comme par une sorte d'émulation, ces règles de nécessité, d'ordre, de prévoyance et de salut, que la jurisprudence du Conseil d'État avait fondées.

L'art. 5 de la loi du 25 mars 1817 porte en termes explicites :

« Les créanciers de l'arriéré seront tenus de produire leurs « titres dans le délai de *six mois* après la publication de la « présente loi, *sans préjudice* de l'observation des délais *déjà* « fixés, et des déchéances *encourues* et à *encourir*. »

Cet article maintient, comme on le voit, sans nulle exception, les déchéances générales et particulières précédemment encourues ; il ajoute même aux sévérités impérieuses de ces déchéances, en établissant de nouvelles forclusions.

Le Conseil d'État a souvent gémi sur l'impuissance où il se trouvait de réparer les effroyables injustices dont la révolution a frappé les créanciers de l'État. Mais il ne fait point les lois, il les applique : il ne crée point les déchéances, il les vérifie, les constate et les déclare. Il a fidèlement suivi les prescriptions de la loi du 25 mars 1817, dans les nombreuses et inflexibles applications qu'il en a faites aux créanciers de toute origine, de tout ordre, de toute nature. Il a reconnu que les déchéances du gouvernement impérial, unies par la similitude des faits et des décisions, étaient solidaires entre elles ; qu'on ne saurait toucher aux unes sans ébranler les autres ; enfin, que la conséquence d'une seule déviation au système de la déchéance absolue ne pourrait être que l'alternative d'un accroissement incalculable de la dette publique ou d'une préférence arbitraire entre les créanciers, préférence injuste, et, par cela même, impossible.

C'est dans ce sens qu'il a été prononcé par les ordonnances royales des 31 mars 1819, 12 mai 1819, 12 mai 1819, 4 août 1819, 8 septembre 1819, 27 octobre 1819, 27 octobre 1819, 17 novembre 1819, 23 février 1820, 19 mars 1820, 30 mai 1820, 28 juillet 1820, 16 août 1820, 6 septembre 1820, 6 septembre 1820, 6 septembre 1820, 1er novembre 1820, 1er novembre 1820, 6 décembre 1820, 18 avril 1821, 18 avril 1821, 18 avril 1821, 8 août 1821, et autres.

Je ne puis m'empêcher, en terminant, de faire une réflexion :

C'est dans cette matière surtout qu'il est facile de reconnaître tous les avantages qui résultent de l'institution des Comités du Conseil d'Etat auprès de chaque département ministériel, et de la régularité des formes presque judiciaires d'après lesquelles le Comité du contentieux procède.

Les Ministres convertissent, d'ordinaire, en décisions les avis de leurs Comités, qui, par le rang, les lumières, l'expérience et l'incorruptibilité de leurs membres, offrent à l'Etat, comme aux parties, toutes les garanties qu'ils peuvent désirer dans un premier degré de juridiction.

Le bien ou le mal jugé de ces actes s'éprouve ensuite dans les débats contradictoires du recours au Comité du contentieux, si la partie croit devoir les y déférer.

On voit que ce mode rassemble presque tous les élémens d'une procédure éclairée et régulière.

Au lieu que les Commissions particulières, nommées pour chaque affaire, procèdent habituellement sans règles, sans méthode, sans précédens, souvent avec lenteur et négligence ; n'offrent, dans le secret qui couvre leurs opérations et quelquefois le nom même des commissaires, aucune responsabilité morale ; obéissent presque toujours, sans s'en douter, à l'impulsion du président se laissent guider beaucoup plus par des considérations personnelles que par les motifs de droit, et sont enfin, comme on le sait, sujettes à une foule d'erreurs, de surprises et d'entraînemens de toute espèce.

Je ne crois pas exagérer en avançant que les Comités de l'intérieur, des finances, de la marine, de la guerre, de législation et du contentieux, par l'application exacte qu'ils ont faite des lois de la matière, et par la jurisprudence nette et ferme qu'ils ont introduite et constamment suivie, ont, depuis la restauration, épargné à l'Etat plus de *soixante millions*, qui se seraient écoulés de ses mains, si les Ministres eussent livré à des Commissions particulières le jugement en dernier ressort des créances de l'arriéré.

Je ne crains pas d'ajouter que les créanciers légitimes et fondés en droit n'en auraient pas, pour cela, été mieux traités; car le droit ne gagne rien à l'arbitraire; et si les Commissions sont parfois beaucoup trop faciles, elles sont aussi parfois injustes et passionnées.

Le jugement du Conseil d'Etat offre donc aux créanciers eux-mêmes de précieuses garanties dans son organisation actuelle, quoique cette organisation soit encore bien imparfaite.

## § III.

*Les liquidations de fournitures et services maritimes, faites par les Commissions de liquidation et de revision des créances de Saint-Domingue, sont-elles, dans tous les cas, définitives, et sont-elles susceptibles de recours au Conseil d'Etat par la voie contentieuse?*

Voici l'une de ces questions qui se résolvent par l'obligation que les lois et la nécessité, plus forte qu'elles, imposent au gouvernement de Roi, de ne pas revenir sur les choses irrévocablement jugées par l'ancien gouvernement.

I. Après la signature du traité d'Amiens, le gouvernement français fit partir une expédition considérable pour assurer le rétablissement de son autorité à Saint-Domingue.

L'armée expéditionnaire débarqua dans cette colonie le 16 pluviôse an 10. La colonie fut entièrement évacuée en l'an 12.

Dans cet intervalle de deux années, les autorités civiles et militaires frappèrent des réquisitions de denrées et de fournitures de toute espèce. On fit des appels de fonds sur des particuliers; on passa des marchés, pour le service de l'armée, à des prix exorbitans. Il paraît même que plusieurs de ces marchés étaient fictifs et avaient pour objet de se procurer des fonds.

Les dépenses devinrent effrayantes. Tant que les revenus de la colonie purent y être employés, le gouvernement entrevit le mal sans en mesurer la grandeur, parce que les effets n'en arrivaient pas tous jusqu'à lui; mais lorsque les revenus tarirent par l'insurrection générale, la masse des dépenses menaça d'accabler le trésor public.

Un arrêté du gouvernement, du 14 ventôse an 11, fixa à deux millions le crédit annuel de la colonie. Cette limite fut bientôt franchie; les traites affluaient en France; le mal allait croissant, et le Ministre de la marine instruisit le gouvernement que les traites de Saint-Domingue s'élevaient, seulement pour les quatre premiers mois de l'an 11, à la somme de 41 millions; ces traites versées dans le commerce perdaient 60 pour cent. Alors le gouvernement s'inquiéta, et il ordonna de suspendre le paiement de ces effets.

Cependant un cri général, parti de toutes les villes maritimes et de tous les porteurs de traites, réclamait une liquidation.

Une première Commission spéciale fut chargée, le 22 messidor an 12, de vérifier la légitimité des traites à l'aide des preuves de fournitures.

Une seconde Commission fut nommée, par décrets des 26 juin et 30 octobre 1810, pour reviser les opérations de la première; son travail embrassa la totalité des créances, depuis l'époque du débarquement de l'armée à Saint-Domingue jusqu'à l'évacuation de cette colonie.

Suivant un décret rendu le 11 juillet 1811, et inséré au Bulletin des lois, elle admit les titres de créances jusqu'à la fin de septembre de la même année, terme passé lequel il y eut déchéance pour les créanciers en retard.

Le travail général de la Commission fut approuvé dans un Conseil de finances tenu, le 2 février 1813, par le chef du gouvernement, qui établit un fond spécial en inscriptions, pour solder les créances liquidées qui se montaient à 7,129,185 (1).

II. Voici les règles et le mode d'après lesquels, selon les ordres du gouvernement, on procéda à la liquidation de la dette de Saint-Domingue.

Les deux Commissions avaient subordonné leur travail à ce principe établi par le chef du gouvernement, dans un acte du 9 septembre 1807, « que les traites de l'administration de « Saint-Domingue, émises sans ordre et non acceptées par le « trésor, n'étaient pas exigibles. »

Elles les regardaient comme de simples transferts, comme des procurations dont l'effet était de transporter aux tiers porteurs les droits éventuels des créanciers, mais sans rien établir de positif à l'égard de ces droits mêmes. En conséquence, écartant toute présomption fondée sur les traites, on remonta aux créances; on en scruta l'origine et les détails; chacune d'elles fut discutée séparément, et la liquidation qu'on en fit sur pièces détermina la valeur des traites qui s'y rapportaient; plusieurs de celles-ci furent considérablement réduites; un grand nombre d'autres furent annulées.

On commençait par rechercher si la créance représentée par les traites était fictive ou réelle; lorsque la créance était avérée, on examinait si les prix stipulés dans les marchés

_____

(1) Voir le *Moniteur* du 4 février 1813.

n'étaient pas exagérés. A cet effet, on les comparait aux prix accordés aux fournisseurs de France, en ayant soin d'ajouter à ceux-ci tous les frais accessoires, tels que transports, assurances, intérêts à 10 pour cent., etc., etc. Si cette comparaison ne décelait aucune lésion des intérêts de l'Etat, on liquidait la créance aux prix stipulés dans la colonie ; s'il en était autrement, la liquidation était établie sur les prix arbitrés de la manière indiquée.

Un autre principe était suivi dans les cas où l'on n'avait aucun terme de comparaison ; on avait observé que le paiement des fournitures, dont les prix se faisaient remarquer par leur exagération, avait été stipulé en traites sur France, soit pour la totalité, soit pour la plus forte partie de la fourniture.

D'un autre côté, on savait que la perte que ce papier avait éprouvée dans la colonie, et qui était de 15 pour cent pendant les six derniers mois de l'an 10, s'était élevée progressivement jusqu'à 60 pour cent pendant les trois derniers mois de l'an 12. En rapprochant ces deux faits, il parut évident que, si les fournisseurs consentaient à recevoir un papier qui donnait une perte connue sur la valeur nominale, ils avaient dû naturellement élever, et dans la même proportion, tout au moins, la valeur nominale des objets fournis.

On pensa donc qu'à défaut de toute autre donnée positive, la liquidation des traites devait être faite sur l'echelle de dépréciation de ce papier.

III. Cette liquidation, qui affranchissait le trésor d'une surcharge de plus de 25 millions, répara sans doute les abus monstrueux d'une émission sans règle, sans autorisation et sans mesure.

Mais quelques fournisseurs sincères et honnêtes virent leur fortune périr dans les rigueurs de cette liquidation. Des militaires absens de la France, et qui combattaient avec gloire sous ses drapeaux aux extrémités de l'Europe, ne purent produire des défenses régulières devant les Commissions ; des marius, des fournisseurs, des porteurs de traites, ne purent également représenter des pièces justificatives et des bordereaux que les Anglais avaient enlevés dans l'invasion de Saint-Domingue, et dont la recherche devenait impossible depuis l'interruption des communications avec la Grande-Bretagne. On aurait dû sans doute veiller, à cause de cette impuissance, qui était le fait du gouvernement lui-même, à la conservation de leurs droits : cependant ils furent injustement enveloppés dans la déchéance commune aux créanciers ordinaires.

On aurait dû aussi ne pas réduire les prix stipulés dans les marchés, si les fournitures étaient sincères et vérifiées, la clause des prix non ambiguë, et les pouvoirs des tireurs suffisans ; car le gouvernement ne doit jamais punir les tiers porteurs de bonne foi, de sa propre négligence dans le choix de ses agens ; il doit seul, en bonne justice, subir, sauf son recours contre eux ; la peine de leurs désordres et de leurs infidélités.

Enfin, on aurait pu soumettre les décisions de ces Commissions au recours des parties devant le Conseil d'État, ainsi qu'elles peuvent l'exercer contre les arrêtés des Conseils de préfecture, ou contre les décisions ministérielles, qui lèsent leurs intérêts, en matière de marchés. En vain a-t-on dit qu'il dépend du gouvernement de stipuler par une condition spéciale qu'en cas de contestations, elles seront portées devant une Commission administrative, et jugées par elle, sans appel et sans forme ; que, si le fournisseur accepte, c'est l'effet d'un choix libre de sa part, antérieur au contrat ; et dont il ne peut se délier ni se plaindre ; qu'il surhausse ordinairement ses prix dans la prévoyance des chances que cette inégalité de conditions peut tourner contre lui ; que, d'un autre côté, le gouvernement paie à la vérité un peu plus cher, mais qu'il évite les lenteurs du service, le préjudice des sursis, l'éclat d'un litige public qui nuit toujours à son crédit, et les pertes de temps et d'argent qu'un procès en forme amène ; qu'il s'établit ainsi une sorte de compensation, dont chaque partie a balancé volontairement, dans son intérêt, les détrimens et les avantages ; que ces sortes de clauses sont donc licites (1).

Je soutiendrais plutôt que, lorsque la réserve de la juridiction administrative n'est pas formellement écrite dans les règlemens de la matière ou dans un traité spécial, les difficultés élevées entre l'État et un particulier sur l'existence des clauses d'un traité doivent ressortir aux tribunaux ordinaires, puisque la perte ou le gain d'une créance mobilière, ou d'un droit réel d'égale valeur, sont, au fond, la même chose pour l'État.

Mais du moins si le gouvernement, juge et partie, retient la connaissance de ces difficultés, soit en vertu de décrets réglémentaires qu'il a dressés lui-même, soit en vertu de la jurisprudence qu'il s'est construite dans l'application de ces décrets, elles doivent suivre, pour arriver à leur solution, la filière des voies contentieuses. Il faut que les parties soient averties, soient présentes au procès, soient défendues par le ministère des avocats, soient jugées après des délibérations régulières et par des décisions motivées. Tels sont les vrais principes.

Au surplus, ce n'est pas de ce qui aurait dû être, c'est de ce qui a été, qu'il s'agit ; c'est des décisions émanées des Commissions de la dette de Saint-Domingue qu'il importe de reconnaître le caractère et les effets.

Ces décisions sont-elles aujourd'hui définitives ? voilà la question.

IV. Le ministère de la marine a soutenu avec force, devant la Chambre des députés et devant le Conseil d'État, contre les réclamations des fournisseurs et porteurs de traites, que les

_____

(1) Non, il n'y a de licite que ce qui est dans la règle et dans la vérité.

Payer plus cher pour s'abstenir d'être juste, c'est ce que n'admettra jamais un gouvernement qui veut faire ses marchés avec l'économie d'un bon père de famille, et qui veut remplir ses engagemens avec l'exactitude d'un honnête homme. *Voy.* au mot MARCHÉS.

Commissions de Saint-Domingue avaient le caractère de juges souverains; qu'elles tenaient ce caractère de leur institution et de la volonté du pouvoir absolu qui régnait alors; que leurs décisions avaient reçu la sanction du gouvernement par l'établissement d'un fonds pour le paiement des traites admises; que dans cet état, la liquidation de Saint-Domingue doit être considérée comme ayant la force de la chose jugée, et que tout ce qui s'y rapporte est désormais irrévocable; que l'opinion du ministère n'a jamais varié sur ce point; que c'est en conséquence de ces principes que le fonds spécial créé pour le paiement de la dette de Saint-Domingue fut le seul maintenu en 1814, quoique tous les autres crédits ouverts aux autres ministères, sous l'ancien gouvernement, eussent été annulés; que c'est encore par une conséquence du même principe, qu'à l'époque où l'on établit un Conseil de révision, chargé d'examiner les dettes arriérées, on décida que les créances de Saint-Domingue devaient être affranchies de cet examen; qu'il n'existe aujourd'hui aucun crédit sur lequel on puisse imputer le paiement d'une seule de ces créances; que, depuis l'expiration du délai accordé par le décret du 11 juillet 1811, toute production de pièces relatives à la liquidation de Saint-Domingue, est devenue entièrement inadmissible; que les décisions des Commissions spéciales, rendues sur les seuls documens qui aient été rapportés en temps utile, reçoivent une force nouvelle des dispositions législatives qui ont confirmé les anciennes déchéances; enfin, que la moindre déviation à ces principes remettrait en question, non-seulement 25 millions de rejets dépendans de la liquidation de Saint-Domingue, mais encore toutes les déchéances spéciales de l'ancien gouvernement, qui ont été confirmées par les lois de finances, et qui s'élèvent, pour les différens départemens ministériels, à des sommes énormes.

Déterminée par ces motifs, la Chambre des députés prononça, dans sa séance du 17 mars 1819, le rejet absolu de ces réclamations.

Le Conseil d'Etat les a également repoussées par les mêmes motifs : il a pensé qu'il ne lui appartenait ni de réviser, ni de modifier, ni d'anéantir des décisions émanées de Commissions dont l'autorité était égale à la sienne, et dont les condamnations étaient définitives et irrévocables (1).

V. Il a également écarté la prétention de quelques fournisseurs qui soutenaient n'avoir été condamnés que par la Commission de révision, et n'avoir pas épuisé les deux degrés de juridiction.

Il a pensé que la faculté de parcourir successivement les deux degrés de première instance et d'appel n'était pas ouverte aux parties dans ces matières de liquidation qui sont conduites par des règles et des formes purement exceptionnelles ; que d'ailleurs, le gouvernement impérial avait voulu que la seconde Commission, non-seulement révisât, mais encore complétât le travail de la première ; et que, ce qui le prouve invinciblement, c'est qu'il avait sanctionné, par l'établissement d'un crédit spécial, non-seulement les liquidations que cette seconde Commission avait simplement révisées, mais aussi celles qu'elle avait établies intégralement et sans le concours de la première.

Il a repoussé aussi par l'application du décret du 11 juin 1811 les réclamations fondées sur ce que de nouvelles pièces auraient été recouvrées, même fussent-elles décisives.

VI. Toutefois, le Conseil d'Etat ne s'est pas cru lié par les décisions purement *provisoires* que les Commissions de liquidation et de révision auraient prises.

Il ne faut pas se dissimuler en effet que ces Commissions pliaient alors, malgré elles, sous les impulsions d'une volonté despotique, plus ménagère des intérêts du fisc que de ceux de la justice.

On ne peut d'ailleurs attribuer à ces sortes de décisions,

_____

(1) 11 décembre 1816, — 11 juin 1817, — 19 mars 1820, — 16 août 1820, — 22 février 1821, — 8 mai 1822.

contre leur lettre même, un caractère définitif. Aussi, quelque
absolue que puisse paraître la déchéance prononcée par le décret du 11 juin 1811, si surtout le ministère, partie adverse,
consent au débat des preuves, le Conseil d'Etat les examine,
et fait droit aux justes réclamations des fournisseurs ou des
tiers porteurs.

Nous ne connaissons qu'une seule décision qui soit marquée
de ce caractère provisoire. Il paraît que toutes les autres créances qui composent l'universalité de la dette de Saint Domin-
gue ont subi une liquidation définitive, et, par conséquent,
irrévocable.

Le Conseil d'Etat a pensé avec raison qu'accueillir cette
unique exception n'était point ébranler la règle générale; que
c'était au contraire la confirmer; et que, si le malheur des
temps, la pénurie des finances et l'empire des lois d'exception
lui imposaient la charge de faire des sacrifices douloureux à la
nécessité, il devait s'estimer heureux de pouvoir, sans danger,
faire quelque réparation à la justice.

C'est ce qui a été décidé, à mon rapport, par ordonnance
du 11 décembre 1816.

Tel est sur cette matière l'état complet et définitif de la législation et de la jurisprudence.

## § IV.

*Le Conseil d'Etat a-t-il le pouvoir d'annuler les déci-
sions du Ministre de la marine, qui se bornent à faire l'application pure et simple des décrets des 23 décembre 1810,
et 28 février 1812, lesquels ont anéanti toutes les traites
du caissier général délivrées à la Martinique, à la Guadeloupe et aux îles de France et de Bourbon, après les capitulations de ces Colonies?*

I. Le motif apparent de l'annulation de ces traites avait
été d'empêcher que les Anglais, après la capitulation des co-

lonies, ne présentassent à la France des titres de créances semblables.

Ce motif pouvait faire suspendre la liquidation des traites jusqu'au retour des colonies sous la domination française, afin qu'on pût scruter leur origine et vérifier la légitimité et la sincérité des fournitures ou des prêts; mais envelopper indistinctement toutes les réclamations, même les mieux fondées, dans un rejet absolu, c'était un acte tyrannique et arbitraire.

Quoi qu'il en soit, les décrets de 1810 et de 1812, qui proscrivaient ces traites, reçurent leur application pendant la durée du gouvernement impérial.

Après la restauration, les créanciers des îles de France et de Bourbon demandèrent le rapport de ces décrets à la Chambre des députés.

Après une discussion solennelle, la Chambre prononça à l'unanimité le renvoi de la pétition au Ministre de la marine.

Divers avis des Comités de la marine et des finances furent donnés dans des sens contraires, et prévalurent tour à tour. Enfin, le Ministre de la marine décida qu'il n'y avait pas lieu à revenir sur les deux décrets.

Il paraît qu'il s'appuyait sur ce que les termes des décrets, en ce qui concernait les traites du caissier-général, dont ils prononçaient l'annulation, n'avaient rien de suspensif, rien qui ne fût absolu, rien qui permît de croire que leur auteur les eût considérés autrement que comme définitifs;

Que ces actes ressemblaient donc à une foule d'autres, qui, sous les divers gouvernemens antérieurs à la restauration, avaient, à quelque titre que ce fût, prononcé des annulations et des forclusions de créances, soit totales, soit partielles;

Que, pris dans leur ensemble, ils avaient lésé toutes les classes de la nation;

Qu'on ne pouvait raisonnablement admettre qu'il y eût solidarité entre le trésor public actuel et les caisses qui avaient profité de ces mesures violentes;

Que revenir sur l'une d'elles, ce serait s'obliger à revenir sur toutes les autres, et que le résultat entraînerait la ruine totale du Roi et de son peuple;

Qu'à la suite des désastres sans exemple que la guerre avait produits, et lorsque des charges énormes pesaient pour long-temps encore sur la France, la raison d'Etat paraissait s'opposer à ce que l'on reconnût comme créances susceptibles de liquidation aucunes de celles qui, avant la restauration, avaient cessé d'être regardées comme telles, avaient été formellement annulées par le gouvernement qui existait alors.

Nouveau recours des créanciers devant la Chambre des députés, contre cette décision, par voie de pétition.

La Chambre renvoya de rechef la pétition au Ministre de la marine, qui la rejeta.

Les créanciers formèrent alors leur pourvoi au Conseil d'Etat, contre la décision du Ministre.

Ils soutenaient que ces actes des 23 décembre 1810 et 18 février 1812 ne pouvaient être considérés comme de véritables décrets; qu'ils n'avaient jamais reçu qu'un caractère provisoire, une existence conditionnelle; qu'ils n'avaient été ni imprimés, ni promulgués, ni insérés au Bulletin des lois, ni signifiés, ni notifiés aux parties, ni confirmés, ni même rappelés par aucune loi subséquente; qu'ils étaient par conséquent sans validité et sans force obligatoire, arbitraires, oppressifs, iniques, et de toute nullité; que leurs créances appartenaient à des exercices postérieurs à l'an 9; que le montant en avait été porté sur le dernier budget de la marine; enfin que la Chambre des députés, en 1814 et en 1818, avait reconnu la justice de leurs demandes, et avait fortement appelé sur elles l'attention du Ministre.

Cette affaire, comme on le voit, se présentait sous des faces très-diverses.

II. Le Conseil d'Etat n'a dû l'examiner que dans les rapports qu'elle pouvait avoir avec ses attributions, en matière contentieuse.

Avant de savoir si la décision du Ministre de la marine était conforme aux décrets, il fallait rechercher si les actes des 23 décembre 1810 et 18 février 1812 étaient de véritables décrets.

Dire que de tels actes doivent être rapportés parce qu'ils sont iniques, c'est vouloir qu'une bonne partie de l'ancienne législation financière soit aussi rapportée. D'ailleurs, si l'iniquité des lois est un motif pour les rapporter, ce n'en est pas un pour ne pas les appliquer ; autrement, les juges se constitueraient, d'eux-mêmes, législateurs.

Il faut donc écarter cette première objection.

On ajoute que les décrets sont sans force obligatoire, pour n'avoir pas été insérés au Bulletin des lois.

C'est ce qu'il faut examiner.

L'insertion des décrets au Bulletin des lois n'est pas ordonnée par une loi ; elle n'est que persuadée par un avis du Conseil d'Etat, ce qui est bien différent. Cet avis est du 25 floréal an 13. On croira sans peine qu'un avis si sage ne fut pas long-temps écouté ; et l'on n'ignore pas que, dès que le règne impérial eut remplacé le gouvernement consulaire, et eut un peu grandi dans les maximes du pouvoir absolu, les décrets se hâtèrent bientôt de suppléer les lois, et de se cacher dans l'ombre. C'est ainsi, par exemple, que le fameux décret du 25 février 1808 n'avait jamais été ni imprimé, ni notifié, ni expédié, ni inséré au Bulletin. Peut-on dire que son simple rappel dans la loi du 15 janvier 1810 équivaut à une promulgation ? Fait-elle connaître les dispositions de ce décret ? Nullement. Cette loi n'apprend aux créanciers que la date du décret, et avant que cette loi ne l'eût rappelée, ce décret ténébreux avait déjà reçu son exécution par une foule de décisions administratives.

On tenait si peu compte alors de *l'avis* de l'an 13, tombé malheureusement en dessuétude, qu'aucun des créanciers dépouillés n'en réclama l'exécution. Le décret du 25 février fut appliqué sans difficulté, et cependant il resta loin du jour. Il y a plus : c'est que, depuis la restauration même, il a été long-temps encore surveillé, et gardé comme au secret dans les bureaux du Ministre des finances.

Il est donc vrai de dire que les créanciers de l'intérieur ont été et sont encore tenus dans la même ignorance légale à l'égard du décret du 25 février 1808, que les créanciers des colonies à l'égard du décret du 23 décembre 1810.

Quant à la troisième objection, que les décrets des 23 décembre 1810 et 28 février 1812 seraient restés ensevelis dans les archives de la marine, cette objection manque d'exactitude.

En effet, ces décrets ont reçu une exécution fréquente et positive pour les appointemens, parts de prises, et autres cas exceptés de la forclusion par l'article premier.

Ils ont également reçu une application négative pour les traites frappées de nullité.

Ce sont des actes qu'il ne faut pas considérer dans leurs rapports avec les maximes du gouvernement constitutionnel, mais avec celles du gouvernement absolu, où les volontés du souverain s'expriment dans des formes très-peu légales, mais qui sont propres à ce gouvernement, et qui, pour être vicieuses, n'en ont pas moins une force obligatoire.

, Enfin, la disposition de ces décrets n'est pas provisoire, mais définitive, n'est pas suspensive, mais absolue, n'est pas particulière à un individu, mais généralement applicable à une cathégorie de créances fort étendue.

Cette dernière observation tranche la question de savoir si l'opposition aux décrets dont il s'agit est recevable devant le Comité du contentieux.

En effet, les seuls décrets auxquels le règlement du 22 juillet 1806 permet de former opposition sont les décrets, ou plutôt les décisions par défaut rendues, en matière contentieuse, après le débat des parties, sur l'instruction du Comité du contentieux, et de l'avis du Conseil d'Etat.

Au contraire, les décrets des 23 décembre 1810 et 28 février 1812 sont des actes généraux d'administration , pris hors la présence des parties, sans l'assistance du Conseil d'État et sur la proposition du Ministre de marine, ainsi qu'ont été rendus les décrets du 25 février 1808 et du 13 décembre 1809, sur la proposition du Ministre des finances.

Le caractère de ces décrets pris par le chef du gouvernement d'alors , l'exécution qu'ils ont reçue, l'absence de toute loi qui les abroge , imposent au Conseil d'Etat la nécessité de les appliquer.

Cette nécessité se rattache à la nature des attributions propres au Conseil.

Le Conseil d'Etat, en matière contentieuse, ne statue point, ou plutôt ne propose pas au Roi de statuer par voie administration, mais par voie de jugement.

Si donc, au lieu de les appliquer, il se mêlait de discuter le mérite, la forme, la convenance politique, morale, financière, de chaque loi, de chaque décret ou acte du gouvernement, on ne sait, en vérité, jusqu'où pourrait aller la licence des interprétations; et il disposerait, ou, si l'on aime mieux, il proposerait de disposer par voie de règlement général ; ce qui est défendu au juge en matière civile, et ce qui, en matière contentieuse administrative, serait aussi arbitraire pour les citoyens que périlleux pour l'administration elle-même.

Autre chose est donc d'examiner si l'application d'une loi ou d'un acte du gouvernement, même inique, est exacte et régulière; autre chose est de proposer la révocation de cette loi ou de cet acte.

Dans le premier cas, le Conseil est compétent; dans le second, il ne l'est pas.

Cette distinction doit être suivie dans toutes les questions de cette nature, et surtout dans celle-ci, qui , sous le rapport de l'application des décrets attaqués, est contentieuse, et qui, sous le rapport de leur révocation ou de leur maintien, est purement administrative.

III. Ainsi, sous ce dernier rapport, le Conseil d'Etat n'a pas dû examiner si, d'un côté, les raisons politiques sous l'influence desquelles les décrets des 23 décembre 1810 et 28 février 1812 avaient été rendus, n'ont pas cessé d'exister; si, maintenir de pareils décrets, ce ne serait pas jeter dans l'arriéré, en contravention aux lois de finances, des créances d'exercices postérieurs à l'an 9; si ce ne serait pas déclarer une banqueroute injuste en soi, et funeste au service du gouvernement dans les colonies et dans les ports étrangers;. s'il n'est pas vrai de dire que les décrets attaqués ne peuvent être considérés, ni comme des décisions contentieuses rendues sur débat entre l'Etat et les particuliers, ni comme des actes législatifs, établissant, à l'instar des décrets des 25 février 1808 et 13 décembre 1809, confirmés par la loi des finances du 15 janvier 1810, de nouvelles forclusions ou extinctions générales de créances sur l'Etat; si, par cette éclatante réparation d'une injustice monstrueuse, le gouvernement du Roi ne serait pas un acte agréable aux citoyens et favorable à l'affermissement du crédit public, et, de plus, conforme à la morale, à la justice, à sa propre dignité; enfin, si la Chambre des députés, dont cette réclamation a deux fois excité l'intérêt, ne serait pas disposée à voter un crédit supplémentaire pour la liquidation de ces créances, et à couvrir ainsi de son suffrage et du sceau légal de son assentiment la responsabilité du Ministre.

Le Conseil d'Etat n'avait pas eu non plus à examiner sous le même rapport, mais dans un sens différent, si les décrets attaqués ne sont pas semblables à tous les actes qui, avant la restauration, ont prononcé, à quelque titre que ce soit, des annulations, forclusions ou réductions de dépenses; s'ils n'ont pas un caractère définitif, absolu; si l'on pourrait les révoquer, sans établir qu'il existerait entre le trésor public actuel et les caisses qui auraient profité des annulations, forclusions ou réductions, une solidarité qu'il est impossible d'admettre; si ces actes ne ressemblent pas aux décrets de propre mouvement qui ont annulé les traites de Saint-Domingue; à celui du 25 février 1808, qui a fermé, sans paiement, la liquidation des créances les plus légitimes; à ceux qui ont frappé de déchéances arbitraires les fournisseurs de la guerre et de la marine, et à une foule d'autres qui ont déchargé violemment le trésor public d'une dette de plus d'un milliard; si le gouvernement, pressé par le poids énorme de la dette étrangère et de la dette intérieure, était libre de se laisser aller aux mouvemens de sa justice; et si l'on ne devait pas appréhender que d'analogie en analogie, d'exceptions en exceptions, on n'arrivât bientôt jusqu'à lever la barrière de l'arriéré, et à précipiter l'Etat dans les périls d'une banqueroute universelle.

Il n'appartenait pas au Conseil d'Etat de décider que les décrets généraux de liquidation seraient maintenus ou révoqués; et dans le cas où le principe de la révocation eût été admis, il ne lui appartenait pas davantage de rechercher si ce principe devait être exprimé par une ordonnance royale, ou seulement par un acte législatif, quoique cette dernière opinion fût la plus vraie : d'abord, parce que les décrets impériaux tiraient de la source du pouvoir absolu, dont ils étaient émanés, une force en quelque sorte législative, que ne pourraient leur ôter de simples ordonnances contre-signées par un Ministre responsable; et ensuite, parce qu'il ne suffit pas de prescrire de payer, qu'il faut encore faire les fonds; et que, sous ce point de vue, la question devient législative, puisqu'elle se rattache au vote de l'impôt, et que, par conséquent, elle ne peut se résoudre, soit pour se conformer aux véritables principes, soit pour mettre à couvert la responsabilité ministérielle, que par une disposition particulière de la loi des finances.

Mais il n'est pas permis au Conseil d'Etat de traiter de semblables questions, sans avoir reçu du gouvernement l'impulsion de l'initiative, et surtout de les cumuler dans la même délibération, avec des questions purement contentieuses.

Ainsi, en thèse générale, lorsque le Conseil d'Etat reconnaît que les décrets attaqués devant lui existent; qu'ils ont été en partie exécutés; qu'ils n'ont été abrogés, ni par une loi, ni par un décret; qu'ils sont, non des décrets particuliers, non des décisions contentieuses et susceptibles d'opposition, mais des actes de propre mouvement, des mesures d'administration; et que les décisions des Ministres se sont renfermées dans la simple application de ces actes, il déclare avec raison son impuissance pour les annuler (1).

IV. Je ferai remarquer que cette déclaration particulière et déclinatoire ne lie pas le gouvernement sur la question générale et administrative de la révocation de ces décrets, qui furent alors si funestes au crédit public, si contraires à cette bonne foi, à cette justice, à cette religion des promesses, qui devraient se réfugier dans les transactions du gouvernement, si elles étaient bannies du milieu des citoyens.

# M.

## MARAIS.

### § UNIQUE.

*Doit-on appliquer la règle de la plus-value, ou celle de la contribution en nature, pour la rétribution due aux dessécheurs; lorsqu'il n'existe entre eux et les propriétaires intéressés aucune convention particulière et approuvée par le gouvernement, qui ait réglé leurs droits respectifs?*

Depuis plusieurs siècles, l'intérêt de l'agriculture et la fortune de l'Etat ont réclamé le desséchement des marais. On a vu peu à peu des colsats, des vignes, des moissons abondantes et de riches pâturages, sortir du sein des eaux.

(1) Ordonnance du 17 juin 1818.

Il n'est pas inutile de faire voir avec quelle habileté et quel bonheur le législateur a su, dans la loi du 16 septembre 1807, concilier les droits de la propriété avec l'intérêt public des dessèchemens et l'intérêt industriel des dessécheurs.

I. Pour la conservation de l'intérêt public, on a reconnu et établi le principe « que les marais forment un genre de pro- « priété qu'on peut appeler incomplet, soit parce que la na- « ture a mis des obstacles à la jouissance des propriétaires, en « ce qu'ils ne peuvent en user par la culture, comme de toutes « les autres propriétés, soit parce qu'elle n'est pas entièrement « détachée de la propriété publique, en ce que, dans l'état où « la nature l'a fixée, elle intéresse la société en général, qui « a le droit d'exiger que les marais soient mis en état de four- « nir un contingent dans la masse totale des produits agricoles « et des moyens de subsistance; et parce que ces mêmes marais « sont une cause funeste d'insalubrité qui répand d'affreuses « maladies, indifféremment sur ceux qui ont la propriété et « sur ceux qui ne l'ont pas. » (Motifs du projet de loi du 16 septembre 1807.)

De ce motif, que la propriété des marais est incomplète, puis- qu'elle est dans une dépendance nécessaire de l'ordre et de la police sociale, découlent naturellement les conséquences sui- vantes :

1°. Que cette espèce de propriété doit être soumise à des règles particulières (1);

2°. Que le gouvernement a le droit d'imposer, après les délais conservatoires, et dans l'intérêt public, le mode de dessè- chement et les conditions de l'indemnité (2);

3°. Que le dessèchement des marais doit être tout entier une affaire d'administration; qu'elle seule peut juger des con- venances et des moyens d'exécution; qu'elle seule peut l'exi-

---

(1) Art. 1 de la loi du 16 septembre 1807.
(2) Art. 1, 5, 20, 21, 22.

ger, le diriger, le surveiller, et appliquer les conditions que la loi aura déterminées (1);

4°. Que si le dessèchement ne peut être opéré, soit par les obstacles de la nature, soit par les oppositions persévérantes des propriétaires, ceux-ci peuvent être contraints à délaisser leurs fonds, sauf l'indemnité à régler, comme dans les expropriations pour cause d'utilité publique (2);

5°. Que les travaux de dessèchement doivent être terminés dans les délais fixés par l'acte de concession, sous les peines portées audit acte (3);

II. Pour la conservation des intérêts des dessécheurs, on a établi :

1°. Que lorsque, d'après l'étendue des marais ou la difficulté des travaux, le dessèchement ne pourra être opéré dans trois ans, l'acte de concession pourra attribuer aux entrepreneurs du dessèchement une portion des deniers du produit des fonds qui auront les premiers profité des travaux du dessèchement (4);

2°. Que le montant de la plus-value obtenue par le dessèchement sera divisé entre le propriétaire et le concessionnaire, dans la proportion fixée par l'acte de concession, et

---

(1) Art. 3, 5, 6, 11, 12, 26, 27, 42.

(2) Art. 3. Cette décision est justifiée par l'intérêt de la salubrité et de l'agriculture. Dans le cas de cession, l'indemnité doit être réglée non par voie administrative, d'après les formes établies par la loi du 16 septembre 1807, mais par les voies judiciaires en cas de contestation, d'après la loi du 8 mars 1810 qui a dérogé, en cela, aux dispositions de la loi précédente. Toutefois, si les travaux de dessèchement ont été commencés sous l'empire de la loi du 16 septembre 1807, les contestations relatives au règlement de l'indemnité, devront être portées devant l'autorité administrative, conformément au décret interprétatif du 18 août 1810.

(3) Art. 15.

(4) Art. 16.

calculé sur la valeur originaire du terrain, et la difficulté des travaux d'épuisement (1);

3°. Que les indemnités dues aux concessionnaires, à raison de la plus-value résultant des dessèchemens, auront privilége sur toute ladite plus-value (2);

4°. Que les difficultés relatives à l'exécution des travaux seraient décidées par une magistrature speciale et administrative (3);

5°. Que les travaux ne pourraient être retardés ni suspendus par la discussion judiciaire des questions de propriété (4);

III. Pour la conservation des intérêts privés, on a établi :

1°. Que lorsque les propriétaires intéressés seraient d'accord pour faire un dessèchement, ils seraient préférés à des tiers ;

2°. Qu'ils le seraient également si, en cas de concession, quelques-uns des propriétaires offrent des conditions aussi avantageuses que les non-propriétaires (5);

3°. Que dans les deux cas d'entreprise aux frais de l'Etat ou de concession, les propriétaires ne seraient pas évincés d'une partie de leurs terres; qu'ils seraient tenus seulement d'assurer une juste indemnité aux entrepreneurs des travaux (6);

4°. Qu'ils auraient la faculté de se libérer de l'indemnité due par eux, soit par le délaissement d'une portion relative du fonds desséché, soit par la constitution d'une rente sur le pied de quatre pour cent, sans retenue (7);

5°. Que les concessionnaires seraient tenus de lever un plan cadastral des propriétés particulières situées dans les marais,

---

(1) Art. 20.
(2) Art. 23.
(3) Art. 43, 44, 46.
(4) Art. 47.
(5) Art. 4.
(6) Art. 20.
(7) Art. 21, 22.

de peur qu'on ne les confondît, après le dessèchement, avec les marais domaniaux ou communaux, s'il y en a, et qu'ainsi les bases de la plus-value ne devinssent impossibles à établir; et un plan circonscriptionnel de l'universalité des marais, de peur que l'avidité des dessécheurs n'enveloppât dans leur concession des terrains arables, prés, bois et vignes possédés par des particuliers, et étrangers au bienfait des dessèchemens (1);

6°. Enfin, que, dans aucun cas, le jugement des questions de propriété ne pourrait être soustrait aux tribunaux ordinaires (2).

IV. Ainsi, par cette heureuse conciliation d'intérêts si opposés, et par l'institution des magistratures administratives, le législateur est parvenu à surmonter tous les obstacles.

Mais l'adoption du principe nouveau de la plus-value a contribué plus que tout le reste au succès des dessèchemens.

En effet, lorsque le système du partage territorial gouvernait cette matière, les compagnies, les actionnaires, les spéculateurs, pour en justifier l'équité, s'efforçaient de cacher l'ardeur de leur intérêt personnel sous les couleurs du bien public.

Ils ne manquaient pas de déployer aux yeux du gouvernement des milliers d'arpens, naguère ensevelis sous les eaux, rendus par leurs soins à l'agriculture; la fortune publique et particulière accrue; la vie des hommes et celles des animaux utiles épargnée, et même prolongée; et les habitans riverains délivrés des épidémies, et de la misère aussi affreuse qu'elles.

Mais il ne faut pas se faire illusion : ce n'est point par l'opiniâtreté des lieux, par l'insuffisance des rétributions, ni même par les vices de l'exécution, que la plupart de ces entreprises ont péri : c'est uniquement parce que le mode d'indemnité en nature était trop onéreux aux propriétaires; c'est parce que

(1) Art. 6, 10.
(2) Art. 47.

dans l'espoir d'une amélioration éventuelle, en résultat souvent faible et quelquefois nulle, on les dépouillait arbitrairement d'une partie de leurs fonds. C'est parce qu'on leur imposait, pour enrichir les dessécheurs, et sans indemnité préalable, les conditions injustes d'une expropriation forcée.

C'est l'adoption insensée de ce système inique, oppressif, spoliateur, ruineux pour les concessionnaires eux-mêmes, qui, seule, pendant plusieurs siècles, a toujours révolté les propriétaires et engendré ces résistances énergiques dont toute la fermeté, toute la sagesse, toutes les interventions conciliatrices du gouvernement n'avaient jamais pu triompher.

Ce n'est pas, toutefois, que le partage en nature ne puisse, en certains cas, et pour le plus grand avantage de toutes les parties, servir de base et de régulateur aux entreprises de dessèchement.

Si, comme il arrive souvent, la propriété de certains marais est depuis long-temps litigieuse entre les anciens concessionnaires et des communes, soit pour le droit de propriété, soit pour le droit d'usage; si, afin d'éviter des procès ruineux, les communes ont fait l'abandon volontaire d'une portion de leurs marais pour s'assurer irrévocablement l'autre, il est libre au gouvernement d'homologuer la transaction, sans que par-là il porte atteinte au droit de propriété, dont le maintien intégral et absolu semble avoir été la base de la loi du 16 septembre 1807.

En effet, la propriété est moins précieuse en raison de ce qu'elle offre moins de produits. Or il est certain que les marais communaux sont presque toujours ensevelis sous les eaux; qu'ils sont abandonnés aux pâturages publics dans tous les temps de l'année; qu'ils sont continuellement défoncés par les pieds des animaux; qu'ils produisent de l'herbe aquatique et de mauvaise qualité; qu'ainsi, les communes ne jouissent que d'une propriété stérile; que, sans contredit, leur condition est faite meilleure avec la propriété irrévocable d'une partie de leurs marais desséchés, rendue fertile et productive, qu'avec la possession disputée d'un tout presque inutile; et que, par conséquent, le gouvernement entre dans le véritable esprit de la loi en homologuant des transactions qui protégent plutôt qu'elles ne lèsent leurs véritables intérêts.

Ces transactions sont également licites et favorables entre les propriétaires des marais patrimoniaux et les desséchears : licites, parce que la jouissance du droit de propriété implique la faculté de son abandon intégral ou partiel, tant que cet abandon n'est pas prohibé par les lois générales ou spéciales ; favorables, parce que le partage en nature est souvent avantageux aux propriétaires.

Qu'est-ce en effet que la nue propriété de marais patrimoniaux, qui seraient grevés d'un droit d'usage immémorial et perpétuel? Il n'y a pour le propriétaire de cette espèce de marais aucune jouissance, même éventuelle. C'est un droit vide. Qui doutera qu'avec une portion du sol desséché, la condition des propriétaires de cette classe ne devienne infiniment meilleure ?

C'est donc entrer encore dans les vues du législateur, que d'approuver de semblables transactions.

Mais lorsque les communes et les propriétaires de marais patrimoniaux ne se sont pas assujettis, dans des transactions librement consenties et valablement approuvées par des règlemens d'administration publique, à un partage territorial, il n'est pas permis aux concessionnaires de l'exiger ; ils ne peuvent demander qu'une contribution pécuniaire, proportionnelle à l'augmentation de valeur.

Quant aux marais privés, il y en a beaucoup qui ne portent ce nom qu'improprement ; ils ne sont, en effet, ni contestés dans leurs titres, ni grevés de droits d'usage, ni soumis à aucune servitude ; ils sont inscrits sur le rôle des contributions; ils sont désignés dans les parcellaires; ils entrent dans la composition des héritages, se louent, se vendent, s'afferment, s'échangent, se transmettent. Ces espèces de marais ont une valeur très-réelle, et doivent être affranchis de la contribution en nature.

Les marais *privés,* quoique *en nature absolue* de marais, ne sauraient non plus être assujettis, sans injustice, à la contribution fixe et territoriale ; car ils sont, en général, préservés des inondations par des fossés, des clôtures, des haies. L'écoulement des eaux y est facilité par des ouvrages d'art ; ils ne sont point soumis aux pâturages publics ; ils produisent des herbes plus abondantes et d'une qualité supérieure ; enfin il n'y a personne qui ne sente que le seul caractère de la propriété privée et légitime, l'influence et l'activité de l'intérêt personnel, ne rendent ces marais infiniment plus productifs et plus précieux que les marais communaux ; or, comme le dessèchement de ces marais n'améliore guère la condition des propriétaires, le sacrifice d'une portion de leur terrain serait pour eux aussi onéreux qu'injuste.

D'où inférerait-on-d'ailleurs qu'un terrain est *en nature absolue de marais ?* Sera-ce par la hauteur des eaux, qui varie selon la température des saisons ? et quelle hauteur encore ! sera-ce par la quantité et la qualité des produits ? et quel arbitraire dans l'évaluation ! Ne sait-on pas que les plus mauvais marais produisent des joncs et des roseaux ? Avec les joncs, on fabrique des paniers ; avec les roseaux, on forme des espèces de palissades pour arrêter le limon des torrens qui descendent des hautes montagnes dans les pays de plaine ; ailleurs, ils couvrent le toit des maisons et font la litière des animaux. Ainsi, partout ils produisent des fruits susceptibles d'être récoltés, vendus, mis dans le commerce.

Dès lors, quoique ces marais ne soient pas comparables à ceux qui sont fertiles de leur propre nature, ou améliorés par le temps et par la main des hommes, le législateur, guidé par un respect religieux pour la propriété, n'a voulu, avec raison, les soumettre qu'à une contribution proportionnée à l'augmentation de valeur.

J'ajoute que c'est une règle établie par le bon sens, que toute récompense doit être proportionnée au travail. On ne peut supposer que le législateur ait voulu, soit enrichir les dessécheurs aux dépens des propriétaires, soit améliorer et fertiliser le terrain des propriétaires, sans une rétribution convenable pour l'auteur de l'amélioration.

Or la plus-value varie, hausse ou baisse, selon le plus ou moins de valeur primitive du sol, et le plus ou moins de travaux et de dépenses.

S'il y a peu de plus-value, cela prouve que le marais était déjà bon et productif; que, par conséquent, il était moins enseveli sous les eaux, qu'on y avait fait moins de travaux et de dépenses.

Si la plus-value est considérable, cela prouve, au contraire, ou que le sol primitif avait peu de prix intrinsèque, ou que des travaux générateurs ont beaucoup augmenté ce prix; que, par conséquent, la rétribution doit être et est en effet plus forte.

En suivant ce principe, on ne blesse les intérêts de personne, quelles que soient les valeurs primitive ou future du sol.

Au contraire, le système de la contribution territoriale est d'autant plus onéreux au propriétaire que son marais a intrinsèquement plus de valeur. Ainsi, il peut arriver que le propriétaire perde, indépendamment de la plus-value toute entière, une partie de sa propriété primitive; perte qui irait toujours en croissant, selon que la valeur originaire du terrain serait plus élevée; de sorte que le bénéfice du dessécheur serait en raison inverse de son travail, et que par l'effet d'un prélèvement exagéré, les propriétaires se verraient enlever plus de la moitié de leurs fonds, sans que l'autre moitié augmentât sensiblement de valeur; même elle pourrait en perdre, puisque la concession de marais, naguère improductifs, convertis en de fertiles et immenses pâturages, diminuerait la valeur vénale de leurs fonds, par la concurrence des mêmes produits et l'encombrement des débouchés.

La règle de la plus-value est donc la seule qui ait jusqu'ici facilité les dessèchemens, parce qu'elle ménage à la fois les intérêts des dessécheurs et les droits des propriétaires; la seule qui se plie et s'accommode aux différentes espèces et qualités de terrains ; la seule qui ait servi de base à la loi spéciale du 16 septembre 1807 ; la seule enfin qui doive être observée, lorsque les parties intéressées ne l'ont pas volontairement écartée ou modifiée par des transactions revêtues de l'homologation du gouvernement.

C'est aussi ce qui a été décidé par un arrêt du Conseil, du 24 décembre 1814, lequel est motivé sur ce que « les propriétaires ne « peuvent être dépouillés de leur propriété *ancienne*, qui doit « demeurer *entière*, et ne sont sujets qu'à payer la juste in- « demnité du dessèchement par l'abandon d'une *portion* de la « *plus-value* que leur propriété *acquiert*, et que les propriétés « particulières, de quelque nature qu'elles soient, c'est-à-dire « les propriétés *en marais*, *tout comme* les terrains *défrichés* « ou clos, ne sont assujettis qu'à la *même contribution*. »

## MARCHÉS.

### § UNIQUE.

*Le Conseil d'Etat saisi, par la voie contentieuse, des réclamations des entrepreneurs ou fournisseurs, contre les arrêtés des Conseils de préfecture ou décisions ministérielles, prises en matière de marchés, doit-il s'attacher à la règle d'équité et à l'effet des circonstances, ou se renfermer dans l'application littérale des traités ?*

I. J'ai déjà eu occasion de faire remarquer que le Conseil d'Etat ne s'attachait ni à la grandeur des pertes éprouvées, ni à l'importance des bénéfices obtenus par les fournisseurs, ni à la qualité des personnes, ni à l'effet des circonstances ; qu'il ne se considérait pas comme un jury d'équité, comme un arbitre chargé de terminer ces sortes d'affaires par les voies d'une amiable composition, mais comme un tribunal, comme un juge enchaîné par les étroites stipulations des traités ; qu'il se liait religieusement à leur observation, favorable ou contraire aux intérêts du gouvernement, si ce n'est dans les cas où la liberté de ses délibérations fût contrainte par une volonté despotique, ou dominée par les rigueurs des lois spéciales dont il ne lui est pas permis d'altérer ou de modifier l'application.

Voici les principes généraux qu'il professe dans cette matière :

Lorsque le marché n'a pas reçu d'exécution, le gouvernement peut le rompre, sauf indemnité. Mais lorsque le contrat a été mis en action, et qu'il est pleinement consommé, le gouvernement est lié par cette consommation même, et doit solder les fournitures d'après les conditions et les prix synallagmatiquement prévus et réglés par le contrat.

En effet, lorsque le fournisseur n'est plus libre de ne plus fournir, l'administration n'est plus libre de ne pas payer, ou, ce qui est à peu près la même chose, de ne payer que ce qui lui plaît.

Lorsque le fournisseur ne peut demander à l'administration une augmentation de prix, sous le prétexte des pertes éprouvées, l'administration, à son tour, ne peut proposer au fournisseur une réduction de prix, sous le prétexte des bénéfices obtenus.

L'État, contractant avec un particulier, comme un particulier, doit remplir les conditions qu'il impose ou qu'il accepte. Il ne peut rompre les liens de l'obligation dans lesquels il s'est enchaîné librement. Il ne peut, après le marché, se créer tout à coup des priviléges qu'il n'avait pas stipulés, et qu'il ne reconnaîtrait pas dans son adversaire.

Car alors le contrat ne serait plus la loi des parties. Mais c'est le caprice ou l'intérêt de l'une des parties seulement qui, sans le consentement de l'autre, se changerait en loi et se ferait juge.

Or l'unique loi, l'unique lien, l'unique juge des parties, en matière de conventions libres et synallagmatiques, c'est le contrat.

C'est donc le contrat seul qu'il faut considérer, qu'il faut appliquer, qu'il faut exécuter.

A ces motifs généraux tirés du droit commun, et qui sont

décisifs, joignons les hautes considérations de l'intérêt de l'Etat.

Oui, si les principes que nous venons d'exposer font la sûreté des citoyens, ils font aussi la force du gouvernement; car il n'y a point de force sans crédit, ni de crédit sans confiance, ni de confiance sans justice.

Désire-t-on voir refleurir la foi publique? Désire-t-on ramener auprès du gouvernement les entrepreneurs honnêtes et solvables? Veut-on enfin que l'Etat fasse des marchés modérés?

Qu'il garde toujours, avec une foi probe et exacte, les engagemens même les plus onéreux.

Et, je ne crains pas de le dire, le gouvernement doit s'attacher avec d'autant plus de scrupule à l'étroite observation de ces contrats, qu'il en est lui-même le rédacteur, et qu'il y est à la fois juge et partie.

Ne laissons pas non plus échapper de vue une considération vraiment importante: c'est que, s'il est de bonne justice, il est aussi de bonne administration d'exécuter sincèrement et littéralement ces sortes de contrats.

Car il arrive que l'administration, pour les éluder, se jette dans des difficultés prodigieuses, dont le résultat est le désordre des services, la perte du crédit et la multiplication des procès et des écritures.

C'est d'après ces principes que le Conseil d'État a, depuis la restauration, annulé plusieurs décisions ministérielles qui avaient réduit des prix de fournitures, contre le texte positif des marchés.

Ainsi décidé par deux ordonnances rendues, à mon rapport, les 26 février et 14 mai 1817, et par celles des 22 octobre 1817, 21 mars 1821 et autres (1).

___

(1) L'ordonnance du 26 février 1817 est motivée sur ce que « le « ministre de la guerre n'avait pu réduire un prix de 95 c. à 50 c. « après que l'exécution du marché avait été *respectivement* et plei-

Qu'on me permette ici quelques réflexions générales dans l'intérêt commun des fournisseurs et de l'Etat.

En principe, le jugement des marchés de fournitures devrait, comme toutes les contestations sur les contrats ordinaires, appartenir aux tribunaux.

En effet, l'Etat n'agit point ici par voie d'autorité et de puissance publique; il contracte comme un particulier avec un particulier.

Néanmoins, je conçois qu'on ait voulu, qu'on ait dû même, dans l'intérêt de l'Etat, dégager ces sortes de marchés des complications et de la lenteur des procédures judiciaires; mais puisque le gouvernement en retenait la décision, au moins aurait-il dû garantir aux fournisseurs l'indépendance de ces décisions. Au contraire, l'histoire des marchés, depuis la révolution, ne présente que des luttes de déceptions entre le gouvernement et les entrepreneurs des services publics, que des déchéances arbitraires, et que des violations de la foi promise.

C'est cette malheureuse facilité de recevoir sans payer, qui a multiplié les dépenses de l'Etat, détourné les fonds de leur spécialité, et entraîné le gouvernement dans des entreprises insensées et dans des guerres sans fin. La propriété n'est jamais bien respectée dans un pays, lorsque le gouvernement lui-même, chargé de l'exécution des lois qui doivent la protéger, la viole. Le crédit n'est jamais solide, lorsque les engagemens, même reconnus légitimes, sont rompus par le gouvernement qui les a consentis.

Qu'arrive-t-il, avec cet indigne et ruineux système? C'est que les fournisseurs, qui devraient contracter avec le gouvernement comme avec le plus honnête homme du royaume, contractent avec lui comme avec un débiteur presque insol-

----

« nement consommée entre le gouvernement et le fournisseur, par le « versement intégral des denrées, d'une part, et l'acquittement du « prix, de l'autre. »

vable. Je me trompe : ils ne contractent même pas. Ils aban-
donnent, la plupart du temps, les chances périlleuses de ces
entreprises à des spéculateurs sans foi, et qui acceptent les
prix du gouvernement, mais qui, n'ayant pas assez de forces
pécuniaires pour soutenir le marché, font des fournitures de
mauvaise qualité, ou laissent périr l'entreprise ; ce qui engendre des lenteurs dans les travaux, ce qui introduit mille
désordres dans les services, ce qui multiplie des litiges dispendieux pour l'État, quelle que soit leur issue.

Ou ces mêmes spéculateurs stipulent des prix très-élevés,
pour s'indemniser d'avance, non-seulement des pertes éven-
tuelles de la liquidation, mais même des périls imaginaires
qu'ils redoutent d'une autorité à la fois juge et partie dans sa
propre cause.

De cette manière, la concurrence des rabais, qui, pour
être utile, doit être nombreuse, ne peut s'établir qu'entre cette
sorte de spéculateurs : cela est évident. L'État, qui devrait, à
cause de l'immensité des fournitures ou de la durée et de l'importance des travaux, obtenir des prix plus bas que les particuliers, paie plus cher qu'eux, quoiqu'il soit plus mal servi.
Qu'on s'étonne, après cela, que les dépenses du matériel
soient en France si considérables, que les budgets ne dimi-
nuent pas, et que les liquidations de l'arriéré soient presque
sans terme et sans mesure !

Cependant le gouvernement du Roi est fidèle à ses engagemens ; mais malheureusement, une expérience de vingt-cinq
ans a toujours laissé quelque défiance dans l'esprit des fournisseurs. D'ailleurs, nous sommes en pleine paix. Les services
sont simplifiés, les denrées et la main-d'œuvre à bas prix. Mais
qu'une guerre éclate, les services se compliquent, les prix
haussent, et les besoins du gouvernement doublent. Veut-il
de bons, solides et faciles marchés ? Qu'il offre des garanties
aux fournisseurs. Or où sont ces garanties ? Dans l'établissement d'un tribunal administratif indépendant.

Je pourrais me contenter de dire, pour justifier cette mesure, que l'État y gagnerait, chaque année, *plusieurs millions* sur les dépenses du matériel en temps de paix, et surtout en temps de guerre. C'est ce qu'avoueraient, au besoin, les fournisseurs eux-mêmes; et c'est ce que, d'ailleurs, tout le monde croira sans peine.

Mais l'indépendance de ce tribunal ne compromettrait-elle pas les intérêts du gouvernement et la célérité des services?

Non, car on n'ôterait à l'État que l'arbitraire de ses jugemens; on lui laisserait toutes ses garanties.

Ainsi, les besoins les plus urgens de l'administration pourraient se multiplier, et quelquefois la sûreté même de l'État pourrait tomber en péril, par les refus ou les lenteurs que des fournisseurs apporteraient à l'exécution de leurs marchés. De tels maux veulent de prompts remèdes. Si une armée est mise en mouvement, et qu'il faille l'approvisionner, pour assurer la rapidité de ses opérations; s'il arrive que l'ennemi envahisse notre territoire, et qu'il faille le nourrir par la voie des marchés, pour épargner au peuple des réquisitions, des pillages et des violences de toute espèce; s'il s'agit de réparer une route ou un canal dégradés, pour rétablir la liberté des communications; si la famine menace une grande ville ou une province; dans toutes ces circonstances graves, la loi de la nécessité doit seule être obéie. Le pressant motif du salut public ou de l'intérêt général doit faire fléchir devant lui tous les motifs secondaires, tous les intérêts individuels, toutes les règles de la justice distributive ordinaire.

Comme le retard d'un seul jour peut quelquefois amener des maux irréparables, il faut que le Ministre ait la pleine faculté de contraindre le fournisseur, par toutes les voies possibles de coërcition, à exécuter son marché; il faut qu'il puisse seul trancher, provisoirement et sans opposition, toutes les difficultés qui s'élèveraient sur le temps, le lieu, le mode, la qualité, le prix des fournitures, et le paiement des à-compte. Dans ces cas, le contentieux même est tellement lié et subordonné aux besoins de l'administration, que la puissance d'exécution doit l'emporter, et entraîner la juridiction contentieuse dans la rapide nécessité de sa marche.

Lorsque le marché a été résilié, faute d'exécution totale ou partielle, ou lorsque cette exécution est entièrement consommée, et qu'ainsi, il n'y a plus interruption de service, péril imminent ou dommage pour la chose publique, alors il conviendrait qu'un tribunal administratif, indépendant du Ministre, prononçât en définitif sur la liquidation des comptes, sur l'application des prix, sur la valeur des fournitures ou travaux, sur les demandes en dommages et intérêts, en réductions de prix, en indemnité, enfin sur toutes les questions litigieuses qui découlent du marché.

Le Ministre a décidé provisoirement en première instance, avec une pleine liberté, et il a fait exécuter ses décisions sans obstacle, dans le seul intérêt de l'Etat.

Il faut que le tribunal administratif examine, à son tour, ces décisions en appel, avec la même liberté, dans l'intérêt de l'Etat comme dans celui des fournisseurs.

En résultat, toutes les entreprises, tous les marchés de travaux et fournitures consommés, se résolvent, à l'égard de l'Etat, en cette question-ci : Que redoit l'Etat à l'entrepreneur? ou que redoit l'entrepreneur à l'Etat?

Il est évident que rien n'est plus contentieux que la matière d'une pareille question. Il n'est pas moins évident que, quand la loi de la nécessité, qui est l'exception, finit, la loi de la justice, qui est la règle, doit reprendre sa force.

Or la règle veut que le Ministre ne soit pas, en définitif, juge et partie. Cependant est-il exact, demandent sans cesse les fournisseurs, de dire que le Ministre n'est pas juge et partie, tant que l'appel de sa décision restera soumis au Conseil d'Etat? J'affirmerais volontiers qu'il n'y a pas de tribunal en France qui juge avec plus d'indépendance de caractère et de conscience que le Conseil d'Etat. Mais voilà ce que, malgré toutes les affirmations, les fournisseurs ne croiront jamais d'un Conseil d'Etat si flottant et si amovible.

Pour accorder leurs vœux avec l'intérêt de l'Etat, il me semble qu'il suffirait au Ministre de stipuler dans ses marchés que jusqu'à résiliation ou jusqu'à exécution consommée, il sera seul juge provisoire, tant de tous les cas de simple exécution, que de tous les cas de nature contentieuse. Le fournisseur qui aurait accepté cette clause raisonnable ne pourrait s'en plaindre ; et l'intérêt de l'Etat serait alors, dans toutes les occurrences, mis pleinement à couvert.

Appliquons ce système aux différens cas :

Lorsque c'est le Ministre qui a passé le marché, il peut s'élever, à l'occasion de ce marché, des difficultés de pure exécution et des difficultés de nature contentieuse.

En premier lieu, le Ministre devrait seul lever par ses décisions personnelles tous les obstacles de l'exécution.

En second lieu, il ferait bien de laisser au Comité du Conseil d'Etat, placé près de lui, le soin de préparer, hors les cas d'urgence et sauf son approbation, toutes ses décisions sur les points litigieux.

Ces Comités du Conseil, composés de magistrats dont le savoir et l'intégrité sont garantis par une longue possession de l'estime publique, éclaireraient l'opinion du Ministre et soulageraient sa responsabilité morale ; tandis qu'il est trop vrai que l'intérêt de l'Etat a souvent péri au sein des bureaux, sous les attaques de la corruption et dans des transactions ténébreuses.

Après la pleine consommation du marché, le recours serait ouvert aux fournisseurs, devant le tribunal administratif, contre ces décisions exécutoires sans opposition et nonobstant l'appel.

Lorsque c'est un préfet ou une administration générale qui passe un marché de fournitures ou de travaux publics, il faut pareillement distinguer :

S'il y a urgence, le préfet ou le directeur général devraient, seuls et par eux-mêmes, trancher, avec la même étendue de pouvoir que les Ministres, les difficultés de pure exécution ; ils devraient connaître, le préfet, en Conseil de préfecture, le di-

recteur-général, en Conseil d'administration, des difficultés
de nature contentieuse, jusqu'à résiliation du marché.

S'il n'y a point urgence, les décisions des préfets et des di-
recteurs-généraux prises, soit par eux seuls, soit avec l'assistance des Conseils de préfecture et des Conseils d'administration, pourraient n'être exécutoires qu'après l'approbation du
Ministre.

Mais, dans tous les cas, il faudrait, pour assurer pleinement
la rapidité et la liberté des opérations, que ce fût l'adminis-
ration exécutive seule qui prononçât, sauf recours, comme je
l'ai dit, au tribunal supérieur. C'est devant ce tribunal indépendant, placé au centre du gouvernement, que les Ministres
ou les administrations générales, qui ont rédigé ou approuvé
les conditions du marché et qui sont placés également au centre,
pourraient, sur l'appel de leurs décisions portant refus de
solder les fournitures ou d'accorder des réductions et indem-
tés, contredire les prétentions des traitans, et produire, par
les voies régulières, leurs pleines et libres défenses.

Cette doctrine est fondée sur la vieille règle d'équité, qu'on ne
peut, en définitif, être à la fois juge et partie dans sa propre
cause ; elle est fondée aussi sur les véritables intérêts de l'Etat ;
elle est fondée enfin sur la profonde conviction que le gouvernement voudra toujours garder la fidélité de ses engagemens.

Sans doute, il peut être commode pour l'administration de
juger ses propres actes. Mais c'est la maxime des gouvernemens
arbitraires qui se jouent d'eux-mêmes, et qui tentent sans
cesse d'échapper à la foi de leurs promesses. On sait où mènent
ces tristes maximes !

C'est une bien futile objection de dire : le gouvernement est
le libre maître d'imposer les conditions qu'il lui plaît. Si le
fournisseur les trouve dures, pourquoi les accepte-t-il ? Et
s'il les accepte, pourquoi ne les remplirait-il pas ?

Je répondrai d'abord qu'il ne les enfreindra point ouvertement, mais qu'il les éludera, ce qui est la même chose.

Je répondrai ensuite qu'un gouvernement perd autant que

les citoyens à s'éloigner de la justice, et qu'on trompe ses ruses comme sa violence.

Dire que le gouvernement peut faire, contre son propre intérêt, ce qu'il lui plaît, c'est comme si l'on disait qu'un propriétaire peut abuser de sa chose. Sans doute il le peut. Mais il agit comme un insensé, et il se ruine.

C'est une objection plus mauvaise encore de prétendre que si le gouvernement paie un peu plus cher, il a aussi plus de garantie en restant son propre juge. C'est avec cet odieux système que, sous des gouvernemens sans foi, on ruinait les fournisseurs honnêtes et qu'on enrichissait des fripons. Il est certain que, pour un gouvernement qui ne veut pas payer ou qui paie mal, les prix des fournitures ne sont jamais trop élevés, et les fournitures doivent toujours lui paraître assez bonnes, lorsqu'elles ne lui coûtent rien ou presque rien.

Mais le loyal gouvernement du Roi repousserait avec indignation ces honteux calculs de la fiscalité et de l'arbitraire. Il veut avec raison quatre choses : solvabilité, probité et habileté dans les entrepreneurs, modération dans les prix, sincérité dans les fournitures, exactitude dans les paiemens.

Or l'Etat veut-il s'assurer à jamais ces avantages? Qu'il donne aux fournisseurs des juges indépendans.

Car en résumé, 1° si la condition des parties était égale, le gouvernement verrait tous les entrepreneurs honnêtes et solvables lui apporter les garanties de leur crédit et de leur moralité, et les bénéfices de leur concurrence.

2°. Si l'appel des décisions des Ministres, des préfets, des administrations générales, exécutoires par provision, n'était recevable qu'après résiliation ou exécution consommée du marché, les intérêts du service ne pourraient, dans aucun cas, être compromis.

3°. Si les fournisseurs espéraient être jugés, en définitif, par un tribunal indépendant du gouvernement, ils exécuteraient leurs marchés avec plus de hâte et de fidélité, pour obtenir, en cas de difficulté, la justice de ce tribunal, et ils élèveraient aussi leurs prix moins haut, plus sûrs d'être payés.

Que plaidé-je ici ? Est-ce la cause des fournisseurs ? non. C'est la cause de l'Etat. Car toute la matière, en dernière analise, se réduit à ceci : l'Etat, d'après tel mode ou tel autre, sera-t-il mieux ou plus mal servi ? paiera-t-il plus ou paiera-t-il moins ? Je laisse aux bons esprits à décider quel est, sous ce rapport, en paix et en guerre, le mode qui assure le mieux ses intérêts et la justice, du mode que l'on observe actuellement ou du mode que je propose.

## MISES EN JUGEMENT.

§ Ier. *Quelles sont les règles établies par la législation et par la jurisprudence du Conseil d'Etat, sur les mises en jugement des agens du gouvernement ?*

§ II. *Avant toute instruction judiciaire, et sur le pourvoi de la partie lésée, le Conseil d'Etat peut-il, par un arrêt interlocutoire, refuser de prononcer l'autorisation de mise en jugement ?*

### § Ier

*Quelles sont les règles établies par la législation et par la jurisprudence du Conseil d'Etat, sur la mise en jugement des agens du gouvernement.*

I. Avant la révolution, les différens pouvoirs de l'organisation politique n'étaient ni bien définis ni bien séparés.

Les rois étaient la source unique du gouvernement, de l'administration, de la justice.

La justice s'écoula peu à peu de leurs mains par la délégation de son exercice à des tribunaux rendus fixes, ensuite indépendans, puis presque héréditaires.

Mais les rois luttaient encore avec avantage contre la puissance redoutable de ces corps.

Une portion considérable du pouvoir judiciaire avait été retenue dans le Conseil du prince.

Il maintenait, par ses évocations en matières bénéficiales féodales, criminelles et civiles, les priviléges des provinces, du clergé et de la noblesse, qui entraient alors dans la constitution générale de l'Etat.

Il réglait les juges civils et les conflits d'attribution, et il cassait même les jugemens ou arrêts rendus en dernier ressort.

Plusieurs matières administratives, comme les aides et gabelles, les eaux et forêts et autres, étaient protégées contre les envahissemens du pouvoir judiciaire par des tribunaux d'exception, tels que la cour des aides, les maîtrises, etc.

Il ne faut pas non plus oublier que les pays d'État et beaucoup de villes se régissaient par leurs constitutions municipales et particulières.

Les intendans des provinces exerçaient aussi une juridiction plus étendue que celle de nos préfets.

Enfin, les rois avaient conservé une puissance de souvenir, d'opinion et d'effet, que les révolutions des siècles et la hardiesse des nouveaux systèmes de politique n'avaient pu encore ébranler, et qui élevait leur prérogative au-dessus de toute atteinte.

Telle marchait la vieille monarchie lorsqu'elle tomba.

L'assemblée constituante organisa la division des pouvoirs, créa l'autorité administrative, et défendit aux tribunaux de citer devant eux les fonctionnaires publics.

On a cru rencontrer dans cette organisation les desseins d'une profonde sagesse.

Mais les assemblées délibérantes qui, au commencement des révolutions, procèdent toujours avec enthousiasme et comme par improvisation, n'ont guère de ces vues d'avenir.

Est-ce le pouvoir judiciaire que l'assemblée constituante redoutait dans les parlemens ? non.

C'était le pouvoir politique, qu'elle voulait usurper et retenir pour elle-même.

Elle créa l'autorité administrative, moins pour garantir la liberté que pour servir d'instrument plus souple aux projets d'envahissement qu'elle méditait.

La postérité lui reprochera peut-être d'avoir laissé les juges sans inamovibilité et sans force, pour protéger les personnes et les biens des citoyens.

Jamais, en effet, la liberté individuelle, jamais la propriété ne fut plus indignement trahie, vexée, étouffée, que pendant la révolution.

L'autorité administrative, invulnérable sous sa garantie, suivit et aida avec complaisance le gouvernement dans toutes ses usurpations.

Chose bien remarquable ! ces garanties illimitées accordées aux agens du gouvernement, ces pouvoirs extraordinaires, sans terme, sans mesure et sans responsabilité, ces inventions du despotisme, se sont rencontrées dans les constitutions républicaines de 1791 et de l'an 3.

Il ne faut pas s'en étonner : sous le nom de liberté régna bientôt une insupportable servitude.

La tyrannie du pouvoir exécutif avait envahi les choses et les personnes; elle avait détaché des tribunaux, et attribué à la décision expéditive des administrations de départemens, et par voie d'appel aux Ministres, toutes sortes de questions d'Etat, de propriété, de titres privés.

Ainsi, lorsque les citoyens portaient devant les tribunaux, leurs juges naturels, des affaires de leur ressort par la qualité des parties et l'essence du contrat, le gouvernement défendait aux tribunaux d'en connaître, sous les peines les plus sévères (1). Il en évoquait l'examen devant l'administration, qui souvent prononçait dans l'ombre, sans délais, sans formes, sans défenses.

Voilà pour les choses.

Le citoyen se plaignait-il d'un excès de pouvoir, ou d'une arrestation arbitraire, ou de voies de fait et injures commis envers lui par des fonctionnaires publics, le gouvernement couvrait les délits, les prévarications, les concussions de ses agens, du bouclier de la garantie constitutionnelle; avec le pouvoir de mal faire, il leur avait accordé l'impunité du mal fait.

---

(1) Loi du 16 fructidor an 5.

Voilà pour les personnes.

J'avoue qu'après de tels résultats, j'ai moins d'admiration pour cette haute et prévoyante sagesse de l'assemblée constituante.

La liberté n'existe donc pas plus dans le nom et sous la forme de république que sous le nom de monarchie. Elle n'existe véritablement que là où elle a des garanties.

Le gouvernement consulaire, qui succéda à la Convention et au Directoire, n'eut garde de laisser cet instrument s'échapper de ses mains.

Il ordonna que les agens du gouvernement, autres que les Ministres, ne pourraient être poursuivis devant les tribunaux, pour des faits relatifs à leurs fonctions, qu'en vertu d'une décision du Conseil d'État.

La nation ne vit pas alors où on la menait. Fatiguée des incertitudes et de la mollesse du Directoire, elle courait d'elle-même se placer sous la protection d'un bras plus ferme, qui, au lieu de la soutenir, devait bientôt l'accabler.

Le gouvernement impérial hérita avec empressement de cette garantie illimitée que le consulat avait léguée à tous les agens et préposés quelconques de l'administration.

On sait trop que, sous ce gouvernement, la liberté individuelle et les intérêts de la propriété furent sans cesse violés par les agens du pouvoir.

Mais l'action du gouvernement était tellement unie, serrée et forte, que les citoyens ne séparaient guère les actes des fonctionnaires de la volonté impulsive et rapide du maître.

L'ordre parti du trône arrivait presqu'à l'instant jusqu'au dernier agent de la hiérarchie administrative, qui l'exécutait sans remontrance et sans restriction. Les Ministres, affranchis de la responsabilité, n'étaient considérés par le peuple que comme des agens passifs, sans volonté délibérée, sans impulsion propre, comme sans résistance.

Aussi, quoique par flatterie et par déréglement de zèle, certains fonctionnaires missent quelquefois plus de dureté dans l'exécution de l'ordre qu'il n'y en avait dans l'ordre même, les administrés n'attribuaient pas ces actes et ces excès de pouvoir à la tyrannie individuelle de leurs administrateurs, mais à la tyrannie générale du gouvernement; et, soit que l'âme flétrie s'accoutume à la longue au despotisme, soit que l'exercice d'une action légitime parût alors impossible ou même dangereux, par dégoût, par impuissance, par crainte, on vit, à cette époque, peu de citoyens demander la mise en jugement des fonctionnaires publics.

A la vérité, on priva du bénéfice de la garantie plusieurs employés secondaires.

Mais ces employés ne sont pas, à proprement parler, les agens du pouvoir.

On eut soin aussi, pour sauver les apparences, d'insérer dans les articles 114 et 119 du Code pénal, que les fonctionnaires publics, agens et préposés du gouvernement, prévenus d'actes arbitraires et attentatoires à la liberté individuelle, seraient passibles de la peine de la dégradation civique.

Mais ces dispositions salutaires étaient détruites habilement, au profit de l'autorité, par l'article 75 de la Constitution de l'an 8, et par les articles 127, 128 et 129 du même Code pénal.

Car le gouvernement, en refusant l'autorisation de poursuivre ses agens (et personne ne peut le contraindre à l'accorder), empêche toujours, lorsqu'il le veut, l'exécution des articles 114 et 119.

De manière que ces articles ne peuvent véritablement s'appliquer que lorsque l'autorisation du gouvernement est accordée.

La restauration a amené un autre système de gouvernement.

La Charte a établi la responsabilité des Ministres (1).

---

(1) Art. 13. « La personne du Roi est inviolable et sacrée; ses ministres sont responsables.

De la responsabilité des Ministres découle nécessairement la responsabilité de leurs agens.

Ceux-ci ont-ils conservé la garantie? qui doit appliquer cette garantie? est-ce le Conseil d'Etat?

Soutiendra-t-on, avec l'un de nos plus savans magistrats, M. Henrion de Pansey,

« Que, comme la disposition de l'article 75 de la Constitu-
« tion de l'an 8 est organique, et que la prérogative qu'elle
« conférait au Conseil d'Etat faisait partie de ses attributions
« constitutionnelles, l'article, le Conseil et la Constitution ont
« dû éprouver le même sort (1)? »

Quoi qu'il en soit, le gouvernement a cru devoir jusqu'ici exercer la prérogative de la garantie telle qu'elle existait avant la Charte, et il en a laissé l'application au Conseil d'Etat.

II. Il s'est fondé pour retenir cette attribution :

1°. Sur la loi du 14 décembre 1789, qui porte, article 61,
« que les officiers municipaux ne peuvent être mis en juge-
« ment, pour des délits d'administration, sans une autorisation
« préalable du Directoire du département; »

2°. Sur la loi du 24 août, qui défend, article 13, « aux
« juges, sous peine de forfaiture, de citer devant eux des
« administrateurs à raison de leurs fonctions; »

3°. Sur la loi du 22 frimaire an 8, qui assimile aux administrateurs tous les agens du gouvernement, et veut, art. 75,
« Qu'ils ne puissent être poursuivis pour des faits relatifs à
« leurs fonctions qu'en vertu d'une *décision* du Conseil
« d'Etat; »

4°. Sur l'arrêté du gouvernement, du 9 pluviôse an 10, qui autorise le directeur général de l'enregistrement et des domaines, comme l'ont été ultérieurement les autres directeurs généraux, « à traduire devant les tribunaux, sans recourir

_____

(1) Du pouvoir municipal.

« au Conseil d'Etat, les agens inférieurs de leurs administra-
« tions respectives ; »

5°. Sur le décret du 9 avril 1806, portant que l'autorisation
préalable du gouvernement, qui est nécessaire pour traduire en
justice ses agens, « ne fait pas obstacle à ce que les magistrats
« chargés de la poursuite des délits informent et recueillent
« tous les renseignemens relatifs aux délits commis par les
« agens du gouvernement; mais qu'il ne peut être, en ce cas,
« décerné aucun mandat, ni subi aucun interrogatoire juri-
« dique, sans autorisation préalable du gouvernement; »

6°. Sur le Code pénal (art. 127 et 129), lequel prononce une
amende contre les juges qui auront, « sans autorisation préa-
« lable du gouvernement, rendu des ordonnances ou décerné
« des mandats contre ses agens ou préposés, prévenus de
« crimes ou délits commis dans l'exercice de leurs fonctions; »

Enfin, sur la Charte constitutionnelle, dont l'art. 68 est ainsi
conçu : « Le Code civil et les lois actuellement existantes, qui
« ne sont pas contraires à la présente Charte, restent en vi-
« gueur jusqu'à ce qu'il y soit légalement dérogé. »

Peut-être pourrait-on dire que la loi du 22 frimaire an 8
est contraire à la Charte, même dans l'art. 75.

Car le Conseil d'Etat, aux termes de la loi de l'an 8,
rendait une *décision* en vertu de son attribution *constitutionnelle*, et indépendamment de la volonté du premier Consul. Mais sous l'empire de la Charte, le Conseil, n'étant plus
un des corps organiques de l'État, ne rend plus de *décisions*;
il ne fait que proposer; il ne donne que des *avis*.

La Charte a donc, en ce point, abrogé l'art. 75 de la constitution de l'an 8. Comment dès lors s'appuierait-on sur cet
art. 75 pour justifier l'attribution du Conseil d'Etat ?

Ne vaut-il pas mieux s'appuyer sur les autres lois relatives
à la garantie, et surtout sur la responsabilité des Ministres, établie par l'art. 13 de la Charte, article important, et qui n'est
même pas visé dans les ordonnances sur les mises en jugement?

. III. Après avoir rappelé les lois sur lesquelles le Conseil d'Etat se fonde aujourd'hui pour connaître des mises en jugement, il faut que j'expose les règles introduites par la jurisprudence sur cette matière, depuis le régime de la Charte.

Je dois prévenir, de peur qu'on ne s'y trompe, que ces règles de jurisprudence, quelque abstraite que soit leur énonciation, doivent nécessairement se plier et s'accommoder, dans leur application, à la variété infinie des espèces. Ce sont plutôt des cas choisis et généralisés que des principes absolus.

Pour procéder avec quelque méthode dans une matière si pleine de confusion, je dirai :

1°. Quels sont les agens garantis ;

2°. Dans quel cas l'autorisation n'est pas nécessaire ;

3°. Dans quel cas il y a lieu à surseoir ;

4°. Dans quel cas il n'y a pas lieu d'accorder l'autorisation ;

5°. Dans quel cas il n'y a lieu d'accorder que l'autorisation à fins civiles ;

6°. Dans quels cas il y a lieu d'accorder l'autorisation pure et simple.

§ I. La garantie actuelle couvre tous les agens du gouvernement, et notamment les ecclésiastiques, les conseillers d'Etat, les militaires de tout grade en activité de service, les préfets, sous-préfets, maires et adjoints, les intendans militaires, les intendans de la marine, les employés des douanes, les préposés du domaine, les employés des octrois, les percepteurs des contributions directes, les directeurs et inspecteurs des postes, les gardes forestiers et jusqu'aux gardes-pêche, aux gardes champêtres et aux gendarmes, lorsqu'ils sont prévenus d'avoir commis un délit dans l'exercice de leurs fonctions (1).

_____

(1) Ce serait un grand pas de fait vers un meilleur système, que de vouloir, ainsi que tous les bons esprits en ont depuis long-temps reconnu la nécessité, ôter la garantie à tous les agens inférieurs ou supérieurs du gouvernement, autres que les maires et adjoints, sous-préfets et préfets.

Cette proposition trouverait sa justification, s'il en était besoin, dans le Code pénal lui-même, qui ne défend aux juges de citer devant eux que des *administrateurs*.

Art. 127. « Seront coupables de forfaiture et punis de la dégrada-« tion civique : 1°............

2°. « Les juges, les procureurs-généraux ou du Roi, ou leurs subs-« tituts, les officiers de police judiciaire qui auraient excédé leurs pou-« voirs en s'immisçant dans les matières attribuées aux autorités ad-« ministratives, soit en faisant des règlemens sur ces matières, soit en « défendant d'exécuter les ordres émanés de l'administration, ou qui, « ayant permis ou ordonné de citer des *administrateurs* pour raison « de l'*exercice de leurs fonctions*, auraient persisté dans l'exécution « de leurs jugemens ou ordonnances, nonobstant l'annulation qui en « serait prononcée, ou le *conflit* qui leur aurait été *notifié*. »

Il est bien évident que le Code n'a entendu par cette expression que de véritables administrateurs, c'est-à-dire des maires, sous-préfets et préfets; mais non tous les employés quelconques du gouvernement. Ceux-ci font bien partie de l'administration, mais ils ne sont pas, à proprement parler, des *administrateurs*.

Les besoins du gouvernement n'exigent pas sans doute que plus de cinquante mille employés de tout grade jouissent du bénéfice exorbitant de la garantie.

Sans doute la garantie, en principe, est nécessaire. Sans elle, le pouvoir exécutif succomberait sous la tyrannie des juges.

Qui ne sent d'ailleurs qu'il faut des garanties à la personne de tout citoyen qui sort de la vie privée pour s'exposer, souvent sans aucune rétribution, comme les maires, aux périls et à la responsabilité d'un emploi public?

Ces garanties ont, de tout temps, existé dans tous les pays.

En Angleterre, les accusateurs indiscrets sont punis d'une amende triple ou double. Il serait à désirer que cette règle s'introduisît dans notre législation.

Car, pour la conservation des intérêts privés, les dommages-intérêts laissés, selon les circonstances, à l'arbitrage du juge, pourraient suffire à la réparation de la perte ou du tort éprouvé.

Sans doute le fonctionnaire lésé dans sa réputation par une accusation jugée fausse a également le droit de répéter des dommages-intérêts.

Mais comme il est dans nos mœurs et dans les convenances délicates de l'honneur français qu'on renonce toujours à ces réparations pécuniaires, et que, d'ailleurs, les tribunaux sont dans l'usage d'arbitrer faiblement ces sortes de dommages-intérêts, il serait plus utile de mulcter législativement les calomniateurs d'une amende fixe et considérable qui serait doublée et même triplée en cas de récidive.

Cette seule mesure préviendrait beaucoup d'accusations récriminatoires et passionnées.

En France, les corps politiques sont garantis, puisque les pairs du royaume ne peuvent être jugés que par leurs pairs, et que les députés jouissent aussi de privilèges attachés à leur dignité et au péril de leurs fonctions *.

Les membres de l'ordre judiciaire ne peuvent pareillement être pris à partie sans la permission préalable du tribunal **.

On a voulu les protéger contre les ressentimens opiniâtres des plaideurs, et ne pas diminuer leur indépendance ni avilir la dignité de leur ordre, en les exposant à toutes sortes d'attaques inconsidérées.

Cependant les juges sont déjà garantis par leur inamovibilité et par la force vivante de la justice qui repose entre leurs mains.

Les administrateurs peuvent encore moins rester sans garantie, eux qui sont perpétuellement amovibles, et qui, chargés de l'exécution des lois, se trouvent sans cesse en contact avec les intérêts particuliers dont ils doivent souvent briser les résistances injustes et contraires à l'intérêt général.

La garantie a été attachée à leurs personnes, comme fonctionnaires; mais elle l'a été bien plus encore à leurs actes, dans l'intérêt de l'ordre public et de la division des pouvoirs.

Aussi peuvent-ils être garantis, lors même qu'ils ont cessé de remplir des fonctions publiques.

Je ne partagerais pas, à cet égard, l'opinion du savant magistrat que j'ai déjà cité, et qui, se fondant sur la disposition des lois romaines et sur la coutume des villes municipales des Gaules, voudrait que toute action fût suspendue contre les fonctionnaires pendant la durée de leur exercice, et que les accusations fussent permises contre eux, sans autorisation préalable, lorsqu'ils auraient cessé d'être en charge. C'est demander trop peu, et trop: trop peu, si l'agent est coupable, car il faut alors que la société soit immédiatement vengée, et le dommage particulier immédiatement réparé; trop, car si l'administrateur a agi dans l'ordre de ses fonctions, et si l'acte ou le fait incriminé

* Art. 34 et 52 de la Charte.
** Art. 510 du Code de Procédure civile.

tombe sous la juridiction de l'autorité administrative, c'est au gouvernement à déclarer préalablement si l'acte ou le fait est régulier, et s'il importe ou non de l'approuver, et par conséquent de le garantir, soit que le fonctionnaire ait cessé d'être en charge, ou qu'il y soit encore, circonstance qui, sous ce point de vue, devient alors indifférente.

La garantie des agens est donc nécessaire à la sûreté de la personne publique, à l'harmonie des pouvoirs, au repos de l'Etat, à la marche rapide de l'administration et au maintien de ses attributions.

Mais il ne faut pas qu'une garantie sans frein et sans pudeur procure l'impunité (comme on l'a vu pendant la révolution) à tous les agens du gouvernement, ou, ce qui est la même chose, à leurs actes violens et abusifs. Car l'intention de la loi n'a pu être que de protéger les actes raisonnables et nécessaires de l'administration, et non pas ses inepties, ses fureurs, ses tyrannies, ses vexations et ses extravagances.

Il ne faut pas non plus que la garantie soit illimitée dans son application. Il ne faut pas que les particuliers lésés par les agens les plus obscurs de l'administration soient obligés de venir, à grands frais, des extrémités du royaume, solliciter devant le Conseil d'Etat l'autorisation de poursuivre un garde champêtre, un garde-pêche, un garde forestier.

Néanmoins cette proposition rencontre dans quelques directeurs généraux ou administrateurs une assez vive opposition.

Les administrateurs des forêts ont prétendu que les gardes forestiers seraient sans cesse amenés devant les tribunaux par les récriminations fausses et haineuses des délinquans contre lesquels ils dressent des procès verbaux; qu'alors ils négligeraient leurs devoirs, et laisseraient dévaster les bois de l'Etat.

On fait tomber cette objection en répondant que les bois des particuliers sont mieux défendus que les bois de l'Etat, et que cependant les gardes ordinaires n'ont point de garantie; que d'ailleurs les procès verbaux des gardes forestiers font foi jusqu'à inscription de faux.

La direction générale des douanes allègue aussi, en faveur de ses préposés, que, faisant leur service périlleux, de nuit, sur la ligne des frontières, ou sur les grèves désertes de la mer, ils sont sans cesse exposés aux embûches, aux attaques des contrebandiers, race d'hommes entreprenans, immoraux et armés; que si on les livre, sans garantie, aux tribunaux des lieux, enclins peut-être à l'indulgence pour ce genre de délit dont les habitans profitent toujours plus ou moins, on paralyse l'énergie et l'activité des douaniers, et qu'on menace d'une perception molle et négligente un des impôts les plus productifs.

Nous avouons que ces objections ne sont pas sans force. Elles ne sont pas non plus sans réponse.

En effet, les employés des droits-réunis qui, dans certains départemens, exercent aussi un métier périlleux et difficile, ne jouissent plus, depuis 1814, du bénéfice de la garantie.

Si cette heureuse innovation, ou plutôt si ce retour à l'ordre, a rendu ces agens plus circonspects, plus modérés dans leurs opérations, il est également reconnu qu'il n'a eu aucune influence fâcheuse sur la perception des impôts et sur leurs produits.

A cela, je sais qu'on a répondu que, les employés des droits-réunis ne devaient pas jouir de la garantie, parce qu'ils ne font point un acte d'administration; qu'il s'agit seulement, pour eux, de l'application d'un tarif fixé par les lois, et que par conséquent, toutes les contestations qui peuvent s'élever relativement à cette application sont du ressort des tribunaux.

Cette objection n'a selon moi aucune force. Car la garantie n'avait pas été précédemment accordée aux actes des employés des droits-réunis, puisque les tribunaux seuls sont juges, d'après les lois, de la validité de ces actes. Elle n'avait été accordée qu'à la personne de l'agent en exercice, à cause du péril de la fonction.

Si la garantie se déterminait exclusivement par la nature administrative de l'acte ou du fait incriminé, les douaniers et les gardes forestiers n'en seraient pas couverts; car les contestations relatives à la perception des douanes et aux délits de contrebande sont du ressort des tribunaux.

Les délits forestiers sont aussi poursuivis, jugés et punis devant les tribunaux de police correctionnelle.

Telle qu'elle existe aujourd'hui, la garantie couvre plus souvent le fonctionnaire que l'acte administratif.

L'acte a, d'ailleurs, une autre sûreté puissante et efficace dans l'exercice du conflit d'attribution.

L'assimilation des employés des droits-réunis aux employés des douanes est, quoiqu'on dise, parfaitement exacte. Si donc la garantie est ôtée aux premiers, pourquoi resterait-elle aux seconds?

J'avoue toutefois que les fonctions des douaniers sont encore plus périlleuses que celles des employés des contributions indirectes. Mais les lois sur les contrebandiers ne sont-elles pas aussi plus réprimantes et plus sévères? Le ministère public, organe du gouvernement, ne défendra-t-il pas les employés des douanes poursuivis devant les tribunaux? L'intervention des agens supérieurs ne peut-elle éclairer la religion des juges?

Quoique la question soit assurément fort délicate, et que l'on puisse argumenter en sens divers de la jurisprudence du Conseil d'Etat un peu flottante sur ce point, je ne balance pas à me ranger du côté de ceux qui pensent que, toutes les fois qu'il y a eu meurtre ou blessures graves, même avec légitime défense, les tribunaux seuls devraient juger la validité de cette allégation.

Je croirais avec eux que la vie d'un citoyen, dans un pays libre, la vie d'un sujet du Roi de France, est assez précieuse pour qu'elle soit mise sous la sauvegarde de ses juges naturels, et je craindrais que le privilége qui permettrait à l'administration d'absoudre un meurtrier par une simple dénégation ne fît peser sur elle une trop grave responsabilité.

C'est encore par un entraînement irréfléchi, selon moi, qu'on a étendu à quelques autres agens et préposés de l'administration, beaucoup moins favorables que ceux dont je viens de parler, le bénéfice de la garantie constitutionnelle. Ainsi, par exemple, un receveur des domaines a enregistré un acte sous une fausse date. On lui applique aujourd'hui la garantie. Cela est-il bien régulier? Est-ce que le Conseil d'Etat est compétent pour déterminer le caractère d'un faux, pour en rechercher et en établir la preuve? Est-ce qu'il importe à la tranquillité, à la sûreté de l'Etat, à la perception des impôts, à la marche de l'administration, qu'un employé prévenu d'un faux ne puisse être poursuivi devant les juges ordinaires?

Sa réputation ne sera-t-elle pas mieux vengée par la déclaration des jurés, de ses pairs, de ses égaux, par un jugement solennel et par la honte publique de ses calomniateurs, que par la dénégation sans débats contradictoires, sans preuves juridiques, sans publicité, venue du Conseil d'Etat?

Je n'ajouterai pas que cette dénégation tardive suspend la distribution de la justice, lorsqu'il y a connexité du délit avec d'autres prévenus qui languissent dans les prisons en attendant que le Conseil d'Etat ait prononcé sur la mise en jugement. En sorte que la punition ou l'absolution du crime manquent également de célérité, mal fort grand dans les deux cas.

Ces observations générales peuvent s'appliquer à tous les autres

§. II. L'autorisation du Conseil d'Etat n'est pas nécessaire pour traduire devant les tribunaux;

1°. Les pairs de France, qui ne peuvent être arrêtés que de l'autorité de la Chambre des pairs et jugés que par elle, en matière criminelle (1);

2°. Les députés, qui ne peuvent, pendant la durée de la session, être poursuivis ni arrêtés, en matière criminelle, sauf le cas de flagrant délit, qu'après que la Chambre a permis leur poursuite (2);

3°. Les agens du gouvernement, pris en flagrant délit;

4°. Les ministres ou ex-ministres (3);

---

préposés, employés et agens quelconques de l'administration que, par une extension fausse et abusive de l'art. 75 de la constitution de l'an 8, on ne peut traduire devant les tribunaux sans l'autorisation préalable du Conseil d'Etat.

On sentit, dès l'origine même, que cette garantie illimitée n'avait aucun motif plausible; on l'ôta, par degrés, à quelques-uns de ces agens. Il faut l'ôter à tous, même aux conseillers d'Etat et aux directeurs généraux, et il faut le dire:

La garantie restreinte aux maires, sous-préfets et préfets, il s'agirait de concilier les besoins de l'administration avec les besoins de la justice.

D'un côté, l'administration a besoin que ses agens ne puissent être détournés de leurs fonctions par le caprice, la sédition et la haine.

C'est à quoi il serait pourvu suffisamment, si l'on ordonnait qu'ils ne pourraient être atteints provisoirement d'aucun mandat, ni même interrogés en justice, hors les cas de flagrant délit.

D'un autre côté, la justice a besoin que les preuves du délit soient recueillies promptement, que des témoins soient entendus, des procès verbaux dressés, etc.

C'est à quoi il serait pourvu par une instruction préparatoire. Mais je ne me suis pas proposé ici de rechercher quel serait le meilleur mode d'organiser la responsabilité des agens du pouvoir, et je m'arrête sur la limite qui sépare la théorie, des applications de la jurisprudence.

(1) Art. 34 de la Charte.
(2) Art. 52 de la Charte.
(3) Art. 72 et 73 de la loi du 22 février an 8, — Art. 55 et 56 de la Charte, — Ordonnance royale du 25 juin 1817.

5°. Les maires et adjoints, gardes champêtres et gardes forestiers, commissaires de police et officiers de gendarmerie, qui auraient commis des contraventions ou des délits en qualité d'officiers de l'Etat civil ou de police judiciaire (1);

6°. Les préposés des Domaines, des douanes et des poudres et salpêtres, lorsque les directeurs généraux de ces diverses administrations estiment qu'il y a lieu de les mettre en jugement (2);

7°. Les percepteurs des contributions, lorsque les préfets veulent les poursuivre (3);

---

— (1) Art. 50 du Code civil. « Toute contravention aux articles précé-« dens, de la part des officiers de l'état civil, sera poursuivie devant le « tribunal de première instance et punie d'une amende qui ne pourra « excéder cent francs. »

Art. 53. « Le procureur du Roi. . . . . . dénoncera les contraven-« tions ou délits commis par les officiers de l'Etat civil et requerra « contre eux la condamnation aux amendes. »

Code d'instruction criminelle. Art. 9. « La police judiciaire sera « exercée . . . . . par les gardes champêtres et les gardes forestiers, « les commissaires de police, les maires et les adjoints du maire, les « officiers de gendarmerie. » — Avis du Conseil d'Etat, du 4 pluviôse an 12, — Ordonnances des 8 juillet 1817, — 2 juin 1819, — 4 mai 1820, — 22 février 1821, — 24 octobre 1821, — idem 1821.

(2) L'arrêté du gouvernement, du 9 pluviôse an 10, porte :

Art. 1. « Le directeur général de l'enregistrement et des domaines « est autorisé à traduire devant les tribunaux, sans recourir à la déci-« sion du Conseil d'Etat, les agens inférieurs de cette administration. »

L'arrêté du 29 thermidor an 11 dispose :

Art. 1. « Les préfets pourront désormais autoriser la mise en juge-« ment des préposés de l'octroi municipal. »

Et le décret du 28 février 1806 :

Art. 1. « Les administrateurs généraux des poudres et salpêtres, « pourront désormais autoriser la mise en jugement des préposés qui « leur sont subordonnés, sans qu'il soit besoin de recourir au Conseil « d'Etat. »

(3) L'arrêté du gouvernement, du 10 floréal an 10, porte :

Art. 1. « Les préfets sont autorisés, après avoir pris l'avis des sous-« préfets, à traduire devant les tribunaux, sans recourir à la décision

8°. Les employés de contributions indirectes (1), même le directeur général, que sa qualité de conseiller d'Etat ne couvre point (2);

9°. Les gardes des bois des particuliers (3).

Il en est de même dans les cas suivans :

10°. Lorsque les faits et les délits ont été commis par les agens du gouvernement, hors de l'exercice de leurs fonctions, comme si la rixe à la suite de laquelle des violences ont été commises, des injures proférées, des blessures reçues, des vols tentés, n'a été l'effet que d'une rencontre fortuite, ou s'il a été tenu des propos séditieux; ou s'il s'agit de la restitution d'un

---

« du Conseil d'Etat, les percepteurs des contributions, pour faits rela-
« tifs à leurs fonctions. » — Ordonnances royales des 12 mai 1819,—
2 juin 1819.

(1) L'art. 144 de la loi du 8 octobre 1814 porte :

« Les préposés ou employés de la régie, prévenus de crimes ou délits
« commis dans l'exercice de leurs fonctions, seront poursuivis et tra-
« duits dans les formes communes à tous les autres citoyens, devant
« les tribunaux compétens, *sans autorisation préalable de la régie.*
« Seulement, le juge instructeur, lorsqu'il aura décerné un mandat
« d'arrêt, sera tenu d'en *informer* le directeur des impositions indi-
« rectes du département de l'employé poursuivi. »

(2) Une ordonnance du Roi, du 20 janvier 1819, rendue sur une
demande en autorisation de poursuivre le directeur général des droits-
réunis, en dédommagement de pertes causées par des saisies prétendues arbitraires de marchandises, est ainsi motivée :

« Considérant que les contestations relatives à la perception des
« contributions indirectes sont du ressort des tribunaux;

« Considérant qu'aux termes de l'art. 144 de la loi du 8 décembre 1814,
« les tribunaux sont également compétens pour juger, sans autorisation
« préalable du *gouvernement, tous* employés des contributions indi-
« rectes, prévenus de crimes ou délits commis dans l'exercice de leurs
« fonctions; — rejette, etc. »

(3) 22 juillet 1818.

dépôt, ou d'une soustraction frauduleuse, ou de l'exécution de conventions particulières (1);

11°. Lorsque les faits imputés sont postérieurs à la cessation des fonctions de l'agent (2);

12°. Lorsque le plaignant demande que le ministère public soit contraint par le Conseil d'Etat d'exercer des poursuites contre l'agent incriminé (3).

§ III. Il y a lieu de surseoir à prononcer sur la demande en autorisation formée, soit par la partie plaignante, soit par le procureur général,

1°. Lorsque le procureur général, en transmettant au Conseil d'Etat les pièces de la procédure, n'a pas émis d'avis personnel;

2°. Lorsque le réclamant ne justifie d'aucune plainte qui ait saisi les tribunaux;

Ou lorsque le fait ou délit reproché ne peut être constaté que par une information juridique et préalable, aux termes et dans les limites du décret du 9 août 1806 (4);

---

(1) L'acte dit Constitution de l'an 8 porte : Art. 75. *Pour des faits relatifs à leurs fonctions.*
Ordonnances des 11 décembre 1814.
———      18 janvier 1815.
———      30 janvier 1815.
———      10 février 1816.
———      23 octobre 1816.
———      25 juin 1817.
———       6 novembre 1817.
———      23 avril 1818.
———       4 mars 1819.
———      18 juillet 1821.
———      13 mars 1822.
(2) 18 juillet 1821.
(3) 13 mai 1819.
(4) Art. 3 du décret du 9 août 1806. — Ordonnances du 4 mai 1820, — 9 juillet 1820, — 2 février 1821, — 29 août 1821.

3°. Lorsque l'instruction préalable voulue par l'article 8 de la loi du 18 germinal an 10 contre un ecclésiastique, pour abus dans l'exercice de ses fonctions, n'a pas été faite (1);

4°. Lorsqu'il s'agit d'examiner le recours de l'agent inculpé contre la commune ou le gouvernement, et d'établir, par exemple, une liquidation administrative nécessairement préalable au jugement du délit, ou de statuer d'abord sur toute autre question de la compétence administrative ou civile (2).

§ IV. Il y a lieu de ne pas accorder l'autorisation,

1°. Lorsqu'il n'y a pas de partie civile ou plaignante, ou qu'elle s'est désisté, et que ni le préfet, ni le procureur général, ni les Ministres, ne sont d'avis de poursuivre l'agent inculpé (3);

2°. Lorsque ceux qui ont commis le délit dont on se plaint ont agi sans l'ordre du maire, ce qui exclut son intervention (4);

3°. Lorsque des maires et leurs adjoints, préfets et sous-préfets, portent préjudice, dans l'exercice et les bornes de leurs fonctions, à des particuliers ou à une commune, et que l'abus

---

(1) 19 mars 1817.

(2) 23 février 1820, — 25 février 1820.

Si, par exemple, le terrain ou bâtiment sur lequel le plaignant prétend qu'un maire a commis des actes arbitraires, fait entre eux la matière d'un procès, et si les parties sont en instance, soit devant l'autorité administrative (s'il s'agit de l'explication d'une vente nationale), soit devant les tribunaux, pour y faire prononcer sur la propriété dudit terrain ou bâtiment, il convient, en l'état, de surseoir à statuer sur la demande de mise en jugement du maire, jusqu'à ce que la question préalable de propriété ait été définitivement décidée par l'autorité compétente. *Voy.* ordonnance du 29 mai 1822.

(3) 14 septembre 1814, — 1er mars 1815, — 25 février 1818, — 5 février 1819, — 4 mars 1819, — 12 mai 1819, — 12 mai 1819, — 8 septembre 1819, — 17 novembre 1819, — 11 février 1820, — 23 février 1820, — 2 février 1821, — 8 août 1821, — 5 septembre 1821, — 13 mars 1822, — 17 avril 1822.

(4) 8 septembre 1819, — 5 septembre 1821, — 19 décembre 1821.

de ces actes peut être réparé, dans l'ordre de la hiérarchie, par l'autorité administrative (1);

4°. Lorsque la demande d'autorisation est introduite incidemment à une instance contentieuse dont elle ne saurait faire partie (2) ;

5°. Lorsque la poursuite de l'agent remettrait en question ce qui a été contradictoirement décidé avec le plaignant par un arrêt du Conseil (3);

6°. Lorsque des maires et leurs adjoints, sous-préfets et préfets, généraux et autres agens du gouvernement, sont personnellement recherchés pour des actes de leur ressort, fidèlement exécutés par eux, en vertu des ordres de l'autorité supérieure à laquelle ils doivent obéissance hiérarchique, ou que lesdits actes ont été approuvés par le Ministre ou les Ministres auxquels ces agens sont subordonnés (4);

7°. Lorsqu'il résulte de l'ensemble des plaintes ou dénonciations,

Des dépositions des témoins,

Du caractère des faits incriminés ou des actes produits,

Des avis favorables des procureurs généraux, des directeurs généraux, des préfets et des Ministres,

Des circonstances atténuantes de l'affaire,

Des témoignages rendus par les autorités locales,

Qu'il n'y a pas non-seulement de preuves, mais même de présomptions suffisantes ;

Que les faits sont évidemment faux, ou qu'ils ne sont pas graves;

---

(1) 25 février 1818, — 18 novembre 1818, — 23 avril 1818, — 4 mars 1819, — 12 mai 1819, — 9 juillet 1820, — 2 février 1821, — 22 février 1821, — 18 juillet 1821.

(2) 13 mars 1822. Conférer avec un autre arrêt du 22 février 1821.

(3) 13 mars 1822.

(4) 25 juin 1817, — 3 décembre 1817, — 22 juillet 1818, — 23 juin 1819, — 17 novembre 1819, — 9 juillet 1820, — 22 février 1821.

Que l'agent inculpé a été de bonne foi, et qu'il a réparé
volontairement son erreur;

Qu'il n'y a pas délit d'intention, mais seulement négligence,
irrégularité, inadvertance, ignorance, erreur involontaire et
désintéressée, et qui ne peut donner lieu qu'à des mesures de
discipline administrative, telles que blâme, censure, réprimande, suspension, changement de résidence, diminution de grade
et de traitement, et même destitution (1);

8°. Lorsque l'administration des forêts ou des Domaines,
ou des douanes, ou autre administration publique, n'intervient pas dans la poursuite des délits prétendus commis au
préjudice de l'État, reconnaît la fausseté des imputations du

---

(1) I<sup>er</sup> novembre 1814, — 14 novembre 1814, — 19 novembre 1814,
— 30 janvier 1815, — 30 janvier 1815, — 6 février 1815, — 6 février
1815, — 13 février 1815, — 13 février 1815, — 13 février 1815, —
6 mars 1815, — 6 mars 1815, — 15 mars 1815, — 20 novembre 1815,
— 23 décembre 1815, — 15 janvier 1816, — 10 février 1816, — 13 février 1816, — 13 février 1816, — 6 mars 1816, — 15 mars 1816, —
18 mars 1816, — 18 mars 1816, — 18 mars 1816, — I<sup>er</sup> mai 1816, —
27 mai 1816, — 27 mai 1816, — 27 mai 1816, — 27 mai 1816, — 27 mai
1816, — 4 juin 1816, — 3 juillet 1816, — 17 juillet 1816, — 7 août
1816, — 18 août 1816, — 18 août 1816, — 18 août 1816, — 18 août
1816, — 21 août 1816, — 28 septembre 1816, — 28 septembre 1816,
— 28 septembre 1816, — 28 septembre 1816, — 28 septembre 1816, —
23 octobre 1816, — 23 octobre 1816, — 20 novembre 1816, — 20 novembre 1816, — 20 novembre 1816, — 11 décembre 1816, — 11 décembre 1816, — 8 janvier 1817, — 26 février 1817, — 26 février 1817, —
19 mars 1817, — 14 mai 1817, — 14 mai 1817, — 11 juin 1817, —
11 juin 1817, — 16 juillet 1817, — 27 août 1817, — 22 octobre 1817,
— 6 novembre 1817, — 6 novembre 1817, — 6 novembre 1817, —
3 décembre 1817, — 3 décembre 1817, — 14 janvier 1818, 14 janvier
1818, — 25 février 1818, — 12 août 1818, — 4 mars 1819, — 31 mars
1819, — 12 mai 1819, — 12 mai 1819, — I<sup>er</sup> septembre 1819, — 8 septembre 1819, — 20 octobre 1819, — 20 octobre 1819, — 23 février
1820, — 17 juin 1820, — 2 février 1821, — 8 août 1821, — 5 septembre
1821, — 31 octobre 1821, — 16 janvier 1822, — 6 février 1822, 6 février 1822, — 13 mars 1822, — 17 avril 1822, — 29 mai 1822.

dénonciateur, et rend au contraire un témoignage favorable des inculpés (1);

9°. Lorsqu'il n'existe pas, quant à présent, de présomptions suffisantes, à charge de l'inculpé (2);

10°. Lorsque les mesures, même rigoureuses dont on se plaint, n'ont été que l'exécution fidèle des lois d'exception (3);

11°. Lorsque les maires et adjoints, sous-préfets et préfets, ont été poursuivis à raison de faits et délits relatifs à la conscription, autres que ceux d'escroquerie et de concussion (4);

12°. Lorsqu'il s'agit de faits couverts par une amnistie et qui ne constituent pas des délits privés, mais des abus de pouvoir commis dans l'exercice des fonctions administratives (5);

13. Lorsque pendant l'envahissement du territoire, par des armées étrangères, ou pendant une famine, ou pendant les ravages d'une maladie épidémique, ou en toute autre circonstance difficile et extraordinaire, les autorités auraient commis des irrégularités et omissions dans la constatation des *décès* des *militaires;*

Ou pris des mesures contraires aux lois, lorsque la commune était privée de toute police judiciaire ;

Ou coupé et vendu des bois sans autorisation au milieu des événemens de la guerre, pour satisfaire aux réquisitions des troupes étrangères, ou pour subvenir aux besoins des habitans et sans profit personnel (6) ;

---

(1) 18 janvier 1815, — 15 février 1815, — 14 janvier 1818.

(2) 23 octobre 1816.

(3) 12 juillet 1818, — 8 septembre 1819.

(4) Ordonnance du 23 août 1814, art. 1.

(5) Loi du 12 janvier 1816, art. 1, — 7 août 1816, — 21 août 1816, — 27 août 1816.

(6) 1er novembre 1814, — 30 janvier 1815, — 15 janvier 1816, — 16 mars 1816, —, 16 mars 1816, — 16 mars 1816, — 27 mai 1816, — 12 septembre 1816, — 12 décembre 1818, — 6 mars 1820.

14°. Lorsque le délit, en le supposant constant, serait prescrit, et ne pourrait donner lieu à aucune poursuite (1);

15°. Lorsqu'il y a déjà eu jugement et condamnation pour le même fait ou délit, contre le même agent (2);

16°. Lorsque les faits et moyens contenus dans la plainte ont déjà fait partie de la défense du plaignant, accusé lui-même de rébellion aux ordres légitimes de l'agent inculpé, et ont été jugés implicitement à son égard (3);

17°. Lorsque le flagrant délit de contrebande est établi par la saisie des objets introduits en fraude, que la circonstance de contrebande à main armée est également constatée par l'existence de bâtons ferrés ou autres armes trouvés sur le terrain;

Que les douaniers, ou gardes forestiers, ou autres agens, n'ont pas été les aggresseurs dans la rixe qui a produit le meurtre ou les blessures; qu'ils agissaient au nom de la loi, et qu'ils n'ont fait qu'user du droit d'une légitime défense (4);

_____

(1) 14 janvier 1818, — 4 mars 1816.
(2) 7 août 1816.
(3) 23 décembre 1815.
(4) 30 janvier 1815, — 13 février 1815, — 18 avril 1816, — 28 mai 1816, — 11 septembre 1816, — 10 décembre 1817, — 11 décembre 1817, — 17 juin 1818, — 12 décembre 1818, — 3 février 1819. — 2 juin 1819, — 20 février 1822, — 13 mars 1822.

Les espèces décidées par les deux derniers arrêts rassemblaient les circonstances suivantes : les individus tués ou blessés par les douaniers faisaient la contrebande à main armée. Le délit de contrebande avait été constaté par la saisie des objets introduits en fraude, et par des jugemens. Il y avait eu sommation préalable au nom de la loi. Les douaniers paraissaient n'avoir fait usage de leurs armes que dans la nécessité d'une légitime défense. Enfin, il n'y avait pas de partie civile. La réunion de toutes ces circonstances engagea le Conseil d'Etat à ne pas accorder l'autorisation de poursuivre.

La circonstance qu'il n'y avait pas de partie civile a été, sans doute, la plus déterminante, quoique, dans mon opinion, elle ne suffise pas, dans le cas donné, pour refuser l'autorisation.

18°. Lorsque l'explosion du coup de fusil qui a frappé la partie lésée n'a été l'effet que d'un accident, et qu'elle a accepté l'indemnité de la légère blessure qu'elle a reçue ;

19°. Lorsqu'en donnant l'ordre à la force armée de se saisir des individus qui les insultent dans l'exercice de leurs fonctions, et de les traduire devant le procureur du Roi, les maires et leurs adjoints, sous-préfets et préfets, se sont conformés aux dispositions des lois;

Ou qu'ils n'ont fait procéder à l'arrestation du plaignant qu'en vertu d'un mandat d'arrêt, décerné contre lui par l'autorité compétente ;

Ou qu'après avoir fait arrêter, par mesure de police, un individu prévenu d'avoir tenu des propos séditieux;

Ou d'avoir dégradé la voie publique,

Ou de contravention aux règlemens de police municipale,

Ou de tout autre flagrant délit, .

Ils l'ont livré immédiatement aux tribunaux ;

Ou qu'ils n'ont eu pour but, en arrêtant momentanément les plaignans, que de rétablir dans la commune l'ordre troublé par leurs résistances, leurs provocations et leurs voies de fait;

Ou de soustraire les individus arrêtés et qui ne se plaignent point, aux mauvais traitemens dont ils étaient menacés (1);

20°. Lorsque les douaniers chargés, d'après des lois, d'empêcher la circulation nocturne des marchandises prohibées, ont arrêté momentanément des individus qui refusaient d'exhiber les paquets dont ils étaient porteurs (2) ;

_____

(1) 1er mars 1815, — 10 février 1816, — 28 septembre 1816, — 10 septembre 1817, — 17 juin 1818, — 24 septembre 1818, — 24 septembre 1818, — 31 janvier 1819, — 8 septembre 1819.

(2) 8 août 1821.

Je crois inutile de faire encore remarquer ici que plusieurs des cas qui suivent et de ceux qui précèdent ne sont que des propositions d'exemples pour faciliter l'intelligence de la matière, et non des règles proprement dites, qui puissent embrasser et régir tous les cas possibles. Les espèces ne sont jamais, comme on le sait, exactement semblables.

21°. Lorsque, afin de pourvoir à la sûreté des propriétés de l'État, un intendant militaire ou de la marine, ou tout autre agent chargé de cette surveillance et de cette conservation, requiert la force publique de descendre dans un bâtiment appartenant à l'État, et prêté au fournisseur ou manutentionnaire qui qualifie ce fait de violation de domicile (1);

22°. Lorsque les maires ont fait des bois requis, ou des sommes reçues, ou des revenus des communes, un emploi approuvé par le Conseil municipal après reddition de compte, examen et débat;

Ou que le produit de ventes de bois non autorisées, ou de transactions passées avec des délinquans, ou d'autres perceptions illégales, a été versé dans les caisses de la commune, et fidèlement employé sous l'approbation de l'autorité supérieure, au profit de ladite commune (2);

23°. Lorsqu'un percepteur, par l'erreur de son commis, a reçu, en excédant des contributions, une somme qu'il a restituée (3);

24°. Lorsque les objets mal à propos saisis par les douaniers en plein jour, et revêtus de leurs uniformes, ont été immédiatement déposés au poste de la brigade et restitués aux propriétaires (4);

25°. Lorsque les altérations d'actes qui sont l'objet de l'inculpation se réduisent à une surcharge matérielle dont on n'a

---

Si elles se touchent par de certains points, elles se repoussent par d'autres. C'est à la sagacité des juges à saisir les différences et les analogies; car il y a plutôt, en jurisprudence, des analogies que des identités.

(1) 18 juillet 1821.

(2) 29 novembre 1816, — 14 mai 1817, — 25 février 1818, — 9 septembre 1818, — 21 octobre 1818, — 4 mars 1819, — 12 mai 1819.

(3) 31 janvier 1817.

(4) 16 juillet 1817.

fait aucun usage, et dont il n'est survenu, ni aucun bénéfice pour son auteur, ni aucun dommage pour des tiers (1);

26°. Lorsqu'il résulte de la pièce même arguée de faux, que ce n'était pas une quittance définitive, mais une simple note indicative de paiement. (2)

27°. Lorsqu'il n'existe d'autre témoignage que celui des délinquans contre lesquels des gardes ont dressé des procès verbaux, et qui ont été condamnés par les tribunaux;

Ou que les dénonciateurs ont agi évidemment par haine et par récrimination ;

Ou que les autres témoignages contredisent ou atténuent la déposition du dénonciateur,

Ou ne la confirment point;

Ou que les témoins se contredisent entre eux;

Ou que les plaignans ont été condamnés comme calomniateurs par les tribunaux, à raison des faits pour lesquels ils réclament l'autorisation de poursuivre le fonctionnaire ;

Ou qu'il n'y a pour témoin que le dénonciateur, qui s'accuse lui-même d'avoir corrompu l'agent qu'il inculpe (3) ;

28°. Lorsqu'il y a eu des torts respectifs entre un maire et des employés des douanes, pour violences, rébellion et voies de fait, sans préjudice des poursuites par les moyens ordinaires, s'il y a lieu, pour le délit de contrebande ;

Ou entre des particuliers et ces employés, ou entre un maire et des habitans, à la suite de provocations mutuelles (4);

§ V. Le Conseil d'Etat n'autorise que l'action civile,

1°. Lorsque le fait imputé n'a pas le caractère d'un délit;

---

(1) 8 septembre 1817.
(2) 25 février 1818.
(3) 20 novembre 1815, — 15 janvier 1816, — 18 mars 1816, — 18 avril 1816, — 18 avril 1816, — 9 avril 1817, — 14 janvier 1818, — 25 février 1818, — 4 mars 1819, — 2 février 1821.
(4) 28 novembre 1816, — 10 décembre 1817, — 25 février 1818.

Que le ministère public n'est pas d'avis de poursuivre,

Que le plaignant ne conclut qu'à fins civiles,

Que l'intérêt de l'administration n'est pas engagé,

Que la perte, dommage ou tort, peut être, indépendamment de l'action publique, réparé, par voie d'indemnité, devant les tribunaux;

Comme si, par exemple, des particuliers poursuivent un maire en réparation de dégats commis par lui sur leurs propriétés,

Ou en dédommagement d'une action injuste formée contre eux par le maire et rejetée par les tribunaux;

Des percepteurs, en restitution des sommes payées par eux sur ses mandats et non allouées dans leurs comptes;

Des entrepreneurs, en paiement du prix de travaux par lui ordonnés, sans la participation du Conseil municipal;

Une commune, en répétition des dépens auxquels elle aurait été condamnée pour des procès intentés par eux au nom de ladite commune, sans y avoir été préalablement autorisé (1).

2°. Lorsque le fait imputé n'a aucun caractère de criminalité, et que l'état d'insolvabilité du maire, le laps de temps écoulé, et d'autres circonstances, font présumer que l'action serait intentée par la commune sans résultat utile, le Conseil d'Etat n'accorde d'autorisation, ni pour l'action criminelle, ni pour l'action civile (2).

Il ne reste plus qu'à dire dans quels cas le Conseil d'Etat accorde l'autorisation pure et simple.

---

(1) 30 septembre 1814, — 6 mars 1815, — 6 mars 1816, — 18 mars 1816, — 11 février 1818, — 25 avril 1818, — 13 mai 1818, — 9 septembre 1818, — 12 août 1818, — 24 mars 1819, — 24 mars 1819, — 31 mars 1819, — 12 mai 1819, — 25 juin 1819, — 9 juillet 1820, — 30 mai 1821.

(2) 9 septembre 1818.

Il faut d'abord faire voir d'après quelles règles générales il se conduit, avant de passer à l'application de ces règles, selon la diverse nature des délits.

§ VI. Le Conseil d'Etat accorde l'autorisation,

Dans presque tous les cas où le procureur général, qui transmet les pièces de la procédure, est d'avis de poursuivre.

Il considère moins le fait ou l'abus de pouvoir en lui-même, que la mauvaise foi ou l'*intention* coupable qui constitue le délit.

Ainsi, il accorde l'autorisation lorsque, malgré les avis favorables des préfets, ou des directeurs généraux, ou des Ministres, il lui paraît ressortir des dépositions des témoins, du caractère du fait incriminé, des circonstances aggravantes, de la moralité du prévenu, en un mot, de l'ensemble des informations administratives et judiciaires, des présomptions suffisantes de crime ou délit;

Lorsque le fait ou l'acte ne tombe pas légalement sous la juridiction de l'autorité administrative, et que la plainte, dénonciation, ou poursuite d'office contre l'agent, n'est pas dirigée par récrimination, vengeance, jalousie ou dessein d'avilir ou de paralyser l'autorité;

Lorsque l'agent quel qu'il soit, au lieu d'user du caractère, des fonctions et de l'autorité qu'il tient du gouvernement, ou des armes que la loi lui confie pour sa propre défense, ou pour l'exercice de la police, dans l'intérêt de l'Etat, des communes ou des citoyens, en abuse au préjudice, soit de l'Etat, soit des communes, soit des particuliers, dans un intérêt personnel de haine ou de vengeance, ou de cupidité, ou d'ambition, ou par aveuglement de zèle, ou par esprit de parti;

Qu'il agit sans ordre de ses supérieurs hiérarchiques, lorsqu'il doit être préalablement autorisé, d'après la loi, et se rend ainsi coupable d'excès de pouvoir;

Qu'il use ou fait user, sans motif légitime, de violences envers les personnes dans l'exercice ou à l'occasion de l'exercice de ses fonctions, et se rend ainsi coupable d'actes arbitraires;

Qu'il ordonne de percevoir, exige, ou reçoit ce qu'il sait n'être pas dû, ou excéder ce qui était dû pour contributions, droits, taxes et revenus : le tout sciemment, pour le détourner à son profit, et se rend ainsi coupable du délit de concussion;

Qu'il commet, dans une intention criminelle, des faux sur des registres publics dont il a la disposition, ou dans des procès verbaux, ou certificats, par fausses signatures, altération des actes, supposition de noms ou de personnes, intercallation d'écritures, substitution de dates, et se rend ainsi coupable de faux;

Qu'il détourne, supprime, détruit, enlève, s'approprie, dans un acte de ses fonctions, des effets, des valeurs, des registres, des pièces comptables, et se rend ainsi coupable de soustraction frauduleuse;

Qu'il agrée des offres ou promesses, ou reçoit des dons ou présens pour faire un acte de sa fonction ou de son emploi, ou pour s'abstenir de faire un acte qui entrait dans l'ordre de ses devoirs, et se rend ainsi coupable du délit de corruption;

Qu'il s'introduit dans la maison d'un citoyen hors les cas prévus par la loi, et se rend ainsi coupable de violation de domicile;

Qu'il arrête, détient ou séquestre un ou plusieurs citoyens, lorsqu'il ne peut justifier qu'il a agi par ordre de ses supérieurs, pour des objets du ressort de ceux-ci, et sur lesquels il leur était dû obéissance hiérarchique, et se rend ainsi coupable d'attentat à la liberté individuelle;

Qu'il a, sans nécessité de légitime défense, blessé ou tué quelque citoyen, à l'occasion ou dans l'exercice de ses fonctions, et se rend ainsi coupable de meurtre, etc.;

Qu'il touche et retient des fonds dont la commune ou l'Etat n'ont pas profité, et se rend ainsi coupable de prévarication;

2. 23

Qu'il refuse de rendre les comptes d'administration prescrits par les lois, et se rend ainsi coupable d'abus d'autorité;

Qu'il arbore des signes de révolte, ou déchire les emblèmes de la royauté, ou tient publiquement des propos outrageans contre la personne sacrée du Roi, ou fomente la rébellion, ou provoque la résistance à l'exécution des ordres émanés du gouvernement, et se rend ainsi coupable de sédition, de rébellion, d'abus d'autorité contre la chose publique, de désobéissance aux lois, etc.

C'est dans le sens de ces règles générales que le Conseil d'Etat a autorisé la mise en jugement d'agens du gouvernement prévenus, dans l'exercice de leurs fonctions,

1°. D'avoir commis, directement ou de complicité, des concussions, dilapidations, exactions, prévarications, extorsions, et malversations de toute espèce;

D'avoir touché et de s'être approprié des deniers, revenus et produits appartenans à des particuliers ou corporations, et notamment des recettes provenantes d'impositions extraordinaires;

Des prix de fournitures faites par des communes;

Des fonds confiés à leur disposition par les budgets;

Des sommes remises pour un service public;

Des sommes remboursées pour des réquisitions en deniers;

Des sommes touchées sur leurs mandats;

Des sommes payées à compte des indemnités de logement dues pour l'occupation des armées étrangères;

Des secours accordés aux indigens;

D'avoir détourné des magasins, des denrées de réquisition à leur profit;

D'avoir refusé de rendre les comptes d'administration prescrits par les lois;

D'avoir vendu frauduleusement des terrains communaux et d'en avoir diverti le prix;

D'avoir fait des coupes de bois illicites et par anticipation ;

D'avoir compris dans la distribution de l'affouage des arbres réservés, et sans attendre la délivrance ;

D'avoir commis des délits dans les forêts confiées à leur garde ou à leur surveillance ;

D'avoir, sans autorisation, coupé et vendu des bois de particuliers ;

D'avoir soustrait frauduleusement des effets, valeurs, titres, registres, etc., etc. ;

D'avoir déplacé les bornes des héritages ;

D'avoir violé le secret des lettres ;

D'avoir provoqué les habitans d'une commune au pillage d'une propriété particulière ;

D'avoir mis des taxes arbitraires sur le visa des passeports ;

D'avoir excité une émeute pour contraindre à réduire le prix des blés ou autres denrées, ou pour s'opposer aux exercices des contributions indirectes ;

D'avoir commis des escroqueries en matière de conscription (1);

---

(1) 1er mars 1815, — 1er mars 1815, — 6 mars 1815, — 29 novembre 1815, — 15 janvier 1816, — 15 janvier 1816, — 15 janvier 1816 — 10 février 1816, — 10 février 1816, — 6 mars 1816, — 6 mars 1816, — 6 mars 1816, — 6 mars 1816, — 6 mars 1816, — 18 mars 1816, — 18 avril 1816, — 18 avril 1816, — 1 mai 1816, — 27 mai 1816, — 3 juillet 1816, — 3 juillet 1816, — 21 août 1816, — 28 septembre 1816, — 28 septembre 1816, — 28 septembre 1816, — 28 septembre 1816, — 25 octobre 1816, — 25 octobre 1816, — 25 octobre 1816, — 11 décembre 1816, — 8 janvier 1817, — 26 février 1817, — 9 avril 1817, — 9 avril 1817; — 21 mai 1817, — 21 mai 1817, — 11 juin 1817, — 25 juin 1717, — 27 août 1817, — 10 septembre 1817, — 6 novembre 1817, — 3 décembre 1817, — 3 décembre 1817, — 3 décembre 1817, — 14 janvier 1818, — 14 janvier 1818, — 14 janvier 1818, — 14 janvier 1818, — 25 février 1818, — 18 mars 1818, — 10 avril 1818, — 25 avril 1818, — 23 avril 1818, — 23 avril 1818, — 13 mai 1818, — 3 juin 1818, — 17 juin 1818, — 17 juin 1818, — 12 août 1818, — 12 août 1818, — 12 août 1818, — 9 septembre 1818, — 9 septembre

2°. D'avoir- commis des infidélités, et même des faux, par contrefaçon et inscription de signatures, altérations, surcharges et substitution de noms et de dates sur des états de recettes et dépenses, matrices du rôle des contributions, certificats, passe-ports, registres publics, etc. (1);

3°. D'avoir transigé avec des délinquans, pour ne pas donner suite à des procès verbaux, ou pour les supprimer, ou pour ne pas constater des contraventions et délits (2);

4°. D'avoir, sans nécessité de légitime défense, tué ou blessé un ou plusieurs citoyens (3);

---

1818, — 21 octobre 1818, — 21 octobre 1818, — 18 novembre 1818, — 12 décembre 1818, — 12 décembre 1818, — 24 mars 1819, — 31 mars 1819, — 12 mai 1819, — 12 mai 1819, — 2 juin 1819, — 7 juillet 1819, — 7 juillet 1819, — 20 octobre 1819, — 27 octobre 1819, — 1er décembre 1819, — 29 décembre 1819, — 29 décembre 1819, — 29 décembre 1819, — 23 janvier 1820, — 23 janvier 1820, - 19 mars 1820, — 25 avril 1820, — 4 mai 1820, — 2 février 1821, — 22 février 1821, — 18 juillet 1821, — 15 août 1821, 18 août 1821, — 29 août 1821, — 14 novembre 1821, — 19 décembre 1821, — 16 janvier 1822, — 16 janvier 1822, — 6 février 1822, — 13 mars 1822, — 13 mars 1822, — 17 avril 1822, — 8 mai 1822, — 8 mai 1822 — 29 mai 1822, — 29 mai 1822.

(1) 20 novembre 1815, — 20 novembre 1815, — 21 août 1816, — 11 décembre 1816, — 14 mai 1817, — 11 juin 1817, 9 avril 1817, — 18 mars 1818, — 8 juillet 1818, — 22 juillet 1818, — 12 août 1818, — 9 septembre 1818, —, — 21 octobre 1818, — 3 février 1819, — 12 mai 1819, — 12 mai 1819, — 12 mai 1819, — 7 juillet 1819, — 1 septembre 1819, — 23 janvier 1820, — 19 mars 1820, — 6 décembre 1820, — 30 mai 1821, — 30 mai 1821, — 30 mai 1821, — 19 septembre 1821, — 17 avril 1822.

(2) 26 février 1817, — 12 août 1818, — 9 septembre 1818, — 12 mai 1819, — 23 janvier 1820, — 19 mars 1820, — 16 janvier 1822, — 17 avril 1822, — 29 mai 1822.

(3) 6 septembre 1814, — 25 février 1815, — 6 mars 1815, — 10 février 1816, — 6 mars 1816, — 18 mars 1816, — 18 avril 1816, — 1er mai 1816, — 23 octobre 1816, — 20 novembre 1816, — 20 novembre 1816, — 26 février 1817, — 16 juillet 1817, 8 juillet 1818, — 22 juillet 1818, — 14 octobre 1818, — 24 mars 1819, — 7 juille

5°. D'avoir diffamé un particulier ou porté contre lui un faux témoignage en justice (1);

6°. D'avoir commis des actes de violence, excès, voies de fait, outrages et actes arbitraires envers un particulier (2);

7°. D'avoir commis des abus d'autorité, arrestations, incarcérations et détentions arbitraires et illégales (3);

8°. D'avoir violé le domicile des citoyens, hors des cas prévus par les lois (4);

9°. D'avoir porté atteinte à la libre circulation des subsistances (5);

10°. D'avoir enfreint les lois et règlemens sanitaires;

11°. D'avoir menacé publiquement des acquéreurs de biens nationaux de se voir dépouiller de leurs propriétés (6);

12°. D'avoir arboré publiquement des signes de rébellion, ou enlevé ceux de l'autorité légitime, ou tenu publiquement des propos outrageans contre l'autorité royale (7).

Je viens de présenter le tableau le plus complet, ou, pour

---

1819, — 17 novembre 1819, — 23 janvier 1820, — 22 février 1821, — 18 juillet 1821, — 19 décembre 1821, — 19 décembre 1821.

(1) 6 mars 1815, — 11 décembre 1816, 12 mai 1819, — 12 mai 1819, — 17 avril 1822.

(2) 7 novembre 1814, — 11 décembre 1814, — 20 novembre 1815, — 10 fév. 1816, - 10 fév. 1816 - 18 avril 1816, - 20 novembre 1816, - 20 novembre 1816, — 20 novembre 1816, — 6 juillet 1817, — 6 nov. 1817, — 22 avril 1818, — 22 juillet 1818, — 12 août 1818, — 14 octobre 1818, — 20 janvier 1819, — 12 mai 1819, — 12 mai 1819, — 2 juin 1819, — 20 octobre 1819, — 27 octobre 1819, — 17 novembre 1819, — 23 janvier 1820, — 11 février 1820, — 23 février 1820, — 19 mars 1820, — 18 juillet 1821, — 5 septembre 1821, — 19 décembre 1821, — 16 janvier 8221, — 16 février 1822.

(3) 23 décembre 1815, — 17 juin 1818, — 12 juin 1819.

(4) 24 décembre 1818.

(5) 23 avril 1818.

(6) 3 décembre 1817.

(7) 20 novembre 1815, — 23 février 1815, — 13 janvier 1819.

mieux dire, le seul qui ait été tracé jusqu'ici, de la jurisprudence du Conseil d'Etat sur les mises en jugement.

Cette matière attend une loi nouvelle, qui, conforme à l'esprit et aux besoins de la Charte que la sagesse du Roi nous a
donnée, protége la sûreté, la liberté et la propriété des citoyens, contre les attentats des agens secondaires du pouvoir,
mais sans entraver l'action salutaire de l'administration, res-
treigne la garantie illimitée de la loi du 22 frimaire an 8 aux
agens directs du gouvernement, limite avec précision le temps
pendant lequel l'action de la justice doit rester suspendue, et
détermine le mode de procéder.

## § II.

*Avant toute instruction judiciaire, et sur le pourvoi de
la partie lésée, le Conseil d'Etat peut-il, par un arrêt interlocutoire, refuser de prononcer l'autorisation de mise en
jugement?*

Une instruction judiciaire doit toujours être requise avant
d'accorder ou de refuser l'autorisation sollicitée directement et
sur pourvoi, au Conseil d'Etat, par la partie lésée.

Cette instruction préalable est conforme aux lois de la matière, nécessaire pour éclairer la religion du Conseil et utile
aux parties lésées.

Je dis que cette instruction est conforme aux lois de la
matière.

C'est ce que je vais établir.

L'art. 75 de l'acte constitutionnel du 22 frimaire an 8 porte:

« Les *agens du gouvernement* ne peuvent être *poursuivis*
« pour des *faits relatifs à leurs fonctions,* qu'en vertu d'une
« *décision du Conseil d'Etat;* en ce cas, la poursuite a lieu
« devant les tribunaux ordinaires. »

Le privilége politique conféré aux agens du gouvernement a
eu pour but de ne pas entraver les rouages de l'administration,

et de ne pas exposer les fonctionnaires aux haines actives de la malveillance, ou aux combinaisons perfides de l'esprit de parti.

L'art. 75 avait posé le principe de la garantie. Il s'agissait d'organiser le mode de la poursuite.

On reconnut bientôt qu'il pouvait y avoir trois sortes de poursuites à exercer contre les agens, parce qu'il pouvait y avoir trois sortes d'intérêts compromis par eux:

Celle des parties lésées dans l'intérêt privé, celle du gouvernement dans l'intérêt de l'administration, celle du Ministère public dans l'intérêt de la société.

I. Quant à la poursuite des parties, elle était engagée devant le Conseil d'État, sur le rapport du Grand-Juge. Le rapport était transmis, avec les pièces de la procédure, à la section de législation, qui, après avoir délibéré, en référait au Conseil d'Etat, sections réunies.

Plus tard, on sentit que si les voies contentieuses ne pouvaient pas être ouvertes aux justifications du prévenu, il n'était pas convenable, toutefois, de le laisser sans défense, et que d'ailleurs les animosités de l'esprit de corps pouvaient entraîner quelques juges à incriminer avec trop de complaisance les fonctionnaires de l'ordre administratif.

Le décret du 9 août 1806 pourvut à cette omission dans le termes suivans:

« Si la demande formée par des parties ou des autorités
« locales nous est transmise par notre Grand-Juge, et qu'elle
« soit dirigée contre un agent ou fonctionnaire étranger à son
« département, il en donnera avis au Ministre du départe-
« ment de l'agent inculpé, en même temps qu'il nous remet-
« tra son rapport. »

Alors le Conseil d'Etat, éclairé par cette double informa-tion judiciaire et administrative, prononçait en pleine con-naissance de cause.

II. Quant à la poursuite dirigée, de l'ordre exprès du gou-

vernement, contre l'un de ses agens, elle fut réglée par le décret d'organisation du 11 juin 1806.

La garantie n'est pas un privilége du fonctionnaire, mais de
la fonction. Elle a été accordée au pouvoir exécutif dans l'intérêt seulement de la conservation et du salut de l'Etat. C'est
au pouvoir exécutif à juger s'il lui convient de s'en investir ou
de s'en dépouiller. Il peut donc, sans l'autorisation préalable
du Conseil d'Etat, ordonner à ses officiers judiciaires de poursuivre devant les tribunaux le fonctionnaire inculpé.

Il le peut d'autant mieux aujourd'hui, que le Conseil d'Etat
royal n'a pas, comme le Conseil d'Etat consulaire et impérial,
une existence indépendante de la volonté du Roi et un caractère légal qui ne soit pas contesté. Il n'est donc plus et ne peut
pas être l'une des branches du pouvoir législatif ou exécutif,
en un mot, une autorité constitutionnelle.

Aux termes du même décret, si les fautes imputées au fonctionnaire inculpé ne pouvaient entraîner que la destitution,
ou des peines de discipline ou de correction, une Commission
du Conseil d'Etat devait en connaître. La procédure était secrète; les peines étaient la réprimande, la censure, la suspension, et même la destitution (art 22).

Je ne pense pas que, sous l'empire de la Charte, le mode de
procéder institué par ce décret puisse encore être applicable.

III. Enfin, quant à la poursuite du ministère public, le
principe en fut posé dans le décret du 9 août 1806, et confirmé
par les dispositions des Codes d'instruction criminelle et pénal,
promulgués postérieurement.

En effet, l'article 3 du décret du 3 août 1806 porte:
« La disposition de l'article 75 de l'acte constitutionnel de
« l'an 8 ne fait point obstacle à ce que les magistrats chargés
« de la poursuite des délits *informent* et *recueillent* tous les
« renseignemens relatifs aux délits commis par nos agens dans
« l'exercice de leurs fonctions; mais il ne peut être, en ce cas,

« *décerné aucun mandat* ni subi *aucun interrogatoire ju-*
« *ridique*, sans l'autorisation du Conseil d'Etat. »

L'art. 22 du Code d'instruction criminelle charge les procureurs du Roi de la *recherche* et de la *poursuite d'office* de
tous les délits.

L'art. 129 du Code pénal ne parle aussi que de *poursuites*.
Car il prononce une amende contre les juges « qui, après une
« réclamation légale des parties intéressées ou de *l'autorité*
« *administrative*, auront, sans l'autorisation du gouverne-
« ment, rendu des *ordonnances* ou *décerné des mandats*
« contre ses agens ou préposés, prévenus de crimes ou délits
« commis dans l'exercice de leurs fonctions. »

L'art. 75 de l'acte du 22 frimaire an 8 défend également
de *poursuivre* un agent sans l'autorisation du Conseil d'Etat.

Il suit de cette législation, que l'on interdit seulement de
citer les agens, de procéder à leur interrogatoire juridique,
de décerner contre eux des mandats, avant l'autorisation du
Conseil d'Etat. Ces derniers actes sont compris dans le mot
*Poursuites*.

S'ils étaient permis, un préfet, un maire, un général, toutes
les autorités qui ont le dépôt, et le maniement de la force publique, pourraient se trouver tout à coup jetés dans les prisons
par les manœuvres criminelles d'une faction, et à l'aide de
quelques accusations habilement concertées et soutenues par
de faux témoignages. Le service public serait désorganisé, l'administration sans force, et peut-être le salut de l'Etat compromis.

Mais rechercher les preuves, les traces matérielles, et fixer
les circonstances souvent fugitives des délits ou faits reprochés,
dresser procès verbal de la dénonciation ou de la plainte,
requérir le juge d'instruction de procéder à une information,
entendre les témoins, rassembler les preuves, ce n'est pas encore poursuivre l'agent; c'est poser les fondemens de la poursuite ultérieure; c'est concilier heureusement avec l'intérêt de
l'Etat l'intérêt de la société et de la justice.

L'instruction juridique, renfermée dans ces sages limites,

est nécessaire pour préparer la décision de l'autorité, qui doit accorder l'autorisation, c'est-à-dire permettre la poursuite.

Cette autorité est le Conseil d'Etat.

J'ai dit que, sous le Conseil impérial, les mises en jugement étaient dans les attributions de la section de législation, et même de la section de l'intérieur.

L'ordonnance royale du 29 juin 1814 a transféré cette attribution au Comité du contentieux.

Cette attribution exclusive n'a pas, selon moi, été très-réfléchie.

En effet, si l'on considère la nature des mises en jugement, on voit qu'elles présentent à décider des points de fait, plutôt que des points de droit.

Elles sont donc improprement rangées parmi les matières contentieuses, et si elles ne sont pas contentieuses, elles ne devraient pas appartenir au Comité du contentieux.

D'un autre côté, on voit qu'elles ne sont pas moins distinguées des autres affaires contentieuses, par le mode de leur instruction, que par leur nature; en effet, on n'admet, ni la défense contradictoire des parties, ni leur opposition aux ordonnances qui refusent ou qui accordent l'autorisation. A la vérité, le plaignant est reçu à demander la mise en jugement du prévenu, mais seulement par voie de *requête*. On n'enregistrerait pas de simples mémoires signés de la partie plaignante, parce que le Comité ne reconnaît de productions régulières que celles qui sont faites et signées par un avocat aux Conseils; mais comme les constitutions d'avocat sont dispendieuses et longues à dresser, et qu'elles n'entraîneraient ici, ni la mise en cause de l'agent inculpé, ni par conséquent sa condamnation aux dépens, contraindre les parties lésées à produire une requête dans les formes, n'est-ce pas fermer la justice aux plus malheureux, c'est-à-dire, en général, aux plus opprimés?

Il ne faut pas perdre de vue que l'instruction des mises en jugement doit être très-rapide, si l'on veut que les traces du délit ne se perdent pas, et si l'on fait attention que souvent. des accusés languissent dans les cachots avant que l'autorisation nécessaire pour y traduire leurs coaccusés, agens du gouvernement, ne soit obtenue. Il est donc évident que les mises en jugement ne sauraient souffrir les lenteurs de l'instruction ordinaire, outre qu'en mêlant ainsi les matières purement administratives et les matières purement contentieuses, on s'expose à toutes sortes d'irrégularités et de contradictions.

C'est d'ailleurs, une grave question que celle de savoir s'il est convenable de faire intervenir la majesté royale au sujet d'un acte de responsabilité ministérielle; si, par conséquent, ce ne serait pas plutôt ici une décision à rendre par le Ministre, d'après l'avis de son Comité, qu'une ordonnance à rendre par le Roi, d'après l'avis de son Conseil d'Etat; enfin, si une ordonnance contentieuse qui, au fond, est un véritable jugement, devrait couvrir de son irresponsabilité effective la responsabilité ministérielle.

On objectera peut être que, d'après l'art. 75 de l'acte constitutionnel du 22 frimaire an 8, c'est au Conseil d'Etat à statuer sur les mises en jugement.

Mais autre le Conseil d'Etat impérial, autre le Conseil d'Etat royal.

L'attribution des mises en jugement, au Conseil impérial, était dans l'intérêt de la liberté sous le pouvoir absolu, pouvoir irresponsable de sa nature. L'examen d'un corps grave, éclairé, constitutionnel, en imposait au despotisme, qui aurait hésité à refuser, sur la plainte d'un citoyen, l'autorisation de poursuivre un fonctionnaire incriminé d'abus, d'excès, de violences, soit que ce Conseil prononçât en vertu d'une attribution propre et légale (art. 75 de l'acte du 22 frimaire an 8), soit qu'il ne soumît qu'un simple avis au chef du gouvernement.

Mais le Conseil royal a été organisé sous l'empire de la Charte, et la Charte a reconnu la responsabilité des Ministres, comme l'un des dogmes fondamentaux du gouvernement représentatif.

Dans ce système, l'attribution de statuer sur les mises en jugement, laissée au Conseil d'État, peut paraître défavorable à la liberté des citoyens, parce qu'elle tend à éluder la responsabilité des Ministres. En effet, les Ministres sont responsables non-seulement de leurs faits personnels et directs, mais encore des faits de leurs agens, lorsqu'ils se les rendent propres par le refus d'autoriser leur poursuite.

Or, si le Conseil d'État fait ce refus, la partie lésée s'adressera vainement aux Chambres contre le jugement d'absolution du Conseil irresponsable.

Mais si le Ministre fait ce refus, la partie lésée retrouve, à la place de l'agent disculpé, un adversaire direct, une caution du dommage qu'elle éprouve, un être réel auquel elle peut se prendre et s'attacher.

La vraie théorie de la matière sous le gouvernement représentatif est donc, que c'est au Ministre responsable à déclarer s'il entend affirmer ou désavouer le fait de son agent.

Mais avant de prendre une résolution à cet égard, que doit-il consulter? évidemment des gens experts. Or ces gens experts sont les Comités du Conseil d'État attachés à chaque département ministériel.

C'est donc après l'examen et sur la proposition de son Comité, et sous sa propre responsabilité, que chaque Ministre devrait accorder ou refuser l'autorisation.

Qui peut mieux dire en effet si un marin, un militaire, un employé des finances, un maire, un préfet, ont excédé leurs mandats, ont violé les lois et règlemens de chaque partie, que le Ministre de l'intérieur, de la marine, des finances et de la guerre?

Le mode actuel de procéder, si la responsabilité des Ministres était organisée, pourrait mener à de singulières conséquences.

Que le Ministre de l'intérieur, par exemple, consulté par le Comité du contentieux, soit d'avis qu'un maire doive être poursuivi, et que le Comité du contentieux, ou plutôt le Conseil d'Etat, déclare qu'il n'y a pas lieu à poursuivre, le Ministre de l'intérieur porterait donc la responsabilité d'un fait qu'il aurait nettement désavoué !

Ces contradictions viennent de ce que l'on connaissait mal encore le jeu et les conditions du gouvernement représentatif, lorsque l'ordonnance du 29 juin 1814 fut rendue.

IV. Mais c'est précisément parce que le Comité du contentieux est celui de tous qui, par sa position, a le moins de lumières pour juger des questions de fait, qu'il doit, avant de donner un avis, requérir des informations plus exactes et plus complètes.

Telles sont les informations judiciaires.

Dans l'absence de ces informations, le Conseil n'est qu'imparfaitement éclairé par les plaintes des parties, par les récriminations de l'agent inculpé, ou par des enquêtes administratives. Car, d'un côté, les plaintes et les récriminations, exagérées, vindicatives, passionnées de leur nature, tracent une voie douteuse pour arriver à la vérité.

D'un autre côté, les enquêtes administratives ne sont guère dressées que dans l'intérêt de l'agent incriminé. Les supérieurs sont si naturellement enclins à défendre leurs subordonnés ! l'honneur du corps persuade si facilement à l'indulgence ! Ces enquêtes n'ont et ne peuvent donc avoir ni la même certitude, ni la même authenticité, ni la même impartialité que les informations judiciaires.

Publicité, obligation de venir témoigner sous peine d'amende, prestation de serment, recherche habituelle des délits, force prêtée aux officiers judiciaires pour cette recherche, science, caractère et impassibilité du magistrat organe de la loi, qui reçoit les dépositions, tout a été arrangé pour faire parvenir la vérité devant les tribunaux.

Il est évident que le Conseil d'État n'est pas aussi bien informé que les Chambres d'accusation dont il fait l'office. Aussi, dans la pratique, apporte-t-il tant de scrupule à instruire les mises en jugement, qu'il ne veut jamais prononcer sans avoir pris l'avis préalable du procureur général, et il a, dans les cas *ordinaires*, tant de déférence pour cet avis, qu'il y adhère presque toujours.

Après avoir prononcé que l'instruction judiciaire est nécessaire pour la complète et régulière instruction des mises en jugement, il reste à démontrer que cette instruction préparatoire est utile aux parties lésées elles-mêmes.

V. En effet, les tribunaux ordinaires sont, surtout en matière criminelle, les juges naturels des citoyens. La garantie constitutionnelle n'est qu'une exception. En règle générale, le citoyen lésé doit déposer sa plainte entre les mains de ses juges naturels. Eux seuls ont, de la part des lois, mission, autorité et caractère pour rechercher, saisir et fixer les traces du délit.

Il est utile aux citoyens que ces moyens soient mis promptement en œuvre.

Les tribunaux s'arrêtent au mandat d'amener et à l'interrogation de l'agent prévenu.

C'est lorsque des poursuites directes et personnelles vont commencer contre cet agent, que le procureur général transmet au Conseil d'État les pièces de la procédure, et demande l'autorisation.

J'ajoute qu'il ne faut pas accoutumer les parties à quitter leurs juges naturels pour venir à grands frais, des extrémités du royaume, et avant toute instruction juridique, plaider directement devant le Conseil d'État pour des délits, des actes de violence et des questions de fait, dont les juges du lieu peuvent seuls vérifier et constater avec exactitude la réalité et l'importance.

Enfin, il ne faut pas perdre de vue que, dans les instructions administratives, les directeurs généraux et les Ministres, par une tendance naturelle de l'esprit de corps et de protection, couvrent presque toujours leurs subordonnés de leur tutelle et de leurs excuses.

Or la lutte n'est pas égale entre le plaignant, simple

citoyen, et l'inculpé administrateur, défendu par un Ministre.

L'instruction judiciaire et l'avis du procureur général peuvent seuls remettre entre les parties l'égalité de la justice, qui
n'est autre chose que l'appréciation fidèle et sincère des faits
et des charges, sans distinction des rangs, des conditions et
des personnes.

VI. Mais faut-il renvoyer la partie lésée devant les tribunaux pour y faire procéder à cette instruction préparatoire, ou
doit-on remettre ce soin au procureur général?

Il faut distinguer :

Si la partie lésée a présenté requête au Conseil d'État, c'est
elle qui doit remplir ce préalable. On lui indique, en la renvoyant, la route qu'elle eût dû tenir.

Si la partie lésée ne s'est pas pourvu devant le Conseil, et
que l'instruction administrative ne contienne pas d'explication
ou de documens suffisans pour mettre le Conseil d'Etat à même
de prononcer en pleine connaissance de cause, le Garde-des-
sceaux charge le procureur général de lui transmettre, avec
son avis, une information judiciaire.

C'est dans ce sens qu'il a été prononcé par trois ordonnances, rendues, à mon rapport, les 18 juillet 1821, 29 août 1821,
16 janvier 1822.

# P.

## PASSAGE D'EAU.

### § UNIQUE.

*La perception d'un péage établi à l'aide d'un bac, sur une
rivière* non navigable, *appartient-elle exclusivement à
l'Etat ?*

*Est-ce aux tribunaux ou à l'administration à décider cette
question ?*

I. La loi du 25 août 1792, qui supprima le droit *exclusif*

de passage, a autorisé tous les particuliers à tenir des bacs ou bateaux sur des rivières *non navigables*.

La loi du 6 frimaire an 7 abrogea « les dispositions des lois « du 25 août 1792, sur les bacs et bateaux établis pour la « traverse des fleuves, rivières ou canaux *navigables*, et du « 25 thermidor an 3, sur les *droits à percevoir* auxdits pas- « sages, ainsi que toutes autres lois, tous usages, concordats, « engagemens, droits communs, franchises, qui pourraient y « être relatifs ou en dépendre. »

L'article 7 ordonne aux préposés de la régie de prendre possession, au nom de la nation, et après estimation contra- dictoire, des bacs, bateaux, agrès, logemens, bureaux, ma- gasins et autres objets relatifs à leur service.

L'article 8 excepte de cette prise de possession « les bacs « et bateaux non employés à un usage *commun*, mais éta- « blis pour *le seul* usage *d'un particulier*, ou pour *l'exploi-* « *tation* d'une *propriété circonscrite* par les eaux. »

Le même article a soin d'ajouter que lesdits bacs et bateaux ne pourront être maintenus « qu'après que les détenteurs ou « propriétaires se seront adressés aux *administrations cen-* « *trales*, qui, sur *l'avis* de *l'administration municipale*, « pourrait en autoriser *provisoirement* la *conservation* ou « *l'établissement*, qui, toutefois, devra être *confirmé* par le « *Directoire exécutif*, sur *la demande* qui lui en sera faite par « *l'administration centrale*.

Enfin l'article 31 attribue aux *administrations centra-* *les* « les opérations de l'administration, la police et la per- « ception des droits de passage sur les fleuves, rivières et « canaux *navigables*. »

De ces expressions, *rivières et canaux navigables*, quel- ques propriétaires de bacs et bateaux avaient conclu que l'Etat renonçait à tout droit de propriété sur les bacs et bateaux sur les fleuves, rivières et canaux *non navigables* ;

Qu'à la vérité, les particuliers n'ont aucun droit sur les rivières navigables et flottables, parce qu'elles font essentielment partie du domaine public; mais que les dispositions des lois des 6 frimaire an 7 et 14 floréal an 10, ne se rapportant uniquement qu'aux rivières navigables et flottables, ne pouvaient s'appliquer aux bacs et bateaux établis sur des rivières non navigables et qui restent dans le domaine privé, surtout lorsque la propriété de deux rives appartient aux détenteurs desdits bacs et bateaux.

Cette prétention fut combattue par le Ministre des finances, dans une instruction du 17 prairial an 7, qui décida que, par le mot *navigable*, la loi avait voulu désigner tous les fleuves, rivières et canaux qu'on ne peut traverser qu'à l'aide de moyens de navigation, qu'ils soient ou non navigables dans la longueur de leur cours; et qu'ainsi, elle avait investi le Domaine public de la propriété exclusive de tous les passages d'eau établis pour le service commun.

Une seconde instruction du Ministre des finances, du 19 prairial an 12, posa en principe que le Domaine était propriétaire de tous les passages d'eau publics, sans exception, et ce principe fut appliqué, par la voie contentieuse, à deux réclamations particulières, celles des sieur Augros et Ledoux. Le premier avait établi des bacs sur la rivière de Vienne dans deux ports enclavés, l'un et l'autre, au milieu de sa propriété. Le sieur Ledoux était également propriétaire d'un port et passage d'eau sur la même rivière. La régie des domaines ayant pris possession de ces bacs et passages, au nom du gouvernement, et en vertu de la loi du 6 frimaire an 7, l'un et l'autre se pourvut en réclamation; l'un et l'autre soutint qu'on faisait, à son égard, une fausse application de la loi, puisque la Vienne n'était pas navigable aux points où les bacs étaient établis.

Cette réclamation fut rejetée par deux décrets du 29 septembre 1810, sur le fondement que,

« Les dispositions de la loi du 6 frimaire an 7 ont dû être
« appliquées à l'établissement des bacs des sieurs N...., cette
« loi ayant déclaré d'une manière absolue et générale, que les
« passages publics sur les rivières et canaux, moyennant une

« taxe, ne peuvent appartenir à des particuliers, et doivent
« être régis par les agens du Domaine public. »

Plus tard, un avis du Comité des finances, du 3 octobre 1817, déclara « que, d'après les lois actuellement en vigueur, le
« *droit de propriété* de tout passage d'eau établi pour le *ser-*
« *vice public*, à *l'aide* des *bacs* et *bateaux*, sur les fleuves,
« rivières et canaux *quelconques*, appartient exclusivement
« à l'État, et ne peut être *restitué*, *aliéné* et *concédé* sous
« aucun prétexte, à aucune *commune*, ni à aucun *particu-*
« *lier*. »

Une décision du Ministre des finances, du 3 août 1819, rendue également sur l'avis du même Comité, a réglé,

« Que, dans aucun cas, ni un particulier, ni une com-
« mune, ne peuvent être reconnus propriétaires du droit
« *exclusif* d'exploiter un passage d'eau, situé sur les fleuves,
« rivières ou canaux, qualifiés ou non de *navigables*, et
« servant à l'usage *commun*. »

Les mêmes principes ont été appliqués récemment par une ordonnance, rendue, à mon rapport, dans l'espèce suivante :

Il existait sur la rivière d'Essonne un passage à l'usage des piétons et bêtes de somme, exploité au profit d'un sieur N..., moyennant une légère taxe.

L'administration des contributions indirectes, se fondant sur les dispositions des lois des 6 frimaire an 7 et 14 floréal an 10, qui attribuent au gouvernement le droit exclusif d'établir à l'usage du public, des bacs et passages d'eau, d'en fixer et percevoir les tarifs et revenus, et d'en déterminer le nombre et la situation, a fait prendre possession du bac dont il s'agit.

Le sieur N... a protesté contre cette prise de possession, et il a traduit l'administration des contributions indirectes devant le tribunal de première instance de Corbeil, pour obtenir mainlevée de l'apposition du sequestre.

Le tribunal, sans s'arrêter au déclinatoire proposé par l'administration, s'est déclaré compétent, et jugeant au fond, a mainteuu le sieur N... dans la propriété et possession dudit bac, et déclaré nul le séquestre mis par l'administration.

Le tribunal s'était fondé sur ce que ce passage étant situé sur une rivière non navigable, les dispositions des lois des 6 frimaire an 7 et 14 floréal an 10, qui ne concernent que les rivières navigables, n'étaient point applicables dans l'espèce.

Le préfet de Seine-et-Oise avait élevé le conflit d'attribution, dar le motif,

« Que de la conférence des lois, décrets et instructions in-
« tervenus sur la matière, il résulte que le droit exclusif de
« propriété des bacs et bateaux à l'usage du public est at-
« tribué à l'Etat, et qu'il n'est excepté de la prise de posses-
« sion par le Domaine que les bacs et bateaux qui ne servent
« point à l'usage commun, mais à un seul particulier;
« qu'ainsi, et sous ce rapport, l'autorité administrative a une
« juridiction à exercer sur les rivières où sont établis des
« bacs et bateaux à l'usage du public, et y peut agir par voie
« de police et dans l'intérêt général, exclusivement à l'auto-
« rité judiciaire. »

Ces motifs ont prévalu, et le conflit a été maintenu par une ordonnance royale, du 10 juillet 1822, dans les termes suivans :

« Considérant qu'il s'agit de savoir si, d'après les disposi-
« tions de la loi du 6 frimaire an 7, la perception d'un péage
« établi, à l'aide d'un bac, sur une rivière non navigable
« appartient exclusivement à l'Etat;

« Considérant qu'aux termes de ladite loi, c'est à l'auto-
« rité administrative à prononcer sur cette question;

« L'arrêté de conflit du..... est approuvé.

« Le jugement du..... est considéré comme non avenu. »

# PRÉFET.

§ I. *Les préfets peuvent-ils rapporter leurs arrêtés ou ceux de leurs prédécesseurs? peuvent-ils rapporter les arrêtés des anciennes administrations de département, pris en matière purement administrative?*

*Les arrêtés des administrations de département pris en matière contentieuse doivent-ils être attaqués, par voie d'opposition, ou de tierce opposition, devant les Conseils de préfecture ou devant le Conseil d'Etat?*

§ II. *Un préfet peut-il annuler les actes de son prédécesseur qui servent de base à des jugemens ou à des arrêts passés en force de chose jugée?*

§ III. *Lorsque le Ministre de l'intérieur ou des finances refuse d'annuler un arrêté de préfet, le recours contre la décision ministérielle est-il, dans tous les cas, ouvert aux parties devant le Conseil d'Etat?*

## § Ier.

*Les préfets peuvent-ils rapporter leurs arrêtés ou ceux de leurs prédécesseurs? peuvent-ils rapporter les arrêtés des anciennes administrations de département pris en matière purement administrative?*

*Les arrêtés des administrations de département pris en matière contentieuse doivent-ils être attaqués, par voie d'opposition ou de tierce opposition, devant les Conseils de préfecture ou devant le Conseil d'Etat?*

I. Les administrations de département, connues successivement sous le nom de Directoires et d'Administrations centrales, confondaient dans leurs mains l'administration active et le contentieux de l'administration.

La loi du 28 pluviôse an 8 a séparé ces deux pouvoirs. Elle a confié l'un aux préfets, l'autre aux Conseils de préfecture.

Les préfets peuvent rapporter leurs arrêtés. Du moins, aucune loi, aucun règlement ne le défend ; si ce n'est lorsque ces arrêtés ont servi de base, soit à des jugemens de tribunaux, soit à des arrêtés de Conseils de préfecture, passés en force de chose jugée, ou lorsqu'ils ont conféré des droits à des tiers, dans les limites de leur compétence. En effet, la matière sur laquelle ils agissent est si variable et si mobile de sa nature, que leurs actes ne peuvent avoir la force et l'irrévocabilité des jugemens ; car les préfets administrent et ne jugent pas.

Il est donc raisonnable et généralement reçu que les préfets peuvent rapporter leurs arrêtés ou ceux de leurs prédécesseurs, soit d'office, soit de l'ordre des Ministres.

II. Mais peuvent-ils rapporter également les arrêtés des administrations centrales qui n'ont pris que des mesures de simple exécution ?

On le croirait, si l'on ne fait attention qu'à la matière. Mais, d'un autre côté, ils n'ont aucune action sur une autorité différente de la leur. La réformation de ces arrêtés n'appartient donc qu'au Ministre compétent.

III. Quant aux arrêtés des administrations centrales pris en matière contentieuse, on a douté long-temps si les Conseils de préfecture ne pouvaient pas les réformer.

A la vérité, si ces arrêtés étaient contradictoires, les Conseils de préfecture n'auraient pu les rapporter sans violer leurs propres règles, qui leur défendent de se déjuger eux-mêmes.

Mais si ces arrêtés étaient par défaut, les Conseils de préfecture ne pouvaient-ils pas recevoir l'opposition ou la tierce opposition à ces arrêtés, comme ils la reçoivent, dans ce cas, aux arrêtés rendus par eux-mêmes ?

N'était-ce pas éviter aux parties les lenteurs et les frais dispendieux d'un recours au Conseil d'Etat ? n'était-ce pas se conformer, d'ailleurs, aux règles du droit commun ?

Quelque plausible que puisse être cette argumentation, elle n'a pas prévalu.

On s'est fondé sur l'arrêté du gouvernement, du 8 pluviôse an 11, inséré au *Bulletin des lois*, lequel a annulé un arrêté de Conseil de préfecture qui avait rapporté un arrêté d'un Directoire de département.

Cet arrêté du gouvernement a pour motifs,

« Que le gouvernement *seul* peut statuer sur le *maintien* « ou l'*annulation* d'un arrêté d'administration centrale. »

Les termes de cette décision sont généraux. Ils paraissent s'appliquer indistinctement à tous les arrêtés contradictoires ou par *défaut*, émanés des anciennes administrations centrales. C'est devant le Conseil d'Etat *seul* que les parties lesées doivent directement recourir, pour en obtenir, s'il y a lieu, l'annulation. C'est ce qui a été décidé formellement par les ordonnances des 8 juillet 1818, 27 décembre 1820 et 18 août 1821, et implicitement par les ordonnances des 25 juin 1817, 23 juin 1819, 29 mai 1820 et autres.

Je dois dire néanmoins qu'on trouve dans une ordonnance du 26 août 1818 que, si le Conseil de préfecture ne peut réformer les arrêtés des anciens Directoires de département, ce principe n'est applicable qu'aux décisions contradictoirement prises.

Mais cette doctrine, qui ne s'appuie que sur un seul exemple, ne doit pas être suivie.

Je dois avertir, en terminant ceci, que plusieurs Conseils de préfecture sont tombés dans l'erreur, lorsque, assimilant des contrats de vente passés par des administrations centrales à de véritables arrêtés, ils se sont déclarés incompétens pour connaître des demandes des acquéreurs en interprétation desdites ventes. Un contrat de vente est un acte purement administratif; un arrêté est un jugement. Le règlement du 8 pluviôse an 11 n'est point ici applicable. Les Conseils de préfecture doivent statuer, au premier degré, sur les difficultés qui naissent de ces sortes d'arrêtés.

## § II.

*Un préfet peut-il annuler les actes de son prédécesseur qui servent de base à des jugemens ou à des arrêts passés en force de chose jugée?*

I. C'est une question douteuse, comme nous l'avons dit, que celle de savoir si les préfets peuvent indéfiniment rapporter leurs arrêtés ou ceux de leurs prédécesseurs; si cette faculté, du moins, doit avoir des bornes dans les affaires entre particuliers; et si, dans les matières qui, comme la hauteur d'eau des usines, touchent à la propriété, les pouvoirs de l'administration ne devraient pas être épuisés par un acte définitif, de même que ceux d'un tribunal le sont par un jugement définitif.

Mais quelles que soient les limites de cette faculté, dans les affaires qui ne sortent pas du domaine de l'administration, peut-elle s'étendre jusqu'à rapporter des arrêtés qui servent de base à des jugemens et arrêts passés en force de chose jugée?

S'il en était ainsi, tout préfet, dès lors, pourrait indéfiniment changer, par un simple arrêté, les bases des actes de l'autorité judiciaire, qui reposent eux-mêmes sur des actes de l'administration, et réformer indirectement les arrêts des cours royales, rétablir les jugemens des tribunaux inférieurs, ou remettre en question tout ce que ces jugemens ou arrêts ont décidé, alors même qu'ils ont acquis l'autorité de la chose jugée.

De semblables conséquences suffiraient pour résoudre négativement la question, quand il n'y aurait sur la matière ni règles positives ni exemples.

Quant aux règles positives, il est établi par l'article 480 du Code de procédure, que les jugemens contradictoires rendus en dernier ressort par les tribunaux de première instance et d'appel, et les jugemens par défaut rendus aussi en dernier ressort, et qui ne sont plus susceptibles d'opposition, ne peu-

vent être rétractés ou annulés, que lorsque la requête civile
est admise.

Quant aux exemples, il a été décidé par deux décrets, l'un
du 3 janvier 1809, l'autre du 11 janvier 1813, que les jugemens
et arrêts des tribunaux passés en force de chose jugée étaient
irrétractables, soit par les voies judiciaires, si ce n'est par la
requête civile et dans les limites légales, soit par la voie indirecte du conflit; et que, par les mêmes motifs, un préfet ne
peut rapporter des arrêtés de son prédécesseur qui ont servi de
base à des jugemens irrévocables.

J'ajoute qu'il ne peut pas davantage rapporter ses propres
arrêtés dans le même cas.

## § III.

*Lorsque le Ministre de l'intérieur ou des finances refuse
d'annuler un arrêté de préfet, le recours contre la décision
ministérielle est-il, dans tous les cas, ouvert aux parties
devant le Conseil d'État ?*

1. Lorsque les préfets excèdent leur compétence, en prononçant sur un droit de propriété ou sur une question administrative, mais contentieuse, dont les lois ont attribué l'examen, dans le premier cas, aux tribunaux, dans le second cas,
aux Conseils de préfecture, les parties lésées ont deux moyens
pour faire annuler ces arrêtés.

Elles peuvent les attaquer directement par le ministère d'un
avocat, devant le Conseil d'État, qui a été constitué le vengeur
des juridictions violées, afin qu'il rétablisse les parties devant
les juges que la loi leur a donnés (1).

Elles peuvent également s'adresser, par voie de simple pétition, au Ministre que la matière concerne, pour qu'il annulle
ou modifie, s'il y a lieu, l'arrêté dénoncé.

_____

(1) 25 janvier 1814, — 22 mai 1813, — et autres.

Si, dans ce dernier cas, le Ministre confirme l'arrêté du préfet, la partie peut déférer la décision du Ministre au Conseil d'État, comme entachée du même vice d'incompétence que l'arrêté du préfet.

II. Mais, s'il s'agit d'une mesure purement administrative, prise par le préfet et déférée immédiatement au Conseil d'État, celui-ci ne doit pas renvoyer les parties devant le Ministre, avec la réserve pure et simple du recours au Conseil d'État contre la décision éventuelle du Ministre. Car si le préfet était compétent au premier degré, pour prendre la mesure attaquée, le Ministre le sera également au second degré, pour confirmer cette mesure, et le Conseil d'État, dont les attributions sont renfermées dans le contentieux de l'administration, ne pourrait, sans violer lui-même sa propre compétence, admettre un pareil recours; pourquoi, en effet, si le préfet était incompétent, le Conseil d'État n'aurait-il pas d'abord annulé son arrêté?

Le renvoi devant le Ministre est, de la part du Conseil, un dessaisissement complet et raisonné de l'affaire. C'est dans ce sens limitatif que doivent être entendues les ordonnances qui portent de semblables renvois.

III. Les seuls cas où le recours au Conseil soit admissible contre les décisions des Ministres, confirmatives d'arrêtés de préfets pris compétemment, sont ceux où la loi soumet ces arrêtés à l'approbation immédiate du Ministre, quoique la matière soit en elle-même contentieuse.

Tels sont, par exemple, les décomptes de domaines nationaux. Dans ce cas et autres semblables, les parties doivent se pourvoir d'abord devant le Ministre, puis ensuite contre la décision du Ministre, s'il y a lieu, devant le Conseil d'État.

Je dois ajouter que le Conseil d'État n'a ni qualité ni pouvoir pour attribuer aux parties des voies de recours que ni les lois, ni les décrets réglémentaires, ni les ordonnances générales, ne leur ouvriraient pas.

IV. Si le pourvoi devant le Conseil d'État contre toutes les

décisions ministérielles, quelles qu'elles fussent, était permis
aux parties, le pouvoir exécutif tomberait tout entier dans le
domaine du Conseil d'Etat, et la marche de l'administration
serait entravée.

Le recours direct au Ministre contre les arrêtés des préfets,
même incompétemment pris, doit être préalablement tenté
par les parties qui veulent éviter les frais de constitution d'avocats, d'enregistrement, de timbre, etc., ainsi que les lenteurs inséparables d'une procédure organisée.

Les parties doivent aussi rechercher si les arrêtés des préfets,
des Ministres, des Conseils de préfecture et des Commissions
de remise, de liquidation et autres, paralyseraient véritablement l'action des tribunaux par leurs dispositions, dans le cas
où la question qu'elles se proposent de leur soumettre est, de
sa nature, judiciaire.

Car un pourvoi intempestif au Conseil d'Etat suspendrait
indéfiniment pour elles la décision de la contestation par les
juges ordinaires.

Ainsi, les lettres des Ministres, qualifiées de décisions, et
qui ne portent que de simples propositions, ou qui ne sont
que des instructions adressées à leurs préposés, ne font point
obstacle à l'action judiciaire (1).

Ainsi, les avis donnés par les Conseils de préfecture aux
préfets sont inattaquables, sauf le recours des parties contre
les arrêtés des préfets, pris en conformité desdits avis, soit devant le Conseil d'Etat, s'ils sont incompétens, soit devant le
Ministre que la matière concerne, s'ils sont pris dans les limites
de leurs attributions (2).

Il faut donc que les parties s'attachent soigneusement, avant
de former leur recours, à examiner la véritable nature de la
matière en litige, ou judiciaire, ou administrative, ou conten-

(1) 17 juin 1818.
(2) 17 juin 1818, — 17 juin 1818.

tieuse, ainsi que la teneur, la forme et l'effet des actes qu'elles se proposent d'attaquer.

# PRÊTRES DÉPORTÉS.

## § UNIQUE.

*Un prêtre déporté a-t-il qualité et droit pour attaquer l'arrêté d'une administration centrale qui a, pendant sa déportation, envoyé ses héritiers présomptifs en possession de ses biens ?*

*L'envoi en possession des héritiers d'un prêtre reclus leur confère-t-il les mêmes droits qu'aux héritiers des prêtres déportés ?*

*L'envoi en possession d'un seul des héritiers présomptifs d'un prêtre déporté implique-t-il l'exclusion de ses autres cohéritiers ?*

*Quelle autorité doit statuer sur la qualité de successible ?*

Un rapide exposé des lois de la matière facilitera la discussion des questions proposées.

La loi du 17 septembre 1793 décréta que les dispositions des lois relatives aux émigrés étaient, en tout, applicables aux prêtres déportés.

La loi du 22 ventôse an 2 confisqua leurs biens au profit de la république.

La loi du 13 messidor an 3 suspendit la vente de ces biens.

Celle du 20 fructidor même année ordonna que les biens des prêtres déportés dont la confiscation avait été prononcée par les précédentes lois au profit de la république « seraient « restitués à leurs familles. »

Celle du 22 fructidor détermina le mode pour la remise des biens des prêtres déportés.

L'art. 3 est ainsi conçu :

« Les biens ou leur valeur seront remis sans délai, soit à

« ceux des ecclésiastiques qui *pourraient* être relevés de
« l'état de déportation, réclusion, ou mort civile, et restitués
« dans les droits de citoyens, soit aux héritiers présomptifs de
« tous ceux desdits ecclésiastiques qui *resteront* en état de
« mort civile par les jugemens ou arrêtés qui les ont condam-
« nés à la déportation ou réclusion à vie. »

L'art. 4 porte :

« Les héritiers présomptifs seront ceux qui, au moment de
« la déportation ou réclusion, auraient succédé auxdits
« ecclésiastiques, s'ils étaient morts naturellement. »

L'art. 5 maintient les ventes faites, sauf la restitution du
prix.

La loi interprétative du 19 fructidor an 4 autorisa les
ecclésiastiques dont la réclusion avait été ordonnée, à
reprendre la jouissance de leurs biens.

L'art. 2 porte :

« Les héritiers présomptifs qui s'en seraient emparés et qui
« s'en trouveraient actuellement nantis sont tenus de les
« leur *restituer* sans délai, sans pouvoir se prévaloir contre
« eux de leur *réclusion* pour cause de non-prestation de
« serment. »

Enfin la loi du 7 fructidor an 5 déclara par son art. 1er,

« Que les lois qui prononçaient la peine de la déportation
« ou de la réclusion contre les prêtres insermentés étaient
« et demeureraient abrogées.

Et par l'art. 2 :

« Que les lois qui assimilaient les prêtres *déportés* aux
« *émigrés* sont également rapportées. »

Telles sont les lois de la matière.

Dans cet état, se présentent les questions suivantes :

I. Les héritiers présomptifs ont-ils pu, d'après et depuis la
loi du 22 fructidor an 3, jusqu'à celle du 7 fructidor an 5,
demander aux administrations centrales et obtenir d'elles la
levée du séquestre, l'envoi en possession et la jouissance des
biens de leurs parens déportés ?

Cette mainlevée, cet envoi en possession, cette jouissance, leur assurent-ils la propriété incommutable des biens, au détriment des déportés, lorsque la peine de la déportation a été abrogée?

Si l'on s'attachait à la lettre de la loi du 22 fructidor an 3, il serait possible de raisonner ainsi :

A qui les biens devaient-ils être remis ?

A ceux des ecclésiastiques qui *pourraient* être relevés de l'état de déportation. Or le législateur ne s'est point servi de ces mots *qui sont relevés*. Il a donc eu la volonté d'étendre la faveur de la loi non-seulement aux ecclésiastiques, qui, dans le moment, *étaient* relevés de la déportation, mais encore à ceux qui le *seraient* par la suite.

On pourrait ajouter que ces autres expressions du même article : *qui resteraient en état de mort civile*, font assez sentir que le législateur n'a pas voulu que la propriété de ces biens reposât *irrévocablement* sur la tête des héritiers qui la recueilleraient ;

Que d'ailleurs, la déportation et la réclusion avaient la *même cause*, le refus de prestation de serment ; que les effets différens de ces deux peines dépendaient seulement de l'âge et des infirmités du prêtre.

D'un autre côté, si l'on consultait l'esprit de cette loi, il serait difficile de découvrir la raison de cette affectation irrévocable faite aux héritiers présomptifs, au détriment du déporté.

En effet, on ne saurait prétexter ici l'intérêt de l'État qui, indépendamment des lois de déchéance, ne serait passible d'aucune restitution, puisque l'abandon qu'il a fait était gratuit, et qu'il n'a touché aucun prix.

Il n'y avait non plus aucun motif politique pour maintenir l'héritier, lorsqu'on relevait le prêtre. Ainsi, on ne peut supposer que le législateur ait voulu, sans but, violer à la fois les lois sacrées de la nature et de l'équité, améliorer et aggraver en même temps le sort infortuné des déportés.

Toutefois, la jurisprudence du Conseil d'État a repoussé la réclamation des prêtres réintégrés, contre leurs héritiers présomptifs; mais elle a établi une distinction entre les prêtres reclus et les prêtres déportés.

II. Quant aux prêtres reclus, elle a considéré que le fait de leur réclusion excluait matériellement le fait de l'émigration; que, par conséquent, ils ne pouvaient être assimilés aux émigrés; que d'ailleurs, leurs héritiers présomptifs ne pouvaient se prévaloir contre eux de leur *réclusion*, aux termes précis de l'art. 2 de la loi du 19 fructidor an 4, et qu'ils étaient tenus de leur restituer leurs biens *sans délai*.

Mais que, quant aux prêtres déportés, tant qu'ils n'avaient pas été relevés de la déportation, ils étaient restés dans les liens de la mort civile par leur assimilation aux émigrés; que par conséquent, l'art. 16 du sénatus-consulte du 6 floréal an 10, qui défend aux émigrés de revenir contre les actes passés pendant leur absence, leur était applicable, et par suite, l'art. 1er de la loi du 5 décembre 1814, qui maintient tous les actes antérieurs fondés sur les lois relatives à l'émigration.

C'est dans ce sens qu'un décret du 19 brumaire an 13 a annulé un arrêté d'une administration centrale qui avait autorisé un prêtre déporté à reprendre ses biens qu'un arrêté précédent avait remis à ses héritiers présomptifs.

Le motif de ce décret était,

« Que l'abandon accordé par l'administration centrale,
« ayant été fait par une juste application des lois relatives
« aux biens des prêtres déportés, les héritiers étaient devenus
« dès lors copropriétaires des biens remis.

« Que leur titre de propriété n'avait pu éprouver aucune
« altération par la restitution d'existence civile postérieure-
« ment accordée audit prêtre. »

Le Conseil d'Etat ne pouvait sans doute voir qu'avec défaveur et même avec indignation, des frères et des neveux qui, foulant aux pieds tous les sentimens de la nature, s'étaient partagé les dépouilles de leur frère ou de leur oncle

vivant, comme s'il eût été mort, et qui, au retour de la proscription, plus barbares que la loi elle-même, le chassaient
du toit et des champs paternels.

Mais l'intérêt des tiers l'a emporté sur des motifs si sacrés et
si touchans. Les héritiers présomptifs avaient disposé des biens
remis, comme de leur chose propre. Ces biens sont passés dans
des mains étrangères par une foule de traditions de toute espèce. Il aurait fallu rompre ces contrats, rayer les inscriptions
hypothécaires des créanciers, annuler les rétrocessions. Que
d'actions en restitution et en garantie ! que de procès ! que
de troubles dans les familles ! que d'incertitude dans la
propriété !

Ces raisons, ou plutôt ces impérieuses nécessités, ont déterminé le Conseil d'État, plus que le texte et le sens de la loi du
22 fructidor an 3, qui, selon moi, pourraient être invoqués
avec avantage par les prêtres déportés.

III. Mais lorsque les héritiers présomptifs, non satisfaits
d'avoir dépouillé leur parent, ont voulu encore exclure leurs
cohéritiers, appelés conjointement au partage, non-seulement
par la loi, mais souvent aussi par les affections et par le vœu
formel de leur auteur commun, du prêtre lui-même, le Conseil d'État a repoussé cette injuste et nouvelle prétention.

Il a considéré que la loi du 22 fructidor an 3 remettait les
biens à *tous* les héritiers présomptifs, et non à *un seul* ou à
*quelques-uns d'entre eux ;*

Que la loi précédente du 20 fructidor ordonnait même la
restitution des biens confisqués sur les prêtres déportés, à leurs
*familles* ; qu'ainsi, la loi n'avait pu ni voulu exclure aucun
des membres de cette famille, qui avait la qualité et le rang
d'héritier présomptif ; qu'elle n'avait pu ni voulu conférer, ni
conféré aux administrations centrales, chargées de la levée du
séquestre et de l'envoi en possession, le pouvoir d'admettre ou
d'écarter tel ou tel héritier, et de juger ses qualités d'adition.
Ainsi, il faut tenir pour constant que, dans le fait comme dans
l'intention, les arrêtés des administrations centrales, rendus

en cette matière, sont des actes purement administratifs et ne
constituent point des jugemens; que, par conséquent, les délais
du règlement du 22 juillet 1806 ne sauraient courir contre
eux, même après due signification; qu'on doit les assimiler
pleinement aux arrêtés de mainlevée des préfets, qui, en
exécution du sénatus-consulte du 6 floréal an 10, remettaient
les biens sur la réquisition des émigrés qui se présentaient,
sans que ces arrêtés d'ordre et de pure déclaration eussent
aucun caractère attributif; qu'on peut également les comparer
aux arrêtés de la Commission de remise, créée par l'art. 8 de la
loi du 5 décembre 1814, et qui rend les biens aux anciens propriétaires ou à leurs héritiers et ayans cause qui se présentent,
d'après l'exhibition de leurs titres et la justification de leur
qualité apparente, mais sans préjudice du droit, soit des tiers,
soit des cohéritiers non présens, et qui ne feraient valoir que
par la suite leurs droits existans lors de la remise; en un mot,
que, par leurs arrêtés de levée de séquestre et d'envoi en possession, les administrations centrales ont purement et simplement
dessaisi l'Etat des biens par lui confisqués sur les prêtres déportés;

Que dès lors, il s'agit seulement de reconnaître et de fixer
entre les parties leurs droits respectifs de successibilité, et
que le règlement de ces droits appartient aux tribunaux.

C'est ce qui a été décidé, à mon rapport, par une ordonnance royale du 13 mai 1818, et par une autre ordonnance du
10 janvier 1821, qui renvoie également les parties devant les
tribunaux pour y faire reconnaître et établir leurs droits aux
biens en litige, d'après leur qualité de successible.

Les motifs de cette dernière ordonnance sont,

« Que l'administration centrale s'est bornée à délivrer, en
« exécution de l'art. 3 de la loi du 22 fructidor an 3, l'hé-
« ritage du prêtre déporté à son frère qui se présentait comme
« *seul* héritier *apparent*, mais que cette remise des biens n'est
« qu'un acte purement administratif qui n'a rien préjugé sur
« les questions de successibilité qui pourraient s'élever sur
« ledit héritage, et ne fait pas obstacle à ce que ces questions

« soient jugées par les tribunaux ordinaires qui sont seuls com-
« pétens pour en connaître (1). »

# PRISES.

## § UNIQUE.

*Les propriétaires primitifs d'un navire confisqué et vendu
dans l'étranger, par suite d'une prise maritime, peuvent-ils saisir ce navire revenu dans un port de France?
Est-ce aux tribunaux ou à l'administration à prononcer
sur la validité de la saisie-revendication?*

Les matières de prises se gouvernent par une législation spéciale, et sont soumises, par la nécessité même des choses, à
des tribunaux extraordinaires.

En vain les tiers revendicans prétendraient-ils qu'ils ne
doivent pas être distraits de leurs juges naturels, et que ces
juges sont les tribunaux.

Sans doute, les tribunaux sont les juges naturels des citoyens.
Ne s'agit-il que de prononcer entre des particuliers? ne s'a-
git-il que d'interpréter des contrats privés, et de décider les
questions qui en naissent? Les tribunaux sont seuls compétens. Leur compétence repose alors à la fois sur la qualité des
parties, sur la nature de la matière, et sur les caractères de la
loi civile.

Mais quand le gouvernement se trouve mêlé dans le litige,
alors, souvent le véritable intérêt des citoyens, la qualité particulière de la matière, la spécialité des lois qu'on invoque
et qu'on doit appliquer, enfin, le besoin d'un prompt jugement, ont fait, avant comme depuis la révolution, instituer
des juridictions administratives, qui n'étaient pas moins né-

---

(1) *Voy.* Décrets des 17 mai 1813, — 2 octobre 1813, — 29 janvier
1814, et les ordonnances des 30 juillet 1817, — 13 mai 1818, — 3 février
1819, — 31 mars 1819, — 10 janvier 1821.--*Voy.* au mot COMMISSION
DE REMISE, § *unique.*

cessaires à établir., et qui ne sont pas moins salutaires à conserver dans ces limites, que la juridiction commune.

Mais, en outre, si les objets soumis à cette juridiction spéciale ne sont pas seulement renfermés dans le gouvernement
intérieur; si, à l'intérêt matériel de ce gouvernement se joint
encore un intérêt politique; s'il ne s'agit pas seulement de statuer sur les rapports de l'Etat avec ses propres sujets, mais
d'interpréter des actes de gouvernement à gouvernement, et
d'appliquer les maximes du droit des nations, c'est alors qu'on
peut véritablement dire que la juridiction spéciale est la juridiction naturelle, puisqu'en effet, elle se trouve ici en rapport avec la nature des choses.

Il n'est pas moins vrai d'ajouter que la surveillance et le
jugement de ces hautes matières appartiennent essentiellement au gouvernement; qu'il n'est point lié ici, comme dans
certaines questions administratives, par des lois fixes et des
règles immuables; qu'ici, le Conseil d'Etat lui-même doit,
jusqu'à un certain point, suivre la direction que le gouvernement lui imprime; qu'il ne pourrait, jusqu'à un certain point,
s'en écarter, sans se constituer juge, et des besoins politiques
qui pressent le gouvernement, et des principes que, selon les
temps, les relations de commerce ou de puissance à puissance,
la nature de chaque espèce, le caractère des actions intentées
et leurs conséquences, et enfin la qualité des personnes mêmes,
il lui convient d'établir, de modifier, de changer, de reprendre; qu'ici, le Conseil d'Etat ne peut, jusqu'à un certain point
encore, que rendre la pensée du gouvernement; qu'il la réfléchit, la traduit, l'exprime, l'applique, et lui communique
seulement les formes et le tour d'une décision plus régulière;
enfin, qu'indépendamment de ce que ces matières d'intérêt
public et politique ne peuvent tomber dans la juridiction des
tribunaux, et sous le joug des maximes rigoureuses du droit
civil, elles ne sauraient, d'ailleurs, sans de graves dommages,
souffrir les formes compliquées, les frais considérables, les lenteurs et les longs circuits de nos procédures judiciaires.

En effet, pendant les délais de la première instance, de l'appel et de la cassation, les navires litigieux dépériraient dans le port, le fret serait arrêté, les spéculations commerciales paralysées, et les dommages du retard, en définitif, peut-être irréparables.

Voilà les principes généraux de la matière.

II. Le Conseil d'Etat n'a jamais balancé à les appliquer à toutes les espèces qui se sont présentées.

La nécessité de cette application devient plus sensible encore dans l'hypothèse proposée.

Le titre des nouveaux propriétaires ne repose que sur une confiscation et sur un jugement prononcés par des cours d'amirauté étrangères.

Supposer que la confiscation n'est point régulière, et qu'en conséquence, le jugement d'adjudication doit être anéanti, c'est vouloir que les possesseurs actuels du navire exercent un recours en garantie contre les vendeurs étrangers. Mais ceux-ci n'exerceront-ils pas, à leur tour, une action en restitution contre leur propre gouvernement, et celui-ci une action en indemnité contre le gouvernement français ?

Il est évident qu'une action dont l'effet inévitable est d'amener de tels résultats est hors de la compétence des tribunaux, et qu'il n'appartient qu'au Conseil d'Etat de prononcer sur la validité et les effets de la prise, de la confiscation, et du jugement de l'amirauté étrangère, et, par conséquent, sur la validité de la saisie-revendication exercée par les anciens propriétaires.

C'est aussi ce qui a été décidé, à mon rapport, par ordonnance du 22 juillet 1818, rendue sur conflit.

Au fond, la saisie-revendication a été déclarée nulle et de nul effet.

# PROCÉDURE.

§ I<sup>er</sup>. *Quels sont les divers cas où il y a lieu à rejet im-*
*médiat, et sans communication, des requêtes présen-*
*tées au Conseil d'État?*

§ II. *Lorsque l'arrêté, émané d'une autorité qui res-*
*sortit au Conseil d'État, est évidemment incompétent,*
*est-il nécessaire, avant de l'annuler, de communiquer*
*à la partie adverse?*

§ III. *Peut-on demander au Conseil d'État, la confir-*
*mation d'arrêtés qui ne sont pas attaqués?*

## § I<sup>er</sup>.

*Quels sont les divers cas où il y a lieu à rejet immé-*
*diat, et sans communication, des requêtes présentées au*
*Conseil d'État?*

Le rejet immédiat de la requête du demandeur peut et
doit avoir lieu dans des cas très-divers, et beaucoup plus nombreux qu'ils ne semblent l'être au premier coup d'œil.

Il est impossible d'en faire ici l'énumération complète.

Mais il est utile de spécifier, d'après la jurisprudence, des
cas assez nombreux et assez variés pour servir d'exemple et de
guide dans l'examen préalable des affaires.

Nous les exposerons très-sommairement en renvoyant par
des notes,

- 1°. Aux décrets et ordonnances qui les développent;

2°. Aux questions qui s'y rapportent dans cet ouvrage.

Nous terminerons cet exposé par quelques réflexions sur
l'intérêt que cette question offre aux parties, aux avocats au
Conseil, aux maîtres des requêtes rapporteurs, et au gouvernement lui-même, sous le double rapport des droits de l'État
et de l'ordre public.

Il y a lieu de rejeter immédiatement la requête,

Soit parce que le recours est mal ou intempestivement dirigé;

Soit parce qu'il est tardif ;

Soit parce que la partie a acquiescé ou exécuté ;

Soit parce qu'elle est déchue ;

Soit parce qu'elle est sans qualité et sans action,

Ou sans droit positif,

Ou sans intérêt ;

Soit parce qu'il y a chose irrévocablement jugée ;

Soit parce que la matière n'est pas contentieuse.

Les différens cas qui donnent lieu au rejet immédiat viennent se ranger naturellement dans ces neuf divisions, par voie directe ou par analogie.

Reprenons-les.

I. Le recours au Conseil d'Etat est mal ou intempestivement dirigé,

1°. A l'égard des arrêtés et décisions rendus au profit des étrangers qui n'ont point fourni préalablement bonne et valable caution (1) ;

2°. A l'égard des demandes, soit principales, soit d'intervention, soit même accessoires, qui n'ont été ni présentées, ni instruites, ni jugées en première instance, soit devant les préfets et les Ministres, soit devant le Conseil de préfecture (2) ;

3°. A l'égard des arrêtés, pris par les préfets, qui statuent dans les limites de leur compétence,

Sur les contestations existantes entre les particuliers et les régies établies par le gouvernement, ou les agens desdites régies, relativement au paiement des fournitures faites pour le compte du gouvernement (3) ;

_____

(1) Décret du 7 février 1809, inséré au Bulletin des lois.

(2) 6 décembre 1807, — 28 mai 1812, — 3 janvier 1813, — 18 janvier 1815, — 22 mai 1815, — 20 novembre 1815, — 27 mai 1816 — 14 mai 1817, — 10 septembre 1817, — 16 janvier 1822, — 13 mars 1822, et autres.

(3) Arrêté des Consuls, du 19 thermidor an 9, inséré au Bulletin des lois.

Sur l'extinction des dettes de l'État par voie de confusion;

Sur les demandes en mainlevée de séquestre (1);

Sur les déchéances encourues par les acquéreurs de biens nationaux (2);

Sur les décomptes et autres matières domaniales de leur compétence (3);

Sur l'exploitation des fabriques, salines et constructions d'usines (4);

Sur l'exécution des règlemens relatifs à la police des rivières, à la construction ou destruction des barrages et déversoires, à la conservation des eaux, et qui intéressent l'ordre public sous le rapport du flottage, de la navigation, de la sûreté des propriétaires riverains, du passage des gués, etc., etc., (5).

Sur la question de savoir si une rivière est navigable et flottable, si un chemin est vicinal ou grande route, etc. (6);

Sur la comptabilité des recettes et dépenses communales (7);

Sur le paiement des dettes d'hospices, de fabriques et de communes, antérieures à la loi du 24 août 1793 et à celle du 29 pluviôse an 5 (8);

Sur les contributions pour l'entretien et la restauration des routes (9);

---

(1) 8 mai 1822.

(2) Décret réglémentaire du 25 février 1811, art. 5, inséré au Bulletin des lois, — 1er novembre 1814, — 6 mars 1816, — 21 août 1816, — 21 juin 1817. — *Voy.* au mot DOMAINES NATIONAUX, § II.

(5) Même décret réglémentaire, — Arrêté du gouvernement, des 4 thermidor an 11, — Décret du 11 novembre 1813, — Ordonnances des 30 septembre 1814, — 1er novembre 1814, — 20 novembre 1815, — 6 mars 1816, — 21 mars 1821.

(4) 29 décembre 1812, — 18 janvier 1815, — 13 janvier 1816,

(5) 20 novembre 1815, — 20 novembre 1815, — 21 août 1816.

(6) 29 janvier 1814.

(7) 17 juillet 1816.

(8) 22 mai 1813.

(9) 12 juin 1813.

Sur le changement ou fixation des prises d'eau d'une usine (1);

Sur la suppression ou le maintien des fabriques ou ateliers insalubres ou incommodes (2);

Sur les actes de police municipale pris en matière de voirie urbaine (3);

Sur le pavage et l'entretien des routes communales (4);

Sur la classification des chemins vicinaux, la reconnaissance de leurs limites, et la fixation de leur largeur (5);

Sur la conservation des terrains affectés aux chemins de halage (6);

Sur les reprises des anciens propriétaires contre les hospices, en vertu de l'art. 8 de la loi du 5 décembre 1814 (7);

Ou qui se bornent à faire l'application particulière des décisions des Ministres, lorsque ces décisions ne sont pas personnelles aux requérans, mais conçues en termes réglémentaires et généraux (8);

4°. A l'égard

Des arrêtés de Conseils de préfecture, rendus sans que le requérant ait été entendu, même incompétemment, et auxquels il peut former opposition, ou rendus contradictoirement sans qu'il ait été appelé, et auxquels il peut former tierce opposition (9);

---

(1) 19 juin 1813.
(2) 29 janvier 1814.
(3) 21 mai 1817, -- 22 octobre 1817.
(4) 17 mai 1813. -- *Voy.* au mot VOIRIE.
(5) Art. 6 de la loi du 9 ventôse an 13, —Décret du 6 janvier 1814, — Ordonnances des 4 août 1819, -- 1er septembre 1819, -- 31 mars 1819, -- et autres. *Voy.* au mot CHEMINS VICINAUX, § I.
(6) 20 juin 1816.
(7) 17 juillet 1816.
(8) 20 octobre 1819.
(9) 25 mars 1813, — 27 mai 1816, -- 8 juin 1817, -- 25 février 1818, — 3 juin 1820, — 3 juin 1820, -- 29 août 1821, — 16 janvier 1822, — 17 avril 1822. -- *Voy.* au mot CONSEILS DE PRÉFECTURE, § I.

5°. Des arrêtés préparatoires des Conseils de préfecture (1);

6°. Des arrêtés de Conseils de préfecture, qui, dans une matière de leur compétence, ont ordonné interlocutoirement des expertises auxquelles ils ne sont pas tenus de se conformer dans la décision définitive à intervenir (2);

7°. Des questions qui rentrent dans le contentieux administratif et qui appartiennent aux Conseils de préfecture (3);

8°. Des demandes en interprétation d'actes de vente de biens nationaux et soumissions, qui n'auraient pas été formées préalablement devant le Conseil de préfecture (4),

Ou sur lesquelles il n'aurait pas encore été prononcé par eux (5);

9°. Des décisions ministérielles rendues sur les réclamations de l'une des parties, sans que l'autre ait été entendue ni appelée (6);

10°. Des décisions du directeur général des ponts et chaussées, et autres directeurs généraux des diverses parties du service public, lorsqu'il ne résulte pas des pièces qu'elles ont été approuvées par les Ministres de leurs départemens respectifs, ou qu'elles ont pour base une décision ministérielle dont elles ordonnent ou règlent simplement l'exécution (7);

11°. Des demandes tendantes à faire prononcer le Conseil d'Etat, lorsqu'il a renvoyé, par avant faire droit, les parties devant les tribunaux, et que ceux-ci n'ont pas définitivement jugé (8);

12°. Des demandes contre les arrêtés des préfets en refus

---

(1) 21 février 1814.
(2) 18 juillet 1821.
(3) 20 novembre 1816.
(4) Loi du 28 pluviôse an 8, art. 4, — Ordonnances des 8 janvier 1817 et 12 mai 1820. — *Voy.* DOMAINES NATIONAUX, § VIII.
(5) 27 mai 1816, — 8 janvier 1817.
(6) 26 mars 1814, — 26 février 1817.
(7) 30 janvier 1815.
(8) 13 avril 1818.

de sursis, pour le recouvrement de rentes ou sommes dues à
l'Etat (1);

13°. Des demandes formées directement devant le Comité
du contentieux en autorisation de changement ou d'addition
de nom (2);

14°. Des arrêtés de préfets rendus en exécution des règlemens
d'administration publique (3).

II. Le recours au Conseil d'Etat, formé, soit par des particuliers, soit par des communes, soit par le Domaine, contre des
arrêtés contradictoires, est tardif,

1°. Lorsqu'il a été introduit plus de trois mois après la date
de la signification constatée,

Soit par l'exploit d'huissier à personne ou à domicile, si la
cause est entre particuliers, ou entre particuliers et le Domaine
ou corporations, ou entre corporations (4);

Soit par notification administrative, s'il s'agit d'une décision ministérielle attaquée par les agens ou entrepreneurs des
services publics, ou tous autres (5);

---

(1) 20 novembre 1815.

(2) 21 août 1806.

(3) 22 octobre 1817.

(4) Art. 11 du règlement du 22 juillet 1806, — 23 août 1807, — Avis
approuvé; du 18 août 1807, — 18 septembre 1807, — 22 janvier 1808,
— 6 juillet 1810, — 6 juin 1811, — 4 août 1811, 18 août 1811, - 6 février 1811, — 21 janvier 1812, — 11 juillet 1812, — 6 février 1813, —
18 mars 1813, — 13 juillet 1813, — 6 septembre 1813, — 11 septembre
1813, — 28 septembre 1813, — 11 novembre 1813, — 23 novembre
1813, — 1er décembre 1813, — 1er novembre 1814, — 3 juillet 1816,
— 17 juillet 1816, — 16 juillet 1817, — 27 août 1817, — 3 décembre
1817, 25 février 1818, — 23 avril 1818, — 17 juin 1818, — 18 juillet
1820, — 6 février 1821, 13 juin 1821, — 20 juin 1821, — 18 juillet 1821,
et autres. — *Voy.* au mot DÉLAI DU RECOURS, § I.

(5) 4 août 1819, — 17 novembre 1819, — 11 février 1820, — 23 février 1820, — 19 mars 1820, - 23 avril 1820, — 23 août 1820, — 6 septembre 1820, - 1er novembre 1820, — 6 décembre 1820, - 27 décem-

2°. Lorsqu'on se pourvoit après les délais du règlement contre une ordonnance royale rendue par défaut contre des actionnaires d'une compagnie ou tontine, et insérée au Bulletin des lois (1);

3°. Lorsqu'on se pourvoit contre des arrêtés, décisions, et ordonnances qui ne sont que l'exécution littérale ou la confirmation pure et simple des arrêtés, décisions ou ordonnances précédemment rendus, régulièrement signifiés ou notifiés, et non attaqués en temps utile (2);

4°. Lorsqu'on se pourvoit contre un arrêté du Conseil de préfecture ou décision ministérielle, produits et débattus contradictoirement avec le requérant devant les tribunaux, et que le jugement ou arrêt qui les relate a été signifié au requérant plus de trois mois avant la date de l'enregistrement du pourvoi au secrétariat-général du Conseil d'Etat (3);

Ou que le jugement ou arrêt contradictoire délaisse le requérant à se pourvoir contre les décisions administratives qui n'ont été attaquées devant le Conseil d'Etat, nonobstant ce renvoi, qu'après les délais du règlement (4);

5°. Lorsqu'un tuteur se pourvoit, après les délais du règlement, contre des décisions administratives, parce qu'elles n'auraient pas été signifiées au subrogé-tuteur (5);

6°. Lorsqu'on se pourvoit contre des décisions ministé-

---

bre 1820, — 24 octobre 1821, — 16 janvier 1822, — 8 mai 1822, — et autres. — *Voy.* au mot DÉLAI DU RECOURS, § I.

(1) 4 juin 1816, — 8 janvier 1817.

(2) 1ᵉʳ novembre 1814, — 4 août 1819, — 8 mai 1822, — et autres.

(3) 17 juillet 1816, — 30 juillet 1817, — 9 juillet 1820, — 8 mai 1822, — juin 1822. *Voy.* DÉLAI DU RECOURS, § I.

(4) 30 juillet 1817.

(5) 14 mai 1817.

rielles ou contre des arrêtés de Conseils de préfecture, même rendus par défaut, trois mois après leur exécution (1);

7°. Contre les ordonnances portant autorisation de changement, substitution ou addition de noms, après le délai d'un an, à-compter du jour desdites autorisations insérées au *Bulletin des lois;*

8°. Contre une décision du Conseil d'Etat rendue par défaut, après les trois mois courus depuis la date de la signification de ladite décision (2);

9°. Contre une décision contradictoire du Conseil d'Etat, après les délais prescrits par l'art. 33 du règlement du 22 juillet 1806 (3).

III. Le recours au Conseil d'Etat est inadmissible pour acquiescement ou exécution,

1°. A l'égard des particuliers qui ont reçu sans protestations ni réserves les sommes allouées par l'arrêté, décision ou ordonnance qu'ils attaquent, ou qui ont pleinement adhéré auxdits arrêtés, décisions et ordonnances, en quelque matière contentieuse que ce soit, par une reconnaissance expresse ou par une exécution volontaire (4);

2°. A l'égard des Ministres qui attaquent des arrêtés de Conseils de préfecture qu'ils ont sciemment et volontairement exécutés;

3°. A l'égard des fournisseurs qui, après avoir reçu sans

_____

(1) 8 janvier 1817, — 14 janvier 1818, — 16 janvier 1822, — 14 août 1822. — *Voy.* au mot CONSEILS DE PRÉFECTURE, § I.

(2) 9 septembre 1818, — 9 avril 1821.

(3) Avis du Conseil d'Etat, approuvé le 25 ventôse an 13, — 10 mars 1809, — 20 avril 1813, — 18 mars 1813, — 13 juillet 1813, — 6 janvier 1814, — 5 février 1814, — 25 février 1815, — 20 novembre 1815; — 20 novembre 1815, — 31 janvier 1817, — 14 mai 1817, — 25 juin 1817, — 7 mars 1821. — *Voy.* à l'APPENDICE, § III.

(4) 30 juillet 1817, — 50 juillet 1817, — 10 septembre 1817, — 10 septembre 1817, — 2 février 1821.

protestation ni réserves les valeurs qui leur ont été données en paiement, réclament ensuite une indemnité pour des pertes qu'ils prétendent avoir éprouvées par la négociation desdites valeurs (1);

4°. A l'égard des arrêtés émanés des autorités qui ressortissent au Conseil d'Etat, et dont la rectification ou modification serait demandée par les requérans, qui les auraient fait signifier eux-mêmes à leurs adversaires, sans exprimer aucune réserve, et sans s'être pourvus, dans le délai du règlement, contre la disposition desdits arrêtés, qu'ils prétendent leur porter grief (2);

5°. A l'égard des acquéreurs de biens nationaux ou copartageans de biens communaux, qui prennent à bail des objets qu'ils avaient revendiqués d'abord, comme étant compris dans leur adjudication (3);

6°. A l'égard des arrêtés rendus en matière de partage de succession ou présuccession, et de tous autres actes, cessions, abandons et arrangemens faits entre des tiers et l'Etat, pendant l'absence des émigrés, représentés par le Domaine, qui a librement acquiescé auxdits arrêtés et actes, et les a exécutés (4);

A l'égard des décisions du Conseil d'Etat, rendues par défaut, qui renvoient les parties devant les tribunaux ou devant les Conseils de préfecture, et qui ont été exécutés par les parties (5).

IV. Le recours au Conseil d'Etat est inadmissible pour cause de déchéance,

---

(1) 19 mars 1820.

(2) 16 juillet 1817.

(3) 20 novembre 1815, — juin 1822.

(4) Art. 16 du sénatus-consulte du 6 floréal an 10, et loi du 5 décembre 1814, art. Ier, — 22 décembre 1811, — 29 décembre 1812, — 14 février 1813, — 6 novembre 1817, — 5 février 1819, — 8 septembre 1819, — 2 février 1821. — *Voy.* au mot ÉMIGRÉS, § V.

(5) 14 mai 1817.

1°. Lorsque le requérant demande la liquidation d'une créance sur l'Etat dont l'origine est antérieure à l'an 9 (1);

Lorsque les fournisseurs et sous-traitans de la guerre n'ont pas produit leurs titres dans les délais prescrits par les décrets des 13 juin 1806 et 12 décembre même année (2);

2°. Lorsque les créanciers de l'arriéré n'ont pas produit leurs titres dans le délai de six mois après la publication de la loi du 25 mars 1817, ou les créanciers de la guerre, pour les dépenses de la grande armée antérieures au 1er mai 1806, dans le délai fixé par le décret du 13 juin 1806 (3);

3°. Lorsque les porteurs des titres de créances de Saint-Domingue sur la marine n'ont pas produit dans le délai de deux mois, à partir de la publication du décret du 11 juillet 1811, les pièces justificatives des versemens en deniers, fournitures d'effets ou denrées et services quelconques, pour lesquels ont été délivrés les traites, récépissés ou ordonnances, dont ils réclament le paiement (4);

4°. Lorsqu'on réclame la restitution des dépôts et consignations, volontaires ou judiciaires, faits dans les caisses publiques, antérieurement au 1er vendémiaire an 6 (5);

5°. Lorsque les sujets des puissances étrangères réclament contre le gouvernement français le paiement de créances de

<hr />

(1) Décrets des 25 février 1808 et 13 décembre 1809, — Loi du 15 janvier 1810, art. 12, — Lois des 25 mars 1817, art. 5, — 31 janvier 1813, — 20 novembre 1816, — 20 novembre 1816, — 11 février 1818, — 11 février 1818, — 26 août 1818, — 2 février 1821, — 17 avril 1822, — 27 février 1822, — 29 mai 1822, — et autres. — *Voy.* au mot LIQUIDATION, § L.

(2) 10 septembre 1817, — Loi du 25 mars 1817, art. 5.

(3) Lois des 25 mars 1817, art. 5, – 1er novembre 1820, – 20 février 1822, — 1822, — 8 mai 1822.

(4) Décret du 11 juillet 1811, art. 1er et 5. *Voy.* au mot LIQUIDATION, § III.

(5) Loi du 24 février an 6, art. 1er et 3, – Loi du 9 février an 7, — Avis du Conseil d'Etat, approuvé le 14 floréal an 13, — 18 août 1807, — 18 avril 1821.

toute nature éteintes par la convention du 25 avril 1818, ou des indemnités pour enlèvement de marchandises, captures illégales de navires, pertes et dommages de tout genre, même les dépôts et consignations de sommes provenues de prises, et versées dans la caisse des invalides de la marine (1);

6°. Lorsqu'on réclame le paiement des dettes des communes, antérieures à la loi du 24 août 1793, qui les déclare dettes nationales, et détermine le mode de leur liquidation (2).

V. Le recours au Conseil d'Etat est non recevable pour défaut de qualité et d'action,

1°. Lorsque les habitans d'une commune se pourvoient individuellement en son nom, même sous le prétexte d'un intérêt général, pour réclamer la propriété d'un bien prétendu communal (3);

2°. Lorsqu'un maire se pourvoit, sans justifier préalablement, s'il en est requis, des pouvoirs à ce donnés, par le Conseil municipal (4);

3°. Lorsque le Ministre de l'intérieur este au nom et dans l'intérêt d'une fabrique ou d'une commune, soit en demandant, soit en défendant (5);

4°. Lorsque des membres d'un Conseil municipal ne justifient, ni de pouvoirs, ni d'autorisation d'agir, pour et au nom de la commune, contre le maire, postérieurement à la réorganisation du Conseil municipal (6);

5°. Lorsqu'un maire demande en son nom personnel la ré-

---

(1) 9 juillet 1820, — 6 décembre 1820, — 8 mai 1822, — 14 août 1822.

(2) 3 mai 1810, — 3 juillet 1811, — 6 août 1811, 15 août 1811, — 10 février 1816, — 10 janvier 1821, — 2 février 1821, — 22 février 1821, — 28 mars 1821, — 20 juin 1821, — 15 août 1821, — 31 juillet 1822.

(3) Voir au mot COMMUNES, § III. — 24 décembre 1810, — 3 mars 1812, — 30 mars 1812, — 27 novembre 1814, — 20 juin 1816.

(4) Voir au mot COMMUNES, § III.

(5) Voir au mot COMMUNES, § I. — 8 mai 1822.

(6) 3 juillet 1818.

vocation d'une ordonnance qui a autorisé un tiers à prendre le nom d'une commune (1);

Lorsque des communes demandent l'annulation des ventes de leurs biens légalement cédés à la caisse d'amortissement, sous prétexte de vilité du prix, défaut d'enchères, manœuvres frauduleuses, et tout autre vice de substance ou de forme (2);

6°. Lorsque des particuliers se pourvoient contre un arrêté du Conseil de préfecture, ou contre une ordonnance royale, qui accorde à une commune, son adversaire, l'autorisation de plaider devant les tribunaux (3);

7°. Lorsque des particuliers réclament la propriété d'un chemin ou d'un terrain, au nom et dans l'intérêt seul de l'État (4);

8°. Lorsque des contribuables se pourvoient individuellement contre des décisions de Conseils de préfecture rendues, sur la demande des communes, en réduction de contribution foncière (5);

9°. Lorsqu'un fournisseur ou entrepreneur demande l'autorisation de poursuivre devant les tribunaux un intendant de la marine, préfet, intendant militaire ou autre administrateur, qui l'a exclu des marchés de fournitures, travaux publics ou entreprises (6);

10°. Lorsque des héritiers forment tierce opposition aux décrets ou ordonnances qui ont autorisé des hospices, fabriques ou bureaux de bienfaisance, à accepter des legs (7);

---

(1) 8 janvier 1817.
(2) 8 mai 1822. — Voir au mot COMMUNES, § II.
(3) Voir au mot COMMUNES, § II, — 23 novembre 1815, — 23 décembre 1815, — 18 novembre 1818, — 22 février 1821, — 20 juin 1821.
(4) 10 septembre 1817.
(5) 21 mars 1821.
(6) 18 juillet 1821. — Voir au mot MISES EN JUGEMENT, § I.
(7) 20 juin 1816. — Voir au mot HOSPICES, § II.

11°. Lorsque des particuliers forment tierce opposition ou opposition à une ordonnance royale rendue sur conflit (1) ;

12°. Lorsqu'on demande la revision d'une décision contradictoire du Conseil d'Etat, sans rapporter la pièce fausse ou décisive, ou sans prouver son existence, et sans justifier des démarches faites devant qui de droit pour l'obtenir, et du refus d'en délivrer expédition (2) ;

13°. Lorsque d'anciens propriétaires ou extracteurs demandent que les nouveaux concessionnaires de mines soient frappés de déchéance, même pour des causes prévues par les lois (3) ;

14°. Lorsque des héritiers, cessionnaires ou ayans cause, attaquent des décrets ou ordonnances rendus contradictoirement avec leur auteur (4) ;

15°. Lorsque le recours est formé par des intervenans qui n'ont, dans la contestation, d'autres droits ni d'autres intérêts que ceux des parties principales (5) ;

16. Lorsqu'on veut intervenir dans une instance terminée avec la partie principale (6) ;

17°. Lorsque des administrations et établissemens publics, qui sont sous la direction et la surveillance du Ministre de l'intérieur, se pourvoient contre des ordonnances rendues contradictoirement avec le Ministre, qui les représentait valablement et les défendait (7) ;

18. Lorsque les anciens émigrés, ou leurs héritiers et ayans cause, se pourvoient en opposition contre des décrets rendus,

---

(1) Ordonnance réglémentaire du 12 décembre 1821, art. 6. — Voir au mot CONFLIT, § IV.

(2) 27 août 1817, — 2 février 1821, — 14 novembre 1821. — Voir l'APPENDICE, § III.

(3) 4 mars 1809.

(4) Voir au mot TIERCE OPPOSITION.

(5) 31 octobre 1821.

(6) 12 septembre 1811.

(7) 15 août 1821, — 5 septembre 1821.

pendant leur absence, avant le règlement du 23 février 1811, sur le rapport du directeur général du département des domaines nationaux (1);

19. Lorsque le requérant demande la confirmation des délibérations prises par les diverses administrations ou directions générales qui dépendent du ministère des finances, délibérations que le Ministre a annulées (2).

Lorsque des révélateurs veulent agir et se constituer partie civile, soit contre le domaine, qui refuse de revendiquer des biens prétendus usurpés sur l'Etat, soit contre les détenteurs des biens par eux révélés (3).

VI. Le recours au Conseil d'Etat est inadmissible pour défaut d'intérêt,

1°. Lorsqu'il n'y a pas de procès, comme dans le cas où le requérant demande la confirmation d'un acte qui n'est pas attaqué (4);

2°. Ou l'interprétation d'une ordonnance dont l'exécution n'est entravée par aucun acte administratif ou judiciaire, ou qu'il ne produit aucun acte qui prouve que cette ordonnance arrête le cours de la justice (5);

3°. Lorsqu'on attaque une décision ministérielle, qui réserve les droits que des tiers prétendaient avoir acquis en vertu d'ordonnances générales, ou décisions d'exécution précédentes, et qu'on ne forme de pourvoi, ni contre lesdites ordonnances, ni contre lesdites décisions (6);

(1) 25 avril 1820. — Voir au mot DÉLAI DU RECOURS, § I.
(2) I<sup>er</sup> novembre 1820.
(3) 9 avril 1817.
(4) 10 février 1816.
(5) 27 janvier 1807, — 25 avril 1820, — 15 juin 1821, — 14 août 1822.
(6) 14 novembre 1821.

2. 26

4°. Lorsqu'on ne produit pas l'arrêté qu'on attaque, et que rien ne constate que cet arrêté ait existé (1);

5°. Lorsqu'on se pourvoit contre la disposition d'un arrêté de préfet, annulé dans l'ordre de la hiérarchie, par le Ministre que la matière concerne (2);

6°. Lorsque le requérant demande l'annulation d'un arrêté rendu entre des tiers, et qui ne le regarde ni ne lui préjudicie (3).

VII. Le recours au Conseil d'Etat est inadmissible pour défaut de droit positif :

1°. Lorsque des fournisseurs étrangers réclament l'exécution d'un marché, et qu'ils ne produisent ni contrat, ni aucun acte émané de l'administration française, et portant promesse de paiement (4);

2°. Lorsque le requérant demande une gratification, ou indemnité, pour des services rendus à l'Etat, travaux, dépenses, fournitures, pertes, etc.; sans qu'il justifie de quelque obligation dérivant d'un contrat, traité, loi, règlement, décision ou acte régulier de l'autorité compétente (5);

Lorsque le requérant se pourvoit contre des arrêtés de préfets qui, après que les tribunaux se sont déclarés incompétens, et qu'ils ont renvoyés l'affaire devant l'autorité administrative, refusent d'élever le conflit sur les réclamations des parties contre ce renvoi (6);

Lorsque le requérant demande un règlement de juges, hors le cas de revendication par l'autorité administrative, de con-

---

(1) 16 octobre 1813, — 17 janvier 1814.

(2) 20 novembre 1815.

(3) 21 mai 1817.

(4) 1ᵉʳ novembre 1820, — 1ᵉʳ novembre 1820, et autres.

(5) 4 mars 1819, — 5 septembre 1821, — 20 février 1822, — 20 février 1822, — 20 février 1822, — 20 février 1822, — 27 février 1822 — 27 février 1822, — 27 février 1822, — 17 avril 1822, et autres.

(6) 6 juillet 1817, *Voy*. au mot CONFLIT, § III.

testations portées devant l'autorité judiciaire, ou de déclaration d'incompétence respectivement faite, sur ces mêmes contestations, par les deux autorités (1) ;

3°. Lorsque le requérant demande, à titre de fondateur, des biens qui ont appartenu à des maisons religieuses supprimées par les lois de la révolution (2) ;

4°. Lorsqu'on réclame des indemnités pour fournitures faites par réquisition, sans marchés ou prix convenus, et sans pièces comptables (3) ;

Ou une indemnité pour des cas de force majeure ou des faits de perte, non prévus par le contrat (4) ;

5°. Lorsque le requérant demande l'allocation d'une pension, ou indemnité, qui ne repose pas sur un droit positif émané d'une loi ou règlement en vigueur, ou d'une décision, décret, ou ordonnance, passés en force de chose jugée (5) ;

Lorsque les cessionnaires de créanciers, sujets des puissances étrangères, forment, après la convention du 25 avril 1818, des répétitions à la charge de la France (6) ;

VIII. Le recours au Conseil d'Etat est inadmissible pour chose irrévocablement jugée,

1°. Lorsque le requérant attaque une décision du Conseil

---

(1) 12 novembre 1811, — 10 septembre 1817.

(2) 12 mai 1819.

(3) 28 juillet 1820.

(4) 1er décembre 1819.

(5) 27 octobre 1819, — 6 décembre 1820, — 20 février 1822, — 8 mai 1822.

(6) 13 mars 1822.

La convention du 25 avril 1818 a si pleinement libéré la France des créances ou répétitions de toute nature, qu'il a été décidé que même des traites tirées, avant la restauration, sur le trésor public et par des agens français pour paiement de fournitures, et passées à des Français par la voie de l'endossement, ne peuvent plus être acquittées depuis ladite convention, à cause de leur origine étrangère.

C'est ce qui résulte d'une ordonnance du 8 mai 1822, rendue à mon rapport. *V* une autre ordonnance du 14 août 1822.

d'Etat, contradictoire, ou rendue sur sa propre demande, par d'autres moyens que ceux de la requête civile, dans les termes de l'art. 34 du règlement du 22 juillet 1806 (1);

2°. Lorsque les moyens de requête civile sont reproduits, après avoir été rejetés, et donnent ainsi lieu à l'application de l'art. 36 du règlement (2);

3°. Lorsque la décision attaquée a servi de base à des décisions administratives, ou à des jugemens et arrêts qui ont acquis l'autorité de la chose irrévocablement jugée (3);

4°. Lorsque le requérant fonde sa demande sur un conflit élevé contre des jugemens et arrêts passés en force de chose jugée (4);

5°. Lorsqu'on se pourvoit contre des décisions du gouvernement impérial, rendues en matière de prises, douanes, confiscations, surtout si elles ont été notifiées par lettres du directeur général des douanes, et si elles ont été exécutées (5);

6°. Lorsque la demande tend à remettre en question la chose irrévocablement jugée par les tribunaux (6);

7°. Lorsqu'on se pourvoit contre des arrêtés de partage de succession et présuccession portant règlement de reprises matrimoniales, entre l'Etat et des tiers, et attaqués par les anciens émigrés, leurs héritiers et ayans cause (7);

---

(1) 27 septembre 1807, — 11 janvier 1808, — 29 septembre 1810, — 30 juin 1813, — 6 décembre 1813, — 20 novembre 1815, — 23 décembre 1815, — 23 décembre 1815, — 4 juin 1816, — 26 février 1817, — 11 février 1818, — 18 mars 1818, — 23 juin 1819, — 2 février 1821, — 20 février 1822, — et autres. — Voir l'APPENDICE, § III.

(2) 1er novembre 1820, — 29 août 1821, — 13 mars 1822.

(3) 6 janvier 1809, — 20 septembre 1809, — 28 avril 1813, — 21 août 1816, — 9 septembre 1818. — Voir au mot PRÉFETS.

(4) 16 janvier 1822. — Voir au mot CONFLITS, § II.

(5) 24 mars 1819, — 23 août 1820, — 27 décembre 1820, — V. au mot LIQUIDATION, § II, et au mot DÉLAI DU RECOURS, § I.

(6) 20 juin 1816.

(7) 18 mars 1813, — 20 novembre 1815, — 9 avril 1817, — 25 juin 1817, — 2 juin 1819, — et autres.

8°. Contre des arrêtés de Conseils de préfecture et décisions ministérielles, plus de trois mois après leur exécution (1) ;

9°. Contre des décisions du Conseil d'Etat rendues avec le cédant, et que les cessionnaires attaquent par voie de tierce opposition (2) ;

10°. Contre des arrêtés de Conseils de préfecture ou d'administrations centrales, rendus contradictoirement avec le Domaine, exécutés par lui, et attaqués ensuite, soit par l'ancien propriétaire, soit par les hospices, fabriques, ou tout autre cessionnaire dont le Domaine exerçait les droits (3) ;

11°. Contre des arrêtés de représentans du peuple en mission qui n'ont pas été réformés dans les délais et suivant les formes indiquées par la loi du 25 ventôse an 4 (4) ;

12°. Contre des arrêtés du Directoire exécutif et des Consuls, ou des décrets impériaux rendus sur la demande des parties, dans les formes administratives en usage avant l'établissement de la Commision du contentieux (5) ;

Contre des décrets de la Convention nationale qui ont annulé des jugemens de la Cour de cassation (6) ;

Contre les décisions contradictoires rendues par le Conseil d'Etat pendant l'interrègue (7) ;

---

(1) 12 janvier 1812, — 13 janvier 1816, — 9 avril 1817. — Voir au mot Conseil de préfecture, § I.

(2) 18 août 1807, — 18 avril 1816, — 9 avril 1817.

(3) 15 mai 1812, — 6 novembre 1817. Voir au mot Émigrés, § V.

(4) 11 février 1818, — 28 juillet 1819.

(5) 20 novembre 1815, — 10 février 1816, — 8 janvier 1817, — 26 février 1817, — 18 novembre 1818, — 28 juillet 1819. — V. au mot Directoire exécutif, § unique.

(6) 1er novembre 1814.

(7) 26 février 1817.

Il résulte d'une circulaire du Ministre de la justice, du 13 février 1816, que lesdites décisions doivent être assimilées aux autres actes de la même époque émanés des divers tribunaux du royaume, et avoir

13º. Contre les décrets et ordonnances rendues en matière de desséchement de marais, dans la forme administrative, et sur le rapport du Ministre de l'intérieur, contradictoirement avec le requérant (1) ;

14º. Contre des avis du Conseil d'Etat pris sur la demande des parties en matière contentieuse, et approuvés par le chef du gouvernement consulaire ou impérial (2) ;

15º. Contre des décisions prises en Conseil d'administration par le chef du gouvernement impérial (3) ;

16º. Contre des décrets rendus en matière de liquidation envers des comptables, fournisseurs, manutentionaires, entrepreneurs, sur le rapport des Ministres de chaque département (4) ;

17º. Contre les décisions définitives des Commissions spéciales, rendues en matière de liquidation et autres, et approuvées par des décrets impériaux (5) ;

18º. Contre les décisions du Conseil général de liquidation de la dette publique (6) ;

Ou contre les décisions des Ministres qui en font l'application pure et simple (7).

IX. Le recours au Conseil d'Etat est inadmissible, lorsque la matière n'est pas contentieuse,

Soit parce que la décision prétendue ne constitue pas un

---

comme eux et aux termes de l'ordonnance du Roi du 12 juillet 1815, l'autorité de la chose jugée, lorsqu'elles sont contradictoires.

(1) 7 août 1816, — 11 juin 1817.

(2) 16 juillet 1817, — 19 mars 1820. — V. au mot DÉCRETS.

(3) 28 juillet 1820, — 31 octobre 1821.

(4) 11 décembre 1816,—11 juin 1817, — 22 février 1821, —et autres. Voir au mot LIQUIDATION, § I.

(5) 11 décembre 1816, — 11 juin 1817. — V. au mot LIQUIDATION, §§ III et IV.

(6) 16 mars 1807, — 18 mars 1816, — 11 juin 1817, — 20 mars 1822. V. au mot LIQUIDATION, § I.

(7) 29 mai 1822. — V. au mot LIQUIDATION, § I.

jugement qui fasse obstacle à l'action ultérieure des parties devant l'autorité administrative, ou devant l'autorité judiciaire;

_ Soit parce que la matière ne rentre pas dans le contentieux de l'administration ;

Soit parce que la décision émane d'une autorité qui ne ressortit pas au Conseil d'Etat, à cause de sa nature, ou de l'interdiction des lois et règlemens.

C'est ce qui arrive ,

1°. Lorsqu'on se pourvoit contre de prétendus arrêtés de Conseils de préfecture qui ont été rendus sous la forme de simples avis, en matière domaniale (1) ;

Ou qui ont été donnés à des préfets sous la forme de consultation (2) ;

Ou qui tendent à faire élever le conflit par le préfet, et qui, par conséquent, ne peuvent arrêter les tribunaux dans l'exercice de leur juridiction (3) ;

2°. Contre des arrêtés de préfets ou de Conseils de préfectures qui, tout en paraissant juger dans leurs considérans, se sont bornés à déclarer leur incompétence dans le dispositif;

3°. Contre des décrets ou ordonnances rendus en matière de juridiction gracieuse (4) ;.

4°. Contre des arrêtés de la Commission de remise des biens des émigrés, sous le prétexte qu'ils font obstacle au jugement des actions héréditaires ou de propriété, élevées par des tiers devant les tribunaux (5) ;

---

(1) Loi du 5 novembre 1790, titre V, art. 15 , — Décret du 27 décembre 1812, — 13 juin 1821. — V. Domaine de l'Etat.

(2) 17 juin 1818, — 17 juin 1818, — 1er novembre 1820.

Le recours des parties est seulement ouvert dans ce cas, contre les arrêtés des préfets pris en conformité desdits avis , soit devant le Conseil d'Etat, s'ils sont incompétens, soit devant le Ministre que la matière concerne, s'ils ont été pris dans les limites de leurs attributions.

.(3) 17 juin 1818. .

(4) 8 janvier 1817, — 25 juin 1817.

(5) V. au mot Commission des émigrés.

5°. Contre de prétendues décisions du directeur général des ponts et chaussées, et autres directeurs généraux des diverses parties du service public, lors même que ces lettres ou décisions relateraient des arrêtés compétens des Conseils de préfecture (1) ;

6°. Contre des avis des Comités de l'intérieur, des finances, de la marine et de la guerre, qui ne sont pas approuvés par le Ministre de chacun de ces départemens, ou suivis d'actes ministériels qui emportent cette approbation (2) ;

7°. Contre des décisions ou lettres des Ministres qui portent de simples propositions, ou qui rejettent la demande d'une grâce ou d'une faveur, ou qui refusent de transiger (3) ;

Ou qui, spécialement, en matière d'eaux et forêts, d'enregistrement, de recouvrement d'arrérages de baux ou de rentes, donnent aux préposés des domaines des solutions ou instructions, ou des autorisations pour défendre ou revendiquer les droits de l'État devant les tribunaux (4) ;

8°. Contre des décisions du Ministre des finances, qui interdisent le défrichement dans les bois des particuliers (5) ;

---

(1) 25 avril 1820.
(2) Voir l'Appendice, § L.
(3) Ier juillet 1817, — 16 juillet 1817, — 10 septembre 1817, — 10 décembre 1817, — 25 août 1818, — 17 juin 1818, — 8 mai 1818, — juin 1822, et autres.
(4) 29 mai 1808, — 3 août 1808, — 17 juillet 1815, 21 août 1816, 1er mai 1822. V. au mot Bois.
(5) 30 mai 1821, — 20 février 1822, — 20 février 1822.
Ces dernières ordonnances portent que « les actes par lesquels le « gouvernement use de la faculté qui lui est accordée par les art. 1 et « 2 de la loi du 9 floréal an 11, d'empêcher pendant vingt-cinq ans, « à compter de la promulgation de ladite loi, que les bois ne soient « défrichés par les propriétaires, sont des mesures d'ordre public « qui, sous aucun rapport, ne sont susceptibles d'être attaquées par « la voie contentieuse, sans préjudice du recours au Roi, par toute « autre voie, si les parties s'y croient fondées. »

9°. Lorsque le requérant se pourvoit

Contre des ordonnances royales ou décisions ministérielles, qui, sur le renvoi du Conseil d'Etat, pour défaut de titre positif, ont balancé et réglé, sous la forme de transaction et par voie d'arbitrage et d'équité, les intérêts respectifs du gouvernement et des requérans (1);

10°. Lorsque le requérant se pourvoit devant le Conseil d'Etat pour demander des mesures d'exécution et de discipline, qui appartiennent aux Ministres seuls ou aux tribunaux, chacun en ce qui le concerne (2);

11°. Lorsqu'on se pourvoit contre des règlemens de police (3);

12°. Ou contre des circulaires ou règlemens généraux d'administration, faits par les Ministres pour l'exécution des lois (4);

13°. Ou en rapport ou modification des lois, ordonnances royales, décrets, mesures et actes généraux ou réglémentaires du gouvernement (5);

14°. Ou contre des ordonnances qui, dans l'intérêt de l'ordre public, règlent la circonscription des paroisses et des communes (6);

15°. Lorsque le requérant demande l'interprétation et l'exécution des traités diplomatiques (7);

---

(1) 29 mai 1822.
(2) 12 mai 1819.
(5) 26 février 1817, — 8 septembre 1819, — 10 janvier 1821.
(4) 17 juin 1818, — 3 juin 1820.
(5) 22 octobre 1817, — 17 juin 1818, — 12 mai 1819, — 25 août 1820, — et autres.
(6) 3 décembre 1817.
(7) 17 juin 1820.

16°. Lorsque le requérant demande la concession d'un grade ou d'un emploi militaire ou civil (1) ;

17°. Lorsque des concessionnaires de marais à dessécher attaquent des ordonnances royales, rendues après instruction contradictoire et jugement des oppositions devant le Comité de l'intérieur, sur le rapport du Ministre de ce département, en la forme de règlement d'administration publique, pour l'exécution d'un traité de dessèchement passé entre eux et le gouvernement 2) ;

18°. Lorsque le requérant se pourvoit contre des décisions du Conseil d'Etat, rendues en matière purement administrative, et qu'il prétend léser ses droits ou sa propriété (3) ;

Ou que des avocats au Conseil forment des pourvois au nom d'individus sans qualité et pour des affaires non contentieuses (4) ;

19°. Contre des actes du gouvernement relatifs à l'établissement et au nombre des théâtres, actes qui ne peuvent être considérés que comme des mesures de police et d'administration (5) ;

20°. Contre des décisions des Ministres, prises sur des questions politiques dont la décision appartient exclusivement au gouvernement (6) ;

21°. Contre les ordonnances royales de concession en matière de mines, érection d'usines, de forges de fer, et rendues

---

(I) 13 mars 1822.

(2) 18 juillet 1821.

(3) Décret réglémentaire du 22 juillet 1806, art. 40. V. l'APPENDICE, § III.

(4) Art. 1er et 49 du règlement du 22 juillet 1806. — Ordonnance du 23 décembre 1817.

(5) 26 août 1818, — 6 septembre 1820.

(6) 6 juin 1807, — 6 juin 1807, — 29 mai 1822.

sur le rapport du Ministre de l'intérieur, contradictoirement avec les requérans (1) ;

22°. Contre des actes du gouvernement qui nomment ou destituent des administrateurs (2) ;

23°. Contre les décisions des Ministres qui n'ont ni les formes ni le caractère d'un jugement, ou qui organisent la discipline, la distribution et l'ordre du travail dans les administrations qui leur sont subordonnées, règlent les frais de bureaux, le nombre, le rang et les salaires des employés (3);

24°. Contre des décrets ou ordonnances portant concession de priviléges pour la rédaction et impression d'ouvrages du gouvernement, recueils officiels de lois, arrêts, règlemens, etc. (4) ;

25°. Contre des décrets ou ordonnances qui forment règlement ou qui prescrivent des mesures d'administration publique (5).

26°. Contre des actes de police administrative, pris par les préfets dans l'intérêt de la salubrité publique (6) ;

27°. Contre des actes d'exécution pris par les préfets dans les matières purement administratives (7);

28°. Contre des règlemens de police industrielle et locale dressés par les préfets (8);

29°. Lorsque le requérant se pourvoit directement, et sans qu'il y ait eu de conflit élevé par le préfet, contre des jugemens

_____

(1) 23 août 1820, -- 21 mars 1821.
(2) 26 août 1818.
(3) 17 juin 1818, — 1er mai 1822.
(4) 11 décembre 1814.
(5) 11 mai 1807, — 10 septembre 1808, — 11 décembre 1816, — 22 octobre 1817.
(6) 19 mai 1811.
(7) 12 janvier 1812.
(8) 2 juillet 1812.

des tribunaux, ou des arrêts des Cours royales et de la Cour de cassation, même sous prétexte d'incompétence (1);

30°. Contre des arrêts rendus par l'ancien Conseil du Roi en matière domaniale, ou lors desquels l'Etat plaidait directement contre des particuliers, en qualité de créancier ou de débiteur (2);

31°. Contre des arrêts de la cour des comptes, par d'autres motifs que pour violation des formes ou de la loi (3);

32°. Contre les arrêtés des Conseils de préfecture qui refusent de réformer de précédens arrêtés contradictoires (4);

33°. Lorsqu'on se pourvoit, soit pour faire annuler des jugemens de Conseils de guerre, sous le prétexte de contrariété de jugement et d'excès de pouvoir, soit pour faire diriger d'office des poursuites criminelles par le ministère public, soit pour faire régler les juges en matière criminelle (5);

34°. Lorsqu'on demande au Conseil d'Etat des restitutions de fruits et des dommages-intérêts, ou des déclarations de propriété, en vertu de la possession, et de la prescription, des titres anciens, et des moyens du droit civil (6);

35°. Ou le règlement de l'ordre dans lequel doivent être payées les créances et priviléges de sous-traitans contre l'entrepreneur (7);

36.° Lorsque le requérant demande la réformation d'une

---

(1) 17 mars 1812, — 17 mars 1812, — 20 novembre 1815, — 18 avril 1816, — 10 septembre 1817.

(2) Loi du 6 juillet 1791, — Ordonnance du 31 janvier 1817, — 19 mars 1817.

(3) 17 avril 1822.

(4) 22 octobre 1817, — 8 mai 1822.

(5) 12 mai 1819.

(6) 20 novembre 1815, — 25 juin 1817, — 1er mai 1822, — et autres. V. au mot DOMAINES NATIONAUX, § I.

(7) 1er décembre 1819.

décision prise ou d'un état de rejet dressé par le Conseil géné-
la liquidation de la dette publique (1);

37°. Lorsqu'on se pourvoit par opposition aux contraintes
décernées par le Domaine pour le recouvrement du prix des
baux, même administratifs (2);

38°. Ou pour faire statuer sur la validité, les effets et l'exécution desdits baux (3);

39°. Ou pour faire régler l'étendue, le mode et l'exercice
d'une servitude sur laquelle l'acte d'adjudication garde le silence (4);

Ou pour faire statuer sur des actions civiles relatives à la
perception des droits de douanes (5).

On pourrait sans doute renfermer encore d'autres espèces
dans les nombreuses classifications que je viens de poser; classifications qui souvent, je l'avouerai, ne sont séparées entre elles
que par des distinctions très-déliées et presque imperceptibles.

C'est à la sagacité des parties et des avocats à saisir les analogies comme les différences. Il me suffit d'avoir indiqué les
cas principaux.

La seule énumération de ces cas, dont le développement se
trouve dans les décrets et ordonnances cités, fait voir assez
quel intérêt offre aux parties, aux avocats au Conseil, aux
maîtres des requêtes et au gouvernement lui-même, l'examen
préliminaire des affaires sous le rapport du rejet immédiat.

Je crois devoir insister sur la nécessité de cet examen, et
je demande qu'on veuille bien me permettre d'exposer sur cet
important sujet, quelques réflexions qui me sont suggérées par
l'expérience.

___

(1) V. au mot LIQUIDATION, § I. — 11 juin 1817, 11 juin 1817, —
6 juillet 1817, — 12 mai 1819.

(2) 21 août 1816. V. au mot DOMAINES NATIONAUX, § I.

(3) V. Élémens de jurisprudence, au mot BAIL.

(4) 27 février 1822, — 8 mai 1822, — et autres. V. au mot DOMAI-
NES NATIONAUX, § I.

(5) 16 juillet 1817.

Les parties sont surtout intéressées à rechercher, avant de subir volontairement les frais et les lenteurs d'un recours au Conseil d'Etat, si leur action ne se trouve pas directement, ou par voie d'analogie dans l'une des catégories que j'ai retracées, et si elles ne s'exposent pas, par conséquent, à voir rejeter dès l'ouverture du litige.

La fausse introduction des instances devant le Conseil d'Etat détourne les parties des voies régulières que la loi leur ouvre, soit devant les tribunaux, soit devant les Ministres, soit devant les préfets et les Conseils de préfecture. Elles laissent expirer les délais utiles du pourvoi, dépérir les preuves, disparaître les témoins, et éprouvent, en définitif, des préjudices quelquefois irréparables.

L'instruction des affaires doit être rapide en matière administrative, parce que cette matière est mobile et urgente à régler.

C'est un pont qui menace ruine; une maison chancelante qu'il faut étayer, reculer, démolir; des eaux qui refluent et suspendent le mouvement des usines, ou inondent les propriétés riveraines.

C'est une fabrique qu'il importe de faire autoriser promptement, afin de prévenir la concurrence de l'industrie, ou pour épargner les frais qu'entraînent la consommation des matières et l'emploi des procédés d'art.

C'est une créance sur l'Etat, qu'il faut soumettre de suite aux Commissions de liquidation, tandis que ces Commissions ne sont pas dissoutes, que les valeurs du paiement circulent utilement dans le commerce, et que les déchéances ne sont pas encore applicables.

Les révolutions financières, politiques, commerciales, industrielles, les saisons même, les opportunités fugitives, les circonstances d'aujourd'hui, qui peut-être n'auront aucune influence demain, en un mot, les choses du moment dominent les matières administratives, et exigent impérieusement qu'elles soient réglées vite, dans l'intérêt, soit des citoyens, soit de l'Etat.

Il importe à l'Etat, considéré comme partie, que, pour régulariser les budgets annuels et dresser le tableau des dettes de l'arriéré, il sache bientôt à quoi s'en tenir sur les répétitions formées à sa charge, par les entrepreneurs, agens du service, comptables et créanciers de toute nature.

Il importe à l'Etat, considéré comme gouvernement, de ne pas laisser les droits des citoyens, qui ont pour base des décisions administratives, éternellement incertains.

Il importe aux avocats au Conseil, il est de leur délicatesse comme de leur intérêt, de ne pas engager leurs cliens dans de mauvais procès. Plusieurs rejets immédiats discréditent l'avocat qui n'a pas su les prévoir. Dussent-ils prendre pour droit de consultation les honoraires d'une instance en forme, les parties y gagneraient encore les frais de greffe, de timbre, d'enregistrement, etc.

Il importe aux maîtres des requêtes, il est de leur honneur, comme de leur devoir, de ne point demander des communications, lorsqu'il y a lieu au rejet immédiat.

Quels regrets n'auraient-ils pas si, après une instruction longue et ruineuse pour les parties, ils arrivaient à proposer, en définitive, d'écarter le demandeur par des moyens de rejet immédiat qu'ils auraient pu découvrir sans communication, et proposer *in limine litis!*

C'est à eux surtout à envisager cette matière, non-seulement dans l'intérêt des justiciables, mais encore dans l'intérêt du gouvernement, soit pour l'intelligence habile de ses actions, soit pour le maintien de cet ordre public qui s'attache aux promptes satisfactions de la justice, à la paix intérieure des familles et à l'union des citoyens, à la sécurité de tous les droits acquis, à la stabilité des propriétés, etc.

Il importe au défendeur que les arrêtés ou les décisions attaqués reçoivent immédiatement leur exécution, sans qu'il puisse craindre de les voir réformer long-temps après.

Car, quoique le pourvoi au Conseil ne soit pas suspensif en droit, il n'en est pas moins vrai, en fait, que la représentation du certificat du dépôt de pourvoi au Conseil produit ordinairement cette suspension. D'ailleurs, le défendeur ignore combien les moyens à l'appui du pourvoi sont souvent futiles ou nuls, jusqu'à ce qu'il les connaisse par la communication de la requête.

Or le demandeur, aux termes du règlement, a trois mois pour signifier cette requête au défendeur. Ainsi, l'exécution du jugement de première instance reste suspendue pendant trois mois, au grand détriment du défendeur. Le demandeur n'a voulu souvent que gagner du temps, pour fatiguer son adversaire et arracher un accommodement, ou pour satisfaire avec latitude ses ressentimens de plaideur.

C'est donc sa requête qu'il y a lieu de rejeter immédiatement, au lieu d'ordonner une communication évasive.

Enfin, il importe au demandeur lui-même de voir repousser sur-le-champ son recours, non pas au demandeur récalcitrant, haineux et de mauvaise foi, mais au demandeur qui, par erreur, s'est fourvoyé ; car, ou on le remet dans le chemin dont il s'est détourné et qu'il aurait dû prendre, ou on lui épargne, par un rejet immédiat sur requête, les dépens auxquels il aurait été inévitablement condamné envers son adversaire, si le litige eût subi, par suite de la communication, une instruction contradictoire.

Je terminerai ceci en disant que les parties doivent aussi ne pas négliger de proposer, s'il y a lieu, leurs exceptions d'incompétence, et autres, contre les arrêtés dont elles demandent la réformation ; car lorsque le Conseil applique d'office l'une de ces exceptions, et qu'il renvoie la cause, soit devant les tribunaux, soit devant le Conseil de préfecture, ou les Ministres, il n'alloue pas de dépens à la partie qui a omis de conclure sur cette exception.

Enfin, il est bon de rappeler aux parties qu'elles ne doivent pas former, devant le Conseil, subsidiairement à leurs demandes principales qui seraient du ressort de l'administration, des demandes accessoires en dommages intérêts, restitutions de fruits et autres, dont les tribunaux seuls peuvent connaître; de même qu'elles ne peuvent demander que le Conseil d'État ordonne des mesures d'exécution, et autres qui appartiendraient exclusivement à l'administration active.

Les parties s'exposeraient, soit à voir rejeter leur requête, soit à ne voir admettre qu'une partie de leurs conclusions, et à supporter, même en gagnant le principal, une partie des dépens.

## § II.

*Lorsque l'arrêté émané d'une autorité qui ressortit au Conseil d'État est évidemment incompétent, est-il nécessaire, avant de l'annuler, de communiquer à la partie adverse?*

1°. Régulièrement, les arrêtés émanés des autorités qui ressortissent au Conseil d'État appartiennent, comme tous les jugemens, aux parties qui les ont obtenus.

On ne peut donc leur enlever le bénéfice de ces arrêtés sans les entendre.

Voilà la règle.

S'il s'agissait de prononcer au fond, la communication serait de droit; mais il n'en est pas de même si l'arrêté est évidemment incompétent. Dans ce cas, la communication nuit au demandeur, puisqu'elle retarde l'exercice de son action devant le juge véritable que la loi lui donne; elle nuit aussi au défendeur, puisqu'elle le constitue, presque malgré lui, en frais d'avocat, pour répondre.

Mais d'un autre côté, l'équité ne souffrirait pas que l'on condamnât aux dépens de l'instance le défendeur qui n'y aurait ni paru, ni été appelé.

De plus, il peut arriver que l'arrêté, quoique incompétent, ait été régulièrement signifié au demandeur, et que le délai utile du pourvoi soit expiré.

2. 27

Or la communication seule apprend cela aux juges. A la vérité, l'opposition contre des ordonnances rendues sur requête serait ouverte aux parties non appelées ; mais il peut souvent être intéressant, pour le demandeur, de voir mettre son adversaire en cause, afin d'obtenir contre lui le bénéfice d'un jugement définitif et irrévocable.

Je ne sache pas qu'il y ait des exemples d'ordonnances rendues sur requête, en matière contentieuse, à moins que l'on n'attaquât des arrêtés de Conseils de préfecture, pris au profit de communes pauvres qu'on ne voulait pas constituer en frais pour soutenir un litige évidemment insoutenable.

Encore avait-on eu soin de communiquer, dans ce cas, soit au Ministre de l'intérieur, soit tout au moins au préfet, et de recevoir leurs observations au nom et dans l'intérêt des communes.

Je dois ajouter que cette règle a été abandonnée dans les derniers temps.

Il y a cependant un point qui aurait besoin d'être réformé dans le règlement du 22 juillet 1806.

Lorsque le défendeur, auquel on a communiqué la requête, n'a pas répondu dans les trois mois, on admet néanmoins son opposition à l'ordonnance qui intervient par défaut.

Il me semble que toute partie qui, avertie par l'ordonnance de soit communiqué, fait défaut, et, en quelque sorte, rébellion à la justice, ne devrait pas être reçue dans son opposition.

Je sais qu'une autre doctrine a été admise par le décret du 2 juillet 1812 ; néanmoins, je persiste à croire que cette doctrine est fausse. Elle semble contraire et aux réglemens de l'ancien Conseil du Roi, et aux erremens des tribunaux, et à la nature des affaires contentieuses administratives.

En effet, 1°. le titre 5, deuxième partie de l'ancien règlement, porte : « La partie qui n'aura pas remis sa production au greffe dans *deux mois*, à compter du jour de la signification de l'acte de produit de l'autre partie, contenant

« *sommation de produire,* demeurera de *plein droit for-*
« *close* de produire, en vertu de ladite sommation seule-
« ment, et sans qu'il puisse être fait aucune *autre somma-*
« *tion* ni *procédure,* à peine de nullité.'

« Les arrêtés rendus par *forclusion* auront le même effet
« que s'ils avaient été rendus *contradictoirement,* et les
« parties forcloses ne pourront être reçues à se pourvoir contre
« leurs dispositions par voie de *restitution* ou d'*opposition,*
« ni autrement que par la voie de la demande en cassation.»

2°. Dans les instructions par écrit, seul mode de procéder
devant les tribunaux qu'on puisse assimiler à la procédure du
Conseil, l'art. 113 du Code porte expressément : « Les juge-
« mens rendus sur les pièces de l'une des parties, *faute* par
« l'autre de produire, ne seront point susceptibles d'*opposi-*
« *tion..* »

La nature des affaires administratives, qui veulent une
prompte justice, répugne également à ce mode de procéder.
Les ordonnances de soit communiqué dégénéreraient en une vaine
formalité, s'il dépend du caprice ou de l'intérêt d'une partie
d'y répondre ou de n'y pas répondre.

Enfin, cet inconvénient est d'autant plus grave, que le
pourvoi contre les arrêtés émanés des autorités qui ressortissent
au Conseil d'État n'est point suspensif.

En sorte que le défendeur qui aura surpris un arrêté de
préfet ou de Conseil de préfecture se hâte de le mettre à exécution; il ne répond pas à l'ordonnance de *soit communiqué;*
de longs délais courent, avant qu'une ordonnance royale
n'intervienne sur la requête du demandeur. Le défendeur
n'est tenu de se pourvoir contre l'ordonnance *par défaut* que
trois mois après la date de la signification régulière qui lui est
faite de cette ordonnance. Il a trois autres mois pour faire signifier au demandeur, devenu défendeur, l'ordonnance de *soit*
*communiqué,* qu'il obtient. De nouveaux et longs délais s'é-
coulent pendant l'instruction contradictoire sur la réplique et
la duplique.

27 *

Il a ainsi le temps de détériorer ou de perdre l'objet litigieux, d'en dissiper les fruits, de dénaturer ses propres biens, de faire disparaître les gages et les sûretés de son adversaire, et de lui causer, en définitif, un préjudice irréparable. C'est ainsi que les affaires s'éternisent, et que la justice administrative, qui doit être simple et rapide, manque son but.

Mais le jugement des affaires civiles est, en France, si entravé de formules, de subtilités et de lenteurs, que les parties qui en souffrent le plus sont comme résignées d'avance à subir les abus de la procédure, même lorsqu'elles comparaissent devant les tribunaux administratifs.

Il serait besoin de procéder, sous ce rapport, ainsi que sous plusieurs autres, à la révision du règlement du 22 juillet 1806.

## § III.

*Peut-on demander au Conseil d'État la confirmation d'arrêtés qui ne sont pas attaqués?*

I. Le Conseil d'État n'a supériorité sur les Conseils de préfecture ou sur les Ministres que par voie de jugement.

Pour qu'il y ait un jugement, il faut qu'il y ait litige entre les parties : or il n'y a pas de litige entre les parties lorsqu'il n'y a pas de contradiction (1).

Les arrêtés des Conseils de préfecture, pris dans les bornes de leurs attributions, sont exécutoires par eux-mêmes, et n'ont besoin, ni du visa des préfets, ni du mandement des tribunaux, ni de l'approbation du Conseil d'État. Le recours au Conseil d'État n'a pas d'effet suspensif. La confirmation est donc inutile. Les Cours royales ne confirment pas les jugemens de première instance qui ne sont pas attaqués. C'est aux parties qui les ont obtenus à les faire exécuter. De même, la

_____

(1) 10 février 1816.

partie qui a obtenu des arrêtés de Conseils de préfecture, ou des décisions ministérielles, doit les signifier régulièrement à son adversaire, afin de leur conférer, après les délais, l'autorité de la chose jugée, ou bien elle doit procéder immédiatement à leur exécution.

II. Il faut en dire autant de la confirmation des décrets ou ordonnances royales qui ne sont pas attaqués.

Toutefois, s'il y avait des difficultés sur l'application d'une ordonnance rendue en Conseil d'Etat, ce serait au Conseil à interpréter cette ordonnance et à en régler l'exécution. Mais alors il y aurait litige, ou, au moins, lacune à remplir par l'autorité saisie antérieurement du litige.

Il faut, de plus, que, dans une instance liée entre les parties devant les tribunaux ou devant l'administration, l'une d'elles oppose à son adversaire un décret ou une ordonnance qui contraigne celui-ci à en demander l'interprétation. Hors de ces termes, la partie qui sollicite l'interprétation est sans droit et sans qualité.

C'est ce qui a été décidé, à mon rapport, par deux ordonnances de 1821 et de 1822.

III. Quant aux arrêtés des préfets, rien n'empêche les parties d'en demander la confirmation au Ministre, si la loi ne considère ces arrêtés que comme préparatoires, ou si les parties veulent, par la sanction du Ministre, se donner plus de garanties.

IV. Il en est de même des arrêtés de Conseils de préfecture pris en certaines matières, et portant la réserve, expresse ou tacite, qu'ils n'auront de force ou ne recevront leur exécution qu'après avoir été soumis à l'approbation du Ministre compétent (1).

---

(1) Décret du quatrième jour complémentaire an 15 et autres.

# R.

## REMBOURSEMENS.

§ I$^{er}$. *Les remboursemens de rentes, versés en assignats, valeur nominale, dans la caisse du Domaine, depuis la loi du 23 messidor an 3 jusqu'au 1$^{er}$ germinal an 5, sont-ils définitivement libératoires?*

§ II. *A quels caractères reconnaît-on qu'un remboursement de rentes ou de capitaux, fait à l'Etat représentant un émigré est valable?*

*Le jugement des contestations qui peuvent s'élever sur la validité de ces remboursemens appartient-il aux tribunaux ou à l'autorité administrative?*

*Lorsque le remboursement a été fait entre les mains de l'Etat, au nom d'un individu qui n'était plus émigré, ou qui ne l'était pas encore, ou qui ne l'a jamais été, est-ce aux tribunaux à statuer sur la validité et les effets d'un tel remboursement, après la déclaration préalable de l'administration, sur la qualité du créancier à l'époque du remboursement?*

## § I$^{er}$.

*Les remboursemens de rentes, versés en assignats, valeur nominale, dans la caisse du Domaine, depuis la loi du 23 messidor an 3 jusqu'au 1$^{er}$ germinal an 5, sont-ils définitivement libératoires?*

La solution de cette question a été long-temps douteuse.

I. Les établissemens de bienfaisance opposaient en premier lieu, que la loi du 25 messidor an 3 avait suspendu les remboursemens en papier-monnaie, valeur nominale, tant à l'égard du Domaine, leur auteur, qu'à l'égard des particuliers; en second lieu, que la loi du 20 mars 1791 exigeait une autorisation et une liquidation préalable; en troisième lieu, que la loi du 9 fructidor an 3 a sursis à la vente des biens appartenans aux établissemens de charité; qu'ainsi, tous les rem-

boursemens de rentes dues au gouvernement et faits postérieurement à la promulgation de la loi du 9 fructidor an 3
sont frappés de nullité.

II. Il faut commencer par écarter la loi du 20 mars 1791,
qui ne concerne que le rachat des droits incorporels, fixes et
casuels.

Quant à l'objection tirée de la loi du 9 fructidor an 3, il
faut répondre qu'il ne s'agit pas ici d'aliénation, mais d'un
simple remboursement dans lequel le créancier ne joue qu'un
rôle passif, subordonné à la volonté du débiteur, qui doit
toujours être admis à se libérer, et qui opère cette libération
par le seul fait du paiement de la somme exigible, ou du capital et des intérêts de la rente. Il en résulte que tous les
remboursemens faits au Domaine avant la loi du 16 vendémiaire an 5, qui, la première, a réintégré les établissemens de
charité dans tous leurs droits, sont valables.

Quant à la loi du 25 messidor an 3, sa disposition est formelle, et ne s'applique qu'aux remboursemens en assignats
dépréciés, faits à des particuliers, et qualifiés par cette loi de
vols.

Sans doute le vol n'existait pas moins à l'égard de l'Etat et
ne lui portait pas un moindre préjudice. Mais l'intérêt politique l'emporta sur l'intérêt fiscal. On craignit de troubler la
tranquillité des familles. On s'attacha aux principes du droit
commun qui régissent la libération du débiteur, et à la disposition textuelle de la loi du 25 messidor an 3, qui ne concerne
que les débiteurs des particuliers.

Si les assignats et les mandats furent considérés comme
monnaie de paiement, ils durent l'être sans réduction proportionnelle, jusqu'à leur démonétisation prononcée par la loi
du 16 vendémiaire an 5.

Si le remboursement était valable à l'égard du Domaine,
il a dû l'être à l'égard des établissemens de charité, qui, suc-
cédant au Domaine, ne pouvaient avoir plus de droits que
leur auteur.

Plusieurs décisions du Ministre des finances, des 28 ther- midor an 8 et 7 prairial an 11, avaient établi ces principes.

Les arrêtés du gouvernement, des 14 fructidor an 10 et 22 ventôse an 12, les ont confirmés.

Enfin, ils ont été consacrés définitivement par un avis du Conseil d'Etat, du 23 ventôse an 13, inséré au Bulletin des lois, duquel il résulte que tous les remboursemens faits dans les caisses de l'Etat, avant la loi du 16 vendémiaire an 5, de capitaux dus à des établissemens de bienfaisance, sont valables et doivent être maintenus.

Les puissans motifs qui ont déterminé le Conseil d'Etat en l'an 13 acquièrent une force plus grande à mesure qu'on s'éloigne de l'époque du remboursement.

Aussi, la jurisprudence du Conseil, en matière contentieuse, applique constamment aux questions de cette espèce les prin- cipes de l'avis précité.

Ainsi décidé, à mon rapport, par une ordonnance du 25 juin 1817, portant « qu'aux termes des arrêtés du gou- « vernement, des 14 fructidor an 10 et 22 ventôse an 12, et de « l'avis du Conseil d'Etat approuvé le 23 ventôse an 13, tous « remboursemens de rentes ou obligations contractées au profit « des établissemens de bienfaisance ont pu être valablement « faits dans les caisses de l'Etat, même sans autorisation préa- « lable, dans l'intervalle qui s'est écoulé entre les lois des « 25 messidor an 3 et 16 vendémiaire an 5. »

## § II.

*A quels caractères reconnaît-on qu'un remboursement de rentes ou de capitaux fait à l'Etat représentant un émigré est valable?*

*Le jugement des contestations qui peuvent s'élever sur la validité de ces remboursemens appartient-il aux tribunaux ou à l'autorité administrative?*

*Lorsque le remboursement a été fait entre les mains*

*de l'Etat, au nom d'un individu qui n'était plus émigré,
ou qui ne l'était pas encore, ou qui ne l'a jamais été,
est-ce aux tribunaux à statuer sur la validité et les effets
d'un tel remboursement, après la déclaration préalable
de l'administration, sur la qualité des créanciers à l'é-
poque du remboursement?*

I. La solution de la première question dépend de celle de
savoir si, à l'époque du remboursement, le créancier était
émigré ou réputé tel.

L'inscription du nom sur la liste suffisait (1).

A défaut d'inscription, l'apposition du séquestre, la déclaration d'émigration, faite par une administration centrale, sur
la propre représentation du prévenu d'émigration, la saisie, la
confiscation et la vente des biens au profit de l'Etat, sans opposition, de la part de l'émigré, antérieure à la vente, ni sans
réclamation sur le prix; toutes ces circonstances réunies, ou
même isolées, ont été reconnues comme établissant l'émigration réelle ou apparente du créancier.

Le versement du capital et des intérêts de la rente, ou de
la somme due, dans les caisses de l'Etat, sur l'avis du Directoire du district, après la liquidation du directeur des domaines, en présence du procureur-général syndic, au vu de
l'acte d'emprunt ou de constitution de rente, et avec l'autorisation formelle du directoire de département, opérait la libération complète du débiteur.

Le droit du créancier se restreint à prouver qu'il n'a jamais
été, ni dû être considéré comme émigré, ou qu'il ne l'était
plus, ou ne l'était pas encore à l'époque du remboursement.
Car, s'il n'était pas émigré ou réputé tel, l'Etat ne pouvait le
représenter valablement. Par conséquent, le remboursement
serait nul à son égard, sauf le recours du débiteur contre
l'Etat indûment rempli, et sans préjudice des exceptions de
celui-ci.

---

(I) 23 juin 1817, — 25 juin 1819, — 1 décembre 1819.

Le créancier peut soutenir encore que le remboursement n'a pas été réellement fait, de même qu'il lui est permis de prouver que telle portion de ses biens n'a pas été réellement aliénée ; car alors le débiteur n'aurait accompli son obligation, ni vis-à-vis du créancier primitif, l'émigré, ni vis-à-vis du créancier subrogé, l'Etat : il resterait nanti de capitaux qui appartiennent à l'émigré, seul propriétaire, après sa radiation ou son amnistie, en vertu des lois de la matière, de tous les biens non aliénés.

Il faut, de plus, prendre garde que l'Etat, dans ce cas, est absolument sans intérêt, puisque, n'ayant rien touché en fait, il ne serait soumis à aucune restitution, ni en équité, ni en droit.

Mais si le fait du remboursement, pendant l'émigration, est constant, l'émigré ou ses héritiers et ayans cause sont sans qualité pour attaquer la régularité des formes du remboursement.

Un tel acte doit être considéré comme l'un de ces arrangemens passés, pendant leur absence, entre l'Etat qui les représentait et des tiers, et contre lequel le sénatus-consulte du 6 floréal an 10, art. 16, leur défend de revenir.

Ce n'est donc que surabondamment qu'il y a lieu d'examiner la validité intrinsèque du remboursement, et cet examen a plutôt pour objet de garantir le débiteur vis-à-vis de l'Etat que vis-à-vis de l'émigré

Parcourons rapidement les objections générales faites contre les débiteurs.

On leur a opposé que le remboursement n'était point valide lorsque les contrats renfermaient la clause prohibitive de ne rembourser qu'après un temps fixé, lequel n'était pas advenu.

Mais les lois de la révolution ordonnaient, sous les peines les plus sévères, aux débiteurs des émigrés, de faire leur prompte déclaration devant les administrations locales.

D'un côté, les besoins de l'Etat étaient pressans ; d'un autre côté, les émigrés, pour échapper à la confiscation de leurs biens immobiliers, avaient, avant leur départ, aliéné à rente, ou placé le prix de ces aliénations sur des particuliers, avec la clause spéciale que le remboursement ne pourrait en être fait que dans dix ou vingt ans, de peur qu'on ne les remboursât à leur retour, en papier monnaie, et peut-être aussi afin de mettre à la rapacité de leurs ennemis le frein de cette clause prohibitive.

Il est facile de comprendre que le gouvernement révolutionnaire, qui ne se sentait qu'une existence d'un jour, devait souffrir impatiemment de tels délais. Il regarda les clauses prohibitives comme non avenues. Subrogé à l'émigré, c'était en quelque sorte un nouveau contrat qu'il passait avec le débiteur, et l'acceptation du remboursement dégageait pleinement celui-ci d'une clause stipulée dans le seul intérêt du créancier et au bénéfice de laquelle il renonçait.

Il faut ajouter que les clauses prohibitives ou restrictives ne présentaient aucun avantage au gouvernement, qui ne cherchait pas à trouver un nouveau placement de ses fonds comme un créancier ordinaire, mais qui dévorait, en recevant, capitaux et arrérages.

Ainsi, il n'avait pas besoin d'être averti trois ou six mois d'avance, comme le portaient quelques contrats.

Il en est de même quant à la condition du paiement en numéraire, outre que cette stipulation a pu être réputée comme non écrite après que les assignats ont eu cours forcé de monnaie.

Combien de débiteurs opulens et de bonne foi, remboursés en assignats de leurs propres créances sur l'Etat, ne se sont-ils pas vus contraints par la nécessité autant que par la loi, et sous peine de tomber dans l'abîme de la misère avec leur famille, de remettre d'une main à l'Etat ce qu'ils recevaient de l'autre?

Quant aux remboursemens de rentes ou capitaux faits en assignats, postérieurement à la loi du 25 messidor an 3, le gouvernement les a maintenus. Le 7 germinal an 11, le Mi-

nistre des finances a statué que la faculté du remboursement
en assignats, avait subsisté jusqu'au 1ᵉʳ germinal an 5.

Ainsi, tous les remboursemens faits, soit avant, soit depuis
la loi du 25 messidor an 3, sont valables.

Au surplus, si le Domaine, qui avait qualité et droit pour
recevoir, a reçu des assignats au lieu de numéraire, et s'il s'en
est contenté, qu'y a-t-il à dire ?

La jurisprudence du Conseil d'Etat a été plus loin encore.
Elle a confirmé les remboursemens faits dans les caisses nationales, même sans autorisation préalable de l'administration,
et lorsque les biens des créanciers n'étaient soumis qu'à un
simple séquestre (1).

On s'est fondé d'une part sur ce que l'autorisation est inutile, lorsque le dépôt est ordonné par la loi même, et d'autre
part, sur ce qu'il suffit que l'Etat ait été aux droits du créancier, et ait pu libérer le débiteur en son nom, à l'époque où
les fonds ont été versés (2).

---

(1) 10 mai 1813.

(2) Quant aux remboursemens de rentes foncières ou de capitaux
de créances dus à des émigrés, et possédés indivisément par des régnicoles, il faut distinguer avec soin l'époque du remboursement.

Si la liquidation de la rente ou de la créance a été faite et si le
remboursement a été autorisé ou ordonné par des arrêtés du Directoire
de district et de département, avant la promulgation de la loi du
Iᵉʳ floréal an 3, les copropriétaires n'ont droit qu'à la restitution pour
leur portion afférente, des sommes versées par le débiteur dans les
caisses des receveurs des domaines.

Encore bien que la quittance ait été donnée postérieurement, elle
n'est que l'exécution de l'arrêté de l'administration centrale, et cet
arrêté n'est pas régi par la loi du Iᵉʳ floréal an 3. C'est donc le cas
d'appliquer les dispositions de l'art. 109 de ladite loi.

Mais si l'arrêté qui autorise le remboursement est postérieur à la
promulgation de cette loi, le remboursement n'est valable, en thèse
générale, que pour la portion afférente à l'État. Il est nul, quant à
la portion afférente aux créanciers ou copropriétaires-régnicoles, surtout s'ils n'ont pas été prévenus de la liquidation et du partage par le
Directoire du district.

Aujourd'hui, l'Etat n'a plus d'intérêt matériel à intervenir dans les contestations relatives à la validité des remboursemens.

Car, d'un côté, il ne doit pas restituer aux créanciers émigrés les sommes qu'il a reçues en leur nom et pendant leur absence (1).

D'un autre côté, en supposant que le remboursement fût annulé, la restitution du prix au débiteur constituerait une créance à la charge de l'Etat, qui serait frappée de déchéance comme antérieure à l'an 9.

Il y a eu très-peu de remboursemens effectués après l'an 9, parce que les débiteurs n'avaient plus d'intérêt à se libérer en numéraire, qui était alors la seule valeur admise en paiement, et parce que le sénatus-consulte du 6 floréal an 10, ayant remis les émigrés en possession de leurs biens non aliénés, leur a remis en même temps leurs titres de créances sur les tiers.

Les remboursemens ont été presque tous faits en l'an 4 et en l'an 5, pendant la plus grande dépréciation du papier-monnaie.

Ces remboursemens ont ôté aux malheureux émigrés le peu que la spoliation de leurs biens immobiliers leur avait laissé, et ils ont frappé de mort leur avenir. Ils n'ont d'ailleurs entassé dans les caisses de l'Etat que des trésors de valeurs nominales et purement fictives. Ils n'ont enrichi que les débiteurs de mauvaise foi.

---

C'est le cas d'appliquer les art. 100 et 109 de la même loi, dont les dispositions ont été violées. Une ordonnance du 10 novembre 1815 a statué dans ce sens. Toutefois, il est douteux que le principe de cette ordonnance pût être appliqué au cas où il y aurait eu séquestre. C'est du moins ce qui paraîtrait résulter du décret du 10 mai 1813. V. Sirey, tome 2, page 318.

(1) Arrêté du gouvernement, du 29 messidor an 8, sénatus-consulte du 6 floréal an 10, art. 17. Loi du 5 décembre 1814, art. 3.

J'ajoute que, dans l'hypothèse même où l'Etat devrait restituer aux débiteurs, il ne serait tenu de rendre que ce qu'il
a reçu, c'est-à-dire peu de chose, si ce n'est rien, sauf les
intérêts.

Mais les lois de déchéance l'affranchissent, comme nous
l'avons vu, de toute répétition de cette nature.

L'Etat n'a donc plus guère aujourd'hui qu'un intérêt politique à garder le jugement de ces contestations.

Cet intérêt est considérable. Si les débiteurs ne sont pas
très-favorables, les tiers le sont. Les biens grevés d'inscriptions
hypothécaires, de rentes foncières, de servitudes et autres
charges, du chef des créanciers émigrés, en ont été libérés par
le fait et par suite des remboursemens. Ils ont servi de gage à
d'autres obligations, et ils ont subi de nouvelles hypothèques.

Les héritiers, cessionnaires et ayans cause des débiteurs seraient exposés à des répétitions ruineuses de capitaux, que les
intérêts ont doublés, si les tribunaux appliquaient à ces actes
de remboursement, la plupart irréguliers, les maximes rigoureuses du droit commun.

C'est encore une de ces matières que la prudence du législateur a dû laisser dans les attributions de l'autorité administrative.

D'ailleurs, ce sont des lois politiques qui, pour alimenter
l'épuisement du trésor, ou pour soutenir ou relever le crédit
des assignats, ont ordonné, favorisé, persuadé ou toléré les
remboursemens.

Ce sont des actes administratifs qui les ont liquidés, autorisés, consommés. Il s'agit d'appliquer ces lois, et de caracté-
riser le sens et les effets de ces actes.

Les contestations qui en naissent rentrent, par leur nature
et par nécessité, dans le contentieux administratif (1).

_____

(I) Plusieurs ordonnances rendues sur conflit ont récemment tranché la question de compétence dans ce sens, et par le motif « qu'il s'agit
« de statuer sur la validité et les effets d'un versement fait dans les

Au surplus, toutes les irrégularités dont ces actes peuvent être viciés sont couvertes par une autre loi politique, celle du 5 décembre 1814, qui, ajoutant une nouvelle force aux dispositions du sénatus-consulte du 6 floréal an 10, rend ces sortes d'actes inattaquables.

C'est dans cet esprit, et par ces motifs, que toutes les tentatives en annulation de remboursemens de cette espèce, ont été repoussées par le Conseil d'Etat.

Mais s'il était arrivé qu'un débiteur eût, pendant la dépréciation du papier-monnaie, glissé furtivement la somme due, et sans autorisation préalable, dans les caisses du receveur des Domaines; s'il avait surpris ou égaré la religion de ce receveur, en lui présentant une liste tronquée, où, par erreur ou par dol, il aurait appliqué le nom identique d'un émigré au véritable propriétaire de la rente, qui n'était pas encore émigré, il est évident qu'un pareil remboursement, entaché, dans son principe, d'une nullité radicale, et qui est le pro-

---

« caisses de l'Etat; que par conséquent la contestation est du ressort « de l'autorité administrative. » — 26 juin 1822, — 14 août 1822.

Mais est-ce aux Conseils de préfecture ou au Conseil d'Etat à statuer sur la validité du remboursement? Il faut distinguer : si le remboursement a été fait sans liquidation et sans autorisation préalable du corps administratif, c'est au Conseil de préfecture à prononcer en première instance, sauf recours au Conseil d'Etat, parce que de telles questions rentrent évidemment dans le contentieux administratif. Néanmoins, le Ministre des finances a quelquefois décidé que les remboursemens de cette espèce étaient valables. Mais la compétence du Ministre pourrait être contestée avec d'autant plus de raison aujourd'hui, que l'État, couvert par les lois de déchéance, n'a plus d'intérêt matériel au litige, quelle qu'en soit l'issue. Mais si le remboursement a été opéré en vertu d'une liquidation préalable faite et d'une autorisation expresse et motivée, donnée sous la forme d'arrêté, par une administration centrale, le Conseil de préfecture n'aurait pas, aux termes de l'arrêté du gouvernement, du 8 pluviôse an 11, d'attribution soit pour réformer, soit même pour maintenir l'arrêté de l'administration centrale, et le recours contre cet arrêté doit être directement porté au Conseil d'État.

duit d'une erreur matérielle, opéré, au nom d'un individu non émigré, entre les mains de la nation, qui n'avait, ni pouvoir pour le représenter, ni mandat pour recevoir pour lui, ne saurait devenir valable, même par l'émigration postérieure de ce créancier.

Il n'y avait, en effet, dans cette hypothèse, à l'époque du remboursement, ni séquestre des biens, ni inscription du nom sur la liste, ni acte qui préjugeât ou déclarât l'émigration.

Il aurait fallu, pour opérer une libération régulière, que, depuis l'émigration du créancier, le débiteur eût rectifié la fausse application qui invalidait originairement, de plein droit, son remboursement, et que la nation l'eût accepté et confirmé dans les formes prescrites.

Mais on doit présumer que, si le débiteur eût attendu la véritable époque de l'émigration du créancier, alors, étant obligé de verser la somme due en valeurs effectives, il n'eût peut-être pas pensé à racheter le capital de la rente, qui, se trouvant inaliénée entre les mains de la nation, au moment de l'amnistie du créancier, aurait été restituée à celui-ci, en vertu de l'art. 17 du sénatus-consulte du 6 floréal an 10.

Quoi qu'il en soit, ce sénatus-consulte ne paraît pas applicable à l'hypothèse proposée, puisqu'il ne maintient que les actes passés, pendant l'absence des émigrés, entre l'Etat, qui *les représentait*, et des tiers.

Or l'Etat ne *représentait* pas les individus *non* émigrés. Donc le sénatus-consulte est sans application.

Il ne s'agirait plus, dès lors, que de statuer sur la validité et les effets d'un remboursement ordinaire, dont les tribunaux seuls peuvent connaître, sans préjudice des exceptions de bonne foi et autres, que le débiteur peut faire valoir devant eux, et sous la réserve de l'action en restitution qu'il peut, s'il y a lieu, exercer contre l'État, par la voie administrative.

Il ne faut pas perdre de vue que, même dans ce cas, il appartient à l'administration de déclarer préalablement si le véritable créancier était ou non, à l'époque du remboursement, dans les liens de l'émigration, et si l'Etat avait qualité pour le représenter et recevoir en son nom (1).

## RENTES.

### § UNIQUE.

*Les contestations qui s'élèvent entre des particuliers et le Domaine représentant les anciennes corporations reli-gieuses supprimées, relativement à la propriété des rentes de fondation, doivent-elles être soumises à l'autorité administrative ou aux tribunaux ?*

Toutes les fois qu'il s'agit de savoir à qui, d'une fabrique, d'un hospice, ou de la régie des Domaines, doit appartenir une rente ou autre propriété nationale, il est certain que c'est à l'autorité administrative à connaître de la contestation, parce qu'il faut alors apprécier des actes administratifs dont la connaissance est étrangère aux tribunaux.

Mais lorsque la régie des Domaines réclame le paiement d'une rente de fondation contre des débiteurs qui nient la devoir, et qu'il s'agit de recourir à des titres ou actes anciens

---

(I) De même que les tribunaux doivent renvoyer préalablement les parties devant l'autorité administrative, à l'effet d'y faire statuer sur le caractère, l'autorité et les effets des arrêtés des administrations de district et de département qui ont liquidé, autorisé, ordonné les remboursemens de cette espèce, ou pour y faire décider s'il y a eu séquestre ou confiscation des biens du créancier, ou inscription de son nom sur la liste des émigrés, ou si, par quelque autre acte administratif que ce soit, l'Etat était, lors du remboursement, aux droits du véritable créancier pour tout ou partie de la chose due; de même, l'autorité administrative, c'est-à-dire le Conseil de préfecture (s'il n'y a pas eu d'arrêté d'administration centrale) ou le Conseil d'Etat, doivent renvoyer préalablement les parties devant les tribunaux, si le débiteur prétend que le réclamant n'était point le véritable propriétaire de la rente ou somme due, et que, pour trancher cette difficulté, il soit besoin d'examiner seulement des actes et titres privés. C'est ainsi que chaque autorité reste, de l'aveu même des parties, dans les limites de ses attributions. — 14 août 1822.

pour savoir si la rente doit être ou non payée, alors il s'élève une simple question de propriété qui est indépendante de tout acte administratif, et qui ne peut être jugée que par les tribunaux.

Ainsi décidé par décrets des 15 janvier 1809 et 21 décembre 1813, et par ordonnances des 24 octobre et 19 décembre 1821. — *Voy. au mot* FABRIQUES.

## REQUÊTE CIVILE.

### § UNIQUE.

*La requête civile est-elle ouverte contre les arrêtés des Conseils de préfecture ?*

La jurisprudence a diversement résolu cette question.

I. Un décret du 3 janvier 1813 posa en principe « que les « arrêtés des Conseils de préfecture peuvent être rétractés pour « les mêmes causes d'après lesquelles les jugemens des tribu- « naux sont susceptibles de l'être, et qu'aucune loi n'astreint « d'ailleurs les Conseils de préfecture à suivre, dans cette ré- « tractation, les mêmes formes que les tribunaux. »

On se fondait sur ce que, si, à la vérité, dans les cas ordi- naires, on avait permis aux Conseils de préfecture de réformer légèrement leurs arrêtés, c'eût été intervertir l'ordre naturel des juridictions et des appels, et favoriser une négligence qu'il leur deviendrait facile de réparer après coup ; que ce dan- ger serait grand sans doute ; mais qu'il n'existait plus dès qu'on limitait la faculté de se rapporter aux cas exceptionnels prévus par l'art. 480 du Code de procédure, et qu'on lui ap- pliquait les règles rigoureuses de la requête civile ; que ce principe, admis si utilement devant les tribunaux, était bien plus favorable encore en matière administrative ; qu'en effet, les tribunaux avaient plus de lumières que les corps adminis- tratifs ; que les lois civiles étaient plus claires, plus précises, plus immuables ; que la série des formalités depuis la demande jusqu'au jugement définitif, le développement des moyens respectifs des parties, la publicité des audiences et des débats, la lenteur même des procédures, devaient offrir aux juges civils plus de moyens de découvrir la vérité, et d'imprimer à leurs décisions un caractère plus certain d'infaillibilité;

Que l'ordre des appels, en matière administrative, avait été établi afin que l'autorité souveraine pût réformer les décisions de l'administration inférieure, pour excès de pouvoir ou incompétence, ou fausse application des lois;

Que ce double examen était une garantie pour l'Etat, en ce qu'il maintenait les principes de la loi, et une garantie pour les parties, en ce qu'il soumettait à une seconde épreuve la justice et la vérité de leurs prétentions.

Mais que toutes les fois qu'un arrêté de Conseil de préfecture avait été surpris par dol, ou par l'absence de la pièce décisive, ou enfin dans l'un de ces cas prévus par l'art. 480 du Code de procédure et que la loi avait déterminés d'une manière très-précise, on ne pouvait ne pas admettre ce Conseil de préfecture à reconnaître une erreur de fait et presque involontaire; que le recours au Conseil d'Etat était alors inutile, et que la marche de l'administration s'en trouvait embarassée; au lieu qu'en limitant sévèrement le droit de rapporter, aux seuls cas prévus par l'art. 480 précité, on ne blessait ni les formes, puisqu'elles n'avaient été établies que dans l'intérêt de la loi; ni les principes, puisque l'arrêté devait reposer sur des motifs graves et précis, indiqués par la loi-même; ni les droits des parties, puisque la partie lésée dans l'arrêté rapporté obtenait une justice plus prompte et moins coûteuse, et que la partie en faveur de laquelle aurait été rendue la première décision pouvait toujours demander au Conseil d'Etat l'annulation de l'arrêté qui l'aurait rapportée, si elle croyait cet arrêté mal fondé.

Ces motifs firent prévaloir l'opinion qu'il était dans l'intérêt de la loi et des parties que les Conseils de préfecture eussent la faculté de rapporter leurs arrêtés, même contradictoirement rendus, toutes les fois que ces tribunaux administratifs se ren-

fermaient dans les cas exceptionnels indiqués par l'art. 480 du
Code de procédure, et qui ouvraient la voie de la requête
civile.

II. Depuis, la jurisprudence ayant, par de nombreux exemples, assimilé pleinement les arrêtés des Conseils de préfecture
aux jugemens des tribunaux, ces arrêtés ont dû subir les mêmes
règles. Or, aux termes de l'art. 480 du Code de procédure, la
requête civile n'est ouverte que contre les jugemens rendus en
dernier ressort : les arrêtés des Conseils de préfecture ne
sont pas des jugemens en dernier ressort, quoiqu'il eût mieux
valu qu'ils le fussent en plusieurs cas et dans de certaines
limites; mais les choses ne sont pas ainsi ; il faut donc tenir
pour constant, quant à présent du moins, que les arrêtés contradictoires des Conseils de préfecture sont, dans tous les cas,
sujets à recours devant le Conseil d'Etat.

Lors donc que l'un de ces arrêtés est susceptible d'être ré-
tracté, c'est par les voies ordinaires que les parties lésées doivent en poursuivre la réformation.

C'est ce qui a été récemment décidé par une ordonnance
du 30 mai 1821.

III. Quant aux décisions contradictoires du Conseil d'Etat,
la voie de la requête civile, ou de la rétractation, ou révision, comme on voudra la nommer, n'est ouverte contre elles,
aux termes de l'art. 32 du règlement du 22 juillet 1806, que
dans deux cas seulement:

« Si elle a été rendue sur pièces fausses; si la partie a été
« condamnée, faute de représenter une pièce décisive qui était
« retenue par son adversaire (1). »

On a craint que les demandes en révision des décisions contradictoires, rendues par le Roi en son Conseil d'Etat, ne ten-
dissent à renouveler l'action jadis connue sous le nom de *proposition d'erreur*; action proscrite par l'art. 5 de l'ordonnance

_(1) Décret du 6 décembre 1813, — 6 mars 1816. *V.* l'Appendice.

de 1667, par le Code de procédure civile, et par les réglemens en matière contentieuse, devant le Conseil d'Etat (1).

On a restreint à deux cas seulement les ouvertures de la requête civile, pour imprimer aux décisions contradictoires cette irrévocabilité de la chose jugée, plus nécessaire encore peut-être dans les matières administratives que dans les matières civiles.

D'ailleurs, les décisions du Conseil ne sont pas libellées avec la rigueur littérale et obligatoire des jugemens ordinaires.

De plus, les nullités des décisions, pour violation de forme, n'y sont pas admises.

Les deux ouvertures que permet l'art. 32 du règlement, paraissent suffire pleinement à la conservation des droits des parties.

Je dois ajouter que le dol personnel, qui vicie radicalement tous les actes, tous les jugemens, est un troisième moyen de requête civile que la jurisprudence du Conseil ne repousse pas, lorsque le fait du dol est matériellement prouvé (2).

## T.

## TIERCE OPPOSITION.

*Une décision administrative, rendue avec le cédant, peut-elle être attaquée par le cessionnaire, comme tiers opposant?*

*Peut-on se pourvoir par tierce opposition, contre une décision du Conseil d'Etat, après trois mois du jour de la signification?*

### § I<sup>er</sup>.

*Une décision administrative, rendue avec le cédant, peut-elle être attaquée par le cessionnaire, comme tiers opposant?*

En matière administrative, comme en matière civile, un

____

(1) 3 octobre 1811, — 12 juin 1812.
(2) 3 janvier 1815.

cessionnaire total ou partiel est valablement représenté dans une instance par son cédant, surtout lorsque, avant le jugement définitif, l'acte de cession n'a pas été notifié aux parties appelées en cause. Jusqu'à cette signification, la cession est vis-à-vis des autres parties, *res inter alios acta;* elle ne peut donner au cessionnaire le droit d'intenter une action directe, soit extrajudiciairement, soit par nouvelle instance, soit par instance renouvelée au moyen d'une tierce opposition, mais seulement une action récursoire contre le cédant qui n'aurait pas provoqué lui-même l'intervention du cessionnaire, et se serait laissé condamner sans développer tous les moyens qu'ils auraient pu produire conjointement (6).

Ainsi décidé par ordonnances des 9 avril 1817, 30 juillet 1817, 17 juin 1818, 1er décembre 1819, 31 octobre 1821, 13 mars 1822.

## § II.

*Peut-on se pourvoir par tiercé opposition, contre une décision du Conseil d'Etat, après trois mois du jour de la signification?*

Il y a, sur ce point, conflit de jurisprudence.

D'abord une ordonnance du 4 juin 1816 posa en principe,

« Qu'aux termes du règlement du 22 juillet 1816, sur les
« affaires contentieuses portées au Conseil d'Etat, les opposi-
« tions et *tierces oppositions* ne sont pas recevables après
« l'expiration du délai de trois mois, à compter du jour de la
« notification. »

Ce principe était vicieux. Il a servi de base à plusieurs ordonnances subséquentes. Ainsi, une ordonnance du 17 juillet 1816 a décidé que la déchéance relative à l'opposition,

---

(1) Une ordonnance du 17 juin 1818 condamne à l'amende de 150 fr. un sieur N. qui avait succombé dans sa tierce opposition. V. art. 52 du règlement du 11 juillet 1806.

Cet exemple est unique.

contre les décisions du Conseil d'Etat, s'appliquait à la tierce opposition.

Il faut dire, pour corriger l'énoncé trop absolu de ce principe, que, dans l'espèce, il paraît que le décret auquel on formait tierce opposition n'avait pas été rendu sans que les tiers opposans eussent été *appelés;* ce qui les constituait dès lors dans le cas de l'opposition simple.

L'ordonnance aurait dû s'en tenir là. Une autre ordonnance du 9 avril 1817 a tranché plus nettement la question, en rejetant la tierce opposition à un décret signifié par acte d'huissier aux requérans, et contre lequel le pourvoi n'avait été formé qu'après le délai de trois mois.

Enfin l'ordonnance du 28 mars 1821 a fait retour aux véritables principes, en déclarant que *les délais de l'opposition ordinaire ne sont pas applicables à la tierce opposition.*

En effet, les opposans ont toujours été appelés devant le Conseil, dans l'instance préparatoire de l'ordonnance qu'ils attaquent; ils ont fait rébellion, en quelque sorte, au commandement de la justice qui les sommait de se défendre dans un temps déterminé. Ils ont donc encouru une forclusion volontaire.

Il ne faut pas oublier que le Conseil ne rend jamais d'arrêts sur requête. Il ne condamne une partie qu'après l'avoir mise en demeure, à la requête de l'autre partie, par des significations régulières, et dans des délais suffisans pour la complète défense de ses droits.

Lors donc que cette partie laisse expirer, et les délais de la défense, après l'ordonnance de *soit communiqué,* et le délai de trois mois, après la signification du jugement par défaut, son pourvoi tardif ne saurait être reçu. Il faut, pour le repos des familles et la stabilité des propriétés, que l'autorité de la chose jugée couvre les décisions obtenues contre les parties récalcitrantes ou négligentes.

Mais on sent qu'il ne peut en être de même pour la tierce opposition; qu'en effet, les tiers opposans n'ont été ni ouïs ni appelés devant le Conseil, soit à la requête des parties, soit d'office; qu'ils ont donc légalement ignoré l'instance que l'on y poursuivait; que, par conséquent, ils ont été dans l'impuissance involontaire de produire leurs défenses en temps utile; que, d'ailleurs, la partie qui a sollicité le jugement peut justement s'imputer de n'avoir pas appelé ses adversaires dans la cause, pour obtenir contre eux, soit un jugement contradictoire, soit du moins le bénéfice et les effets d'un jugement par défaut.

Le recours des tiers opposans doit donc être admis au delà de trois mois.

Il suffit pour que les décisions du Conseil-d'Etat ne restent pas sans utilité, qu'elles puissent être exécutées nonobstant la tierce opposition, mais sans y préjudicier, conformément aux dispositions de l'art. 478 du Code de procédure civile.

J'ajoute que les forclusions sont de droit étroit et ne peuvent se suppléer, ni s'étendre hors des cas exprimés, surtout en matière administrative.

Or l'art. 37 du règlement du 22 juillet 1806 n'admet pas, pour la tierce opposition, la déchéance que l'art. 29 prescrit à l'égard de l'opposition.

Ainsi, en résumé, la jurisprudence qui veut que les délais de l'opposition ordinaire ne soient pas applicables à la tierce opposition doit seule prévaloir aujourd'hui, soit parce qu'elle est la dernière, soit parce qu'elle est fondée sur le bon sens et sur l'instruction des affaires contentieuses devant le Conseil d'Etat, soit enfin parce qu'elle est conforme aux principes du droit commun et au règlement spécial du 22 juillet 1806. *V.* l'Appendice. p. 3.

## U.

## UNIVERSITÉ.

### § UNIQUE.

*Les nouvelles académies représentent-elles les anciennes académies, et peuvent-elles réclamer, en cette qualité, les bâtimens qui en dépendaient et qui n'ont pas été aliénés?*

Toutes les académies de France furent supprimées par une loi du 8 août 1793, ainsi conçue :

Art. 1er. « Toutes les académies et sociétés littéraires, pa-« tentées ou dotées par la nation, sont supprimées.

Art 2. « Les jardins botaniques et autres monumens des « sciences et des arts attachés aux académies et sociétés sup-« primées sont mis sous la surveillance des autorités constituées, « jusqu'à ce qu'il en ait été *disposé par les décrets sur l'or-« ganisation de l'instruction publique.* »

La plupart des immeubles furent vendus; quelques-uns restèrent dans les mains du Domaine.

En l'an 6, le Ministre de l'intérieur adressa une circulaire à toutes les administrations centrales de département, pour provoquer la création des sociétés d'agriculture.

Plusieurs de ces sociétés reprirent spontanément et d'elles-mêmes le titre et le nom d'académies.

Les administrations centrales les autorisèrent à s'assembler dans les bâtimens non vendus des académies supprimées.

Le Ministre de l'intérieur approuva ces arrêtés.

Néanmoins, les biens de ces académies n'avaient pas cessé d'être légalement incorporés au domaine de l'Etat, lorsque le décret du 11 décembre 1808 parut.

Le premier article de ce décret, inséré au Bulletin des lois, porte :

« Tous les biens, meubles, immeubles et rentes, ayant « appartenu au ci-devant Prytanée français, aux *universités*, « *académies* et *collèges*, tant de l'ancien que du nouveau « territoire de l'empire, qui ne sont pas aliénés, ou qui ne « sont pas définitivement affectés par un décret spécial à un « autre service public, sont donnés à l'Université. »

Quelques académies ayant réclamé la propriété de ces biens affectés à l'Université, il s'agit de savoir si leur réclamation est fondée.

La loi du 8 août 1793 a réuni les biens des anciennes académies au domaine de l'Etat, comme ceux de toutes les communautés et corporations scientifiques ou religieuses alors existantes.

Ni les administrations centrales, ni le Ministre de l'intérieur lui-même, n'ont pu, ni ressusciter les anciennes académies supprimées par une loi, ni donner aux nouveaux sociétaires les biens qui, après avoir appartenu aux anciennes académies, avaient été depuis incorporés au domaine de l'Etat.

Le décret qui, le premier, dispose, selon le vœu de la loi du 8 août 1793, des biens des anciennes académies supprimées, les affecte au service de l'Université.

Ce décret spécial a force de loi. Son insertion au Bulletin vaut signification aux parties, et rendrait leur pourvoi tardif, et, par conséquent, non recevable.

D'ailleurs, les académies actuelles n'ont pas succédé aux anciennes, comme un fils succède à son père. Elles sont des sociétés nouvelles, sous le même nom. Elles ont une existence tolérée plutôt que légale. Elles sont donc sans qualité et sans droit pour représenter les académies supprimées, à titre d'héritier et de propriétaire.

Le propriétaire était le Domaine. Le Domaine a disposé, par voie de donation, en faveur de l'Université, des biens qui étaient entre ses mains, comme il aurait pu en disposer par voie d'échange et de vente, au profit d'un tiers.

Il n'y a pareillement aucun argument à tirer de la loi du 5 décembre 1814, qui remet les biens non vendus à leurs anciens propriétaires.

Car cette loi n'est relative qu'aux émigrés; elle ne s'étend pas aux anciennes corporations religieuses et savantes qui ont été abolies, et dont elle n'a point relevé l'existence et les droits.

Ainsi décidé par une ordonnance rendue, à mon rapport, le ˜o juillet 1817.

# V.

## VOIRIE.

§ Iᵉʳ. *Les délits de rouissage de chanvre commis dans les rivières navigables, doivent-ils être réprimés par les Conseils de préfecture ou par les tribunaux de police correctionnelle?*

§ II. *Les contestations relatives au pavage des rues, dans les petites communes, sont-elles de la compétence des préfets ou des Conseils de préfecture?*

## § Iᵉʳ.

*Les délits de rouissage de chanvre commis dans les rivières navigables, doivent-ils être réprimés par les Conseils de préfecture ou par les tribunaux de police correctionnelle?*

L'art. 1ᵉʳ. de la loi du 29 floréal an 11 porte : « Les contra- « ventions en matière de grande voirie, telles qu'anticipations, « *dépôts* de fumier ou d'autres objets, et toutes espèces de dé- « tériorations commises sur les grandes routes, sur les arbres « qui les bordent, sur les fossés, ouvrages d'arts et matériaux « destinés à leur entretien, sur les canaux, fleuves et *rivières* « *navigables,* leurs chemins de halage, francs bords et ouvra- « ges d'arts, seront constatés, réprimés et poursuivis par voie « administrative. »

Le délit de rouissage de chanvre constitue-t-il une contra- vention en matière de grande voirie qui doive, aux termes de l'article précité, être constatée, poursuivie et réprimée par la voie administrative?

Telle est la question.

Pour la résoudre, il faut examiner à la fois la nature du délit et la qualité des agens qui le constatent, le but de la poursuite et la loi dont l'application est requise.

Le rouissage du chanvre corrompt les eaux et empoisonne le poisson.

Il entrave aussi le libre cours des rivières.

Ces deux délits sont distincts.

I. Dans le premier cas, et si le rouissage fait périr le poisson sans nuire à la liberté de la navigation, ce délit simple peut être constaté par les agens des eaux et forêts, et poursuivi devant les tribunaux de police correctionnelle, à la requête de l'administration forestière; car le soin de veiller à la salubrité des eaux et à la conservation du poisson est spécialement confié par les lois à cette administration. L'ordonnance de 1669, titre 27, art. 42, est alors la loi de la matière, et l'application de cette loi appartient aux tribunaux.

II. Dans le second cas, et si le dépôt des chanvres entrave le libre cours des eaux dans les rivières ou canaux navigables, ce fait, considéré isolément, n'est plus alors qualifié de délit, mais de contravention en matière de grande voirie, s'il est constaté par un agent de la navigation ou par l'une des personnes qui se trouvent dénommées dans la loi du 29 floréal an 10; et s'il est poursuivi à leur requête, la connaissance et la répression de cette contravention appartiennent au Conseil de préfecture.

III. Si le rouissage des chanvres corrompt les eaux et les poissons et si le dépôt de ces chanvres dans les rivières navigables nuit à l'écoulement des eaux, à la facilité et à la sûreté de la navigation, il existe alors simultanément délit en matière de police et de conservation des eaux, et contravention en matière de grande voirie.

Mais comme ces deux faits sont différens dans leur nature et dans leurs effets, l'action en répression est divisible et peut être portée devant chacune des deux autorités administrative et civile, d'après les distinctions préindiquées.

C'est dans ce sens qu'il a été statué par deux ordonnances rendues, à mon rapport, le 16 janvier 1822.

## § II.

*Les contestations relatives au pavage des rues, dans les*

*petites communes, sont-elles de la compétence des préfets ou des Conseils de préfecture?*

L'avis du Conseil d'Etat, du 25 mars 1807, porte : « Dans les « villes au-dessus de dix mille âmes, les travaux et dépenses « nécessaires à l'entretien et au pavage des rues seront déter- « minés par des règlemens de l'administration publique.

« Quant aux dépenses relatives à la confection et réparation « des rues dans les petites communes, le *préfet* est habile à les « autoriser. »

I. L'avis du maire seul, et sans le concours du Conseil municipal, peut-il servir de fondement à la décision de l'autorité supérieure?

On ne le pense pas.

En effet, l'article 15 de la loi du 28 frimaire an 8, qui trace et détermine les attributions des Conseils municipaux, les charge de régler la répartition des travaux nécessaires à l'entretien des rues et propriétés communales, ainsi que les contributions relatives à ces dépenses.

Il est naturel que, s'agissant de l'intérêt seul de la commune, ses habitans soient les seuls juges de la nécessité et de l'étendue des sacrifices qu'ils veulent s'imposer.

La déclaration du Conseil municipal qui les représente ne peut donc se suppléer.

Si les maires, d'après un avis occulte et un rôle de répartition qu'ils feraient approuver et rendre exécutoire par le préfet, sous le prétexte de l'utilité publique, pouvaient, en surprenant sa religion, ou même de concert avec lui, exercer ainsi des recouvremens, ce serait livrer les habitans, sans défense, à toutes les violences passionnées de l'injustice et de l'arbitraire.

Il faut donc que le Conseil municipal délibère préalablement sur la nécessité ou l'utilité commune de la réparation projetée.

II. Mais si le maire omet, à dessein et dans son intérêt personnel, de faire délibérer le Conseil municipal, et s'il s'élève des difficultés au sujet de cette omission, est-ce aux Conseils de préfecture ou aux préfets à en connaître?

On peut soutenir d'un côté que lorsque, par une délibération volontaire et spontanée, le Conseil municipal consent à s'imposer une contribution extraordinaire, soit en centimes additionnels, soit sous la forme de prestation en nature, le préfet n'intervient point comme juge, mais comme simple administrateur, comme délégué du Ministre, pour accélérer des opérations urgentes, de détail et d'un intérêt secondaire.

Mais que, s'il s'élève des contestations, soit sur la nécessité de ces travaux, soit sur la nature de la contribution, soit sur le montant de la coté individuelle, soit sur son recouvrement, ces contestations devraient être portées devant le tribunal administratif, qui est le Conseil de préfecture;

Que d'ailleurs, il s'agit ici de contestations sur la nécessité de réparer une rue de petite commune, et que les Conseils de préfecture sont seuls compétens pour statuer sur les difficultés élevées en matière de voirie.

D'un autre côté, on peut répondre que l'attribution du préfet est, dans ce cas, spéciale et générale; spéciale, parce que l'avis du Conseil d'État du 25 mars 1807 la lui confère en terme clairs et précis; générale, parce qu'il s'agit d'une mesure purement administrative; que, par conséquent, c'est aux préfets et non aux Conseils de préfecture à la régler; que, si les préfets n'ont pas, avant de prendre leurs arrêtés, exigé l'accomplissement des formalités voulues par les lois, l'inobservation de ces formalités ne peut changer la nature de la juridiction; qu'elle ouvre seulement un recours aux parties contre leurs arrêtés, devant le Ministre de l'intérieur, et que ce recours n'entraîne ni lenteurs ni frais; considération fort importante dans ces sortes de contestations où l'intérêt individuel de chaque réclamant, appréciable en argent, ne peut jamais être, pour la réparation des rues d'une petite commune, que d'une très-modique valeur.

C'est dans ce dernier sens que la question a été décidée par un décret du 17 mai 1813.

# APPENDICE.

~~~~~~~~

DE L'ORGANISATION, DES ATTRIBUTIONS ET
DE LA PROCÉDURE DU CONSEIL D'ÉTAT,
EN MATIÈRE CONTENTIEUSE (1).

## § Ier. — *Organisation du Conseil d'Etat.*

Le Conseil d'État, bouleversé par la révolution avec les autres institutions de l'ancienne monarchie, fut réorganisé par la loi du 22 frimaire an 8, et par le règlement du 5 nivôse an 8.

La loi dite constitutionnelle du 22 frimaire an 8 porte, art. 52 : « Sous la *direction* des « Consuls, un Conseil d'État est chargé de ré- « diger les projets de lois et les règlemens d'ad-

---

(1) Il nous a paru nécessaire, pour l'intelligence des questions répandues dans cet ouvrage, et pour l'instruction des parties, de faire connaître les principales dispositions des lois, décrets et ordonnances qui ont successivement modifié l'organisation du Conseil d'Etat et déterminé ses attributions; nous avons pensé qu'il serait également utile de placer à la suite, le texte annoté du décret du 22 juillet 1806, qui règle le mode de procéder en matière contentieuse, et nous y avons joint les formules de divers actes d'instruction qui n'ont jamais été mises au jour.

« ministration publique, et de résoudre les dif-
« ficultés qui s'élèvent en matière administra-
« tive (1). »

L'art. 69 ajoute : « Les fonctions........ de
« Conseillers ne donnent lieu à aucune espèce
« de responsabilité (2). »

Le règlement du 5 nivôse an 8, qui com-
mença à altérer l'indépendance constitutionnelle du Conseil d'Etat, en le plaçant sous l'autorité et sous la direction du premier Consul,
porte, art. 11 :

« Le Conseil d'Etat *développe le sens* des
« lois, sur le *renvoi* des Consuls.

« Il prononce, d'après un semblable renvoi,
« 1°. Sur les conflits qui peuvent s'élever
« entre l'administration et les tribunaux;

---

(1) Règlement du 5 nivôse an 8, n° 2, et ordonnances royales
des 29 juin 1814, art. 8, 9, 11 et 12; 9 janvier 1813, art. 1
et 2; 23 août 1815, art. 11 et suivans, et 19 avril 1817,
art. 6.

(2) Les conseillers d'Etat sont irresponsables de leurs avis
comme conseillers, en matière de délibération de lois et de
règlemens, ainsi que pour les arrêts du Conseil, en matière
contentieuse, si on les considère sous ce dernier point de vue
comme de véritables juges. Mais ils sont responsables de leurs
actes comme administrateurs, s'ils sont investis de la direction
d'un service public. (*V. au mot Mises en jugement*, § 1.)
Cependant, comme ils ont, sous ce dernier rapport, les charges
de la responsabilité, ils en ont aussi les garanties. (Art. 75 de
la loi du 22 frimaire an 8.)

« 2°. Sur les affaires contentieuses dont la
« décision était précédemment remise aux Mi-
« nistres (1). »

---

(1) Après la suppression du Conseil royal et des intendances,
la justice administrative passa aux administrations de district,
aux administrations de département, aux divers Comités des
assemblées nationales, au Directoire. Enfin, elle demeura
confondue avec l'administration active dans les mains des
Ministres, qui confirmaient ou annulaient à leur gré les décisions des autorités inférieures.

Mais la corruption des bureaux, les surprises faites à la religion des Ministres, le défaut d'une procédure régulière, la
lenteur et quelquefois le déni de justice, mettaient en danger
les plus chers intérêts des citoyens.

D'ailleurs, la même autorité ne pouvait à la fois administrer
et juger.

Pour remédier à cet abus, le règlement du 5 nivôse an 8
ôta l'exercice de la justice administrative aux Ministres, pour
le placer dans le Conseil d'Etat.

Ensuite, la loi organique du 28 pluviôse an 8 créa les tribunaux administratifs pour prononcer, au premier degré, sur le
contentieux de l'administration.

Ces tribunaux sont les Conseils de préfecture.

Les travaux immenses du Conseil, la forme de ses délibérations générales, ne permettaient ni à ce Conseil ni à ses sections de suivre dans leur détail l'instruction des affaires contentieuses.

Le soin de préparer cette instruction fut confié, par le
décret du 11 juin 1806, titre 4, à la Commission du contentieux.

Ce qui regarde l'introduction des instances, la constitution
des avocats, les défenses, les oppositions, les délais, les recours, les incidens, les déchéances, l'exécution des jugemens

Le décret du 11 juin 1806 créa la Commission du contentieux.

Art. 24. « Il y aura une Commission présidée « par le Grand-Juge (1). »

Art. 25. « Cette Commission fera l'instruc- « tion et préparera le rapport de toutes les af- « faires contentieuses sur lesquelles le Conseil « d'Etat aura à prononcer, soit que les affaires « soient introduites sur le rapport d'un Minis- « tre ou à la requête des parties intéressées (2). »

Art. 28. « Le Grand-Juge ( aujourd'hui le « Garde-des-sceaux ) nommera pour chaque « affaire un auditeur ( aujourd'hui un maître « des requêtes ), lequel prendra les pièces et « préparera l'instruction (3). »

---

et les dépens, a été réglé et prévu par le décret du 22 juil_ let 1806. (*V.* plus bas.)

(1) C'est aujourd'hui le Comité du contentieux, il est présidé par le Garde-des-sceaux, ou, à son défaut, par un conseiller d'Etat qu'il délègue à cet effet. — *V. ordonnance du 23 août* 1815, *art.* 10.

(2) Voyez les art. 2 et 16 du décret du 22 juillet 1806. — Dans l'origine, toutes les affaires contentieuses n'étaient pas rapportées au Conseil d'Etat par la Commission du contentieu x. L'article 7 du même décret excepte en effet les matières de li- quidation et de domaines nationaux. — *V. décret du 22 juil- let* 1806, *art.* 4.

(3) Les pièces étaient adressées par le secrétariat général du Conseil d'État à l'auditeur, qui préparait son rapport, dévelop- pait les faits, lisait les conclusions des parties, exposait leurs moyens respectifs, résumait son opinion, et présentait un pro-

Art. 29. « Sur l'exposé de l'auditeur ( maître
« des requêtes) (1), le Grand-Juge ( Garde-des-
« sceaux) ordonnera, s'il y a lieu (2), la com-
« munication aux parties intéressées pour ré-
« pondre et fournir leurs défenses dans le délai
« qui sera fixé par le règlement (3).

---

jet de décret. Ce projet, discuté dans la Commission, révisé
par un maître des requêtes, délibéré ensuite au Conseil, et
approuvé par le chef du gouvernement, était converti en décret définitif et exécutoire.

(1) Ce n'est pas devant le Garde-des-sceaux, lorsqu'il ne
préside pas, mais devant le Comité, que le maître des requêtes
expose sommairement l'affaire.

(2) Ce n'est pas le Garde-des-sceaux, c'est le Comité du
contentieux, qui propose directement au Conseil d'Etat de rejeter la requête, *s'il y a lieu*, c'est-à-dire si le demandeur
doit être immédiatement écarté, sans qu'il soit besoin, pour
cela, de communiquer à son adversaire. — *V. au mot* PROCÉ-
DURE, § 1.

(3) L'ordonnance de soit communiqué est dressée et signée
par le Garde-des-sceaux. La formule des ordonnances de soit
communiqué est ainsi conçue : « Soit la requête en pourvoi du
« sieur N... (ou soit la présente requête sommaire en pourvoi,
« ensemble la requête ampliative) communiquée par le premier
« huissier des lieux, à ce requis, au sieur M..., (ou au maire
« de la commune de      ou aux administrateurs de l'hospice
« de       , aux administrateurs de la fabrique de       ),
« à l'effet de quoi, il (ou elle) pourra, si bon lui semble,
« faire prendre connaissance, au *secrétariat du Comité du
« contentieux* du Conseil d'État, desdites *requêtes* et des *piè-
« ces* à l'appui, pour y fournir ses défenses dans les *délais* du
« règlement. »
C'est à partir du jour où cette ordonnance est signée, que

« A l'expiration des délais, il sera passé outre
« au rapport (1). »

Art. 3o. « Le rapport sera fait par l'auditeur
« (maître des requêtes) à la Commission (Co-
« mité du contentieux) (2).

« Les maîtres des requêtes auront voix déli-
« bérative (3). La délibération sera prise à la
« pluralité des suffrages (4).

---

les parties ont trois mois pour la faire signifier à leur adversaire.
— *V. l'art.* 12 *du règlement du* 22 *juillet* 1806. — *V. au
mot* DÉCHÉANCE.

Les délais du règlement pour la communication sont déterminés par les art. 4, 12, 13, 15, 16, 17, 18, 21, 34, 35
et 37 du décret du 22 juillet 1806.

(1) Si la disposition de cet article était ponctuellement
exécutée, les avocats seraient plus exacts, les administrations
plus vigilantes, et la justice plus vite rendue. De deux choses
l'une : ou les délais du règlement ne sont pas assez longs, il
faut alors les étendre par un règlement nouveau; ou les délais
sont suffisans, et alors il ne doit pas être permis de les al-
longer.

(2) En vigueur.

(3) Les auditeurs rapporteurs n'avaient pas voix délibérative sous le Conseil impérial.

Aujourd'hui les maîtres des requêtes ont voix délibérative
au Comité du contentieux et au Conseil d'Etat, lorsqu'ils
font des rapports. — *Ordonnance du* 23 *juin* 1814; *art.* 4.

(4) Les maîtres des requêtes sont appelés à suppléer, dans l'ordre du tableau, les conseillers d'État qui n'assisteraient pas à la
séance. Dans ce cas, ils ont alors, comme eux, voix délibérative.
Ils ne jouissent pas de la même prérogative dans l'assemblée générale; le nombre des conseillers d'Etat qui délibèrent, même

« Le Grand - Juge aura voix *prépondérante*
« en cas de partage (1). »

Art. 32. « Le maître des requêtes..... ne
« pourra présenter *que l'avis de la Commis-*
« *sion* (2).

« Après la dissolution du Conseil impérial,

---

sur les affaires contentieuses, varie à chaque séance, et n'est
pas déterminé par les règlemens. Cela vient de ce que le Conseil d'Etat, dans son organisation actuelle, ne donne que des
avis et ne prononce pas des jugemens.

Le sénatus-consulte du 28 floréal an 12 avait déterminé le
nombre de conseillers d'Etat nécessaire pour délibérer.

(1) Aujourd'hui le Comité du contentieux n'est pas présidé
par le Garde-des-sceaux, mais par un conseiller d'Etat vice-président, dont la voix ne compte que pour une.

Le Garde-des-sceaux a voix prépondérante, en cas de partage, dans l'assemblée générale du Conseil d'Etat, lorsqu'il le
préside. Il est douteux que cette prérogative appartînt à tout
autre vice-président du Conseil d'Etat, en l'absence du Garde-des-sceaux. Aucune loi, aucun règlement, décret ni ordonnance, ne s'est expliqué à cet égard : d'où l'on doit conclure
que le vice-président du Conseil n'aurait pas voix prépondérante.

(2) Aujourd'hui le même maître des requêtes rapporte l'affaire au Comité du contentieux et au Conseil d'Etat. Mais il
ne peut également présenter que l'avis du Comité. Sous le
Conseil précédent, le projet d'ordonnance était dressé par
l'auditeur, remis à un maître des requêtes, débattu devant la
Commission dans la séance suivante, et porté au Conseil d'État
par le même maître des requêtes, qui était chargé de le lire et
d'en soutenir la discussion.

« le Roi replaça le Conseil d'Etat sur des bases
« différentes. »

L'ordonnance du 29 juin 1814 porte, art. 5 :

« Le Conseil privé ou des parties prendra le
« titre de Conseil d'Etat.

« Il y aura en outre,
« 1°. Un Comité de législation ;
« 2°. Un Comité du contentieux ;
« 3°. Un Comité de l'intérieur ;
« 4°. Un Comité des finances ;
« 5°. Un Comité du commerce.

« Ces Comités seront placés près du Chance-
« lier et des Ministres secrétaires d'Etat des
« départemens auxquels ils se rattachent. »

Le nombre de ces Comités a varié, comme
nous le verrons plus bas.

Le Comité du contentieux fut composé de six
conseillers d'Etat et de douze maîtres des requêtes ordinaires ( art. 9 ).

Il était présidé par le chancelier, et en son
absence par un conseiller d'Etat vice-président.
Il pouvait être divisé en deux bureaux (1).

---

(1) Cette disposition fort sage n'a jamais reçu d'exécution.
Cependant les affaires se multiplient, la jurisprudence du Conseil d'Etat s'est répandue en même temps qu'elle s'est fixée.
A mesure que les particuliers s'éclairent sur leurs droits, il est
naturel, il est juste qu'ils cherchent à les exercer. Cette divi-

La seconde restauration amena de nouveaux changemens dans la composition du Conseil.

L'ordonnance du 29 juin 1814 fut rapportée par celle du 23 août 1815 (1).

Cette dernière ordonnance distribua les conseillers d'Etat et les maîtres des requêtes en service ordinaire et en service extraordinaire (2).

Elle prescrivit de dresser, chaque année, (3)

---

sion du Comité du contentieux en deux sections faciliterait singulièrement la distribution de la justice, qui est le premier devoir du gouvernement, comme le premier besoin du peuple.

La première section pourrait s'occuper des difficultés sur les communications qui absorbent beaucoup de temps; des affaires sommaires, telles que les demandes de sursis; des affaires urgentes, telles que les mises en jugement et les conflits, et de ces nombreux pourvois qui sont de nature à être rejetés immédiatement, sans communication, et sur un simple exposé. V. au mot *Procédure*, § I.

La seconde section délibérerait sur les affaires contradictoirement instruites; il se ferait un roulement annuel dans les deux sections. De cette manière, le Comité du contentieux tiendrait quatre séances par semaine; les maîtres des requêtes auraient le temps de préparer leurs rapports, et l'expédition des affaires serait à jour, au grand bénéfice de l'administration et des justiciables.

(1) Art. 1.
(2) Art. 3.
(3) Art. 5. Cette disposition, qui ne se trouve pas dans l'ordonnance du 29 juin 1814, et qui s'est introduite dans l'ordonnance du 23 août 1815 par une fausse imitation du Conseil de l'empire, ôte au Conseil actuel, plus qu'on ne le pense, une partie de son indépendance et de sa dignité. Elle

un tableau des conseillers d'Etat et des maîtres des

---

ne laisse plus voir en lui qu'une Commission temporaire, révocable *ad nutum*.

Quel inconvénient y aurait-il, cependant, à conférer l'inamovibilité après *cinq ans* d'exercice, ainsi que le voulait le sénatus-consulte du 28 floréal an 12, aux conseillers d'Etat qui ne peuvent s'assembler que sur la convocation et sous la présidence des Ministres, qui ne délibèrent aujourd'hui que sur des réglemens d'administration publique et sur des affaires purement contentieuses, qui n'ont aucune autorité propre, aucun commandement, aucune portion de la force exécutive, comme corps ou comme individus, et qui, n'émettant que de simples avis sous des Ministres responsables, ne peuvent que servir, par leur opposition même, le pouvoir le plus ombrageux, sans jamais l'inquiéter.

Mais si le principe de l'immovibilité absolue appliquée à tous les Comités du Conseil peut être contesté avec avantage sous un certain point de vue, on avouera du moins que le principe de la mutation annuelle applicable au Comité du contentieux a des inconvéniens qui se découvrent d'abord et qui depuis long-temps, ont frappé tous les hommes d'un sens droit. — ( V. l'opinion de M. Villèle. t. I. pag. 14.)

Si, en effet, le renouvellement des juges serait, en matière civile, contraire à l'intérêt des justiciables, que doit-ce être dans les matières administratives contentieuses, qui exigent des études longues et spéciales, et dont les cas multipliés se décident beaucoup moins par l'application des lois dont le désordre, la contradiction et l'insuffisance sont bien connus dans cette matière, que par l'application d'une jurisprudence de *précédens*, et quelquefois de *tradition orale*.

Il n'y a donc personne qui ne sente que le changement annuel des membres du Comité du contentieux amènerait des variations continuelles dans la jurisprudence du Conseil d'Etat; ce qui placerait souvent les parties, les Conseils de préfecture et les Ministres, entre deux décisions contraires

requêtes qui devaient être mis en service ordinaire et en service extraordinaire (1).

---

sur la même espèce, déconsidérerait la justice du Conseil, et multiplierait les litiges.

Les juges ordinaires, auxquels ressemblent si parfaitement les membres du Comité du contentieux, ne sont-ils pas inamovibles?

Les membres du Conseil des parties n'étaient-ils pas, avant la révolution, et pendant tant de règnes, inamovibles de fait?

Les membres du Conseil impérial, qui entraient dans la constitution politique de l'Etat, qui préparaient et interprétaient les lois, qui délibéraient souvent sur les plus grands intérêts de l'empire, en l'absence d'un homme si jaloux de l'exercice de son autorité, ne recevaient-ils pas, après cinq années de fonctions, un brevet de conseillers d'Etat à vie?

La Cour des comptes, qui statue, comme le Conseil d'Etat, sur des intérêts d'un ordre mixte, public et privé, n'est-elle pas inamovible?

Les députés, eux-mêmes, les membres de ce corps politique si agité, ne sont-ils pas nommés pour cinq ans?

Qui empêcherait donc que les membres du Comité du contentieux ne fussent également nommés pour cinq ans au moins?

Je ne crains pas de dire que cette mutation annuelle, qui les atteint ou les menace dans leurs périlleuses fonctions, est ce qu'il y a de plus contraire à l'expédition laborieuse et diligente des affaires, à l'intérêt des parties, à la dignité et à l'indépendance de la justice, et à l'esprit conservateur des institutions monarchiques.

(1) C'est encore là un de ces mots qui n'expriment pas la chose qu'ils semblent dire. Le service extraordinaire, sous le Conseil impérial, était toujours une marque de faveur. Aujourd'hui, lorsque le titre de conseiller d'Etat en service extraordinaire n'est pas une récompense, il est une disgrâce. Et il y a une véritable dérision à dire qu'un conseiller d'Etat, à

Le nombre des conseillers d'Etat et des maîtres des requêtes en service ordinaire ne peut, aux termes de l'art. 6, s'élever, pour les premiers, au-dessus de trente, et, pour les seconds, au-dessus de quarante (1).

L'art. 7 les distribua en cinq Comités ; il réunit le Comité du commerce à celui de l'intérieur, et il créa un nouveau Comité, celui de la marine (2).

Le Comité du contentieux fut composé de sept conseillers d'Etat et de huit maîtres des requêtes (3).

L'art. 14 veut que « les *avis* du Comité du « contentieux, rédigés en forme d'*ordonnance*, « soient *délibérés* et *arrêtés* en Conseil d'Etat, « dont les Comités se réuniront à cet effet *deux*,

---

qui l'on ôte l'*entrée* du Conseil, *tout traitement* et *tout service*, remplit cependant un service *extraordinaire*. Le titre de conseillers d'Etat en service ordinaire, et de conseillers d'Etat honoraires, était plus exact.—*V.* ordonnance du 29 *juin* 1814.

(1) Ce nombre n'a pas été augmenté.

(2) L'ordonnance du 19 avril 1817 a créé un autre Comité, celui de la guerre. C'est la réunion de ces divers Comités en assemblée générale, qui constitue le Conseil d'Etat. (Art. 5, tit. 2).

(3) Art. 8. L'ordonnance du 29 juin 1814 avait attaché à ce Comité douze maîtres des requêtes en service ordinaire, et deux maîtres des requêtes surnuméraires.

Le nombre actuel de huit maîtres des requêtes ne suffit peut-être pas pour la prompte expédition des affaires, qui augmentent chaque jour.

« *fois* par mois, et plus souvent, si le besoin des
« affaires l'exige (1). »

---

(1) D'après l'ordonnance du 29 juin 1814, les avis du
Comité devaient être rédigés en forme d'*arrêts* ou de *jugemens*
(article 9.) Ces jugemens ne devaient être arrêtés définitivement
qu'après avoir été rapportés et délibérés en Conseil d'Etat, ou
après avoir reçu la sanction *directe* du Roi.

Les arrêts du Conseil, rendus par le Comité du contentieux
pendant le cours de la première restauration, ont *toujours* été
soumis *directement* à la sanction du Roi par le chancelier. Le
Conseil d'Etat ne s'est pas assemblé une seule fois pendant la
première restauration.

D'après l'ordonnance du 20 août 1815, les projets d'ordonnance préparés par le Comité du contentieux ne peuvent être
présentés par le Garde-des-sceaux à l'approbation du Roi,
avant d'avoir été lus, et discutés s'il y a lieu, dans l'assemblée
générale du Conseil d'Etat. (Ordonnance du 23 août 1815,
article 16.)

Les affaires délibérées par le Comité du contentieux sont
portées au *grand* et au *petit ordre* du jour du Conseil.

On se contente, pour les affaires du *petit ordre*, de lire un
projet d'ordonnance.

On fait précéder, pour les affaires du *grand ordre*, le projet
d'ordonnance, d'un rapport.

L'inscription de chaque affaire sur le grand ou le petit ordre
du jour se détermine par l'importance ou la singularité des
questions, ou par l'opposition d'avis que leur solution a fait naître dans le sein du Comité.

Souvent la discussion générale s'engage à l'occasion d'une
affaire du *petit ordre*, soit sur la forme du projet, soit sur le
fond même que le Conseil juge, séance tenante, ou dont il
ajourne la décision, ou qu'il renvoie au Comité du contentieux, pour y être procédé à un nouvel examen ou *soumis* à
une nouvelle rédaction.

L'art. 17 porte que, « sur la demande d'un « Ministre, le Président du Conseil des Minis- « tres peut ordonner la réunion complète du « Conseil d'Etat, ou celle de deux ou de plu- « sieurs Comités (1). »

---

Les délibérations du Comité du contentieux et du Conseil d'Etat lui-même ne sont que des *avis préparatoires*. La signa- ture approbative du Roi, dans l'organisation actuelle, consti- tue *seule* le *jugement*, qui dès lors est irrévocable, s'il a été rendu contradictoirement, et devient, à l'instant même, comme les jugemens ordinaires, la propriété des parties qui l'ont obtenu.

Les motifs des arrêts dont la rédaction a été délibérée et arrêtée en Conseil d'État, sur le rapport du Comité du conten- tieux, sont analisés et transcrits avec le dispositif textuel de chaque arrêt, sur un bordereau que le Garde-des-sceaux pré- sente à la sanction de Sa Majesté, quelques jours après la dé- libération du Conseil.

Je ne sache pas que le Roi ait jamais refusé son approba- tion à aucun avis du Conseil d'Etat proposé dans cette forme, en matière contentieuse.

(1) L'art. 11 du règlement du 5 nivôse an 8 chargea le Conseil d'Etat de développer le sens des lois.

Indépendamment de l'interprétation de doctrine, qui appar- tient au juge, il y a aussi, dit M. Locré, une interprétation de législation qui, « abstraction faite de toute affaire particu- « lière, dissipe, par forme de règle, les doutes généraux qui « s'attachent à une loi et qui obscurcissent le commandement « du législateur.

« Celle-ci ne peut appartenir aux tribunaux, et l'article 5 « du Code civil la leur refuse. Le juge deviendrait législateur « s'il pouvait, par des règlemens, statuer sur les questions qui

# L'art. 18 veut que, lorsque le Roi ne juge

« s'offrent à son tribunal. Un jugement ne lie que les parties
« entre lesquelles il intervient; un règlement lierait tous les
« justiciables et le tribunal lui-même. Il y aurait bientôt au-
« tant de législations que de ressorts. Un tribunal n'est pas
« dans une région assez haute pour délibérer des règlemens et
« des lois. Il serait circonscrit dans ses vues comme il l'est dans
« son territoire, et ses méprises et ses erreurs pourraient être
« funestes au bien public. L'esprit de judicature qui est tou-
« jours appliqué à des détails, et qui ne prononce que sur des
« intérêts particuliers, ne pourrait souvent s'accorder avec
« l'esprit du législateur, qui voit les choses plus généralement
« et d'une manière plus étendue et plus vaste. »

De ces réflexions très-judicieuses, M. Locré arrive à conclure qu'il faut revenir, pour l'interprétation législative, au législateur lui-même. Or, ajoute-t-il, c'est au corps qui rédige
la loi à donner cette interprétation.

Mais *rédiger le projet* de loi n'est pas *faire la loi.*

Il aurait mieux valu dire, selon moi, que le règlement du
5 nivôse an 8 conférait au Conseil d'Etat, par une usurpation
manifeste sur la puissance législative, une attribution dont
l'article 52 de l'acte du 22 frimaire an 8 ne dit pas un mot.

D'ailleurs, ne sait-on pas que ces avis interprétatifs n'avaient
de force qu'autant *qu'ils étaient approuvés par le chef du
gouvernement.*

De sorte qu'en définitive, c'était, non le Corps-législatif,
non le Conseil d'Etat lui-même, mais un seul homme qui interprétait la loi.

Voilà le fond des choses.

Toutefois, il faut reconnaître en fait que, pendant toute la
durée du gouvernement impérial, les avis interprétatifs du Conseil approuvés avaient la même autorité que la loi. Tous les
corps et fonctionnaires administratifs et judiciaires étaient tenus

pas à propos de présider le Conseil d'Etat, cette présidence appartienne au Garde-des-sceaux (1).

---

de s'y conformer, et la Cour de cassation anéantissait tous les arrêts qui y contrevenaient.

La Charte et le système de responsabilité ministérielle ont changé, sous ce rapport, les attributions du Conseil d'Etat. Les avis donnés, aujourd'hui, soit par le Conseil d'Etat, soit par plusieurs Comités réunis, sur la demande d'un Ministre, ne sont que des délibérations intérieures qui n'ont aucune force et aucune autorité par elles-mêmes, et qui par conséquent ne sauraient, ni être invoquées par les parties, à la connaissance desquelles elles ne peuvent arriver officiellement, ni lier en aucune manière les Ministres, qui peuvent les mettre de côté, et qui, en les approuvant, les convertissent en décisions personnelles.

Si ces décisions ont été prises en matière contentieuse, les parties lésées peuvent les déférer au Comité du contentieux.

Aussi est-il d'usage de ne consulter préalablement, dans ce cas, ni le Comité du contentieux, puisqu'il peut être éventuellement appelé à prononcer comme juge dans une affaire dont il aurait déjà connu comme conseiller, ni le Conseil d'Etat, parce que le préjugé qui résulterait de sa délibération serait trop redoutable pour la partie, et pourrait l'empêcher de se présenter devant lui, sur la même question, par la voie contentieuse.

C'est à chaque Ministre à prendre, en matière contentieuse, l'avis préalable de son propre Comité, et à convertir, s'il le juge convenable, cet avis en *décision*.

Cette marche est beaucoup plus régulière, et elle est ordinairement suivie.

(1) Depuis la restauration, le Roi n'a pas présidé une seule fois le Conseil d'État. Mais Sa Majesté est toujours censée présente en son Conseil ; son fauteuil y demeure vide.

C'est ordinairement le Garde-des-sceaux qui préside ; en

Enfin, l'ordonnance du 19 avril 1817, après
avoir considéré que les projets de lois, ordonnances et règlemens préparés dans les divers
Comités du Conseil d'Etat, pourraient être encore soumis à une discussion plus solennelle et
plus approfondie, à un concours plus général
de lumières, en les présentant à la délibération
du Conseil, *tous* les Comités réunis, prescrivit,
par l'art. 6, que

« Tout projet de loi ou *d'ordonnance* por-
« tant *règlement d'administration publique*,
« préparé dans l'un des Comités, devra être
« ensuite délibéré au Conseil d'Etat, *tous* les
« Comités réunis. »

Et le même article ajoute que

« Les ordonnances contenant règlement d'ad-
« ministration publique devront porter dans
« leur préambule les mots : *Notre Conseil
« d'Etat entendu* (1). »

---

son absence, la présidence est dévolue au doyen d'âge des
Conseillers d'Etat.

(1) Depuis 1819, aucun des projets de loi soumis aux Chambres n'a été, aux termes de cet article, délibéré en Conseil d'Etat.
On s'abstient même généralement d'y porter les règlemens
d'administration publique, sauf quelques affaires relatives à
des concessions de mines et autres, en très-petit nombre.
C'est peut-être à tort que les ordonnances délibérées sur le
rapport d'un seul Comité portent ces mots : *Notre Conseil
d'Etat entendu;* car le Conseil d'Etat ne se compose que de la

## Je viens d'indiquer les diverses modifications

réunion de *tous* les Comités.—*Ordonnance du 19 avril 1817,
art.* 6.

Cette formule, *notre Conseil d'Etat entendu*, jette les
parties dans de continuelles méprises.

Elles se demandent souvent si c'est le Conseil d'Etat *tout
entier* qui a été entendu avant *l'ordonnance*, ou seulement
une *fraction* du Conseil. Souvent même dans leur hésitation, elles
laissent expirer les délais utiles du pourvoi. Comment, disent-
elles, le Comité du contentieux peut-il recevoir l'opposition à
une ordonnance qui porte : *Notre Conseil d'Etat entendu....
la demande est rejetée?* N'est-ce pas là une décision *contradictoire*, et si c'est une décision contradictoire, peut-on l'attaquer, aux termes de l'art 32 du règlement? Dira-t-on qu'il
faut distinguer si la matière est contentieuse ou administrative?
Mais qui empêche le Ministre de faire prononcer le Roi d'après
son rapport, sur une matière contentieuse, telle que décomptes,
marchés, liquidations, etc. Fermera-t-on alors tout recours à
la partie lésée devant le Comité du contentieux? Mais voyez
où cela mènerait!

Les Ministres, au lieu de signifier leur *décision* aux parties, présenteraient cette *décision* au Roi qui, par sa signature, la convertirait en ordonnance. Cette ordonnance
serait *contradictoire* comme la décision, et par conséquent
inattaquable. Il n'y aurait plus qu'un seul degré de juridiction.
Le *Conseil d'Etat* n'aurait pas délibéré, et l'avis même du
Comité du Ministre pourrait n'avoir pas été suivi par lui,
puisqu'il est libre de le rejeter. De cette manière, les Ministres pourraient mettre toutes leurs décisions à l'abri du recours
des parties lésées.

Or, ne serait-ce pas violer à la fois la justice et le règlement? Il faut donc, selon moi, tenir pour constant,

1°. Que les Ministres ne doivent jamais faire convertir en

que l'organisation du Conseil d'Etat a successivement parcourues. Je vais maintenant retracer
ses attributions, principalement en matière
contentieuse.

## § II. — *Des attributions du Conseil d'Etat.*

La loi dite constitutionnelle du 22 frimaire

---

ordonnances royales les décisions qu'ils rendent d'office, ou
sur la demande des parties, en *matière contentieuse ;*

2°. Que les ordonnances prises même en *matière administrative*, sur le rapport d'un Ministre et de l'avis d'un seul
Comité, ne doivent pas porter la formule de *Notre Conseil
d'Etat entendu*, formule qui, aux termes précis du règlement
du 19 avril 1817, ne peut appartenir qu'aux ordonnances
rendues de l'avis de *tous les* Comités *réunis* en Conseil d'Etat;

3°. Que la voie de l'opposition est ouverte, dans les limites
de l'art. 11 du règlement du 22 juillet 1806, devant le
Comité du contentieux, contre toutes les ordonnances rendues
sur le rapport d'un Ministre, et de l'avis de son Comité, *en
matière contentieuse*, quoique ces ordonnances portent : *
Notre Conseil d'Etat entendu*, et quoiqu'elles visent même
la *demande* ou les *défenses* des parties. Voyez ordonnances
des 8 mai 1822, — 14 août 1822;

4°. Que les seules ordonnances contre lesquelles le recours
soit interdit, aux termes de l'art. 32, sont celles qui ont été
prises en matière contentieuse, de *l'avis du Comité du contentieux*, et après avoir entendu le Conseil d'Etat, *tous les
Comités réunis.*

Le *Conseil d'Etat* ne se réunit guère aujourd'hui que
pour entendre et discuter les projets d'ordonnances préparés,
en matière contentieuse, par le Comité de ce nom.

an 8, art. 52, avait, comme nous l'avons dit, institué un Conseil qui était chargé, sous la direction des Consuls, de rédiger les projets de lois et les règlemens d'administration publique, et de résoudre les difficultés qui peuvent s'élever en matière administrative.

L'art. 75 de la même loi porte « que les agens « du gouvernement, *autres que les Ministres*, « ne pourront être poursuivis pour des faits re- « latifs à leurs fonctions qu'en vertu d'une *dé- « cision du Conseil d'Etat* (1). »

Le règlement pour l'organisation du Conseil d'Etat, du 5 nivôse an 8, disait :

Art. 11. « Le Conseil d'Etat développe le « sens des lois, sur le renvoi des Consuls (2).

« Il prononce, d'après un semblable renvoi, « sur les conflits qui peuvent s'élever entre l'ad- « ministration et les tribunaux (3);

« Sur les affaires *contentieuses* dont la déci- « sion était *précédemment* remise *aux Mi- « nistres* (4). »

---

(1) Ces sortes d'affaires n'ont pas été considérées comme contentieuses pendant toute la durée du Conseil impérial. — *V. au mot* MISES EN JUGEMENT, § II.

(2) *V. au mot* INTERPRÉTATION DES LOIS.

(3) Arrêté du gouvernement, du 13 brumaire an 10. *V. au mot* CONFLITS. — Ordonnance du 29 juin 1814, art. 9.— Ordonnance du 12 décembre 1821.

(4) *V.* DU CONSEIL D'ETAT ENVISAGÉ COMME CONSEIL, etc.,

Le décret organique du 11 juin, qui vint en- suite, porte, sous le titre 3, *des Attributions du Conseil d'Etat* :

Art. 3. « Notre Conseil d'Etat continuera
« d'exercer les fonctions qui lui sont attribuées
« par les *constitutions* de l'empire et par nos
« décrets. »

Art. 14. « Il connaîtra, en outre,

« 1°. Des affaires de *haute police* adminis-
« trative, lorsqu'elles lui auront été renvoyées
« par nos ordres (1);

« 2°. De *toutes contestations* ou demandes
« relatives, soit aux *marchés passés avec nos*
« *Ministres,* avec l'intendant de notre maison,
« ou en leur nom, soit *aux travaux ou four-*
« *nitures* faits pour le *service* de leurs *départe-*
« *mens* respectifs, pour notre service personnel
« ou celui de notre maison (2);

chap. 4, page 35. — Décret du 11 juin 1806. — Décret du 22 juillet 1806, art. 1.

(1) Disposition abrogée.

(2) Il suit de cette disposition, que toute contestation ou demande relative à des marchés de travaux, fournitures ou services quelconques, passés, soit avec le Ministre et en son nom, soit avec les directeurs généraux, et autres agens secon- daires, tombe dans les attributions de l'autorité administra- tive, lors même que la réserve de cette juridiction exception- nelle n'aurait pas été formellement stipulée dans le marché. Par conséquent, c'est aux Ministres, en première instance, et

« 3°. Des décisions de la comptabilité natio-
« nale (1), et du Conseil des prises (2). »

J'ai déjà dit ailleurs que les travaux immenses
du Conseil d'Etat et la forme de ses délibérations
générales ne permettaient ni à ce Conseil ni à

---

au Conseil d'Etat, en appel, à statuer sur ces contestations
ou demandes.

(1) Le Conseil d'Etat ne peut aujourd'hui, et depuis la loi
du 16 septembre 1807, connaître des arrêts de la Cour des
comptes que pour *violation* des *formes* ou de la loi (art. 17.)

C'est, aux termes du même article, devant le Comité du contentieux que le pourvoi en *cassation* des comptables ou du
Ministre doit être exercé.

(2) Malgré cette attribution donnée au Conseil d'Etat, le
chef du gouvernement retenait le plus souvent la connaissance
personnelle de ces affaires, soit en approuvant directement
les décisions du Conseil des prises, soit en prononçant immédiatement dans des Conseils d'administration, et sans renvoi
préalable au Conseil des prises, la saisie, le séquestre et la
confiscation des navires capturés. (*V. au mot* DÉCRETS,
§ *unique.* )

L'ordonnance du 9 janvier 1815 a attribué au Conseil
d'Etat la décision en première instance des affaires de prises
qui restaient encore à juger au 1er novembre 1814.

L'art. 1er. de cette ordonnance porte :

« Les affaires dont l'instruction n'est pas achevée, et qui
« n'auraient pas été jugées au moment de la suppression du
« Conseil des prises, seront soumises au Comité du conten-
« tieux, pour y être examinées et discutées, et, sur son
« avis, être définitivement jugées en notre Conseil. » (*V. ordonnance du 13 décembre 1821, juillet 1822, et autres.*)

ses sections de suivre dans leurs détails l'instruction des affaires contentieuses (1).

Le soin de préparer cette instruction fût confié, par le décret du 11 juin 1806, à la Commission du contentieux (2).

Toutefois, ce décret excepta des affaires contentieuses attribuées à la nouvelle Commission qu'il instituait, celles qui concernaient la liquidation de la dette publique, et les domaines nationaux dont les rapports devaient continuer à être faits directement au Conseil par les deux Conseillers d'Etat chargés de ces deux parties d'administration publique (3).

(1) *Du Conseil d'Etat, etc.*, p. 35.

(2) Art. 24 et suivans.

(3) Le Conseil de liquidation de la dette publique a été supprimé par la loi de finances, du 15 janvier 1810, art. 12, « à partir du 1er juillet 1810. » Le département des domaines nationaux a été supprimé par le décret du 23 février 1811, qui renvoie la partie administrative au Ministre des finances, et la partie contentieuse à la Commission du contentieux.

L'art. 1er porte :

« Le département des domaines nationaux, établi près du
« ministère des finances, est supprimé, à compter du 1er juillet prochain.
« let prochain.

Art. 2. « L'appel *des arrêtés* des *Conseils de préfecture*
« sera porté *directement à la Commission* du contentieux.
« L'instruction de ces affaires s'y fera conformément aux rè-
« glemens des 11 juin et 22 juillet 1806.

Art. 3. « La surveillance administrative en cette partie

C'est avec ces attributions que la Commission
du contentieux marchait, lorsque le Conseil fut
réorganisé par l'ordonnance royale du 29 juin
1814.

L'art. 9 de cette ordonnance porte :

« Le Comité du contentieux connaîtra de
« tout le *contentieux* de l'administration de
« *tous* les départemens (1),

« Des mises en jugement des administrateurs
« et préposés (2),

« Des conflits (3). »

L'ordonnance du 23 août 1815 s'exprime à
peu près dans les mêmes termes que celle du
29 juin 1814.

L'art. 13 porte :

« Le Comité du contentieux connaîtra de
« tout le *contentieux* de l'administration des
« divers départemens ministériels, d'après les
« *attributions assignées* à la Commission du

---

« continue néanmoins d'appartenir au *Ministre des finances,*
« et les *réclamations* contre les *arrêtés* des *préfets* resteront
« soumises à sa *décision*, sauf le renvoi au Conseil d'Etat des
« affaires qui en seraient jugées susceptibles. »

(1) C'est en vertu de cette attribution, que l'on porte directement au Comité du contentieux l'appel des arrêtés des Conseils de préfecture, et des arrêtés des préfets qui ont excédé
leur compétence, et des décisions ministérielles intervenues
en matière contentieuse.

(2) *V. au mot* MISES EN JUGEMENT, § 2.

(3) *V. au mot* CONFLIT.

« contentieux par les décrets des 11 juin et
« 22 *juillet* 1806 (1).

« Le Comité du contentieux exercera, en
« outre, les attributions précédemment assi-
« gnées au Conseil des prises (2). »

Le Conseil d'Etat, en matière administrative,
fait fonctions de Cour d'appel et de Cour de cassation.

Il est Cour d'appel lorsqu'il statue au fond
sur le pourvoi contre les arrêtés du Conseil de
préfecture et les décisions des Ministres.

Il est Cour de cassation lorsqu'il règle les
*conflits* d'attribution entre l'autorité judiciaire
et l'autorité administrative, et lorsqu'il *casse*
les arrêts de la Cour des comptes pour *violation* des *formes* et de *la loi*.

Telles sont les attributions générales données
au Conseil d'Etat en matière contentieuse, soit
par les lois, soit par les décrets et ordonnances
qui l'ont organisé.

Une foule d'arrêts du Conseil, rendus en cette
matière, ont expliqué, confirmé, modifié ou restreint ces attributions. C'est ce qui constit e la
jurisprudence (1).

_____

(1) *V. au mot* LIQUIDATION, § 1, add., décret du 22 février 1815.

(2) *V. ordonnance du* 9 *janvier* 1815.

(3) Voici la nomenclature, non pas complète, mais principale, des lois, décrets et ordonnances qui, à différentes

## Je viens d'exposer comment le Conseil d'Etat

époques, ont réglé les attributions du Conseil d'Etat en matières administrative et contentieuse.

Loi du 22 frimaire an 8 sur la constitution.

Loi du 28 pluviôse an 8 sur l'organisation départementale.

Loi du 29 floréal an 10 sur la voirie.

Loi du 30 floréal an 10 sur la navigation intérieure.

Loi du 30 floréal an 10 sur les octrois.

Loi du 11 germinal an 10 sur le changement de noms.

Loi du 22 germinal an 11 sur les manufactures et usines.

Loi du 14 floréal an 11, relative au curage des canaux.

Loi du 9 floréal an 11 sur l'exploitation des bois.

Loi du 9 ventôse an 12 sur les biens communaux.

Loi du 29 ventôse an 13 sur les plantations des grandes routes et chemins vicinaux.

Loi du 16 septembre 1807 sur les dessèchemens de marais.

Loi du 16 septembre 1807 sur la Cour des comptes.

Loi du 16 septembre 1807 sur l'interprétation de la loi.

Loi du 21 avril 1810 sur les mines.

Loi du 20 mars 1813 sur la vente des biens communaux.

Loi du 5 décembre 1814, relative à la remise des biens non vendus des émigrés.

Loi du 5 février 1817, sur les élections, art. 6.

Loi du      1822 sur les canaux de navigation.

Règlement du 5 nivôse an 8 sur l'organisation du Conseil d'Etat.

Arrêté du gouvernement, du 13 prairial an 10, sur les conflits d'attribution.

Arrêté du gouvernement, du 13 prairial an 10, relatif à la formation d'un Conseil général de la dette publique.

Décret du 9 brumaire an 13, relatif au mode de jouissance des biens communaux.

avait été organisé par les lois, décrets et ordon-

---

Décret du 11 juin 1806 sur les attributions du Conseil d'Etat.

Décret du 22 juillet 1806, portant règlement sur les affaires contentieuses.

Décret du 25 mars 1807 sur l'entretien du pavé des villes.

Décret du 11 janvier 1808 sur les constructions autour de Paris.

Décret du 30 avril 1807 sur les biens et rentes des fabriques et des hospices.

Décret du 1er mars 1808 sur les majorats.

Décret du 22 octobre 1808 sur les décomptes.

Décret du 18 juin 1809 sur la compétence en matière d'usurpation de biens communaux.

Décret du 18 août 1810 sur les contraventions en matière de grande voirie.

Décret du 23 février 1811, qui supprime le département des domaines nationaux.

Décret du 16 décembre 1811, relatif aux routes, etc., etc.

Avis du Conseil d'Etat, du 22 janvier 1813, qui renvoie l'instruction des conflits à la Commission du contentieux.

Ordonnance royale du 29 juin 1814, sur l'organisation du Conseil d'Etat ( art. 8, 9, 10, 11 et 12 ).

Ordonnance royale du 9 janvier 1815, relative au Conseil des prises.

Ordonnance du 23 août 1815 sur l'organisation du Conseil d'Etat ( art. 10 et suivans ).

Règlement du 19 avril 1817.

Ordonnance royale du 11 juin 1816 sur les remises prescrites par la loi du 5 décembre 1814.

Ordonnance du Roi, du 12 décembre 1821, portant règlement sur les conflits.

Le Conseil d'Etat a encore une foule d'autres attributions,

nances, pour la préparation, l'instruction, le rapport, la délibération et le jugement des affaires contentieuses.

Il me reste à dire quelle est la marche et quelles sont les formes de sa procédure.

Cette marche a été tracée par le décret réglémentaire du 22 juillet 1806.

Je vais en reproduire le texte, que j'annoterai lorsqu'il y aura lieu.

### § III. — *Décret portant règlement sur les affaires contentieuses soumises au Conseil d'État.*

TITRE PREMIER. — De l'introduction et de l'instruction des instances (1).

Section 1re. — *Des instances introduites au Conseil d'État, à la requête des parties.*

Art. 1er. Le *recours* des parties au Conseil d'État en matière contentieuse sera formé par

---

qui sont éparses dans les lois, arrétés, décrets, règlemens et ordonnances insérés au *Bulletin des lois*, et qu'il serait trop long de recueillir.

*V.* les Elémens de *l'administration-pratique*. — Macarel, *Elémens de jurisprudence*. — Sirey, *du Conseil d'État, selon la Charte*. — Locré, *du Conseil d'État, etc.*

(1) Ce règlement, dont les dispositions ont été tirées de l'ancien règlement du Conseil de 1738 et du Code de procédure civile, ne devait être que provisoire; cependant il nous régit depuis seize ans. La jurisprudence en a redressé les imperfec-

*requête signée* d'un avocat aux Conseils (1).
Elle contiendra l'exposé sommaire des faits et
*moyens* (2), les *conclusions* (3), les *noms* et

---

tions et rempli les lacunes : ainsi modifié, il suffit à l'instruction des affaires contentieuses, dans l'état actuel de l'organisation du Conseil.

(1) Les parties ne peuvent pas se défendre *elles-mêmes* devant le Conseil, ainsi que l'art. 85 du Code de procédure civile leur permet de le faire devant les tribunaux. Elles ne peuvent choisir pour défenseurs que des avocats aux Conseils, qui *seuls* ont le droit de postuler devant lui. L'instruction des affaires s'y consomme par écrit. Les plaidoieries sont interdites, les délibérations ne sont pas publiques ; il n'y a pas de commissaire du Roi. La nature particulière des affaires qui s'y traitent et la nécessité de leur prompte expédition ont fait écarter, dans le commun intérêt du gouvernement et des parties, les débats de la défense orale et les formes solennelles, mais un peu lentes, qui accompagnent les jugemens des tribunaux.

Toutefois, il serait bien désirable, et il ne serait pas impossible, d'accorder plus de latitude et de sécurité à la défense des parties, sans entraver la marche rapide de l'instruction et des jugemens; mais je dois me borner ici à exposer ce qui est et non pas ce qui devrait être.

Les parties ne peuvent signer elles-mêmes leurs requêtes, si ce n'est en matière de conflits, et sous la forme de simples observations. — *V. ordonnance du 12 décembre* 1821.

La constitution d'un avocat pouvait seule garantir que les affaires seraient présentées avec méthode, clarté et décence, et que les parties seraient valablement défendues.

(2) Si la requête ne contient pas de *moyens*, elle est rejetée, faute de justification.

(3) Si elle ne contient pas de conclusion, elle est rejetée, faute d'objet.

*demeures* des *parties* (1), *l'énonciation* des *pièces* dont on entend se servir, et qui y seront *jointes* (2).

---

Il est très-important pour les parties que les avocats prennent bien leurs conclusions principales, subsidiaires, incidentes, récursoires; car le Conseil d'Etat ne peut prononcer outre et au delà des conclusions.

Lorsque les conclusions ne sont pas dirigées contre la véritable décision, on rejette la requête, sauf aux parties à se pourvoir contre cette décision, c'est-à-dire, en d'autres termes, à rectifier leurs conclusions (14 novembre 1811.)

Ce qui amène une nouvelle instruction de l'affaire, et ce qui, par conséquent, cause aux parties des pertes de temps et d'argent.

Si l'on ne conclut pas aux dépens, le Conseil ne peut en allouer.

Si l'avocat néglige de conclure à l'annulation de la décision attaquée, pour cause d'incompétence, et que le Conseil d'Etat se détermine d'office par ce moyen, la partie au profit de laquelle la décision est annulée n'obtient pas l'adjudication des dépens.

On reconnaît les habiles avocats à la clarté, à la brièveté et à la rectitude de leurs conclusions.

(1) Elle doit porter les *noms* et *demeures* des *parties*, afin que les avocats, s'ils en sont requis, puissent justifier de la qualité des parties, ou du mandat ou des pouvoirs qui les constituent leurs défenseurs.

(2) Pour constater si ces faits sont fidèlement narrés, on exige l'énonciation et l'adjonction des pièces. Ces pièces avec les moyens forment le corps de la défense. Au nombre des pièces doivent figurer principalement les décisions des Conseils de préfecture, des préfets, des Ministres, du Conseil d'Etat et autres, qui sont attaquées; les actes d'estimation, de soumission et d'adjudication, en matière de biens nationaux; les

Art. 2. Les requêtes, et, en général, toutes les productions des parties, seront *déposées* au *secrétariat* du Conseil d'État. Elles y seront

---

marchés, titres, contrats, cahiers de charges et engagemens de toute nature, émanés de l'administration, en matière de fournitures, entreprises, travaux publics, etc.; les exploits de signification, etc., et autres actes de procédure, en matière de fins de non recevoir, déchéance et exception; les jugemens des tribunaux, en matière de conflits négatifs, etc.

Le défaut de production de ces pièces, surtout lorsqu'elles sont principales, engendre des lenteurs dans l'instruction de l'affaire, à cause de la nécessité de leur apport; et le refus ou la négligence de production, après les sommations d'usage, peut amener, au grave détriment des parties, le rejet de leur requête. — 16 octobre 1813, — 17 janvier 1814, — 28 novembre 1816.

Le défaut de production de la décision attaquée n'est pas surtout excusable.

Car, si la décision a été signifiée à la partie, pourquoi ne la représente-t-elle pas? Si la décision ne lui a pas été signifiée, quel intérêt a-t-elle à l'attaquer? et, si elle l'attaque, pourquoi ne la produit-elle pas?

Le règlement n'admet pas les requêtes sommaires ou provisoires. Les parties ont trois mois, à dater du jour de la signification de la décision qu'elles attaquent. Ce délai est suffisant pour qu'elles rassemblent leurs pièces, déjà produites, le plus souvent par elles, en première instance, et pour qu'elles dressent leurs moyens. Les requêtes sommaires ne sont presque jamais que des subterfuges, pour gagner du temps, suspendre une ordonnance de soit communiqué, fatiguer l'adversaire; et paralyser l'exécution des décisions de première instance, dont l'appel est presque toujours suspensif de *fait*, quoiqu'il ne le soit pas de *droit*, ainsi que je l'ai déjà dit.

*inscrites* sur un *registre*, suivant leur ordre de *date*, ainsi que la remise qui en sera faite à l'auditeur (aujourd'hui maître des requêtes) par le Grand-Juge (Garde-des-sceaux), pour préparer l'instruction (1).

Art. 3. Le recours au Conseil d'État n'aura pas *d'effet suspensif*, s'il n'en est *autrement ordonné* (2).

---

)1) Le dépôt de la requête au greffe du Comité du contentieux vaut constitution d'avocat.

Je dois dire, pour rendre hommage à la vérité, que les registres sont tenus avec un ordre et une exactitude qu'on ne saurait trop louer. M. Hochet, secrétaire-général du Conseil d'Etat, fait en même temps les fonctions de secrétaire du Comité du contentieux, depuis l'origine de cette institution; riche de *précédens* et de traditions orales, il facilite et abrége très-souvent par ses indications l'instruction et le débat des affaires.

Le seul Comité du contentieux statue, chaque année, sur plus de quatre cents requêtes, dont l'importance totale ne s'élève pas à moins de cinquante millions. Ainsi, ce Comité, dans sa modeste organisation, est plus laborieusement occupé que la plupart des Cours royales.

(2) 28 mars 1807, — 24 juin 1808.

En matière civile, l'appel est suspensif, à moins que les tribunaux n'ordonnent l'exécution provisoire de leurs jugemens, dans les cas déterminés par la loi. Code de procédure civile, art. 135 et 439.

Au contraire, dans les affaires administratives dont la marche doit être rapide, l'exécution provisoire a lieu de plein droit, et le recours au Conseil d'Etat n'est jamais suspensif.

Les parties, pour écarter l'exécution provisoire des arrêtés ou

Lorsque l'avis de la Commission établic par
le décret du 11 juin 1806 est d'accorder le sur-

---

décisions qui les condamnent, sollicitent fréquemment des
sursis.

Mais le Comité du contentieux ne les accorde que rarement
et pour des causes graves et urgentes.

Lorsque le Comité est d'avis de rejeter la demande en sursis,
il ordonne la communication de la requête à la partie adverse,
pour défendre au fond.

Quelquefois le Comité, avant de prononcer sur la demande
en sursis, ordonne la communication au défendeur, pour qu'il
y réponde ; car si le demandeur a intérêt à empêcher l'exécution provisoire du jugement, le défendeur peut avoir aussi un
grand intérêt à suivre cette exécution. On ne peut donc lui
enlever le droit qui lui est en quelque sorte acquis, sans l'entendre.

C'est le cas alors d'user de la faculté de l'art. 4, qui permet
au Grand-Juge (Garde-des-sceaux) d'abréger les délais, soit
pour la signification de l'ordonnance de soit communiqué au
défendeur, soit pour la réponse de celui-ci.

Mais s'il y a urgence et péril imminent, s'il s'agit de la destruction d'un pont, d'une maison, d'une usine, de coupes de
bois, etc.; si, en un mot, le dommage ou la perte de la chose
litigieuse serait irréparable en définitif, le Comité accorde le
sursis, sans communication préalable. — 22 février 1821.

Si la continuation de faits défendus, ou la conservation de
choses refusées par les arrêtés ou décisions dont est appel,
causait, par l'effet du sursis, quelque préjudice à ceux qui les
ont obtenus, ce préjudice peut être réparé, à leur égard, par
des dommages-intérêts. (16 septembre 1808.)

Les sursis peuvent être accordés, soit pendant un délai prescrit, soit jusqu'à la décision du fond. (6 juillet 1810, —
20 juin 1812.)

sis, il en sera fait rapport au Conseil d'État, qui prononcera.

Art. 4. Lorsque la communication aux parties intéressées aura *été ordonnée* par le Grand-Juge, elles seront tenues de répondre et de fournir leurs défenses dans les délais suivans (1) :

---

Dans ce dernier cas, le demandeur devrait être tenu de signifier au défendeur l'ordonnance de soit communiqué dans le délai d'un mois au plus tard. Les pièces devraient être aussi envoyés au rapporteur immédiatement après la réponse du défendeur.

Voici la formule ordinaire des ordonnances qui accordent le sursis :

« Considérant qu'il n'y a pas péril en la demeure, et que
« l'exécution de l'arrêté attaqué causerait au requérant un
« préjudice irréparable, si, par suite de la décision définitive,
« l'arrêté dont il s'agit n'était pas confirmé ;

« Il est sursis, jusqu'à l'ordonnance à intervenir (ou pen-
« dant un délai déterminé), par suite du présent pourvoi, à
« l'exécution de l'arrêté du 28 mars 1807, — 24 juin 1808,
« — 3 septembre 1817, — 6 novembre 1817, — 17 juin 1818,
« — 17 juin 1820, — 22 février 1821 et autres. »

(1) Cet article doit être combiné avec l'art. 29 du décret du 11 juin 1806 qui porte : « Sur l'exposé de l'auditeur (maître « des requêtes), le Grand-Juge (Garde-des-sceaux) ordon- « nera, *s'il y a lieu*, la communication aux parties intéres- « sées, pour répondre et fournir leurs défenses dans le délai « qui sera fixé par le règlement. »

C'est en effet le Garde-des-sceaux qui, sur la proposition du Comité du contentieux, ordonne, *s'il y a lieu*, la communication.

Une multitude de pourvois sont rejetés immédiatement, et

Dans quinze jours, si leur demeure est à Paris, ou n'en est pas éloignée de plus de 5 myriamètres;

Dans le mois, si elles demeurent à une distance plus éloignée, dans le ressort de la Cour d'appel de Paris, ou dans l'un des ressorts des Cours d'appels d'Orléans, Rouen, Amiens, Douai, Nancy, Metz, Dijon et Bourges;

Dans deux mois, pour les ressorts des autres Cours d'appel en France;

Et à l'égard des colonies et des pays étrangers, les délais seront réglés ainsi qu'il appartiendra par l'ordonnance de soit communiqué.

Ces délais commenceront à courir du jour de la signification de la requête à personne ou domicile, par le ministère d'un huissier.

Dans les matières provisoires ou urgentes, les délais pourront être abrégés par le Garde-des-sceaux (1).

---

sans communication, à la partie adverse. — *V. au mot procédure,* § I.

*V.* Append., § I.—La formule des ordonnances de soit communiqué que le Garde-des-sceaux appose au bas de la requête.

L'avocat prend, au secrétariat du Conseil, la requête qui a obtenu l'ordonnance de soit communiqué, et la fait signifier à la personne ou au domicile de la partie adverse, par le ministère d'un huissier.

(1) Il n'est point d'usage que le Garde-des-sceaux abrége les délais de la défense; mais, immédiatement après leur ex-

Art. 5. La signature de l'avocat au pied de la requête, soit en demande, soit en défense,

---

piration, les pièces devraient être renvoyées au rapporteur et le défaut prononcé, s'il y a lieu.

Si le Comité du contentieux, sur l'exposé du maître des requêtes rapporteur, pense qu'il n'y a pas lieu, après la *seconde* requête du *demandeur*, de communiquer à son adversaire, et que l'affaire est assez instruite pour rejeter dès à présent le pourvoi, on devrait s'abstenir de toute communication ultérieure.

C'est ainsi que les tribunaux ne permettent pas la réplique au défendeur, lorsqu'ils lui donnent gain de cause.

Il y aurait deux avantages dans cette mesure : on épargnerait au défendeur les frais d'une seconde requête ; on accélèrerait la reddition du jugement.

Aussitôt donc que la *réplique* du *demandeur* est déposée au greffe, les pièces devraient être envoyées au rapporteur.

Cela n'est pas d'usage, je le sais, mais cela devrait être ainsi.

Les affaires sont rapportées devant le Comité du contentieux dans l'ordre de leur inscription sur le tableau.

Ce tableau est divisé en deux parties. On porte sur le premier rôle les affaires urgentes et sommaires, qui doivent obtenir la priorité d'examen : telles sont, entre autres, les mises en jugement, les conflits négatifs et positifs, les demandes de sursis, les avant faire droit, les oppositions aux décisions du Conseil d'Etat rendues par défaut, les recours contre les décisions contradictoires, et, en général, toutes les demandes qui, au premier examen des pièces, paraissent susceptibles d'être rejetées immédiatement, et sans communication préalable au défendeur. — *Voy. au mot* PROCÉDURE, § I.

On porte sur le second rôle les affaires contradictoirement instruites au fond.

vaudra constitution et élection de domicile chez lui (1).

Art. 6. Le demandeur pourra, dans la quinzaine après les défenses fournies, donner une *seconde* requête, et le défendeur répondre dans la quinzaine suivante (2).

Il *ne pourra* y avoir plus de *deux* requêtes de la part de chaque partie, *compris* la requête *introductive* (3).

---

Le même ordre est suivi pour l'exposition des affaires au Conseil et pour leur délibération.

(1) En matière ordinaire, les parties peuvent élire domicile ailleurs que chez l'avoué; en matière administrative contentieuse, les parties ne peuvent élire domicile ailleurs que chez l'avocat aux Conseils qui occupe pour elle.

(2) Mêmes observations que pour l'art. 4.

(3) L'usage, abusif selon moi, qui tolère d'abord une requête *sommaire*, puis une requête *ampliative*, et ensuite une requête en *réponse*, c'est-à-dire *trois* requêtes au lieu de *deux*, est donc contraire au texte du règlement.

J'ai dit précédemment qu'un pareil usage était encore plus contraire à son esprit. L'art. 6 n'a pas entendu par requête *introductive* une requête *provisoire ou sommaire*. Le règlement n'a pas voulu qu'il y eût une requête pour interrompre les délais, une autre pour prendre des conclusions, pour développer les moyens, et pour fournir les pièces, une autre pour répliquer.

*Deux* requêtes *en tout*, voilà seulement ce qu'il permet. Le reste est de l'abus.

Il n'y a pas de défenses qui ne puissent être largement développées et contenues dans *deux* requêtes. Avec des productions

31 *

Art. 7. Lorsque le jugement sera poursuivi contre plusieurs parties, dont les unes auraient fourni leurs défenses, et les autres seraient en défaut, il sera statué, à l'égard de toutes, par la même décision.

Art. 8. Les avocats des parties pourront prendre communication des productions de l'instance au secrétariat, sans frais.

Art. 9. Lorsqu'il y aura *déplacement* de pièces, le *récépissé* signé de l'avocat portera son obligation de les rendre dans un délai qui ne pourra excéder huit *jours*; et après ce délai expiré, le Grand-Juge pourra condamner *personnellement* l'avocat à *dix francs au moins* de dommages et intérêts par chaque jour de retard, et même ordonner qu'il sera *contraint par corps* (1).

----

sans terme, il n'y aurait de terme non plus ni aux frais ni aux procès.

Indépendamment des requêtes, les parties font souvent imprimer des mémoires qu'elles distribuent aux membres du Conseil.

Ces mémoires doivent être signifiés à l'adversaire, afin qu'il puisse, s'il y a lieu, réfuter à son tour, dans un autre mémoire, les moyens, exceptions ou insinuations qui y sont renfermés.

(1) Ces dispositions n'ont jamais été mises à exécution, quoique des avocats aient, malgré les invitations réitérées du greffe, gardé les pièces qu'ils avaient prises en communication,

Art. 10 Dans aucun cas, les délais pour fournir ou signifier requête ne seront prolongés par l'effet des communications (1).

Art. 11. Le recours au Conseil d'Etat contre la décision *d'une autorité qui y ressortit* (2) ne

---

non pas *huit* jours, mais *trois* et *six* mois. Cet abus est intolérable.

La sommation de rétablir les pièces devrait être faite, non par voie de correspondance officieuse, mais par acte d'huissier et dans la forme légale, à la requête du Garde-des-sceaux; cette sommation devrait toujours être faite à l'expiration des délais, indépendamment de toute plainte ou demande des parties. Car l'observation des règlemens n'est pas seulement dans l'intérêt des parties, elle est aussi d'ordre public. Le terme de *huit* jours ne devrait donc pas être un délai comminatoire, mais un délai de rigueur. Les avocats aux Conseils et les maîtres des requêtes rapporteurs doivent sans cesse se rappeler qu'ils ne sont institués que dans le seul intérêt des justiciables, et qu'un seul jour de retard et de négligence dans l'instruction et le rapport des affaires administratives peut quelquefois entraîner, pour les parties, des préjudices irréparables.

(1) Mêmes observations que pour l'article précédent.

(2) Les autorités qui *ressortissent* au Conseil d'État sont celles dont les *décisions* peuvent être attaquées par voie de recours, aux termes des lois et règlemens.

On peut ranger dans cette classe :

1°. Tous les arrêtés des Conseils de préfecture qui ont statué par voie de jugement;

2°. Les arrêtés des anciennes administrations centrales et directoires de département ;

sera pas recevable après trois mois du jour où cette décision aura été notifiée (1).

---

3°. Les arrêtés des préfets, lorsqu'ils ont excédé leur compétence;

4°. Les décisions par défaut, prises par les gouvernemens intermédiaires, et par le Conseil d'Etat, en matière contentieuse, et auxquelles l'opposition peut être utilement formée;

5°. Les décisions des Ministres rendues contradictoirement avec les parties, dans la même matière.

(1) Il faut distinguer les décisions prises entre les particuliers ou corporations, des décisions prises entre les particuliers et l'État.

Quant aux premières, la jurisprudence a établi par une foule d'exemples que la notification, ou plutôt la signification, par le ministère d'un *huissier*, donnée à personne ou domicile, à la requête de la partie et conformément aux règles prescrites par l'article 443 du Code de procédure civile, pouvait seule faire courir les délais du règlement.

Cette règle, empruntée à la procédure civile et fondée sur la similitude des décisions rendues en matière administrative avec les jugemens des tribunaux, a été consacrée par les décrets des 23 avril 1807, 18 août 1807, 22 janvier 1808, 6 juin 1811, 4 août 1811, 18 août 1811, et par les ordonnances royales des 27 novembre 1814, 21 mai 1817, 24 décembre 1818, 28 juillet 1819, 9 juillet 1820, 28 juillet 1820, 9 décembre 1821. V. au mot *Délai du recours*, § 1.

Les mêmes règles sont applicables :

Aux communes (19 mars 1811, 25 février 1818, 19 décembre 1821);

Au trésor, lorsqu'il se pourvoit par l'organe de l'agent judiciaire contre des arrêts définitifs de la Cour des Comptes qui lui ont été extrajudiciairement signifiés, à la requête des comp-

Art. 12. Lorsque, sur un semblable pourvoi fait dans le délai ci-dessus prescrit, il aura été

---

tables ( 17 mai 1817, 28 juillet 1819 et 18 juillet 1821. V. au mot *Délai du recours* );

Aux fabriques, hospices et autres établissemens publics qui estent au Conseil, soit en demandant, soit en défendant, par le ministère d'un avocat (14 août 1822);

Au domaine (3 janvier 1815. V. au mot *Délai du recours*, § 4.).

Quant aux décisions rendues par les Ministres au profit de l'État, la notification administrative par lettres des Ministres eux-mêmes, ou des directeurs généraux, premiers commis et autres agens à ce délégués, à Paris, et par les préfets, intendans militaires et autres agens, dans les départemens, suffit aujourd'hui pour faire courir contre les parties que ces décisions condamnent, les délais de l'article 11 du règlement.

C'est ce qui résulte des ordonnances des 6 février 1811, 3 juin 1818, 3 juin 1818, 2 juin 1819, 2 juin 1819, 1 décembre 1819, 19 décembre 1819, 29 décembre 1819, 23 février 1820, 19 mars 1820, 6 septembre 1820, 8 novembre 1820, 2 décembre 1820, 27 décembre 1820, 24 octobre 1821, 19 décembre 1821, 27 février 1822, 20 mars 1822, 17 avril 1822, 8 mai 1822, 8 mai 1822, 28 mai 1822, et autres. V. au mot *Délai du recours*, § I.

La déclaration qu'on entend se pourvoir contre la décision d'une autorité qui ressortit au Conseil d'État, faite par acte d'huissier signifié à personne ou domicile, est nulle pour empêcher les délais de l'art. 11 de courir. V. 25 juin 1817.

Il en serait de même d'un pourvoi qui serait formé devant un ministre, ou d'une instance engagée devant les tribunaux ou devant les Conseils de préfecture par voie d'opposition ou de tierce opposition à un arrêté qui n'en était pas susceptible, au lieu de l'être directement devant le Comité du contentieux

rendu une ordonnance de soit communiqué, cette ordonnance devra être signifiée dans le délai de *trois mois*, sous *peine* de déchéance (1).

---

28 novembre 1818, 17 juin 1818. Le bénéfice des délais est acquis aux parties, comme les jugemens.

C'est pour cela que le Conseil d'État n'accorde jamais de relief de laps de temps, si ce n'est dans des circonstances extraordinaires, et seulement en vertu d'une ordonnance ré-glémentaire qui limite la durée et les effets de cette mesure d'exception. V. ordonnance réglémentaire du 29 novembre 1815, et cinq ordonnances d'exécution rendues en matière contentieuse, les 6 et 12 mars 1818.

Dans ce cas, le délai pour signifier l'ordonnance de soit communiqué ne commence à courir que du jour de l'ordonnance de relief.

(1) J'ai déjà eu occasion de remarquer que ce délai n'aurait pas dû être absolu, mais gradué selon les distances et selon les espèces. Lorsque l'affaire est simple et que le défendeur demeure à Paris, faut-il *trois mois* pour que le demandeur lui fasse signifier sa requête? car on ne signifie que la *requête*, et non les *pièces* à l'appui, qui restent déposées au greffe du secrétariat, où le défendeur, averti par l'ordonnance de soit communiqué, peut venir en prendre connaissance. — *V. au mot* DÉCHÉANCE, § *unique. V. la formule des ordonnances de soit communiqué*, § I.

*V. Eod. verb. décrets des* 22 *novembre* 1811, 18 *août* 1811, 8 *mars* 1814. *V. ordonnances des* 19 *mars* 1817, 25 *août* 1810, 29 *mai* 1819 *et autres.*

L'ordonnance de *soit communiqué* doit contenir le *nom* de ceux contre lesquels le requérant a entendu diriger son pour-voi. Elle ne peut pas être signifiée par extension à un individu qui ne s'y trouverait pas compris.

Il ne peut dépendre, en effet, du caprice du demandeur de

Art. 13. Ceux qui demeureront hors de la France continentale auront, outre le délai de trois mois, énoncé dans les deux articles ci-dessus, celui qui est réglé par l'art 73 du Code de procédure civile.

Art. 14. Si, d'après l'examen d'une affaire, il

---

traîner devant le Conseil d'Etat et de constituer en frais des personnes étrangères au litige.

Mais, d'un autre côté, l'ordonnance de *soit communiqué* doit être signifiée exactement à toutes les personnes que le demandeur indique comme ses adversaires en tête de sa requête (13 juillet 1814, 21 mai 1817).

Le Comité du contentieux, avant d'ordonner le soit communiqué, a toujours soin de rechercher, sur l'exposé sommaire des maîtres des requêtes rapporteurs, si les individus, établissemens ou administrations, indiqués comme défendeurs dans la requête en pourvoi, sont, ou du moins, paraissent être les véritables adversaires du requérant.

La signification des ordonnances de soit communiqué dans les affaires entre particuliers doit être faite par acte d'huissier, à personne ou domicile.

Lorsque le débat s'élève entre un particulier et une commune, corporation, établissement public ou administration, la signification doit être faite au maire ou adjoint, aux préfets, aux administrateurs, aux directeurs, et elle doit être visée par eux.

Lorsqu'un particulier attaque la décision d'un Ministre, la signification du soit communiqué au Ministre s'effectue par lettre du Garde-des-sceaux.

Les qualités des parties s'établissent par requêtes. Un exploit de signification ne peut changer les noms et les qualités. — *Voy.* 10 *août* 1818.

y a lieu d'ordonner que des faits ou des écritures soient vérifiés, ou qu'une partie soit interrogée, le Grand-Juge désignera un maître des requêtes, ou commettra sur les lieux ; il règlera la forme dans laquelle il sera procédé à ces actes d'instruction (1).

---

(1) Le Comité du contentieux emploie divers moyens d'instruction pour éclairer sa religion.

Il requiert des mises en cause ; il fait commettre sur les lieux des juges de paix, préfets, sous-préfets, ingénieurs ; et quelquefois, à Paris, il désigne les maîtres des requêtes rapporteurs pour procéder à des enquêtes, expertises, auditions de témoins, vérifications d'écritures, etc.

Il propose aussi des ordonnances interlocutoires, lorsqu'il s'agit, par exemple, de faire statuer préalablement par les tribunaux sur une question de propriété.

1°. *Formule des mises en cause.*

« Nous, Garde-des-sceaux, etc.,

« Vu la requête présentée au Roi en son Conseil d'Etat
« par M....,

« Vu la réponse de N....,

« De l'avis du Comité du contentieux, avons ordonné :

« Le sieur Pierre est mis en cause dans l'instance pendante
« au Conseil d'Etat, entre le sieur M.... et le sieur N.... ( ou
« entre un particulier et une commune et un ministère ); et
« sera notre dite ordonnance notifiée aux sieurs M.... et N....,
« qui la feront signifier, ainsi qu'ils aviseront, au sieur Pierre.

« Donné en l'hôtel de la chancellerie,

« le         — *Voy.* 5 *juillet* 1819. »

2°. *Formule des ordonnances de committimus.*

« Nous, Garde-des-sceaux, etc.,

« Vu la requête présentée au Roi,

Art. 15. Dans tous les cas où les délais ne sont pas fixés par le présent décret, ils seront déterminés par ordonnance du Grand-Juge.

---

« Considérant que les faits assignés ne sont pas suffisam-
« ment éclaircis,

« De l'avis du Comité du contentieux,

« Ordonnons *qu'avant faire droit*, il sera par le juge
« de paix du canton de...., en présence du sieur M...., (si le
« litige est entre particuliers, ou du maire de telle commune,
« ou du préfet de tel département), et du sieur N...., dû-
« ment appelé, procédé à la vérification de tels et tels faits,
« telles pièces et écritures, tels lieux, etc., etc.

« Le requérant et le sieur N.... (ou le maire, ou le préfet,
« ou délégué) pourront, devant ledit juge de paix, présenter
« telles observations que bon leur semblera, et même requérir
« que leurs dires soient insérés au procès verbal qui sera dressé
« par ledit juge de paix, pour, sur le tout, être ensuite statué
« par le Roi, en son Conseil, ce qu'il appartiendra.....

« Expéditions de la présente ordonnance seront adressées
« tant audit juge de paix commissaire qu'au préfet du dépar-
« tement, qui, chacun en ce qui le concerne, sont chargés de
« son exécution. »

3°. *Formule des procès verbaux de visites de lieux ou d'en-*
*quêtes dressés par les maîtres des requêtes à ce dé-*
*partis.*

« Le...... mois...., jour...., heure de relevée, en exécution
« de l'ordonnance de M. le Garde-des-sceaux, du........

« Nous, H...., maître des requêtes en service ordinaire.....
« assisté de....., nous sommes transporté ( indiquer le lieu ),
« où nous avons trouvé tels et tels...., auxquels il a été donné
« lecture de la susdite ordonnance du....

Art. 16. Dans les affaires contentieuses introduites au Conseil, sur le *rapport* d'un Ministre,

---

« Après quoi, nous avons procédé (soit à une enquête, soit
« à une vérification de faits, ou de lieux, ou d'écritures.....)
« Les parties ont observé, etc., etc.

« A......, le......: en présence des commissaires ( s'il y en
« a ), et des parties qui ont signé, après lecture faite. »
— *V. 24 mars* 1819.

4°. *Formule des procès verbaux d'audition de témoins,
dressés par les maîtres des requêtes.*

« Le jour..., mois et an,

« Nous H***, maître des requêtes en service ordinaire,
« assisté de.... que nous avons choisi pour notre greffier, et
« dont nous avons à l'instant reçu le serment d'en bien et fidè-
« lement remplir les fonctions,

« Avons procédé en notre domicile à Paris, rue
« n°   en exécution de l'ordonnance de M. le Garde-des-
« sceaux, à l'enquête et information pour laquelle nous avons
« été commis par ladite ordonnance sur les faits et circonstan-
« ces de. . . . .

« Est comparu devant nous Pierre, lequel a déclaré. . . . .

« Nous avons fait donner lecture par notre greffier à. . . . .
« de ses déclarations.

« Et il a ensuite signé avec nous et notre greffier, les jour
« et an susdits (3 mai 1817). »

5°. *Formule des ordonnances interlocutoires d'avant faire
droit.*

« Vu la requête du sieur H***,
« Vu la requête en réponse du sieur N***,
« Considérant qu'avant de statuer sur la validité de la vente
« nationale du. . . . . (ou de tel versement fait dans les

il sera donné, dans la forme administrative ordinaire, avis à la partie, des *mémoires* et *pièces*

---

« caisses publiques, ou de tel marché de fournitures, ou de
« telles créances répétées contre l'Etat, ou de tout autre ques-
« tion administrative), il y a lieu de faire préalablement sta-
« tuer par les tribunaux sur (telle ou telle question de pro-
« priété, ou sur la validité et les effets d'un titre privé, ou
« d'un fait étranger à l'administration, ou de tout autre ques-
« tion judiciaire);

    « Notre Conseil d'Etat entendu,

    « Nous avons ordonné....

    « *Avant faire droit*, les parties se retireront devant les
« tribunaux, à l'effet de faire statuer sur la question de sa-
« voir..... pour, après, être par nous, en notre Conseil d'Etat,
« prononcé ce qu'il appartiendra. »

Quelquefois le dispositif porte :

    « Il est *sursis* à statuer sur la validité et les effets de la
« vente administrative (si par exemple il s'agit d'une vente),
« jusqu'à ce que les tribunaux aient prononcé sur la question
« de propriété, etc., etc. *V. ordonnances des* 18 *jan-*
« *vier* 1815, 25 *juin* 1817, 25 *juin* 1817, 10 *juillet* 1822 *et*
« *autres.* »

Souvent aussi le Comité, pour s'éclairer, ordonne que la requête et les pièces seront, soit avant l'instruction contradictoire, soit après, communiquées à tel ministère ou à telle administration, pour obtenir un renseignement, un document,
une solution préalable, sur tel fait ou sur telle allégation du
requérant.

La communication se fait, dans ce cas, par voie de correspondance administrative.

C'est ainsi que le Comité du contentieux, en matière de
biens nationaux, de remboursement de rentes, et autres de
cette nature, a soin de consulter l'administration des Domai-

fournis par les agens du gouvernement, afin qu'elle puisse prendre communication dans la forme prescrite aux art. 8 et 9, et fournir sa réponse dans le délai du règlement (1).

---

nes, quoiqu'elle soit sans intérêt pour paraître judiciairement en cause dans le litige. Les mémoires de cette habile direction se font presque tous remarquer par l'exactitude des faits, l'ordre des moyens, la solidité des preuves et la connaissance judicieuse des précédens, et ils peuvent être offerts comme des modèles de rédaction aux avocats au Conseil eux-mêmes, et aux autres administrations générales.

Il est seulement fâcheux que la régie, soit que des travaux immenses absorbent ses momens, soit habitude, ne réponde aux communications qui lui sont faites par le Comité du contentieux qu'au bout de trois, quatre, six mois, un an et quelquefois plus.

Ne rendre que tardivement la justice, en matière administrative, c'est souvent, en d'autres termes, la dénier.

(1) Il y a des administrations générales, telles que les contributions indirectes, de l'enregistrement et du Domaine qui procèdent au Conseil d'Etat par le ministère d'un avocat au Conseil (sauf quelques cas où elles usent de la faculté que leur donne l'art. 16).

Il y en a d'autres, telles que les mines, les ponts et chaussées, les forêts, les douanes, qui y sontreprésentées par le Ministre du département duquel elles dépendent, et elles sont défendues par simples lettres du Ministre, appuyées quelquefois de mémoires de leurs Conseils d'administration.

Les Ministres engagent également le recours en leur nom par simples lettres, lorsque ce recours est par eux dirigé contre un arrêté de Conseil de préfecture qui a excédé sa compétence, ou lésé les intérêts de l'Etat.

Ils défendent aussi par simples lettres aux recours formés,

Art. 17. Lorsque, dans les affaires où le *gou-vernement* a des intérêts opposés à ceux d'une

par les parties contre les décisions qu'ils prennent sur la demande desdites parties, ou d'office, ou après avoir consulté leur Comité ou leurs bureaux, ou sur la proposition des directions et administrations générales ou agens qui ressortissent de leur ministère.

Quelquefois le Ministre des finances, pour éviter les frais d'une constitution d'avocat, introduit le pourvoi devant le Conseil au nom du Domaine, dans la forme administrative de l'art. 16, c'est-à-dire qu'il saisit directement le Conseil, par le rapport qu'il lui adresse avec la décision attaquée et les pièces à l'appui.

Le Ministre de l'intérieur n'a point qualité pour représenter les communes ni les hospices. Il ne peut donc ester au Conseil d'Etat, en leur nom, soit en demandant, soit en défendant. *V. au mot* COMMUNES, §. I.

La règle générale est, que les Ministres sont sans qualité pour se pourvoir au Conseil d'Etat dans l'intérêt et au nom d'un particulier.

On ne communique pas le rapport du Ministre. Cette pièce n'est, dit-on, que pour S. M., et ne fait pas partie de l'instruction. Le rapport ne doit donc contenir que l'exposé sommaire des faits, l'énonciation des moyens et les conclusions.

Mais les mémoires qui y sont joints et qui renferment le développement de ces faits, de ces moyens et de ces conclusions, doit être communiqué aux parties, ainsi que toutes les pièces et tous les documens sur lesquels le Ministre se fonde pour écarter le pourvoi.

Toutefois, les avis des Comités du Conseil, ainsi que les rapports confidentiels et intérieurs des bureaux, ne peuvent-être regardés que comme des consultations données au Ministre qui les provoque pour s'éclairer, et ne sont pas, de leur nature,

partie, l'instance est introduite à la requête de cette partie, le *dépôt* qui sera fait au secrétariat du Conseil, de la requête et des pièces, *vaudra notification aux agens du gouvernement* (1).

---

susceptibles d'être communiqués aux parties, à moins que le Comité du contentieux, dans sa prudence, n'en ordonne autrement, d'office, ou sur la demande des parties.

Le Comité du contentieux s'applique constamment à donner à la défense des parties autant de latitude que la nature des matières administratives et la forme actuelle de son organisation et de sa procédure le comportent.

(1) Les délais pour fournir réponse, qui, dans ce cas, ne sont que de quinze jours, puisque le siége du gouvernement est à Paris, ne peuvent courir à partir du jour du dépôt. En effet, le gouvernement n'est averti et en quelque sorte sommé de répondre, que lorsque le Comité du contentieux, sur l'exposé du maître des requêtes rapporteur, ordonne la communication au Ministre. C'est donc à partir de la date de la lettre du Garde-des-sceaux, qui transmet au Ministre le pourvoi dirigé contre lui, que le délai pour répondre doit se supputer.

Les délais sont généraux. Leur bénéfice, comme leur rigueur, appartient à toutes les parties. Les Ministres doivent donc répondre dans les délais. Cette obligation me paraît d'autant plus pressante, que le Garde-des-sceaux ne peut user contre les Ministres et administrations générales, de ces moyens coërcitifs que l'art. 9 du règlement lui donne contre les avocats au Conseil en retard de remettre les pièces lorsqu'il y a eu déplacement.

D'ailleurs, le devoir, comme le besoin du gouvernement, est de donner, avant tous les autres, l'exemple de la ponctualité dans l'instruction des affaires. Il n'en est malheusement pas

Il en sera de même pour la suite de l'instruction.

## TITRE II. — *Des incidens qui peuvent survenir pendant l'instruction d'une affaire.*

### § Ier. Des demandes incidentes (1).

Art. 18. Les demandes incidentes seront formées par une requête sommaire déposée au secrétariat du Conseil. Le Grand-Juge en ordonnera, s'il y a lieu, la communication à la partie intéressée, pour y répondre dans les trois jours de la signification, ou autre bref délai qui sera déterminé.

Art. 19. Les demandes incidentes seront jointes au principal, pour y être statué par la même décision.

S'il y avait lieu néanmoins à quelque disposition provisoire et urgente, le rapport en sera

---

ainsi. Les pourvois des parties restent quelquefois ensevelis, avec les pièces du dossier, dans les bureaux des Ministres, pendant six mois, un an, et plus. Cet abus est aussi préjudiciable à l'Etat qu'aux particuliers. La justice, dans sa distribution, ne doit admettre aucune acception de personnes. L'Etat qui plaide avec un particulier n'est plus lui-même qu'un particulier. Expédier lentement la justice, en matière administrative, c'est (on ne saurait trop le répéter) la dénier.

(1) La pratique du Conseil offre peu de demandes incidentes: comme elles doivent toujours être jointes au principal, elles suivent le sort de la procédure ordinaire. Il n'y a sur ce point aucune remarque à faire.

fait par l'auditeur, à la prochaine séance de la commission, pour y être pourvu par le Conseil, ainsi qu'il appartiendra.

### § II. — De l'inscription de faux.

Art. 20. Dans le cas d'une demande en inscription de faux contre une pièce produite, le Grand-Juge fixera le délai dans lequel la partie qui l'a produite sera tenue de déclarer si elle entend s'en servir.

Si la partie ne satisfait pas à cette ordonnance, ou si elle déclare qu'*elle n'entend pas se servir* de la pièce, cette pièce sera rejetée.

Si la partie fait la déclaration qu'elle entend se servir de la pièce, le Conseil d'Etat statuera sur l'*avis* de la Commission, soit en ordonnant qu'il sera sursis à la décision de l'instance principale, jusque après le jugement du faux par le tribunal compétent, soit en prononçant la décision définitive, si *elle ne dépend pas* de la *pièce arguée de faux* (1).

_____

(1) Voici les règles que la jurisprudence a introduites:

1°. Lorsque la partie consent à ne pas se servir de la pièce arguée de faux, ou à être jugée sur la copie de ladite pièce produite comme régulière par son adversaire, il n'y a pas lieu d'ordonner qu'il sera procédé au jugement du faux par le tribunal compétent.

2°. Lorsque la demande en inscription de faux est dirigée contre une pièce relative au fond de l'affaire, et que le pourvoi n'est pas recevable dans la forme ( comme si, par exemple, le demandeur prétend qu'un acte de vente contient une sur-

## § III. — De l'intervention.

Art. 21. L'intervention sera formée par requête ; le Grand-Juge ordonnera, s'il y a lieu, que cette requête soit communiquée aux parties, pour y répondre dans le délai qui sera fixé par l'ordonnance ; néanmoins, la décision de l'affaire principale, qui serait instruite, ne pourra être retardée par une intervention (1).

---

charge de noms, ou rature, ou addition, qui, selon lui, constituerait un faux, et qu'il ait acquiescé à un arrêté de Conseil de préfecture qui a prononcé sur la validité dudit acte d'adjudication produit devant lui, ou qu'il ne se trouve plus dans le délai utile pour l'attaquer ), il n'y a pas lieu également de s'occuper de ladite demande — 19 mai 1815 et 20 février 1822.

3°. Il ne suffit pas, pour arrêter l'instruction de l'instance principale, que l'une des pièces produites soit arguée de faux, ni même qu'elle soit reconnue fausse : il est nécessaire que cette pièce soit décisive, et que le jugement du Conseil en dépende, sans quoi le Comité passe outre. *V.* 21 *novembre* 1807.

Il n'y a pas d'exemples qu'aucune demande en inscription de faux ait été renvoyée devant les tribunaux, par suite d'un pourvoi formé au Conseil.

(1) Les bailleurs de fonds sont sans qualité pour intervenir en leur nom dans le pourvoi formé par un entrepreneur de travaux publics. — 22 février 1821.

Il en est de même des sous-traitans, avec lesquels la décision attaquée n'a pas été rendue. — 18 avril 1821.

Les sous-acquéreurs qui n'ont dans la contestation, d'autres droits ni d'autres intérêts que ceux des acquéreurs, ne sont pas admissibles dans leur pourvoi en intervention devant le Conseil d'Etat. — 31 octobre 1821.

§ IV. — Des reprises d'instance et constitution de nouvel avocat.

Art. 22. Dans les affaires qui ne seront point en état d'être jugées, la procédure sera suspendue par la notification du décès de l'une des parties, ou par le seul fait du décès, de la démission, de l'interdiction ou de la destitution de son avocat (1).

Cette suspension durera jusqu'à la mise en demeure, pour reprendre l'instance ou constituer avocat.

Art. 23. Dans aucun des cas énoncés en l'article précédent, la décision d'une affaire en état ne sera différée.

Art. 24. L'acte de révocation d'un avocat, par sa partie, est sans effet pour la partie adverse, s'il ne contient pas la constitution d'un autre avocat.

§ V. — Du désaveu.

Art. 25. Si une partie veut former un désaveu, relativement à des actes ou procédures faits en son nom, ailleurs qu'au Conseil d'Etat, et qui peuvent influer sur la décision de la cause qui y est portée, sa demande devra être communiquée aux autres parties. Si le Grand-Juge

_____

(1) La notification du décès d'une partie ne peut retarder la décision d'une affaire, lorsqu'il ne s'agit que de prononcer sur la compétence, et que l'affaire est en état d'être jugée sous ce rapport. — 13 janvier 1816.

estime que le désaveu mérite d'être instruit, il renverra l'instruction et le jugement devant les juges compétens, pour y être statué dans le délai qui sera réglé..

A l'expiration de ce délai, il sera passé outre au rapport de l'affaire principale, sur le vu du jugement du désaveu, ou faute de le rapporter.

Art. 26. Si le désaveu est relatif à des actes ou procédures faits au Conseil d'Etat, il sera procédé contre *l'avocat*, sommairement et dans les délais fixés par le Grand-Juge (1).

## TITRE III.

§ Ier. — Des décisions du Conseil d'Etat.

Art. 27. Les décisions du Conseil contiendront les noms (2) et qualités des parties, leur

---

(1) L'action en désaveu n'est pas ouverte vis-à-vis de celui qui a signé, comme fondé de pouvoirs, le premier mémoire en recours ( quoique la procuration n'ait pas été produite ), si, d'ailleurs, on a fait usage, à cette époque, des mêmes faits, des mêmes moyens et des mêmes pièces dont la partie désavouante excipe actuellement. — *V.* 19 *octobre* 1814.

Le désaveu proposé contre un avocat qui a occupé debout l'ancien Conseil des parties serait aujourd'hui repoussé comme tardif et irrévocable, surtout si l'arrêt attaqué avait reçu son exécution. — 13 *février* 1815.

Le désaveu ne peut être formé que contre *l'avocat*, et non contre la *partie*, parce que les avocats *seuls* ont droit de postuler devant le Conseil d'Etat. On n'admet dans l'instruction, comme nous l'avons vu, ni les requêtes des parties signées d'elles seules, ni la production de leurs pièces.

(2) On ne doit pas se servir, dans la rédaction des ordon-

conclusions (1) et le vu des pièces principales (2).

---

nances, de la dénomination de *un tel et consorts*, surtout lorsqu'il y a un grand nombre de parties en cause, et qu'elles agissent dans un intérêt au fond individuel, quoiqu'en apparence collectif; car il est arrivé quelquefois que les mêmes parties se représentaient au Conseil, en soutenant que l'expression de *consorts* ne leur était point applicable; qu'elles n'avaient ni figuré ni paru lors de la première instance; qu'ainsi, leur pourvoi était recevable. Le contrôle de cette prétention se trouve dans les archives du Comité du contentieux, où les requêtes des parties restent déposées, et qui portent le nom des requérans.

Mais, pour éviter les recherches, et même, au besoin, la soustraction de la requête, il vaut mieux inscrire littéralement dans les décisions du Conseil d'Etat tous les noms des parties qui figurent, soit en demandant, soit en défendant.

Les avocats doivent s'abstenir également d'employer la dénomination de *consorts* dans l'intitulé de leurs mémoires, parce qu'ils doivent, au besoin, s'ils en sont requis, justifier des pouvoirs des parties qui les ont constitués.

De plus, il faut que le défendeur sache quels sont ses véritables adversaires.

Les ordonnances de soit communiqué doivent aussi désigner clairement le nom du défendeur, afin que le demandeur ne puisse pas, sous le nom générique de consorts, assigner indistinctement qui il lui plaîrait.

(1) Il n'est point d'usage de viser dans leur entier les conclusions du défendeur, surtout s'il gagne sa cause, ou à moins qu'il ne forme récursoirement quelque demande nouvelle.

(2) Quant à l'énonciation des pièces principales, elle est généralement exprimée par ce visa : *Vu toutes les pièces respectivement produites et jointes au dossier.*

La production des pièces jointes est toujours consignée et

Art. 28. Elles ne seront mises à exécution contre une partie qu'après avoir été préalablement signifiées à l'avocat au Conseil qui aura été occupé pour elle.

§ II. — De l'opposition aux décisions rendues par défaut.

Art. 29. Les décisions du Conseil d'Etat rendues par défaut sont susceptibles d'*opposition* (1).

---

certifiée par l'avocat occupant, à la fin de la requête qui reste en dépôt aux archives. Il suffirait de recourir à cette requête, si la partie venait à reproduire comme nouvelle une pièce qui aurait déjà figuré dans l'instance terminée ( ce qui est arrivé plusieurs fois ).

Lorsqu'une pièce sert de fondement à la décision , le Conseil d'Etat la vise. C'est ainsi qu'on vise toujours les arrêtés ou décisions attaqués, les actes de vente, les marchés, les traités, les jugemens des tribunaux, les significations, et, en général, les actes, documens et pièces sur lesquels les parties fondent principalement leurs moyens, titres, droits, fins de non recevoir et exceptions de toute nature.

On vise également la date de l'enregistrement au secrétariat général du Conseil d'Etat, des requêtes en demande ou en défense.

La date de cet enregistrement, comparée à la date de la signification extrajudiciaire des décisions attaquées, justifie l'application de la fin de non recevoir tirée de l'art. 11 du règlement, lorsque les parties ont laissé expirer le délai utile du pourvoi.

(1) Il est de droit naturel que les décisions prises de propre mouvement ou sur la demande d'une partie soient susceptibles d'être attaquées par la partie qu'elles condamnent sans l'avoir entendue.

Mais il pourrait paraître que toute partie qui, avertie par

Cette opposition ne sera point *suspensive*, à moins qu'il n'en soit autrement ordonné (1).

Elle devra être formée dans le délai de *trois mois*, à compter du jour où la décision par défaut aura été *notifiée* (2).

---

l'ordonnance de soit communiqué, fait défaut et en quelque sorte rébellion à la justice, ne devrait pas être reçue dans son opposition.

En effet, le défendeur, qui peut avoir surpris un arrêté de l'administration locale, laisse expirer les délais de la réponse, qu'on prolonge ordinairement, par condescendance, cinq ou six fois au delà des termes fixés par le règlement; et il a soin ensuite de ne former opposition à la décision du Conseil d'État, intervenue contre lui par défaut, que trois mois après la signification qui lui en est faite. Alors, il présente une requête sommaire, annonce de nouvelles pièces, promet le développement abondant de ses moyens, obtient par ces nouvelles surprises une ordonnance de soit communiqué, qu'il se garde de faire signifier à son adversaire avant l'expiration des trois mois que l'art. 12 du règlement lui accorde. C'est ainsi que les litiges se perpétuent. On devrait, au moins, ne permettre pour la signification des ordonnances de soit communiqué sur opposition que des délais abrégés et gradués d'après les distances. — *V. au mot* PROCÉDURE, § II.

(1) Cette disposition est fondée sur les mêmes motifs que celle de l'art. 3 dudit règlement; elle a aussi pour but de contraindre le défendeur à former son opposition dans un délai plus court.

(2) Le délai de *trois mois* pour former opposition, lorsque, sur l'ordonnance de soit communiqué, le défendeur a déjà eu le plus souvent deux, trois et quatre mois pour se défendre, est beaucoup trop long. Ce délai devrait être gradué d'après la distance du domicile du défendeur au siége du gouverne-

Après ce délai, l'opposition ne sera plus recevable (1).

Art. 50. Si la Commission est d'avis que l'opposition doive être reçue, elle fera *son rapport au Conseil*, qui remettra, s'il y a lieu, les parties dans le même état où elles étaient auparavant (2).

---

ment. Dans tous les cas, il ne devrait pas s'étendre au delà d'un mois, à moins que, sur l'exposé du défendeur, le Conseil d'Etat ne l'autorisât à développer ses moyens dans une requête ampliative.

La *notification* des décisions du Conseil d'Etat prises par défaut doit avoir lieu, ou par lettres, lorsque la décision est au profit de l'Etat, représenté dans l'instance par un Ministre, ou par huissier, lorsqu'elle est au profit d'un particulier ou d'une commune ou corporation.

Il serait plus régulier que les Ministres, dans ce cas, fissent signifier aux parties, par acte d'huissier, les décisions qu'ils ont obtenues. — V. DÉLAI DU RECOURS, § I.

(1) La partie a été avertie deux fois : la première par l'ordonnance de soit communiqué; la seconde, par la signification de la décision par défaut. Accorder de nouveaux délais, ce serait se jouer de la justice elle-même.

On ne peut former opposition à une décision du Conseil d'Etat qui n'est que la suite de l'exécution d'une autre décision contradictoire. — 26 février 1817.

(2) L'application de cette disposition varie dans l'usage. Quelquefois le Comité du contentieux ordonne, sans faire rapport au Conseil, la communication du pourvoi de l'opposant à la partie adverse.

Quelquefois, et plus rarement, il fait rapport au Conseil, qui reçoit l'opposant dans la forme et remet les parties dans le

La décision qui aura admis l'opposition sera signifiée dans la huitaine, à compter du jour de cette décision, à l'avocat de l'autre partie.

---

même état où elles étaient auparavant. — V. 12 juillet 1812.

Le premier mode est, selon moi, préférable. En effet, on ne doit pas enlever au demandeur, sans l'entendre, le bénéfice de la décision par défaut qu'il a obtenue.

On lui communique donc, s'il y a lieu, pour qu'il réponde, tant sur les moyens d'opposition qu'au fond.

Cette marche abrége l'instruction.

Mais si l'opposant paraît, d'après son propre exposé et les pièces qu'il produit, mal fondé dans son opposition, on la reçoit seulement dans la forme, et l'on prononce au fond sur sa requête, sans communication préalable à son adversaire et par voie de rejet. — 19 décembre 1821, — 8 mai 1822.

Il n'y a nécessité d'appliquer la disposition du règlement telle qu'elle est écrite, que lorsque l'opposant fait valoir pour unique moyen, dans la forme, qu'il n'a pas été entendu lors de la décision par défaut.

Encore le Comité peut-il, dans ce cas, prescrire à l'opposant de produire ses moyens, au fond, dans une requête ampliative et dans un délai fixé.

Les délais du règlement ne s'appliquent textuellement qu'aux décisions du Conseil d'Etat rendues, sur le rapport du Comité du contentieux, depuis le 22 juillet 1806.

Les arrêtés du Directoire exécutif et des Consuls, les décrets impériaux pris sur le rapport des sections du Conseil ou des Ministres, les ordonnances royales rendues également sur le rapport des Ministres, ne sont pas, à proprement parler, des décisions par défaut, puisqu'il n'y a pas eu de sommation régulière de répondre dans certaines formes et dans certains délais.

Art. 51. L'opposition d'une partie défaillante à une décision rendue contradictoirement avec une autre partie, ayant le même intérêt, ne sera pas recevable (1).

§ III. — Du recours contre les décisions contradictoires.

Art. 52. Défenses sont faites, sous peine d'amende, et même, en cas de récidive, sous peine de suspension ou de destitution (2), aux avocats

---

C'est plutôt par voie de tierce opposition qu'on les attaque. — 28 mars 1821.

Au surplus, on n'a pas établi et l'on ne pouvait guère établir de règle générale à cet égard. Il faut se déterminer, dans le silence de la loi et des règlemens, d'après les circonstances de chaque espèce et le caractère de la décision attaquée.

(1) Si la signification d'une ordonnance royale rendue par défaut n'a pas été faite au domicile de l'une des parties défaillantes, mais au domicile de ses héritiers, avant que le décès de leur auteur n'ait été signifié, l'opposition desdits héritiers à ladite ordonnance est recevable, bien que les délais soient expirés, et l'intérêt desdits héritiers étant identique avec celui de leurs consorts, toutes les parties sont remises au même état où elles étaient auparavant, l'opposition étant admise. — 23 décembre 1815.

(2) La *suspension* et la *destitution* n'ont jamais été prononcées. La *récidive* ne doit s'entendre que d'un recours successif dans la même affaire.

Le taux de l'amende n'est point fixé par le règlement; il a été laissé à l'arbitrage du Conseil d'État.

L'ordonnance qui rejette le recours dénomme l'avocat condamné, et cette ordonnance doit être envoyée par le Garde-des-sceaux au Conseil de discipline de l'ordre.

Quelquefois le Conseil d'État, par condescendance pour les

en notre Conseil d'Etat, de présenter requête en recours contre une décision contradictoire (1), si ce n'est en deux cas :

Si elle a été rendue sur pièces fausses (2), si la partie a été condamnée faute de représenter une pièce décisive qui était retenue par son adversaire (3).

---

membres de cet ordre distingué, a permis à des avocats entraînés par une erreur excusable ou involontaire, de se désister au nom des parties, ou de retirer leurs pièces du greffe.

Pour moi, je pense qu'il faut n'appliquer les peines du règlement à aucun avocat, ou qu'il faut les appliquer indistinctement à tous ceux qui l'ont violé.

Il y a toujours mille inconvéniens à sortir de la règle.

(1) Les décrets et arrêtés du directoire exécutif et du gouvernement consulaire qui visent les demandes ou les défenses des parties ont été assimilés aux décisions contradictoires rendues sur le rapport et de l'avis du Comité du contentieux. — 20 novembre 1815, — 6 mars 1816, — 8 janvier 1817.

(2) Il ne suffit pas que la décision contradictoire ait été rendue sur pièces fausses. Il faut que ces pièces aient servi de fondement à la décision. Ainsi, lorsque le Conseil passe outre, aux termes de l'article 20, lorsque la pièce arguée de faux paraît étrangère, ou simplement accessoire ou inutile dans le litige, ou qu'elle est répudiée par la partie à laquelle on l'oppose, la partie qui a succombé ne peut présenter un recours en révision, sous prétexte que la décision contradictoire qui l'a condamnée a été rendue sur cette pièce fausse.

(3) Quant à l'exception de la pièce décisive, il faut que deux conditions se rencontrent :

1°. Que la pièce soit *décisive*, cas si rare, que je ne sache pas que le Conseil d'Etat ait jamais prononcé contradictoire-

Art. 33. Ce recours devra être formé dans le *même délai* (1), et admis de la même manière que l'opposition à une décision par défaut.

Art. 34. Lorsque le recours contre une décision contradictoire aura été admis dans le cours de l'année où elle avait été rendue, la commu-

---

ment, en l'absence d'une pièce décisive; — 4 juin 1816, — 2 février 1821.

2°. Que cette pièce *décisive* ait été *retenue* par l'adversaire.

La preuve d'un seul de ces faits ne suffirait pas pour rendre le recours admissible. — 21 novembre 1807, — 29 septembre 1810, — 4 juin 1816.

Il faut rapporter la pièce que l'on soutient avoir été retenue par l'adversaire, ou du moins en prouver l'existence. — 2 février 1821.

Si la pièce décisive était déposée dans les archives d'un ministère ou d'une administration, et qu'il ait été libre à la partie condamnée de s'en faire délivrer copie, on ne peut véritablement dire, en ce cas, que la pièce ait été retenue par le fait de l'*adversaire*.

La négligence du demandeur ne peut lui profiter. — 24 octobre 1821.

(1) Le délai pour l'opposition aux décisions par défaut doit être formé dans le délai de trois mois, à partir de la signification par huissier. Mais le délai pour les recours en révision contre les décisions contradictoires ne doit courir que du jour où les pièces fausses ou décisives ont été recouvrées, ou du jour où la signification des arrêtés administratifs qui les relatent ou les contiennent a été faite à la partie qui les oppose.

Ce délai est de *trois mois*. C'est dans ce sens seulement qu'il est le *même* que celui de l'*opposition*.

nication sera faite, soit au défendeur, soit au domicile de l'avocat qui a occupé pour lui, et qui sera tenu d'occuper sur ce recours, sans qu'il soit besoin d'un nouveau pouvoir (1).

Art. 55. Si le recours n'a été admis qu'après l'année depuis la décision, la communication sera faite aux parties, à personne ou domicile, pour y fournir réponse dans le délai du règlement (2).

Art. 56. Lorsqu'il aura été statué sur un premier recours contre une décision contradictoire, un second recours contre la même décision ne sera pas recevable (3).

L'avocat qui aurait présenté la requête sera puni de l'une des peines énoncées en l'art. 32.

### § IV. — *De la tierce opposition.*

Art. 57. Ceux qui voudront s'opposer à des décisions du Conseil d'État rendues en matière contentieuse, et lors desquelles ni eux ni ceux qu'ils représentent n'ont été appelés, ne pourront former leur opposition que par requête en la forme ordinaire; et sur le dépôt qui en sera fait au secrétariat du Conseil, il sera procédé

---

(1) L'exécution de cet article n'a engendré aucune difficulté.

(6) Même observation.

(3) 29 août 1821.

conformément aux dispositions du titre 1er (1).

Art. 58. La partie qui succombera dans sa tierce opposition sera condamnée en 150 *francs d'amende* (2), sans préjudice des *dommages intérêts* de la partie, s'il y a lieu (3).

Art. 59. Les articles 34 et 35 ci-dessus, concernant les recours contre les décisions contradictoires, sont communs à la tierce opposition.

Art. 40. Lorsqu'une partie se croira lésée dans ses droits ou sa propriété, par l'effet d'une *décision du Conseil d'Etat* rendue en matière *non contentieuse*, elle pourra nous présenter *requête*, pour, sur le *rapport* qui nous en sera

---

(1) V. *au mot* TIERCE OPPOSITION, 18 août 1807, 18 avril 1816, 21 août 1816, 11 décembre 1816, 31 janvier 1817, 31 janvier 1817, 9 avril 1817, 17 juin 1818.

(2) Le Conseil d'Etat n'a condamné qu'une seule fois à l'amende de 150 fr. une partie qui avait succombé dans sa tierce opposition.—7 juin 1818.

Le règlement ne semble pas laisser l'application de cette peine à l'arbitrage du juge.

- Quelquefois on reçoit la tierce opposition dans la forme seulement; et y faisant droit, on statue de suite, en rejetant la requête au fond, sans communication préalable à l'adversaire. —3 juillet 1822.

(3) C'est aux tribunaux seuls à prononcer, s'il y a lieu, dans ce cas comme dans tous les autres, sur les dommages-intérêts. Les parties doivent s'abstenir de former directement une semblable demande devant le Conseil d'Etat.—3 mai 1810 et autres.

V. *les observations sur les articles* 34 *et* 35.

fait, être l'affaire renvoyée, s'il y a lieu, soit à une *section du Conseil d'Etat*, soit à une *Commission* (1).

---

(1) L'application de cet article est souvent réclamée par les parties.

On appellait, en 1806, *matière non contentieuse*, les décrets qui, sur le rapport des Ministres et l'avis d'une section, étaient rendus en assemblée générale sur des matières purement administratives, et notamment les décrets réglémentaires sur les usines, fabriques, mines, dessèchement de marais, établissemens d'utilité publique, etc., etc.

Si quelque disposition de ces décrets, de ces règlemens d'administration, venaient dans leur exécution à froisser l'intérêt ou à compromettre, d'une manière quelconque, la propriété et les droits d'une partie, elle pouvait et elle peut encore aujourd'hui s'adresser directement au Roi, par voie de pétition, et demander la formation d'une Commission spéciale pour faire examiner la validité de ses plaintes ou de ses réclamations.—11 décembre 1816, 16 août 1818 *.

La voie contentieuse lui est interdite; cette voie n'est ouverte qu'aux parties qui attaquent, soit une décision du Conseil d'Etat prise de *l'avis du Comité du contentieux*, soit un décret ou ordonnance rendu sur le rapport d'un Ministre, sans l'intervention du Conseil, non en matière générale et réglémentaire, mais entre deux ou plusieurs particuliers, ou en-

---

* Ces Commissions sont composées ordinairement d'un conseiller d'Etat président, et de deux ou plusieurs maîtres des requêtes.

Il y a à peine quelques exemples depuis la restauration, que de semblables Commissions aient été formées, malgré les nombreuses réclamations des parties qui se prétendaient lésées.

Les délais fixés par l'article 29 ne s'appliquent pas aux recours autorisés par l'article 40 du règlement.—10 septembre 1817.

## §. V. — Des dépens.

Art. 41. En attendant qu'il soit fait un nouveau tarif des dépens, et statué sur la manière

---

tre un ou plusieurs particuliers et l'État, et sur une matière
contentieuse.—8 mai 1822, 14 août 1822.

Il y a des matières contentieuses dont la connaissance a été
quelquefois, soit avant, soit après le décret du 22 juillet 1806,
renvoyée à des Commissions spéciales. Telles sont, entre autres, les matières de liquidation.

Quoique ces Commissions fussent souvent composées de conseillers d'État et de maîtres des requêtes, ou d'auditeurs exclusivement, on ne peut dire que les décisions prises par elles
l'aient été par une section du Conseil, et soient, en un mot,
une décision du Conseil d'État.

Quelquefois les Commissions attiraient à la juridiction
exceptionnelle les affaires les plus contentieuses de leur nature; procédaient sans le ministère des avocats, et jugeaient
sans appel. Leurs décisions recevaient, par la seule sanction du
chef du gouvernement, un caractère définitif.

Elles ne sont attaquables ni par la voie contentieuse, pour
incompétence, vices de forme, inaudition des parties ou violation des lois, puisqu'elles ont acquis l'autorité de la chose irrévocablement jugée; ni par la voie gracieuse de l'article 40,
puisqu'elles ne sont pas, à proprement parler, de ces décisions
du Conseil d'État auxquelles seules ledit article soit applicable. V. *au mot* Liquidation, §§ II, III *et* IV, *et au mot*
Décret, § *unique*.

(1) Voici les règles de la jurisprudence en matière de dépens :

1°. On condamne aux dépens la partie qui succombe, tant
envers les parties principales qu'envers les parties interve-
nantes, de propre mouvement, ou sur mise en cause ;

2. 33

dont il sera procédé à leur liquidation, on sui-
vra provisoirement les règlemens antérieurs re-

---

Ou celle qui porte devant le Conseil d'Etat des questions qui
n'ont pas été jugées en première instance, soit devant les Ministres, soit devant les Conseils de préfecture. — 26 février 1817.

Cette condamnation frappe les administrations générales
qui procèdent par le ministère d'un avocat. — 13 janvier 1816,
6 mars 1816 et autres.

On condamne aux dépens la partie qui dans une instance
contradictoire offre son désistement. — 18 avril 1816, 14
mai 1817.

2°. Il n'y a pas de condamnation aux dépens envers l'adversaire, Ministre ou particulier, lorsque l'affaire a été introduite dans la forme des art. 16 et 17 du règlement, ni lorsque
la requête du demandeur est immédiatement rejetée sans
communication préalable.

Dans ces deux cas, les dépens sont personnels.

La condamnation aux dépens faits dans les tribunaux ne
peut-être prononcée, ni par le Conseil d'Etat, ni par les Conseils de préfecture. — 15 juin 1812, 17 juillet 1816,
14 mai 1817.

3°. Les dépens sont compensés, lorsque, par suite d'une
transaction qui doit rester annexée aux pièces, les deux parties offrent leur désistement. — 1er février 1813, 28 septembre 1816;

Lorsque le Conseil d'Etat annulle l'arrêté attaqué d'office et
pour vice d'incompétence, ou par tout autre moyen ou exception, que ni l'une ni l'autre des parties n'a proposé dans
ses conclusions;

Lorsque les deux parties se désistent; — 3 juin 1820.

Lorsque chacune des parties n'obtient que certains chefs de
ses conclusions et perd les autres.

Hors de ces cas, il n'y a et il ne peut y avoir pour la com-

latifs aux avocats au Conseil, et qui sont applicables aux procédures ci-dessus:

P
ensation des dépens aucune règle fixe; on se détermine
d'après les circonstances de chaque affaire.

4°. Les dépens sont réservés jusqu'à la décision du fond,
Lorsque le sursis a été prononcé, ou lorsque l'opposition à
une ordonnance par défaut a été admise.

Les dépens sont réservés jusqu'au jugement définitif des tribunaux, lorsque le Conseil d'Etat renvoie préalablement les
parties devant eux sur des questions de titres et de propriété.
— 20 novembre 1815, 6 mars 1216, 18 mars 1816.

Le minimum des dépenses dans les affaires contentieuses
est de 150 fr., et le maximum de 350 fr. environ.

Le taux des dépens varie entre ces deux points, d'après le
volume et le nombre des requêtes et productions de pièces.

L'omission des dépens dans une ordonnance ne peut être
réparée que dans une ordonnance additionnelle. — 23 décembre 1815.

Les parties peuvent se pourvoir devant le Garde-des-
sceaux contre la liquidation et la taxe des dépens faits par le
maître des requêtes rapporteur; mais il n'y a pas d'exemple
que de pareils recours aient jusqu'ici été présentés.

Le tarif des dépens a été pris dans le règlement de 1738.
La formule de l'exécutoire des dépens est également tirée
de ce règlement.

« Louis, etc.,

« Au premier huissier sur ce requis ;

« Nous te mandons, à la requête de....; de contraindre,
« par toutes voies dues et raisonnables.

« Le          à payer          la somme de
« à laquelle les dépens          adjugés par ordonnance
« du          ont été le          taxés et liquidés par le
« sieur          maître des requêtes à ce député.

33 *

Art. 42. Il ne sera employé dans la liquidation des dépens aucuns frais de voyage, séjour ou retour des parties, ni aucuns frais de voyage d'huissier au delà d'une journée.

Art. 43. La liquidation et la taxe des dépens seront faites à la Commission du contentieux, par un maître des requêtes, et sauf révision par le Grand-Juge.

## TITRE IV.

### § Ier. — Des Avocats au Conseil.

Art. 44. Les avocats en notre Conseil d'Etat auront, conformément à notre décret du 11 juin dernier, le droit *exclusif* de faire tous actes d'instruction et de procédure devant la Commission du contentieux (1).

---

« De ce faire nous te donnons pouvoir, sans demander au« tre permission, car tel est notre bon plaisir.

« Donné à Paris, le

(1) L'institution des avocats au Conseil a eu pour but d'écarter de la postulation cette foule d'agens obscurs qui entreprennent toutes les affaires à forfait, au rabais, et à toutes conditions.

Les avocats au Conseil offrent aux parties des garanties de leur savoir, dans leur titre même d'avocat; de leur intégrité, dans la considération publique dont ils jouissent; de leur exactitude, dans la surveillance habituelle d'un Conseil de discipline; de leur solvabilité même, dans leur cautionnement et dans la valeur élevée de leurs charges.

Il y a long-temps qu'on aurait dû leur attribuer la postulation *exclusive* auprès des ministères, ou du moins auprès des

Art. 45. L'impression d'aucun mémoire ne passera en taxe. Les écritures seront réduites au nombre de rôles qui sera réputé suffisant pour l'instruction de l'instance.

Art. 46. Les requêtes et mémoires seront écrits correctement et lisiblement en demi-grosse seulement; chaque rôle contiendra au moins cinquante lignes, et chaque ligne douze syllabes au moins; sinon, chaque rôle où il se trouvera moins de lignes et de syllabes sera rayé en entier, et l'avocat sera tenu de restituer ce qui lui aurait été payé à raison de ces rôles.

Art. 47. Les copies signifiées des requêtes et mémoires ou autres actes seront écrites lisiblement et correctement; elles seront conformes aux originaux, et l'avocat en sera responsable.

Art. 48. Les écritures des parties, signées par les avocats au Conseil, seront sur *papier timbré.*

Les pièces par elles produites ne seront point sujettes au droit d'enregistrement, à l'exception des exploits d'huissier, pour chacun desquels il sera perçu un droit d'un franc.

---

divers Comités du Conseil, pour les affaires contentieuses soumises à la décision des Ministres.

L'instruction de ces affaires s'y ferait d'une manière plus méthodique, plus complète et plus rapide; ce qui importe à la fois au gouvernement et aux particuliers. V. DU CONSEIL D'ÉTAT, chap. 13.

N'entendons néanmoins dispenser les pièces produites devant notre Conseil d'État des droits d'enregistrement auxquels l'usage qui en serait fait ailleurs pourrait donner ouverture.

N'entendons pareillement dispenser des droits d'enregistrement, les pièces produites devant notre Conseil d'État, qui, par leur nature, sont soumises à l'enregistrement dans un délai fixe.

Art. 49. Les avocats au Conseil seront, selon *les circonstances*, punis de l'une des *peines ci-dessus* (1), dans le cas de contravention aux

---

Ces trois art. sont des mesures d'exécution qui n'ont donné lieu à aucune solution de jurisprudence. V. *loi du 28 april* 1816, tit. 7, art. 41, 45, 46, 47.

(1) V. *les art.* 31 et 36. — Si un avocat se permettait de présenter des demandes ridicules, et qu'averti de sa méprise, il récidivât, il pourrait être mulcté d'une amende plus ou moins forte, selon la gravité des cas, avec transmission de l'ordonnance de condamnation au Conseil de discipline de l'ordre. Mais l'art. 49, autrement entendu, serait inexécutable. La ligne qui sépare la partie contentieuse de la partie administrative est quelquefois si difficile à reconnaître, même pour les yeux les plus exercés! Les lois qui régissent toute la matière et qui ont déterminé les attributions des différentes autorités sont elles-mêmes si confuses, et souvent si opposées dans leur principes! Le règlement des compétences n'est-il pas là principale affaire du Conseil et la plus épineuse? Comment voudrait-on donc que les avocats fissent des distinctions que les juges eux-mêmes ont, après les plus longs débats, tant de peine à établir?

Quelque littérale que doive être l'observation du règlement,

règlemens , et notamment s'ils *présentent* comme *contentieuses* des affaires qui ne le seraient pas, ou s'il portent en notre Conseil d'Etat des affaires qui seraient de la *compétence d'une autre autorité* (2).

Art. 5o. Les avocats au Conseil prêteront serment entre les mains de notre Grand-Juge , Ministre de la Justice.

---

nous ne pouvons pas oublier que le Conseil d'Etat est aussi une Cour d'équité, et que la justice du Roi est toute paternelle. C'est pour cela que souvent le Conseil remet dans la vraie route les parties qui se sont fourvoyées, en allant droit au Roi, comme à leur juge souverain, comme à leur protecteur naturel, comme à la source première de toute justice , au lieu de s'adresser, soit par voie de supplique à la juridiction gracieuse dont le Roi s'est réservé personnellement le plein exercice ; soit par voie de pétition à la juridiction administrative que les Ministres distribuent par la délégation du Monarque, sous leur responsabilité, et qui ne peut appartenir, en aucune manière. au Conseil d'État ; soit par voie d'opposition ou de tierce opposition à la juridiction contentieuse de première instance, dont elles auraient intempestivement franchi le degré.

V. *au mot* PROCÉDURE , § I, les différens cas dans lesquels on a rejeté immédiatement et sans communication préalable , des recours qu'aucune loi, décret, ordonnance ou règlement, ne permet au Conseil d'État d'admettre par la voie contentieuse.

Le Conseil a condamné une seule fois un avocat qui avait présenté comme contentieuse une affaire purement administrative. V. 3 *décembre* 1817.

## § II. Des Huissiers au Conseil.

Art. 51. Les significations d'avocat à avocat, et celles aux parties ayant leur demeure à Paris, seront faites par des huissiers au Conseil.

## FIN.

# TABLE DES MATIÈRES

CONTENUES

## DANS LE TOME SECOND.

### DOMAINES NATIONAUX.

## DOTATIONS.

## ÉCHANGE.

## FABRIQUES.

## GARDE NATIONALE.

## HALAGE.

## HALLES.

## HOSPICES.

## INTERPRÉTATION DE LA LOI.

## LIQUIDATION.

## MARAIS.

## MARCHÉS.

## MISES EN JUGEMENT.

## PASSAGE D'EAU.

2. 34

## PRÉFET.

## PRÊTRES DÉPORTÉS.

## PRISE.

FIN DE LA TABLE DES MATIÈRES.